Heimatländer der Phantasie ist eine Sammlung von Essays, Rezensionen und Glossen, die Salman Rushdie in den Jahren 1981 bis 1991 für bedeutende Zeitungen und Zeitschriften verfasst hat. Neben politischen und gesellschaftlichen Themen bilden Literaturkritiken einen Schwerpunkt. Rushdie setzt sich u.a. mit den Werken von Gabriel García Márquez, Günter Grass oder Mario Vargas Llosa auseinander und reflektiert dabei auch seine eigene literarische Entwicklung. Denn die Phantasie ist überall dort zu Hause, wo jemand eine Geschichte erzählt - auf wen könnte das besser zutreffen als auf Rushdie, der zwischen den Kulturen lebt und sich durch das Schreiben eine Heimat zurückerobert?

SALMAN RUSHDIE, 1947 in Bombay geboren, studierte in Cambridge Geschichte. Mit seinem Roman *Mitternachtskinder* wurde er weltberühmt. Seine Bücher erhielten renommierte internationale Auszeichnungen, u.a. den Booker Prize, und sind in zahlreiche Sprachen übersetzt. 1996 wurde ihm der Aristeion-Literaturpreis der EU für sein Gesamtwerk zuerkannt. 2008 schlug ihn die Queen zum Ritter.

SALMAN RUSHDIE

HEIMATLÄNDER DER PHANTASIE

Essays und Kritiken 1981–1991

btb

Die Originalausgabe erschien unter dem Titel
Imaginary Homelands bei Granta Books, London.

Verlagsgruppe Random House FSC® N001967
Das für dieses Buch verwendete FSC®-zertifizierte Papier
Lux Cream liefert Stora Enso, Finnland.

1. Auflage
Genehmigte Taschenbuchausgabe November 2014
Copyright © 1981, 1982, 1983, 1984, 1985, 1986, 1987,
1989, 1990, 1991 Salman Rushdie
All rights reserved.
Copyright © der deutschsprachigen Ausgabe 2014 btb Verlag
in der Verlagsgruppe Random House GmbH, München
Alle Rechte an der Übertragung ins Deutsche bei Rowohlt Verlag GmbH,
Reinbek bei Hamburg.
Umschlaggestaltung: semper smile, München
Umschlagmotive: © Julian Winslow/ableimages/Gallery Stock
Satz: Uhl + Massopust, Aalen
Druck und Einband: CPI-Clausen & Bosse, Leck
MI · Herstellung: sc
Printed in Germany
ISBN 978-3-442-74816-7

www.btb-verlag.de
www.facebook.com/btbverlag
Besuchen Sie unseren LiteraturBlog www.transatlantik.de!

*Für meine Mutter Negin Rushdie
in Liebe*

Inhaltsverzeichnis

Einleitung 11

Erster Teil

Heimatländer der Phantasie 21
»Errata« oder: Ein unzuverlässiger Erzähler
in den *Mitternachtskindern* 37
Das Rätsel der Mitternacht:
Indien, August 1987 42

Zweiter Teil

Zensur 55
Das Attentat auf Indira Gandhi 60
Dynastie 68
Zia ul-Haq. 17. August 1988 76
Tochter der Macht 80

Dritter Teil

Es gibt keine »Commonwealth-Literatur« 87
Anita Desai 100
Kipling 103
Hobson-Jobson 111

Vierter Teil

Attenboroughs *Gandhi* 117
Außerhalb des Wals 123

Satyajit Ray 142
Handsworth Songs 151
Wo liegt Brazil? 155

Fünfter Teil

Das neue Empire in Großbritannien 167
Ein unbedeutender Brand 180
Home Front 185
V. S. Naipaul 191
Der Maler und die Pest 196

Sechster Teil

Allgemeine Wahlen 203
Charter 88 208
Über die Identität der Palästinenser:
Ein Gespräch mit Edward Said 212

Siebter Teil

Nadine Gordimer 237
Rian Malan 248
Nuruddin Farah 254
Kapuscinskis Angola 256

Achter Teil

John Berger 263
Graham Greene 267
John Le Carré 274
Über das Abenteuer 278
Auf dem Festival von Adelaide 283

Reisen mit Chatwin 291
Chatwins Reisen 297
Julian Barnes 301
Kazuo Ishiguro 305

Neunter Teil

Michel Tournier 311
Italo Calvino 317
Stephen Hawking 327
Andrej Sacharow 330
Umberto Eco 335
Günter Grass 339
Heinrich Böll 350
Siegfried Lenz 353
Peter Schneider 356
Christoph Ransmayr 360
Maurice Sendak und Wilhelm Grimm 364

Zehnter Teil

Gabriel García Márquez 371
Mario Vargas Llosa 382

Elfter Teil

Die Sprache der Karten 397
Debrett Goes to Hollywood 403
E. L. Doctorow 407
Michael Herr: Ein Interview 411
Richard Ford 415
Raymond Carver 418

Isaac Bashevis Singer 422
Philip Roth 425
Saul Bellow 428
Thomas Pynchon 431
Kurt Vonnegut 438
Grace Paley 442
Der mit dem goldenen Esel reist 445
Der göttliche Supermarkt 450

Zwölfter Teil

Naipaul unter den Gläubigen 457
In God We Trust 460
In gutem Glauben 481
Ist gar nichts heilig? 509
1000 Tage im Ballon 527

Einleitung

Der Titel dieser Sammlung ist einem Essay entnommen, der mein Beitrag zu einem Seminar über indische Literatur in englischer Sprache auf dem Indien-Festival 1982 in London war. Damals regierte Indira Gandhi zum zweiten Mal als Premierministerin von Indien. In Pakistan war nach der Hinrichtung Zulfikar Ali Bhuttos das Zia-Regime damit beschäftigt, seine Macht zu festigen. Großbritannien lag in den ersten Wehen der Thatcher-Revolution, und in den Vereinigten Staaten gab sich Ronald Reagan immer noch als unverbesserlicher Kalter Krieger. Die Weltordnung hatte sich ihre wenig aufregende, altvertraute Form bewahrt.

Die Umwälzungen von 1989 und 1990 haben das alles drastisch verändert. Wenn wir heute die gewandelte Struktur der internationalen Szene betrachten mit ihren neuen Möglichkeiten, Ungewissheiten, Unversöhnlichkeiten und Gefahren, erscheint es uns angebracht, ein paar Gedanken über jenes rasch hinter uns versinkende Jahrzehnt zusammenzufassen, in dem, wie Gramsci es ausgedrückt hätte, das Alte starb, das Neue aber noch nicht geboren werden konnte. »In diesem Interregnum entstehen die unterschiedlichsten morbiden Symptome«, schrieb Gramsci. Das vorliegende Buch ist eine unvollständige, sehr persönliche Übersicht über das Interregnum der 80er-Jahre, deren Symptome, es muss gesagt sein, durchaus nicht alle morbid waren.

Im Jahre 1981 hatte ich gerade meinen ersten Roman veröffentlicht und genoss das einzigartige Gefühl, zum ersten Mal ein Buch geschrieben zu haben, das den Menschen gefiel. Vor den *Mitternachtskindern** hatte ich einen Roman eingereicht, der ab-

---

* Bücher und Filme werden im Folgenden mit dem deutschen Titel aufgeführt, sofern eine deutsche Fassung vorliegt; zwecks besseren Verständnisses werden ausländische Titel gegebenenfalls sinngemäß übersetzt (in Klammern). Anm. d. Red.

gelehnt wurde, zwei weitere Projekte von selbst abgebrochen und einen Roman, *Grimus*, veröffentlicht, der jedoch, vorsichtig ausgedrückt, ein Reinfall wurde. Nun jedoch, nach zehn Jahren Misserfolg, Unzulänglichkeit und Commercials für Sahnetorten, Haarfärbemittel und den *Daily Mirror*, konnte ich endlich von meiner Schreiberei leben. Ein schönes Gefühl.

An jenem Londoner Seminar nahmen fast alle wichtigen »angloindischen« Schriftsteller teil, darunter Nirad C. Chaudhuri, Anita Desai, Raja Rao, Mulk Raj Anand. Von den Großen fehlte nur R. K. Narayan, obwohl man mir zuvor mitgeteilt hatte, er habe die Einladung angenommen. »Narayan ist so höflich, dass er alle Einladungen akzeptiert«, erklärte mir jemand, »aber erscheint niemals wirklich.« Es war aufregend für mich, diese Schriftsteller kennenzulernen und ihnen zuzuhören. Aber es gab auch ärgerliche Vorkommnisse: So deutete einiges darauf hin, dass manche Teilnehmer die Absicht hatten, die indische Kultur – die ich immer als reiche Melange von Traditionen gesehen hatte – allein und ausschließlich im Hinblick auf die Hindus zu schildern.

Ein anerkannter Romancier begann seinen Auftritt mit dem Vortrag einer Sanskrit-*sloka* und erklärte anschließend, statt seine Dichtung zu übersetzen: »Jeder gebildete Inder wird verstehen, was ich soeben gesagt habe.« Das war nicht etwa nur intellektueller Größenwahn. In diesem Saal waren indische Schriftsteller und Gelehrte jeder nur vorstellbaren Herkunft versammelt: Christen, Parsen, Moslems, Sikhs. Keiner von uns war in der Sanskrittradition erzogen worden. Aber wir waren alle relativ »gebildet«. Was also wollte er uns damit sagen? Etwa, dass wir gar keine richtigen »Inder« seien?

Später am selben Tag hielt ein hervorragender indischer Akademiker einen Vortrag über die indische Kultur, in dem er sämtliche Minderheiten schlicht ignorierte. Als ihm einer der Zuhörer eine entsprechende Frage stellte, lächelte der Professor gütig und gab zu, dass es in Indien in der Tat zahlreiche verschiedene Traditionen gebe – darunter die der Buddhisten, der Christen und der *mughals*. Die Moslemkultur mit diesem Wort zu charakterisieren war mehr als absonderlich. Es handelte sich um eine Ausgrenzungstaktik. Denn wenn die Moslems *mughals* sind, wären sie ausländische Eindringlinge, und die indische Moslemkultur wäre imperialistisch und nicht authentisch. Damals nahmen wir diese Verhöhnung auf die leichte Schulter, aber sie verfolgte und quälte mich noch lange wie ein Dorn, der tief im Fleisch sitzt.

Jetzt, ein Jahrzehnt später, befindet sich Indien in einer massiven Identitätskrise. Religiöse Militanz bedroht die Grundfesten des Säkularstaates. Zahlreiche indische Intellektuelle scheinen heutzutage die nationalistische Staatsdefinition der Hindus zu übernehmen; Minderheitsgruppen reagieren darauf zunehmend mit einem eigenen Extremismus. Bezeichnend ist wohl, dass es im Hindustani kein allgemein gebräuchliches Wort für »Säkularismus« gibt; die große Bedeutung des säkularen Ideals wurde in Indien auf eine eher unkritische Art und Weise ganz einfach vorausgesetzt. Nun, da die kommunalistischen Kräfte die Energie gepachtet zu haben scheinen, geraten die Verteidiger des Säkularismus in helle Aufregung. Gäbe man jedoch das säkularistische Prinzip auf – Indien würde schlicht explodieren. Es ist ein Paradoxon, dass der Säkularismus, der sowohl außerhalb Indiens als auch im Land selbst in jüngster Zeit häufig angegriffen wurde, die einzige Möglichkeit ist, die Verfassungs-, Bürger- und, jawohl, Glaubensrechte der Minderheiten zu schützen. Besitzt Indien noch genug politische Willenskraft, sich diesen Schutz weiterhin zu erhalten? Ich hoffe es sehr. Wir alle müssen es sehr hoffen. Und abwarten.

Die ersten drei Teile dieses Buches behandeln Themen des Subkontinents. Teil eins enthält Arbeiten, die sich mehr oder weniger mit den *Mitternachtskindern* beschäftigen; Teil zwei befasst sich mit der Politik in Indien und Pakistan, Teil drei mit Literatur. Die angloindische Literatur ist augenblicklich in erstklassigem Zustand. Viele neue Schriftsteller haben sich in den 80er-

Jahren einen guten Ruf erworben – Vikram Seth, Allan Sealy, Amitav Ghosh, Rohinton Mistry, Upamanyu Chatterjee, Shashi Tharoor und andere – und liefern Arbeiten von immer größerer Selbstsicherheit und Originalität. Wenn nur die politische Szene ebenso gesund wäre! Aber ach, der Schaden, der dem Leben Indiens durch die sogenannte Emergency – den Ausnahmezustand – zugefügt wurde, das heißt Mrs Gandhis autoritäre Herrschaft von 1974 bis 1977, ist auch heute noch nur allzu eklatant. Der Grund, warum viele von uns so empört waren über die Emergency, ging weit über die diktatorische Atmosphäre jener Tage, über die Festnahme politischer Gegner und die Zwangssterilisierungen hinaus. Der Grund war – wie ich vor sechs Jahren schon in dem Essay erwähnt habe, der hier den Titel »Dynastie« trägt –, dass während der Emergency der Deckel von der Pandorabüchse der Uneinigkeit im Volke gesprengt wurde. Die Büchse mag inzwischen wieder geschlossen sein, die bösen Geister des fanatischen Sektierertums sind aber noch immer am Werk. Indische Maler wie Vivan Sundaram zeigten sich der Herausforderung der Emergency mit Würde gewachsen. Und diese neue Krise werden die indischen Schriftsteller und Künstler zweifellos genauso geschickt bewältigen. Schlechte Zeiten haben schließlich immer schon gute Bücher hervorgebracht.

Der vierte Teil beschäftigt sich hauptsächlich mit Film und Fernsehen. Ich habe an der ursprünglichen Form dieser Arbeiten nur sehr wenig herumgebastelt, muss aber jetzt, nach sieben Jahren, doch sagen, dass ich in »Außerhalb des Wals« George Orwell wie auch Henry Miller gegenüber ein bisschen unfair gewesen bin. Meine Meinung über Richard Attenboroughs Film *Gandhi* habe ich nicht geändert, man muss jedoch wohl akzeptieren, dass der Film außerhalb von Indien einen vielfach positiven Einfluss ausgeübt hat; radikale und progressive Gruppen und Bewegungen in Südamerika, Osteuropa und auch Südafrika fanden ihn ermutigend. Der Beitrag über die *Handsworth Songs* löste eine lebhafte Debatte unter den schwarzen Filmemachern in England aus, von denen einige meine Ansichten unterstützten, andere sie kritisierten, alle sie aber faszinierend und, glaube ich, recht hilfreich fanden. Eine Anmerkung noch zu meiner Arbeit über Satyajit Ray. Als ich ihn kennenlernte, drehte er in einer alten Zamindar-Villa mitten im tiefsten ländlichen Bengalen Szenen für *The Home and the World*. In diesem Herrenhaus sah er zu Recht einen perfekten Schauplatz für seinen Film. Und da auch ich fand, dass ich es recht gut verwenden könne, wurde es zum Vorbild für die Traumvilla »Perownistan«, bewohnt von Mirza Saeed Akhtar und seiner Frau in den Titlipur-Kapiteln der *Satanischen Verse*. (Den mit Schmetterlingen besetzten Riesenbanyan gab es dort allerdings nicht. Den hatte ich in Südindien gesehen, in der Nähe von Mysore.)

Teil fünf enthält fünf Beiträge über die Erfahrungen von Auswanderern, vor allem indischen Auswanderern in Großbritannien. Von diesen erfordert »Das neue Empire in Großbritannien« wegen seines seltsamen Schicksals einige erklärende Worte. Der Beitrag wurde ursprünglich für die Sendung *Options* in den frühen Anfängen von Channel 4 verfasst. (Als zweiter Teil dieser Serie, unmittelbar gefolgt von E. P. Thompson.) Die vielen britischen Schwarzen und Asiaten, die daraufhin anriefen oder schrieben, bestätigten mir fast einstimmig, der Vortrag enthalte die reine Wahrheit. In ihren Augen war ich weit über das Einmaleins rassistischer Vorurteile in Großbritannien hinausgelangt. Davon abgesehen gab es jedoch, kaum überraschend, feindselige Reaktionen von einigen Angehörigen der weißen Bevölkerung, obwohl diejenigen weißen Briten, die meine Arbeit informativ und nützlich fanden, Ersteren zahlenmäßig weit überlegen waren. Meine Absicht war recht simpel gewesen: der weißen Mehrheit aufzuzeigen, wie die Angehörigen der Rassenminderheiten in Großbritannien nur allzu oft leben müssen. (Ich selbst habe mein Leben lang rassischen Minderheiten angehört: als Mitglied einer indischen Moslemfamilie in Bombay, dann einer *mohajir*, das heißt Einwandererfamilie, in Pakistan und jetzt als asiatischer Brite.) Indem ich einer Klage Ausdruck verlieh, vermochte ich Brücken des Verstehens zu bauen – das hoffte ich jedenfalls.

Ich hatte Fernsehprogramme immer für vergänglich gehalten, nur für den flüchtigen Moment gemacht. Aber wir standen am Anfang des Videobooms, und so kursierte eine Aufnahme von dieser Sendung in den verschiedensten Kreisen, so auch in der Commission for Racial Equality und ähnlichen Organisationen. Ich hatte in einem bestimmten Augenblick der Geschichte der britischen Rassenbeziehungen mündlich und schriftlich das Wort ergriffen. Diese Beziehungen machten Fortschritte, entwickelten und veränderten sich. Manches (mehr schwarze Gesichter in den Fernsehprogrammen und den Werbeblöcken) wurde ein bisschen besser, anderes (Rassenunruhen) wurde schlimmer. Aber das Videoband blieb immer dasselbe.

Was ich – möglicherweise allzu naiv – nicht vorausgesehen hatte, war die Tatsache, dass der Text des Beitrages von Menschen mit einer anderen politischen Meinung verdreht, verfälscht und gegen mich verwendet werden würde. Ich wurde sowohl von Geoffrey Howe als auch von Norman Tebbit beschuldigt, Großbritannien mit Nazi-Deutschland verglichen und dadurch mein Adoptivvaterland »verraten und beleidigt« zu haben. Nun stimmt es zwar, dass der Text dieses Essays bewusst polemisch ist, und das hat die Howes und Tebbits in diesem Land zweifellos verärgert. Ich entschuldige mich nicht für meinen Zorn über Rassenvorurteile. Aber in meiner Stellungnahme wird immer wieder darauf hingewiesen, dass das Leben unter dem Nationalsozialismus oder der Apartheid *nicht* mit der Lage in Großbritannien zu vergleichen ist. Das möchte ich an dieser Stelle betonen, weil Verdrehungen und Verfälschungen die Neigung haben, durch häufige Wiederholung mehr oder weniger wahr zu werden. Der »Nazi-England«-Vorwurf hat inzwischen lange genug überlebt. Die Wiederveröffentlichung meines Vortrags »Das neue Empire in Großbritannien« in diesem Buch ermöglicht es dem Leser, selbst zu entscheiden, ob er gerechtfertigt war oder nicht.

Ich bin natürlich keineswegs der einzige englische Schriftsteller, der in den vergangenen Jahren unter Beschuss geriet. Die letzte Dekade war gekennzeichnet von der regelmäßigen Schelte, mit der die Presse uns alle belegte, die wir gegen den Tenor des Thatcherismus schrieben. Ian McEwan wurde von einem leitenden Mitarbeiter der *Sunday Times* wegen seines Romans *Ein Kind zur Zeit* beschimpft, Harold Pinter wegen seiner Meinung über die amerikanische Politik in Nicaragua. Margaret Drabble wurde als ehrenwert, »hampsteadisch« und langweilig bezeichnet. Zwischendurch tat man diese und andere Schriftsteller dann wiederum als »Champagnersozialisten« ab. Und zwar nur, weil ihre Bücher, Stücke und Filme populär waren. Wären die Arbeiten unpopulär gewesen, hätte man sie zweifellos als Misserfolge angegriffen. Es war ein Jahrzehnt, in dem man es niemandem ganz recht machen konnte.

Teil sechs besteht aus drei Abschnitten – Reflexionen über die Thatcher/Foot-Wahl, über die Charter 88 und die Palästinafrage –, allesamt von der, wie ich vermute, Beschimpfung provozierender Art.

Die folgenden fünf Teile – über Schriftsteller aus Afrika, Großbritannien, Europa, Südamerika und den Vereinigten Staaten – bedürfen keiner Anmerkung. Der letzte Teil befasst sich dann mit einem Thema – nämlich der Krise, die mein Roman *Die Satanischen Verse* auslöste –, über das schon viel zu viele Kritiken veröffentlicht wurden. Dem habe ich wenig hinzuzusetzen. Es gibt Anzeichen dafür, dass die Vernunft allmählich den Zorn aus dem Mittelpunkt der Debatte verdrängt, dass die Feuer des Hasses nach und nach von Verständnis gelöscht werden. Dieser Prozess muss gefördert werden, und ich werde natürlich weiterhin meinen Teil dazu beitragen.

Zuletzt noch ein paar wichtige Worte der Anerkennung. Mein Dank gilt den ursprünglichen Herausgebern all dieser Arbeiten, darunter *London Review of Books, The Guardian, Index on Cen-*

sorship, Observer, die Literaturzeitschrift *Granta, The Times, American Film, New Society, New York Times, Washington Post, New Republic, Times Literary Supplement* und *Independent on Sunday,* er gilt vor allem Bill Webb und Blake Morrison, den Besten aus zwei Generationen englischer Literaturherausgeber. Meinen Dank ebenfalls an Bill Buford, Bob Tashman und all jene von Granta Books, die mir geholfen haben, dieses Buch zusammenzustellen. Edward Said gestattete mir freundlicherweise den Nachdruck der Protokolle unserer öffentlichen Diskussion im Institute of Contemporary Arts. Und Susannah Clapp, die aus dem Text eines Essays den Satz herausgefischt hat, der zunächst sein und nun der Titel dieses Buches wurde, umarme ich in Dankbarkeit.

1991

Erster Teil

Heimatländer der Phantasie

»Errata« oder:
Ein unzuverlässiger Erzähler
in den *Mitternachtskindern*

Das Rätsel der Mitternacht:
Indien, August 1987

Heimatländer der Phantasie

In meinem Arbeitszimmer hängt in einem billigen Rahmen ein altes Foto an der Wand. Das Bild aus dem Jahre 1946 zeigt ein Haus, in dem ich zum Zeitpunkt der Aufnahme noch nicht geboren war. Das Haus wirkt ein wenig sonderbar: dreistöckig, mit Giebel, Ziegeldach und runden Türmen rechts und links, die jeder einen spitzen Ziegelhut tragen. »Die Vergangenheit ist ein fremdes Land«, lautet der berühmte erste Satz von L. P. Hartleys Roman *The Go-Between,* »in dem alles anders gemacht wird.« Aber das Foto rät mir, diesen Gedanken umzukehren; es erinnert mich daran, dass für mich die Gegenwart fremdländisch ist und die Vergangenheit die Heimat, wenn auch eine verlorene Heimat in einer verlorenen Stadt in den Nebeln einer verlorenen Zeit.

Nachdem ich über die Hälfte meines Lebens fort gewesen war, besuchte ich vor ein paar Jahren noch einmal meine verlorene Stadt: Bombay. Kurz nach meiner Ankunft schlug ich spontan das Telefonbuch auf und suchte den Namen meines Vaters. Und oh Wunder, da standen sie tatsächlich: sein Name, unsere alte Adresse, die Telefonnummer – so unverändert, als wären wir nie in jenes unsägliche Land jenseits der Grenze gezogen. Eine unheimliche Entdeckung! Es kam mir vor, als würde ich irgendwie beansprucht, gefordert oder davon in Kenntnis gesetzt, dass alle Fakten meines fernen Lebens Illusionen seien, diese Kontinuität dagegen Wirklichkeit. Dann besuchte ich das Haus auf dem Foto und stand davor, wagte es aber nicht – und wünschte es mir auch nicht –, mich seinen neuen Bewohnern vorzustellen. (Ich wollte nicht sehen, wie sie die Innenräume verschandelt hatten.) Ich war überwältigt. Das Foto war natürlich ein Schwarzweißabzug; und in der Erinnerung, genährt von Bildern, ähnlich wie diesem, hatte ich allmählich begonnen, meine Kindheit genauso zu sehen: monochrom. Die Farben meiner Lebensgeschichte waren vor meinem inneren Auge verblasst; daher wurden meine beiden anderen Augen nun auf einmal von den Farben überfallen, von dem lebhaften Rot der Ziegel, dem gelb gerandeten Grün der Kaktusblätter, dem Glühen der Bougainvilleen. Es wäre vermutlich nicht übertrieben romantisch, zu sagen, dass das der Augenblick war, in dem mein Roman *Mitternachtskinder* wirklich geboren wurde: als mir klar wurde, wie sehr ich mir wünschte, die Vergangenheit für mich wiederaufleben zu lassen – nicht in den verblassten Grautönen der Schnappschüsse aus dem Familienalbum, sondern perfekt, in Cinemascope und leuchtendem Technicolor.

Bombay ist eine Stadt, die von Ausländern auf vom Meer zurückgewonnenem Boden erbaut wurde; und ich, der ich so lange fort gewesen war, dass diese Bezeichnung fast auch auf mich passte, kam zu der Überzeugung, dass auch ich eine Stadt und eine Lebensgeschichte zurückzugewinnen hatte.

Mag sein, dass Schriftsteller in meiner Lage, Exilanten, Emigranten oder Verbannte, von diesem selben Gefühl des Verlustes verfolgt werden: von dem Verlangen zurückzublicken, selbst wenn man Gefahr läuft, in eine Salzsäule verwandelt zu werden. Aber wenn wir dennoch zurückblicken, müssen wir es in dem – tiefe Unsicherheit auslösenden – Bewusstsein tun, dass unsere physische Entfremdung von Indien fast zwangsweise bedeutet, dass es uns nicht gelingen wird, haargenau das zurückzugewinnen, was wir verloren haben; dass wir, kurz gesagt, Fiktionen erschaffen, nicht tatsächliche Städte oder Dörfer, sondern unsichtbare, imaginäre Heimatländer, ein jeder sein ganz persönliches Indien der Phantasie.

Während ich in Nordlondon an meinem Buch schrieb und vor dem Fenster eine Großstadtszene sah, die so ganz anders war als jene, die ich auf dem Papier erfand, wurde ich so lange von diesem Problem verfolgt, bis ich mich genötigt sah, es auch im Text anzusprechen, deutlich zu machen, dass ich (trotz meiner ursprünglichen und, wie ich vermute, irgendwie proustschen Ambition, die Tore der verlorenen Zeit aufzuschließen, damit die Vergangenheit so zurückkehre, wie sie wirklich gewesen war, unberührt von den Verzerrungen der Erinnerung) im Grunde einen Roman der Erinnerung und über die Erinnerung schrieb, dass mein Indien also ebendieses war: »mein« Indien, eine Version und nicht mehr als eine Version all jener Hunderter von Millionen möglicher Versionen. Ich versuchte es so phantasievoll-echt zu machen, wie ich es vermochte, doch phantasievolle Echtheit ist zugleich ehrlich und verdächtig, und mir war klar, dass mein Indien möglicherweise nur eines war, zu dem zu gehören ich (der ich nicht mehr bin, was ich war, und der, indem er Bombay verließ, nicht das wurde, was zu werden ihm vielleicht bestimmt war), sagen wir mal, zuzugeben bereit bin.

Deswegen gestaltete ich Saleem, meinen Erzähler, in seiner Schilderung ein wenig fragwürdig; seine Irrtümer sind die Irrtümer eines fehlbaren Erinnerungsvermögens, ergänzt durch Winkelzüge des Charakters und der Umstände, und seine Vision ist bruchstückhaft. Vielleicht ist der indische Schriftsteller, der außerhalb seiner Heimat schreibt und versucht, jene Welt wiederzugeben, einfach gezwungen, zerbrochene Spiegel zu verwenden, von deren Scherben einige unwiederbringlich verloren sind.

Aber da gibt es ein Paradoxon. Der zerbrochene Spiegel könnte genauso wertvoll sein wie jener, der angeblich unbeschädigt ist. Ich will versuchen, dies anhand meiner eigenen Erfahrungen zu erklären. Bevor ich mit den *Mitternachtskindern* begann, verbrachte ich viele Monate nur mit dem Versuch, mich an möglichst vieles aus dem Bombay der Fünfziger- und Sechzigerjahre zu erinnern; und nicht nur aus Bombay, sondern genauso aus Kashmir, Delhi und Aligarh, das ich in meinem Buch nach Agra verlegt habe, um einem bestimmten Scherz über das Taj Mahal mehr Würze zu verleihen. Ich habe mich ehrlich gewundert, wie viele Dinge ich mir ins Gedächtnis zurückzurufen vermochte. Ich merkte, dass ich mich an die Kleidung erinnerte, die gewisse Personen an bestimmten Tagen getragen hatten, an Schulszenen und verbatim an ganze Passagen aus Gesprächen in Bombay. Das heißt, es schien mir jedenfalls so; sogar an Reklamen erinnerte ich mich, an Filmplakate, das Jeep-Neonschild am Marine Drive, Zahnpastawerbung für Binaca und Kolynos und an eine Fußgängerbrücke über das Gleis der Kleinbahn, an die auf einer Seite der Spruch »Esso packt den Tiger in den Tank« und auf der anderen die komisch widersprüchliche Warnung geschrieben war: »Fahr wie der Teufel, und du bist bald bei ihm.« Aus dem Nichts tauchten alte Songs in meiner Erinnerung auf: die Version eines Straßensängers von *Good Night, Ladies,* und aus dem Film *Mr 420* (eine äußerst passende Quelle, aus der mein Erzähler schöpfte) der Hitsong *Mera Joota Hai Japani,** der beinah Saleems Themasong sein könnte.

Ich wusste, dass ich eine reiche Ader angezapft hatte; aber der Punkt, auf den ich hinweisen will, ist natürlich der, dass ich nicht die Gabe absoluter Erinnerung besitze und dass es gerade die Unvollkommenheit dieser Erinnerungen ist, ihre fragmentarische Natur, die sie für mich so lebendig macht. Die Scherben meiner Erinnerung gewannen einen höheren Rang, eine größere Resonanz, weil sie eben Bruchstücke waren; ihre fragmentarische Natur ließ trivialste Dinge wie Symbole wirken, und das Weltliche nahm überirdische Eigenschaften an. Hierzu gibt es eine Parallele in der Archäologie. Die zerbrochenen Krüge der Antike, aus denen die Vergangenheit zuweilen zwar rekonstruiert werden kann, aber immer nur provisorisch, sind aufregend, wenn man sie entdeckt, obwohl sie Bruchstücke alltäglichster Gegenstände sind.

Man könnte einwenden, die Vergangenheit sei ein Land, aus dem wir alle emigriert sind, und ihr Verlust Bestandteil unserer gemeinsamen Menschlichkeit. Was ich natürlich für zutref-

---

* *Mera joota hai Japani/Yé patloon Inglistani/Sar pé lal topi Rusi/Phir bhi dil hai Hindustani,* was man in etwa übersetzen könnte mit: Aus Japan sind meine schönen Schuh/Die Hosen sind englisch, was meinst du dazu?/Auf dem Kopf ein russischer Hut/Aber indisch ist mein Blut.) Das ist auch das Lied, das Gibril Farishta bei seinem Absturz vom Himmel zu Beginn der *Satanischen Verse* singt.

fend halte; dennoch möchte ich behaupten, dass der Schriftsteller, der außerhalb seiner Heimat und sogar außerhalb seines Sprachgebiets lebt, diesen Verlust weitaus intensiver empfindet. Möglicherweise wird er für ihn durch die physische Tatsache der Diskontinuität konkreter, die Tatsache, dass seine Gegenwart an einem anderen Ort stattfindet als seine Vergangenheit, dass er »anderswo« ist. Und eben das befähigt ihn vielleicht dazu, sich treffend und konkret über ein Thema von weltweiter Bedeutung und Aufmerksamkeit zu äußern.

Aber ich möchte noch weitergehen. Der zerbrochene Spiegel ist nicht nur ein Spiegel der Nostalgie, sondern ebenso, glaube ich, ein nützliches Instrument für die Arbeit in der Gegenwart. John Fowles beginnt seinen *Daniel Martin* mit den Worten: »Das Ganze sehen: Alles andere ist Trostlosigkeit.« Aber menschliche Wesen nehmen die Dinge nicht in ihrer Ganzheit wahr; wir sind keine Götter, sondern verwundete Kreaturen, zersprungene Linsen, nur zu gebrochener Wahrnehmung fähig. Partielle Wesen, in jedem Sinne dieses Wortes. Bedeutung ist eine wacklige Konstruktion, die wir aus Bruchstücken errichten, aus Dogmen, Kindheitskränkungen, Zeitungsartikeln, zufälligen Bemerkungen, alten Filmen, kleinen Siegen, verhassten Menschen, geliebten Menschen; vielleicht verteidigen wir unser Gefühl für das, was real ist, nur deswegen so verzweifelt, selbst bis in den Tod, weil dieses Gefühl aus so unzulänglichen Materialien zusammengesetzt ist. Von Fowles' Einstellung zu einer guruhaft-illusionären Weltsicht scheint es mir nur noch ein kleiner Schritt zu sein. Schriftsteller sind keine Weisen mehr, die die Wahrheit der Jahrhunderte verbreiten. Und jene von uns, die sich durch kulturelle Vertreibung gezwungen sehen, die provisorische Natur aller Wahrheiten, aller Gewissheiten zu akzeptieren, mögen sich den Modernismus haben aufzwingen lassen. Da wir den Olymp nicht für uns beanspruchen können, steht es uns frei, unsere Welten so zu schildern, wie wir alle sie, Schriftsteller oder nicht, Tag für Tag beobachten.

In den *Mitternachtskindern* benutzt Saleem, mein Erzähler, einmal die Metapher einer Filmleinwand, um das Thema Wahrnehmung zu behandeln: »Stell dir vor, du bist in einem großen Kino. Anfangs sitzt du in der hintersten Reihe, schiebst dich aber immer weiter nach vorn... bis du mit der Nase fast an die Leinwand stößt. Allmählich lösen sich die Gesichter der Stars in tanzende Körner auf; winzige Details nehmen groteske Proportionen an... wird klar, dass die Illusion selbst Realität ist.« Die Bewegung in Richtung Kinoleinwand ist eine Metapher für die Bewegung einer Erzählung durch die Zeit auf die Gegenwart zu, und das Buch selbst verliert, je mehr es sich gegenwärtigen Ereignissen nähert, bewusst die Tiefenperspektive und wird »partiell«. Ich habe nie versucht, über (zum Beispiel) die Emergency auf dieselbe Art und Weise zu schreiben wie über Geschehnisse, die ein halbes Jahrhundert früher stattfanden. Weil ich es nicht für ehrlich hielt vorzugeben, es sei möglich, das ganze Bild zu sehen, während man über den vorgestrigen Tag schreibt, zeigte ich nur gewisse Punkte und Abschnitte der Szene.

Einmal nahm ich an einer Konferenz über modernes Schreiben am New College von Oxford teil. Verschiedene Romanciers, darunter auch ich, diskutierten ernsthaft über Themen wie etwa die notwendige Suche nach neuen Möglichkeiten, die Welt zu beschreiben. Der Dramatiker Howard Brenton meinte, das sei ein eher begrenztes Ziel: Will denn die Literatur nicht mehr als nur beschreiben? Nervös geworden, wandten sich die Romanciers umgehend wieder ihren politischen Diskussionen zu.

Hier möchte ich Brentons Frage auf den speziellen Fall indischer Schriftsteller anwenden, die in England über Indien schreiben. Können sie wirklich nicht mehr tun, als aus der Ferne die Welt zu beschreiben, die sie verlassen haben? Oder öffnet eben diese Distanz ganz neue Türen?

Das sind natürlich politische Fragen, die wenigstens zum Teil mit politischen Begriffen beantwortet werden müssen. Zunächst muss ich vor allem sagen, dass die Beschreibung an sich eine politische Handlung ist. Der schwarzamerikanische Schriftsteller Richard Wright schrieb einmal, dass schwarze und weiße Amerikaner einen Kampf über das Wesen der Realität ausfechten. Ihre Beschreibungen seien unvereinbar. Somit steht fest, dass die Neubeschreibung einer Welt zwangsläufig der erste Schritt zu ihrer Veränderung ist. Und vor allem in Zeiten, da der Staat die Realität selbst in die Hände nimmt und sich daranmacht, sie zu verzerren, da er die Vergangenheit so lange verändert, bis sie seinen gegenwärtigen Bedürfnissen entspricht, wird die Schaffung alternativer Realitäten der Kunst, darunter des Romans der Erinnerung, politisiert. »Der Kampf des Menschen gegen die Macht«, schreibt Milan Kundera, »ist der Kampf der Erinnerung gegen das Vergessen.« Schriftsteller und Politiker sind natürliche Feinde. Beide Gruppen sind bestrebt, die Welt nach ihren eigenen Vorstellungen zu gestalten; sie kämpfen um dasselbe Territorium. Und der Roman ist eine Möglichkeit, der offiziellen Version der Wahrheit, der Version der Politiker, zu widersprechen.

Die »Staatswahrheit« über den Krieg in Bangladesch zum Beispiel lautet, dass von der pakistanischen Armee in dem Teil, der damals der sogenannte Ostflügel war, keinerlei Gräueltaten begangen wurden. Diese Version wird von zahlreichen Personen bestätigt, die sich selbst als Intellektuelle bezeichnen würden. Und die offizielle Version der Emergency in Indien wurde kürzlich von Mrs Gandhi sehr schön in einem BBC-Interview ausgedrückt. Es gebe Menschen, sagte sie, die behaupteten, dass während der Emergency schreckliche Dinge geschehen seien, Zwangssterilisierungen und Ähnliches; aber, erklärt sie, das sei alles falsch. Nichts dergleichen sei je vorgekommen. Mr Robert Kee, der Interviewer, ging dieser Behauptung nicht nach, sondern erklärte Mrs Gandhi und den Zuhörern von *Panorama* stattdessen, sie habe immer wieder bewiesen, dass man sie mit Recht als Demokratin bezeichnen könne.

Also kann die Literatur – und muss es wohl sogar – die offiziellen Fakten Lügen strafen. Ist das aber eine angemessene Funktion für jene von uns, die außerhalb Indiens schreiben? Oder sind wir doch nichts als Dilettanten in derartigen Angelegenheiten, weil wir nichts mit ihrer tagtäglichen Weiterentwicklung zu tun haben, weil wir, wenn wir den Mund aufmachen, keinerlei Risiko eingehen, weil unsere persönliche Sicherheit nicht gefährdet ist? Welches Recht haben wir, überhaupt den Mund aufzumachen?

Meine Antwort ist einfach. Die Literatur rechtfertigt sich selbst. Das heißt, ein Buch ist nicht dadurch gerechtfertigt, dass sein Autor würdig ist, es zu schreiben, sondern durch die Qualität dessen, *was* er geschrieben hat. Es gibt schreckliche Bücher, die unmittelbar aus der Erfahrung entstehen, und außergewöhnlich phantasievolle Schriften über Themen, denen sich der Autor nur von außen zu nähern vermochte.

Es ist nicht Aufgabe der Literatur, bestimmten Gruppen das Copyright für bestimmte Themen zu erteilen. Und was das Risiko betrifft: Die eigentlichen Risiken geht jeder Künstler bei seiner Arbeit ein, wenn er in dem Versuch, die Summe dessen, was zu denken im Bereich des Möglichen liegt, die Arbeit bis an die Grenzen des Möglichen vorantreibt. Bücher werden gut, wenn sie bis zu diesem schmalen Grat gehen und das Risiko auf sich nehmen, auf der anderen Seite abzustürzen – wenn sie den Künstler durch das gefährden, was er *künstlerisch* gewagt oder nicht gewagt hat.

Wenn ich also für die indischen Schriftsteller in England spreche, würde ich in freier Wiedergabe von G. V. Desanis H. Hatterr sagen: Die Migrationen der Fünfziger- und Sechzigerjahre haben stattgefunden. »Wir sind. Wir sind hier.« Wir sind nicht bereit, uns von irgendeinem Teil unseres Erbes ausgrenzen zu lassen; und dieses Erbe schließt sowohl das Recht eines in Bradford geborenen Inderkindes ein, als volles Mitglied der britischen Gesellschaft behandelt zu werden, als auch das Recht eines jeden Mitglieds dieser Post-Diaspora-Gemeinschaft, für seine Kunst aus ihren Wurzeln zu schöpfen, wie es die weltweite Gesamtheit vertriebener Schriftsteller schon immer getan hat. (Ich denke da zum Beispiel an das zu Gdansk gewordene Danzig von Günter Grass, an das von Joyce verlassene Dublin, an Isaac Bashevis Singer, Maxine Hong Kingston, Milan Kundera und viele andere; die Liste ist lang.)

Dabei möchte ich zunächst den ein wenig trotzigen Ton zurücknehmen, der sich in diese letzte Bemerkung eingeschlichen hat. Wenn der indische Schriftsteller auf Indien zurückblickt, benutzt er dabei eine von Schuldbewusstsein getönte Brille. (Ich spreche natürlich wieder einmal von mir selbst.) Ich beziehe mich hier auf jene von uns, die ausgewandert sind ... und vermute, dass es für uns alle Zeiten gibt, da uns diese Entscheidung falsch erscheint, da wir uns selbst wie Männer und Frauen nach dem Sündenfall fühlen. Wir sind Hindus, die das schwarze Wasser überquert haben; wir sind Moslems, die Schweinefleisch essen. Und gehören infolgedessen – wie die Tatsache andeutet, dass ich selbst den christlichen Begriff Sündenfall verwende – inzwischen teilweise zum Westen. Unsere Identität ist mehrfach und zugleich partiell. Manchmal haben wir das Gefühl, mit je einem Bein in zwei Kulturen gleichzeitig zu stehen; dann wiederum, zwischen zwei Stühlen zu sitzen. Aber so unsicher und veränderlich dieser Boden auch sein mag, er ist kein unfruchtbares Territorium für einen Schriftsteller. Wenn es in der Literatur zum Teil darum geht, neue Möglichkeiten für den Eintritt in die Realität zu finden, dann kann uns wieder einmal unsere Distanz, unsere lange geografische Perspektive derartige Möglichkeiten bieten. Vielleicht aber müssen wir ganz einfach daran glauben, um unsere Arbeit leisten zu können.

Die *Mitternachtskinder* gehen ihr Thema vom Standpunkt eines säkular eingestellten Menschen an. Ich gehöre zu jener Generation von Indern, denen das weltliche Ideal eingetrichtert wurde. Eines der Dinge, die mir an Indien gefielen und immer noch gefallen, ist die Tatsache, dass es sich auf eine nicht sektiererische Philosophie stützt. Ich bin nicht in einem engstirnigen Moslemmilieu aufgewachsen; für mich ist die Hindukultur weder fremdartig noch wichtiger als die islamische Religion. Ich glaube, das hat etwas mit dem Charakter der Stadt Bombay zu tun, einer Metropole, in der die Vielzahl durcheinandergewürfelter Glaubensrichtungen und Kulturen seltsamerweise ein bemerkenswert säkulares Ambiente ergeben. Saleem Sinai macht sich eklektisch jegliches Element aus jeglicher Quelle zunutze, das ihm gelegen kommt. Für seinen Autor war es vielleicht einfacher, das außerhalb des modernen Indien zu tun als innerhalb.

Ein letztes Wort noch über die Schilderung Indiens, die in den *Mitternachtskindern* angestrebt wird. Es handelt sich um den Pessimismus. Das Buch ist in Indien wegen seiner angeblich hoffnungslosen Atmosphäre kritisiert worden. Und die Verzweiflung des »Schriftstellers von außen« mag in der Tat ein wenig oberflächlich, ein wenig simpel wirken. Ich aber empfinde das Buch nicht als verzweifelt oder nihilistisch. Der Standpunkt des Erzählers ist nicht völlig identisch mit dem des Autors. Ich habe versucht, eine gewisse Spannung in den Text zu bringen, eine paradoxe Opposition zwischen Form und Inhalt der Erzählung. Saleems Geschichte stürzt ihn tatsächlich in Verzweiflung. Doch die Geschichte wird auf eine Art und Weise erzählt, die das indische Talent zur Regeneration so gut widerspiegeln soll, wie es mir bei meinen Fähigkeiten möglich war. Deswegen tauchen in der Erzählung immer wieder neue Geschichten auf, deswegen »schäumt sie über«. Die Form – mannigfaltig, ein Hinweis auf die unendlichen Möglichkeiten dieses Landes – ist das optimistische Gegengewicht zu Saleems persönlicher Tragödie. Ich glaube nicht, dass man ein so geschriebenes Buch wirklich als pessimistisch bezeichnen kann.

Englands indische Schriftsteller sind keineswegs alle vom selben Stamm. Manche von uns sind zum Beispiel Pakistani. Andere Bangladeschi. Wieder andere West-, Ost- oder sogar Südafrikaner. Und V. S. Naipaul ist inzwischen wieder etwas ganz anderes. »Indisch« wird allmählich zu einem ziemlich konfusen Begriff. Zu den indischen Schriftstellern in England gehören politische

Exilanten, Einwanderer der ersten Generation, reiche Verbannte, die hier oft nur vorübergehend Wohnsitz nehmen, eingebürgerte Briten und Menschen, die hier geboren sind und den Subkontinent möglicherweise niemals gesehen haben. Daher kann ganz eindeutig nichts von dem, was ich sage, auf all diese Kategorien zutreffen. Interessant an dieser bunt gemischten Gemeinde ist jedoch, dass ihre Existenz, soweit es die angloindische Romanliteratur angeht, die Szene verändert, denn diese Literatur wird in Zukunft nicht weniger oft aus London, Birmingham und Yorkshire kommen als aus Delhi oder Bombay.

Eine der Veränderungen hat etwas mit der Einstellung zum Gebrauch des Englischen zu tun. Immer wieder wird die Frage gestellt, ob diese Sprache den rein indischen Themen angemessen sei. Und wie ich hoffe, sind wir alle gleichermaßen der Ansicht, dass wir das Englische keineswegs einfach genauso gebrauchen können wie die Briten, sondern dass man es für unsere Zwecke ganz neu gestalten muss. Jene von uns, die das Englische benutzen, tun das trotz ihrer zwiespältigen Einstellung zu dieser Sprache, vielleicht aber auch gerade deswegen, vielleicht, weil wir in diesem linguistischen Kampf die Spiegelung anderer Kämpfe sehen, die in der realen Welt stattfinden, die Kämpfe zwischen den Kulturen in uns selbst und den Einflüssen auf unsere Gesellschaften. Die englische Sprache zu bewältigen bedeutet vielleicht die Vollendung unseres Strebens nach Freiheit.

Aber der angloindische Schriftsteller hat überhaupt keine Möglichkeit, das Englische abzulehnen. Seine Kinder, ihre Kinder werden damit aufwachsen, es vermutlich als Erstsprache lernen; und bei der Schaffung einer angloindischen Identität ist die englische Sprache von zentraler Bedeutung. Man muss sie sich daher trotz allem zu eigen machen. (Das englische Wort *translation* für Übersetzung, Übertragung kommt etymologisch vom lateinischen Ausdruck für »übertragen«. Da wir quer über die Welt getragen wurden, sind auch wir selbst *translated* – übertragene Menschen. Normalerweise wird vorausgesetzt, dass bei der Übersetzung immer etwas verloren geht; ich halte hartnäckig an der Auffassung fest, dass genauso etwas gewonnen werden kann.)

Ein indischer Schriftsteller in dieser Gesellschaft zu sein bringt tagtäglich Definitionsprobleme. Was bedeutet es, außerhalb Indiens »indisch« zu sein? Wie kann man eine Kultur bewahren, ohne dass sie dabei verknöchert? Wie sollen wir die Notwendigkeit einer Veränderung in uns selbst und in unserer Gemeinschaft diskutieren, ohne unseren rassischen Feinden dabei scheinbar in die Hände zu spielen? Was sind die – geistigen und praktischen – Folgen einer Weigerung, irgendwelche Konzessionen an westliche Ideen und Praktiken zu machen? Was sind die Folgen der Übernahme jener Ideen und Praktiken und der Abwendung von denen, die wir hierher mitgebracht haben? Diese Fragen münden allesamt in eine einzige, existenzielle Frage: Wie sollen wir in dieser Welt leben?

Ich maße mir nicht an, eine verbindliche Antwort auf diese Fragen zu geben; es geht mir nur darum festzustellen, dass dies einige der Punkte sind, mit denen sich jeder Einzelne von uns arrangieren muss.

Nun möchte ich den Blick nach außen richten und ein paar Worte über das Verhältnis des indischen Schriftstellers zur Majorität der weißen Kultur äußern, in deren Mitte er lebt und mit der sich seine Arbeit früher oder später auseinandersetzen muss:

Genau wie zahlreiche in Bombay aufgewachsene Mittelschichtkinder meiner Generation wurde ich mit gründlichen Kenntnissen und sogar einem gewissen Freundschaftsgefühl für eine ganz bestimmte Art England aufgezogen: ein Traumengland, bestehend aus Kricketvergleichsspielen zwischen England und dem Commonwealth bei Lord's, geleitet von John Arlotts Stimme, bei denen Freddie Truman unaufhörlich und erfolglos auf Polly Umrigar wirft; aus Enid Blyton und Billy Bunter, bei denen wir sogar bereit waren, nachsichtig über Porträts wie das des Hurree Jamset Ram Singh, »des dunkelhäutigen Nabobs von Bhanipur«, zu lächeln. Ich wollte unbedingt nach England. Konnte es kaum abwarten. Und ehrlich gesagt hat England mich gut behandelt; dennoch fällt es mir ein wenig schwer, angemessen dankbar zu sein. Denn ich komme nicht von dem Eindruck los, dass mein relativ leichter Weg nicht das Ergebnis des im Traumengland vorherrschenden, berühmten Sinnes für Toleranz und Fairplay ist, sondern meiner Gesellschaftsschicht, meiner außergewöhnlich hellen Haut und meines sehr »englischen« Akzents. Nimmt man einen dieser Faktoren fort, wäre die Story anders verlaufen. Denn das Traumengland ist natürlich eben nur das: ein Traum.

Leider jedoch ein Traum, aus dem zu viele weiße Briten einfach nicht erwachen wollen. Vor Kurzem fragte mich ein Profihumorist in einer Rundfunklivesendung allen Ernstes, was ich denn dagegen hätte, als *wog* bezeichnet zu werden. Er persönlich habe das immer für ein eher hübsches Wort gehalten, einen liebevollen Ausdruck. »Als ich neulich mal im Zoo war«, berichtete er, »erzählte mir ein Zoowärter, die *wogs* könnten am besten mit Tieren umgehen; sie steckten sich die Daumen in die Ohren, wackelten mit den Fingern, und die Tiere fühlten sich sofort zu Hause.« Der Geist von Hurree Jamset Ram Singh spukt also noch immer bei uns herum.

Wie Richard Wright vor langer Zeit in Amerika feststellte, sind die schwarzen und weißen Beschreibungen der Gesellschaft nicht mehr miteinander vereinbar. Eine Methode, mit diesen Problemen fertigzuwerden, ist die Phantasie oder das Vermischen von Phantasie und Naturalismus. Sie bietet die Möglichkeit, im Rahmen unserer Arbeit alle Fragen anzuschneiden, mit denen wir konfrontiert sind: wie man eine neue, »moderne« Welt aus einer alten, von Legenden verfolgten Zivilisation entstehen lassen kann, einer alten Kultur, die wir mitten ins Herz einer neueren getragen haben. Doch welche technischen Lösungen auch immer wir finden werden, die indischen Schriftsteller auf diesen Inseln sind, wie andere, die vom Süden in den Norden emigriert sind, in der Lage, aus einer Art Doppelperspektive heraus zu schreiben: weil sie – wir – in dieser Gesellschaft gleichzeitig Insider und Outsider sind. Und diese »Stereosicht« ist es vielleicht, was wir anstelle der »Ganzsicht« bieten können.

Noch einen letzten Gedanken gibt es, den ich näher untersuchen möchte, obwohl er beim ersten Hinhören einem großen Teil dessen widersprechen mag, was ich bisher gesagt habe. Er lautet: Von all den vielen Elefantenfallen, die auf uns warten, wäre die wohl größte und gefährlichste der Erwerb einer Ghettomentalität. Zu vergessen, dass es eine Welt außerhalb der Gemeinde gibt, zu der wir gehören, und sich in den engen kulturellen Grenzen einzuschließen hieße, wie ich meine, sich freiwillig in jene Form des inneren Exils zu begeben, das in Südafrika »Homelands« genannt wird. Wir müssen uns davor hüten, selbst aus den allerbesten Gründen literarische angloindische Äquivalente zu Bophuthatswana oder der Transkei zu bilden.

Damit erhebt sich sogleich die Frage, »für« wen man schreibt. Meine eigene kurze Antwort lautet, dass ich beim Schreiben nie an die Leser gedacht habe. Ich habe Ideen, Menschen, Ereignisse, Formen, und »für« diese Dinge schreibe ich, während ich hoffe, dass das vollendete Werk den anderen interessant erscheint. Doch welchen anderen? Im Fall der *Mitternachtskinder* hatte ich eindeutig das Gefühl, dass ich es, wenn seine subkontinentalen Leser das Werk ablehnten, als Misserfolg betrachtet hätte, und zwar ungeachtet der Reaktionen im Westen. Also würde ich sagen, dass ich »für« die Menschen schreibe, die sich als Teil der Dinge empfinden, »über« die ich schreibe, aber auch für jeden anderen, den ich irgendwie erreichen kann. In diesem Punkt bin ich derselben Meinung wie der schwarze amerikanische Schriftsteller Ralph Ellison, der in seiner Essaysammlung *Shadow and Act* sagt, er sehe etwas Kostbares darin, in der heutigen Zeit in Amerika schwarz zu sein, strebe aber nach weitaus mehr. »Ich wurde«, schreibt er, »schon sehr früh von der Leidenschaft ergriffen, alles, was ich innerhalb der Gemeinschaft der Schwarzen liebte, mit allen Dingen zu verbinden, die, wie ich spürte, in der Welt draußen existierten.«

Kunst ist eine Leidenschaft des Geistes. Und die Phantasie funktioniert am besten, wenn man ihr freien Lauf lässt. Die Schriftsteller des Westens haben sich bei der Wahl ihrer Themen, Schauplätze und Formen nie Zwang angetan; munter haben die visuellen Künstler des Westens in diesem Jahrhundert die visuellen Vorratslager Afrikas, Asiens, der Philippinen leer geräumt. Ich bin überzeugt, dass wir uns die gleiche Freiheit nehmen müssen.

Nach meiner Ansicht steht den indischen Schriftstellern in England, von ihrer eigenen Rassengeschichte abgesehen, noch eine zweite Tradition zur Verfügung: nämlich die Kultur und politische Geschichte des Phänomens der Migration, der Vertreibung, des Lebens in einer Minderheitsgruppe. Wir können völlig zu Recht die Hugenotten, die Iren, die Juden als unsere Vorfahren beanspruchen; die Vergangenheit, zu der wir gehören, ist eine englische Vergangenheit, die Geschichte der eingewanderten Briten. Swift, Conrad und Marx sind ebenso unsere literarischen Ahnen wie Tagore und Ram Mohan Roy. Amerika, eine ganze Nation von Einwanderern, hat aus dem Phänomen der kulturellen Transplantation, aus dem Studium der Methoden, durch die die Menschen mit einer neuen Welt fertigwerden, eine großartige Literatur geschaffen; mag sein, dass wir, indem wir entdecken, was wir mit jenen gemeinsam haben, die uns in dieses Land vorausgegangen sind, allmählich beginnen können, dasselbe zu tun.

Ich möchte betonen, dass dies nur eine von vielen möglichen Strategien ist. Aber wir sind unwiderruflich internationale Schriftsteller in einer Zeit, da der Roman eine so internationale Form angenommen hat wie nie zuvor (ein Schriftsteller wie Borges spricht von Robert Louis Stevensons Einfluss auf sein Werk, Heinrich Böll gibt zu, von der irischen Literatur beeinflusst worden zu sein: gegenseitige Befruchtung, wohin man sieht); und eine der erfreulicheren Freiheiten des literarischen Migranten ist wohl die Möglichkeit, seine Eltern zu wählen. Zu den meinen – halb bewusst, halb unbewusst ausgewählt – zählen Gogol, Cervantes, Kafka, Melville, Machado de Assis: ein polyglotter Stammbaum, an dem ich mich ständig messe und zu dem zu gehören mir eine Ehre sein würde.

In Saul Bellows jüngstem Roman *Der Dezember des Dekans* gibt es ein wunderschönes Bild. Die Hauptperson, Dekan Corde, hört irgendwo einen Hund wütend bellen. Er stellt sich vor, dass der Hund mit diesem Gebell seinem Protest gegen die begrenzten Erfahrungsmöglichkeiten eines Hundes Ausdruck verleiht. »Macht doch um Gottes willen das Universum ein bisschen weiter auf!«, verlangt der Hund. Und weil Bellow natürlich im Grunde nicht von Hunden redet oder nicht nur von Hunden, habe ich das Gefühl, dass die Wut des Hundes wie auch seine Sehnsucht ebenso meine, unsere, jedermanns Wut und Sehnsucht ist. »Macht doch um Gottes willen das Universum ein bisschen weiter auf!«

1982

»Errata« oder: Ein unzuverlässiger Erzähler in den *Mitternachtskindern*

Der Hinduüberlieferung zufolge liebt der elefantenköpfige Gott Ganesha die Literatur; liebt sie so sehr, dass er sich bereit erklärt, zu Füßen des Barden Vyasa zu sitzen und als einzigartigen Akt stenografischer Liebe den gesamten Text der *Mahabharata* von Anfang bis Ende niederzuschreiben.

In den *Mitternachtskindern* nimmt Saleem Sinai an einer Stelle Bezug auf diese alte Überlieferung. Nur lautet seine Version ein wenig anders. Bei Saleem sitzt Ganesha zu Füßen des Dichters Valmiki und schreibt die *Ramayana* nieder. Doch Saleem irrt sich.

Das ist allerdings nicht sein einziger Irrtum. In seinem Bericht über die Entwicklung der Großstadt Bombay erklärt er uns, Mumbadevi, die Schutzgöttin der Stadt, sei bei den damaligen Einwohnern von Bombay in Ungnade gefallen: »Der Festkalender bezeugt ihren Niedergang ... Wo bleibt der Mumbadevi-Tag?« In Wirklichkeit enthält der Festkalender einen unverwechselbaren Mumbadevi-Tag, das heißt in allen indischen Versionen bis auf Saleems.

Und wie war es möglich, Lata Mangeshkar schon 1946 im All-India-Radio singen zu hören? Und weiß Saleem denn nicht, dass es nicht General Sam Manekshaw sein konnte, der die Kapitulation der pakistanischen Armee am Ende des Bangladeschkrieges entgegennahm, weil der indische Offizier, Tiger Niazis alter Kumpel, natürlich Jagjit Singh Arora war? Und warum behauptet Saleem, die Zigarettenmarke State Express 555 werde von der Firma W. D. & H. O. Wills hergestellt?

So könnte ich fortfahren. In Bombay sind Tetrapoden niemals im Rahmen eines Landgewinnungsplans eingesetzt worden, sondern als Schutz und Stützen für den Hafendamm entlang der Marine Drive Promenade. Ebenso wenig konnte der Zug, mit dem

Picture Singh und Saleem von Delhi nach Bombay fahren, durch Kurla gekommen sein, weil das an einer anderen Strecke liegt.

Und so weiter. Inzwischen ist, wie ich hoffe, eindeutig klar, dass Saleem Sinai ein unzuverlässiger Erzähler und das Buch *Mitternachtskinder* weit davon entfernt ist, ein maßgebender Führer durch die Geschichte Indiens seit der Unabhängigkeit zu sein.

Aber so läuft eine unzuverlässige Erzählung in Romanen nun doch nicht ganz. Konventionelle unzuverlässige Erzähler sind häufig ein bisschen dumm und weniger fähig zu erkennen, was um sie herum geschieht, als der Leser. In solchen Erzählungen enträtselt man die wahre Bedeutung der Ereignisse, indem man die falsche Sicht des Erzählers »durchschaut«. Der Erzähler der *Mitternachtskinder* ist jedoch weder besonders dumm noch besonders unfähig zu erkennen, was geschieht.

Warum also die vielen Fehler? Eine Antwort darauf könnte lauten, dass der Autor schlampig recherchiert hat. »Wenn Sie in Ihrer Geschichte schon die Hinduüberlieferungen benutzen, Mr Rushdie«, fragte mich in Bangalore ein zorniger Gentleman mit spiegelblanker Glatze – er hatte die Valmiki/Vyasa-Verwechslung entdeckt –, »meinen Sie nicht, dass Sie sich dann die Mühe machen sollten, erst einmal nachzuschlagen?« Außerdem habe ich Zuschriften bekommen, die über die Buslinien in Bombay streiten und mir mitteilen, bestimmte, im Text von der pakistanischen Armee benutzte Ränge würden in Wirklichkeit *nicht* von der pakistanischen Armee in Pakistan benutzt. In all diesen Briefen herrscht ein gewisser Unterton von Schadenfreude: Der Leser freut sich, den Schriftsteller »erwischt« zu haben.

Deswegen möchte ich hier gestehen, dass der Roman einige Fehler enthält, die sowohl meine als auch Saleems Schuld sind. Einer ist in der Schilderung des Massakers von Amritsar zu finden, in der ich Saleem sagen lasse, dass Dyer, als er den Jallianwala-Bagh-Bezirk betrat, von »50 weißen Soldaten« begleitet wurde. In Wahrheit waren es zwar 50 Soldaten, aber sie waren nicht weiß. Als ich meinen Irrtum entdeckte, ärgerte ich mich sehr und versuchte ihn korrigieren zu lassen. Jetzt bin ich mir nicht mehr so sicher. Der Irrtum scheint mir immer mehr Saleems Irrtum statt meiner zu sein; in seiner Falschheit erscheint er *richtig*.

Anderswo dagegen habe ich mir einige Mühe gegeben, etwas Falsches zu schreiben. In ursprünglich fehlerfreie Passagen wurde eine Andeutung von Ungenauigkeit hineingeschmuggelt. Unbeabsichtigte Fehler wurden, sobald entdeckt, nicht etwa ausgemerzt, sondern betont, in der Story hervorgehoben. Dieses seltsame Verhalten fordert eine Erklärung.

Als ich mit dem Roman begann, hatte ich (wie anderswo bereits geschrieben) ein irgendwie proustsches Ziel vor Augen. Zeit und Migration hatten einen Doppelfilter zwischen mich und mein Thema geschoben, aber ich hoffte, wenn ich meine Phantasie nur ausreichend bemühte, hinter diese Filter zu blicken und so schreiben zu können, als seien die Jahre nicht vergangen, als hätte ich Indien nicht verlassen, um in den Westen auszuwandern. Während der Arbeit jedoch stellte ich fest, dass es der Prozess des Filterns selber war, der mein Interesse weckte. Also änderte sich mein Thema, war es nicht mehr die Suche nach der verlorenen Zeit, sondern nach der Methode, durch die wir, indem wir unser Gedächtnis als Werkzeug benutzen, die Vergangenheit neu zu schaffen vermögen, um sie unseren gegenwärtigen Zwecken anzupassen. Saleems größter Wunsch gilt dem, was er als Bedeutung bezeichnet, und gegen Ende seines zerbrochenen Lebens macht er sich daran, *sich selbst zu schreiben* – in der Hoffnung, dadurch die Bedeutung zu erlangen, die die Ereignisse seines Erwachsenenlebens aus ihm herausgesaugt haben. Er ist kein leidenschaftsloser, desinteressierter Chronist. Er möchte sein Material so formen, dass der Leser gezwungen wird, seine – Saleems – zentrale Rolle anzuerkennen. Er schneidet sich die Geschichte genauso nach seinen Wünschen zurecht, wie er es getan hat, als er Zeitungen ausschnitt, um seinen früheren Text zusammenzustellen, den anonymen Brief an Commander Sabarmati. Die kleinen Fehler in diesem Text kann man als Anhaltspunkte interpretieren, als Hinweise darauf, dass Saleem sowohl zu großen als auch zu kleinen Verfälschungen fähig ist. Er ist an den Ereignissen, die er erzählt, unmittelbar beteiligt.

Doch er *erinnert* sich natürlich, und eine der simpelsten Wahrheiten über jede Art von Erinnerungen ist, dass viele von ihnen falsch sind. Ich selbst erinnere mich deutlich daran, während des Chinakrieges in Indien gewesen zu sein. Ich »erinnere« mich, wie verängstigt wir alle waren, ich »erinnere« mich, dass die Leute nervöse Witze rissen und behaupteten, man müsse sich das eine oder andere Lexikon für Gebrauchs-Chinesisch kaufen, weil man vermutete, die chinesische Armee werde nicht haltmachen, bis sie Delhi erreicht habe. Ich weiß aber auch, dass ich zu jener Zeit unmöglich in Indien gewesen sein kann. Interessiert stellte ich fest, dass mein Gehirn sich *sogar noch, als ich feststellte, dass meine Erinnerung mir einen Streich spielte,* schlichtweg weigerte, sich zu entwirren. Es klammerte sich an die falsche Erinnerung und fand sie ganz einfach schöner als das tatsächlich Geschehene. Ich selbst sah darin eine wichtige Lektion.

Von da an bevorzugte ich beim Niederschreiben des Romans und wann immer es zu einem Konflikt zwischen der tatsächlichen und der erinnerten Wahrheit kam die erinnerte Version. Deswegen wird auch Saleem, obwohl er zugibt, dass im Jahr des Bangladeschkrieges keine Flutwelle durch die Sundarbans wusch, weiterhin von dieser fiktiven Welle aus dem Dschungel hinausgetragen. Denn seine Wahrheit ist ihm so wichtig, dass er nicht zusehen kann, wie sie von einem einfachen Wetterbericht aus den Angeln gehoben wird. Sie sei die Wahrheit der Erinnerung, erklärt er, und nur ein Verrückter werde die Version eines anderen der eigenen vorziehen.

Saleem Sinai ist kein Orakel; er übernimmt nur eine Art Orakelsprache. Seine Story ist nicht Geschichte, spielt aber mit geschichtlichen Begriffen. Ironischerweise veränderte der Erfolg des Buches – der Booker Prize usw. – anfänglich die Einstellung, mit der es gelesen wurde. Viele Leser *wollten,* dass es Geschichte, dass es sogar der Stadtführer sei, als der es niemals gedacht worden war; andere lehnten es wegen seiner Unvollständigkeit ab und wiesen unter anderem darauf hin, dass ich es unterlassen habe, die Schönheiten der Urdu-Lyrik zu erwähnen, das Elend der Harijans oder Unberührbaren, oder das, was manche Leute als neuen Imperialismus der Hindusprache in Südindien bezeichnen. Diese vielen verschiedenen enttäuschten Leser beurteilten das Buch nicht als Roman, sondern als eine Art inadäquates Nachschlagewerk oder Lexikon.

Die Zeit hat derartige Knitterfalten ausgebügelt. Ich möchte nur noch Saleems Irrtum hinsichtlich des Gottes Ganesha aufklären. Er ereignete sich unmittelbar nachdem Saleem mit seiner eigenen Gelehrsamkeit prahlt. Obwohl er aus einer Moslemfamilie stammt, behauptet er, in Hindugeschichten gut bewandert zu sein. Dass er sogleich einen Riesenschnitzer über den Mythos hinlegt, der schließlich auch für ihn eine zentrale Bedeutung hat (Ganeshas Elefantennase sowie seine zweifelhafte Herkunft spiegeln seine eigenen Attribute wider), war, wie ich fand, eine Möglichkeit, seinem erzählerischen Schwulst einen Dämpfer aufzusetzen; aber es war auch – zusammen mit Saleems anderem Schnitzer über das Datum von Mahatma Gandhis Ermordung – eine Möglichkeit, dem Leser nahezulegen, sich ein gesundes Misstrauen zu bewahren.

Die Geschichte ist immer zwiespältig. Tatsachen sind schwer zu erhärten, und man kann sie auf die verschiedenste Art auslegen. Die Realität beruht auf Vorurteilen, Missverständnissen und Ignoranz ebenso wie auf unserer Wahrnehmungsfähigkeit und unserem Wissen. Saleems unzuverlässige Erzählung zu lesen könnte, wie ich fand, eine nützliche Analogie für die Art sein, in der wir alle tagtäglich versuchen, die Welt zu »lesen«.

1983

Das Rätsel der Mitternacht:
Indien, August 1987

Vor vierzig Jahren wurden der unabhängige Staat Indien und ich im Abstand von acht Wochen geboren. Ich kam zuerst. Diese Tatsache gibt Anlass zu einem Familienscherz – der Abzug der Briten sei durch mein Erscheinen ausgelöst worden –, und dieser Scherz wiederum legte den Keim zu einem Roman, die *Mitternachtskinder*, in dem nicht nur ein, sondern eintausendundein Kind, geboren zur Mitternachtsstunde der Freiheit, der ersten Stunde des 15. August 1947, in sowohl komischer als auch tragischer Form mit der Geburt des Staates verbunden sind.

Ich habe übrigens errechnet, dass die Geburtenrate in Indien im August 1947 annähernd zwei Kinder pro Sekunde betrug, sodass meine fiktive Zahl von 1001 pro Stunde eher zu niedrig gegriffen war. Diese Kettenreaktion setzte sich fort. Der Titel des Romans wurde für viele Inder ein vertrautes Schlagwort für jene Generation, die zu jung war, um sich an das Empire oder den Freiheitskampf erinnern zu können; und als Rajiv Gandhi Premierminister wurde, stellte ich fest, dass seine Regierung in der Presse mit Schlagzeilen begrüßt wurde, die etwa lauteten: »Auftritt Mitternachtskinder.«

Daher kam mir, als ich mich meinem 40sten Lebensjahr näherte, der Gedanke, den Zustand des indischen Staates unter die Lupe zu nehmen, der ja mit mir zusammen in sein fünftes Jahrzehnt eintrat; und zwar vor allem mit den Augen des Jahrgangs '47, dem Zwilling der Nation, meiner eigenen Generation. Also flog ich nach Indien, um nach den Ebenbildern jener Phantasiegestalten zu suchen, die ich mir einst ausgedacht hatte: den Mitternachtskindern. Ihnen zu begegnen würde heißen, einen Kreis zu schließen.

Ein Rätsel wollte ich mit ihrer Hilfe zu lösen versuchen: *Gibt es Indien?* Auf den ersten Blick eine merkwürdige, überflüssige Frage. Schließlich ist da unwiderlegbar dieses gigantische Land, ein 2000 Meilen langer und mehr oder weniger ebenso breiter Rohdiamant, so groß wie Europa, obwohl man das nach der Mercator-Projektion niemals erraten würde, bevölkert von rund einem Sechstel der menschlichen Rasse, Heimat der größten Filmindustrie auf Erden, die auf der ganzen Welt Massen von Festivals auslöst, berühmt als »die größte Demokratie der Welt«. Gibt es Indien? Und wenn nicht, was trennt dann Pakistan von Bangladesch?

Erst wenn man über diese politische Entität nachdenkt, den Staatenbund Indien, diese Nation, die ihren vierzigsten Geburtstag feiert, bekommt diese Frage überhaupt einen Sinn. Schließlich hat es in all den Tausenden von Jahren indischer Geschichte niemals so etwas wie ein vereintes Indien gegeben. Niemand hat es je geschafft, das ganze weite Land zu regieren, nicht die Mughals und nicht die Briten. Und dann, zu jener Mitternachtsstunde, wurde dieses Land, das es nie gegeben hat, auf einmal »frei«. Doch was in aller Welt war dieses Land? Auf wessen gemeinsamem Grund und Boden hat es gelegen, liegt es heute?

Manche Länder sind durch eine gemeinsame Sprache vereint; in Indien gibt es annähernd fünfzehn Haupt- und unzählige Nebensprachen. Auch ist seine Bevölkerung weder durch Rasse noch durch Religion oder Kultur vereint. Heutzutage vernimmt man sogar vereinzelte Stimmen, die behaupten, das Festhalten an der Union liege nicht im allgemeinen Interesse. J. K. Galbraiths Beschreibung Indiens als »funktionierende Anarchie« trifft immer noch zu, aber noch niemals zuvor war der Druck auf das Land so groß. Gibt es Indien? Wenn nicht, ist die Erklärung in einem einzigen Wort zu finden: Kommunalismus. Die Politik religiösen Hasses.

Im Bundesstaat Uttar Pradesh gibt es eine mittelgroße Stadt namens Ayodhya, und dort steht eine ziemlich uninteressante Moschee namens Babri Masjid. Nach der *Ramayana* jedoch war

Ayodhya die Heimatstadt des Rama persönlich, und einer einheimischen Legende zufolge ist der Platz, an dem er geboren wurde – der *Ramjanmabhoomi* –, jener, an dem heute das Bethaus der Moslems steht. Seit der Unabhängigkeit ist dieser Platz umstrittenes Territorium, doch während des größten Teils der 40 Jahre wurde das Problem durch die sehr indische Methode unter Kontrolle gehalten, alles auf die lange Bank zu schieben, die Tore der Moschee zu verschließen und weder Hindus noch Moslems Zutritt zu gewähren.

Im vergangenen Jahr kam der Fall jedoch vor den Richter, und das Urteil schien die Hindus zu begünstigen. Babri Masjid wurde zur Zielscheibe einer extremistisch-fundamentalistischen Hinduorganisation, der Vishwa Hindu Parishad. Seitdem liegen die Hindus und Moslems von ganz Nordindien miteinander im Streit, und bei jedem Ausbruch kommunalistischer Gewalttätigkeit wird die Babri-Masjid-Affäre als Hauptgrund genannt.

Als ich in Delhi eintraf, bestand in der ummauerten Altstadt wegen eines solchen Ausbruchs kommunalistischer Gewalttätigkeit strengstes Ausgehverbot. In den engen Gassen von Chandni Chowk begegnete ich Harbans Lal, einem Hinduschneider, geboren 1947 und so sanft und freundlich, wie man es sich nur wünschen kann. Die Gewalttätigkeiten entsetzten ihn. »Als es anfing«, erzählte er, »hab' ich den Laden geschlossen und bin weggelaufen.« Trotz seiner bemerkenswerten Sanftmut jedoch war Harbans Lal ein überzeugter Anhänger der Hindunationalistenpartei, die früher Jan Sangh hieß und sich heute BJP nennt. »Nach dem Tod von Mrs Gandhi hab ich bei der Wahl für Rajiv Gandhi gestimmt«, berichtete er. »Das war ein großer Fehler. So etwas werde ich nie wieder tun.« Ich fragte ihn, was man im Hinblick auf die Babri-Masjid-Frage tun könne. Ob man sie wieder, wie schon zuvor, für viele Jahre unter Verschluss halten solle? Oder ob man daraus einen Ort machen solle, an dem alle beide, Hindus und Moslems, beten könnten? »Es ist ein Hinduschrein«, erklärte Lal, »also sollte er auch nur für Hindus sein.« Die Möglichkeit, einen Kompromiss zu schließen, existierte für ihn einfach nicht.

Einige Tage später herrschte in der Altstadt immer noch eine gespannte Atmosphäre. Das Ausgehverbot wurde täglich für ein bis zwei Stunden aufgehoben, damit die Menschen einkaufen gehen konnten. Während der restlichen Zeit galten strenge Sicherheitsmaßnahmen. Es war gerade Eid, das große Moslemfest zur Beendigung des Fastenmonats, aber die führenden Imams der Stadt hatten bestimmt, dass Eid diesmal nicht gefeiert werden solle. Bei Meerut trieben die verstümmelten Leichen der Moslems im Fluss. Die hauptsächlich aus Hindus bestehende Polizei der Stadt, die PAC, war Amok gelaufen. Und wieder einmal war Babri Masjid einer der Hauptstreitpunkte.

Auch Abdul Ghani lernte ich kennen, einen Moslem aus Delhi, der in einem Sarigeschäft arbeitete und, genau wie Harbans Lal, Indien und ich, im Jahre 1947 geboren war. Verblüfft sah ich, wie ähnlich er Harbans Lal war. Beide waren sie schmächtige, sanfte Männer mit leiser, höflicher Stimme und gewinnendem Lächeln. Beide verdienten sie ungefähr 1000 Rupien (100 Dollar) pro Monat, träumten davon, ein eigenes Geschäft aufzumachen, und wussten doch, dass sie das niemals schaffen würden. Und was den kommunalistischen Hindu-Moslem-Streit betraf, so war Abdul Ghani nicht weniger unnachgiebig als Harbans Lal. »Was den Moslems gehört«, antwortete er, als ich ihn nach Babri Masjid fragte, »sollte den Moslems zurückgegeben werden. Etwas anderes kommt nicht infrage.«

Harbans Lals und Abdul Ghanis Sanftmut machten ihren religiösen Zwist umso bestürzender. Doch Babri Masjid war nicht der einzige Streitpunkt zwischen den Glaubensrichtungen. In Ahmedabad im Staat Gujarat konzentrierte sich die Hindu-Moslem-Gewalttätigkeit abermals um den Altstadtbezirk Manek Chowk und hatte längst ihre eigene interne Logik entwickelt: So viele Familien hatten bei den Kämpfen Angehörige verloren, dass der Teufelskreis der Rache nicht mehr zu stoppen war. Auch politische Kräfte waren am Werk. In den Krankenhäusern von Ahmedabad stellten die Ärzte fest, dass zahlreiche Messerstiche, die sie behandelten, von Profis geführt worden sein mussten. Irgendjemand schickte ausgebildete Killer in die Stadt.

Überall in Indien – in Meerut, Delhi, Ahmedabad, Bombay – stieg die Spannung zwischen Hindus und Moslems. In Bombay berichtete mir eine (1947 geborene) Journalistin, dass zahlreiche kommunalistische Zwischenfälle in Bezirken stattfanden, in denen Moslems allmählich zu Wohlstand kamen und wirtschaftlich immer erfolgreicher wurden. Die explosivsten Auseinandersetzungen – wie in Ayodhya –, meinte sie, seien begründet im Neid der Hindus auf den Wohlstand der Moslems.

Die Vishwa Hindu Parishad hat eine Liste von über hundert strittigen Punkten vom Typ Babri Masjid. Zwei davon sind besonders wichtig. In Mathura steht ein Moslembethaus auf dem angeblichen Geburtsort des Gottes Krishna; und in Benares befindet sich ein angeblich dem Shiva geweihter Ort ebenfalls in Moslemhänden...

In Bombay fand ich ein »Mitternachtskind«, einen Moslem und Büroangestellten im Hafen namens Mukadam, der ein so perfekter Bürger war, dass es beinah zu schön war, um wahr zu sein. Mukadam hatte sich hundertprozentig der Einigung Indiens verschrieben. Er war für kleinere Familien. Er fand, alle Inder hätten die Pflicht, sich weiterzubilden, und hatte selbst zahlreiche Abendkurse absolviert. Er war zum »besten Arbeiter« seines Docks ernannt worden. In seinem Dorf, behauptete er stolz, lebten Menschen aller Glaubensrichtungen absolut harmonisch zusammen. »Und so sollte es auch sein«, erklärte er. »Schließlich sind alle Religionen nur Worte. Was dahintersteckt, ist immer dasselbe, zu welcher Religion es auch gehört.«

Doch als sich die kommunalistischen Gewalttätigkeiten 1985 bis auf den Hafen von Bombay ausweiteten, war von Mukadams Superbürgerstatus nicht mehr viel übrig. An dem Tag, an dem der Mob sein Dock stürmte, kam er nur mit heiler Haut davon, weil er nicht dort war. Wochenlang wagte er sich nicht mehr zur Arbeit. Und nun, sagte er, befürchte er, dass dies sich jederzeit wiederholen könne.

Wie Mukadam begannen zahlreiche Mitglieder indischer Minderheitsgruppen als Anhänger der alten, säkularen Definition Indiens, und es gab keine patriotischeren Inder als die Sikhs. Bis 1984 konnte man sagen, die Sikhs seien *die* indischen Nationalisten. Dann kam der Sturm auf den Goldenen Tempel und das Attentat auf Mrs Gandhi, und alles wurde anders.

Die von Sant Jarnail Singh Bhindranwale, dem beim Sturm auf den Goldenen Tempel umgekommenen Religionsführer, angeführten radikalen Sikhs repräsentierten höchstens eine kleine Minderheit aller Sikhs. Auch die Kampagne für einen eigenen Sikhstaat Khalistan hatte nur wenige Anhänger unter den indischen Sikhs gefunden – bis zum November 1984, als Indira Gandhi ermordet und bald darauf bekannt wurde, dass ihre Mörder Sikhs waren.

In Delhi waren zornige Hindumobs – bei denen man überall Parteiarbeiter aus Mrs Gandhis Kongresspartei entdeckte – fest entschlossen, *alle* Sikhs für die Taten der Mörder zur Rechenschaft zu ziehen. Und so entstand eine völlig neue Form kommunalistischer Gewalt – die Hindu-Sikh-Unruhen –, bei denen auf die Sikhgemeinden während der nächsten zehn Tage eine Anzahl furchtbarer Überfälle verübt wurden – von wem, wurde bisher noch nicht bekannt und wird vielleicht niemals bekannt werden.

Im Block 32 von Trilokpuri, einem Vorort von Delhi, wurden etwa 350 Sikhs bei lebendigem Leibe verbrannt. Ich wanderte durch Straßen mit verkohlten, ausgebrannten Häusern, in denen man teilweise noch die Knochen der Toten liegen sah. Noch nie habe ich etwas so Furchtbares gesehen wie dort, nicht zuletzt weil auf den Straßen der Umgebung ganz normal die Kinder spielten und das Leben der Nachbarn weiterging. Dennoch waren einige dieser Nachbarn jene Menschen, die das Verbrechen in Trilokpuri begangen hatten, und das war nur eins der zahlreichen Massaker an Sikhs, die in jenem November stattfanden. Viele »Mitternachtskinder« unter den Sikhs erreichten das Alter von 40 Jahren nicht mehr.

Ich habe von zahlreichen Todesfällen dieser Art erfahren und möchte hier eine Geschichte als Beispiel für alle erzählen. Als der Mob zu Hari Singh kam, einem Taxifahrer, wie auch so viele andere Sikhs aus Delhi, floh sein Sohn auf ein nahe gelegenes Grundstück, eine dicht überwucherte kleine Wildnis. Seine Frau musste zusehen, wie der Mob ihrem Mann den Bart buchstäblich aus dem Gesicht riss. (Dieses Ritual des Bartausreißens war typisch für viele Novembermorde.) Es gelang ihr, den Bart an sich zu bringen, weil sie dachte, wenigstens das sei ein Teil von ihm, das sie bei sich aufbewahren könne, und lief ins Haus, um es zu verstecken. Einige Leute aus dem Mob folgten ihr, fanden den Bart und nahmen ihn ihr weg. Dann übergossen sie Hari Singh mit Kerosin und steckten ihn in Brand. Anschließend jagten sie seinen Sohn, einen Teenager, fanden ihn, prügelten ihn bewusstlos und verbrannten ihn ebenfalls. Obwohl er sich die Haare abgeschnitten hatte, wussten sie, dass er ein Sikh war, denn als sie den Bart seines Vaters fanden, fanden sie auch seine abgeschnittenen Haare. Die Mutter hatte die heiligen Strähnen verwahrt, die ihren Sohn später verrieten.

Pal Singh, ein anderer Taxifahrer (geboren im November 1947), erzählte mir, er habe nie Zeit übrig gehabt für die Khalistan-Bewegung, nach 1984 habe er seine Meinung jedoch geändert. »Jetzt wird es bald unseren Staat geben«, erklärte er, »möglicherweise innerhalb von zehn Jahren.« In Delhi verkauften Sikhs ihre Grundstücke und erwarben für das Geld Land im Punjab, damit sie nicht ihren ganzen Besitz zurücklassen mussten, wenn sie gezwungen waren, ins Kernland der Sikhs zurückzufliehen. »Das werde ich jetzt ebenfalls tun«, erklärte Pal Singh.

Auch fast drei Jahre nach den Massakern von 1984 ist noch niemand wegen Mordes an einem Sikh in jenen furchtbaren Tagen angeklagt worden. Die Kongresspartei, die Partei Rajiv Gandhis, stützt sich zunehmend auf die Stimmen der Hindus, die sie nicht verlieren möchte.

Das neue Element im indischen Kommunalismus ist die Entwicklung eines kollektiven Hindubewusstseins, das über alle Klassenschranken hinausgeht und die Überzeugung nährt, der Hinduismus werde von anderen indischen Minderheiten bedroht. Es gibt Beweise dafür, dass Rajivs Kongresspartei diesen Tiger zu reiten versucht. In Bombay ist der Tiger tatsächlich an der Macht. Die regierende Shiv-Sena-Partei, die den Tiger zum Symbol hat, ist die erste fundamentalistische Hindugruppe in Indien, die sich so offen zu ihrem Glauben bekennt und dennoch ein öffentliches Amt bekleidet.

Ihr Führer Bal Thackeray, ein ehemaliger Cartoonist, spricht offen von seiner Überzeugung, dass die Demokratie in Indien versagt habe. Aus seiner feindseligen Einstellung zu den Moslems macht er kein Geheimnis. Bei den Bhiwandi-Aufständen von 1985, wenige Monate, bevor Shiv Sena in Bombay die Gemeindewahlen gewann, waren Shiv-Sena-Aktivisten tief in die antimoslemischen Gewalttätigkeiten verwickelt. Und heute, da die Sena ihren Einfluss bis auf die ländlichen Bezirke von Maharashtra auszudehnen versucht (des Bundesstaates, dessen Hauptstadt Bombay ist), werden kommunalistische Gewalttaten aus Dörfern berichtet, in denen noch nie zuvor derartige Dinge geschehen sind.

Ich selbst stamme aus Bombay und überdies aus einer Moslemfamilie. »Mein« Indien hat sich immer an Ideen von Vielfältigkeit, Pluralismus, Hybridismus gehalten: Ideen, denen die Ideologien der Kommunalisten diametral entgegengesetzt sind. In meinen Augen ist das bestimmende Bild Indiens die Menge, und eine Menge ist von Natur aus überbordend, heterogen, vielerlei Dinge auf einmal. Das Indien der Kommunalisten ist nichts dergleichen.

Ich habe einmal einen langen Abend in der Gesellschaft eines ('47 geborenen) intellektuellen Bengalen verbracht, Robi Chatterjee, für den die Unzulänglichkeiten der Gesellschaft die Quelle eines tiefen, permanenten und quälenden Schmerzes sind. »Gibt es Indien?«, fragte ich ihn.

»Was soll das heißen?«, rief er verwundert. »Wo, zum Teufel, sind wir denn hier?« Ich erklärte ihm, dass ich damit die Idee der Nation meine. 40 Jahre nach einer nationalistischen Revolution – wo könnte man sie vermuten?

»Zum Teufel mit diesem Nationalismus!«, schimpfte er. »Ich bin Inder, weil ich hier geboren bin und hier lebe. Genauso wie jeder andere, auf den das zutrifft. Wozu brauchen wir weitere Definitionen?«

»Wenn Sie ohne die Idee des Nationalismus auskommen, was ist dann Ihrer Meinung nach der Leim, der das Land zusammenhält?«, wollte ich wissen.

»Wir brauchen keinen Leim«, antwortete er. »Indien wird nicht in Scherben fallen. All dieses Gerede von Balkanisierung – ich lehne das energisch ab. Wir sind ganz einfach hier und werden hier bleiben. Gefährlich ist mir dieser Nationalismus.«

Robi zufolge ist die Idee des Nationalismus in Indien immer chauvinistischer, immer engstirniger geworden. Angesteckt vom Nationalismus der Hindus. Mir fiel eine bemerkenswerte Paradoxie auf: dass das Wohlergehen der Menschen in einem durch die nationalistische Kampagne der Kongresspartei geschaffenen Land nunmehr erfordert, dass auf die ganze nationalistische Rhetorik verzichtet wird.

In Indien gibt es unglücklicherweise keine Anzeichen dafür, dass die Verbindung zwischen dem Hindufundamentalismus und der Idee der Nation schwächer wird. Indien wird zunehmend als Hinduindien definiert, und sowohl der Sikh- als auch der Moslemfundamentalismus werden in ihren Reaktionen immer wütender und verbissener. »Heutzutage«, sagte mir eine junge Hindufrau, »trägt man die eigene Religion am Ärmel.« Ein Sikhfreund berichtigte sie sofort: »O nein«, meinte er, »in einer Messerscheide am Gürtel.«

Ich erinnere mich noch, dass 1981, als die *Mitternachtskinder* veröffentlicht wurden, in Indien am häufigsten kritisiert wurde, dass das Buch, was die Zukunft betreffe, zu pessimistisch sei. Die traurige Wahrheit ist, dass heute niemand mehr den Ausgang des Romans zu pessimistisch findet, denn das, was seit 1981 in Indien geschieht, ist weitaus schlimmer, als ich es mir je hätte träumen lassen. Falls überhaupt, wirken die letzten Seiten des Buches mit ihrem Hinweis auf eine neue, pragmatischere Generation, die die »Mitternachtskinder« ablösen wird, inzwischen auf absurde, romantische Art optimistisch.

Doch Indien verblüfft seine Kritiker regelmäßig durch seine Widerstandskraft, seinen Überlebenswillen trotz aller Widrigkeiten. An die Balkanisierung Indiens glaube ich ebenso wenig wie Robi Chatterjee. Ich würde sagen, die alte, funktionierende Anarchie wird irgendwie weiter funktionieren, noch einmal 40 Jahre und anschließend zweifellos weitere 40 Jahre. Aber man frage mich bitte nicht, wie.

1987

Zweiter Teil

Zensur

Das Attentat auf Indira Gandhi

Dynastie

Zia ul-Haq. 17. August 1988

Tochter der Macht

Zensur

Meine erste Erinnerung an die Zensur ist kinematografischer Natur: Leinwandküsse, brutal verstümmelt von prüden Scheren, die den Augenblick tatsächlicher Berührung wegschnitten. (Bevor später die Erkenntnis dämmerte, fragte ich mich flüchtig, ob das alles war, worum es beim Küssen ging, diese schmachtende Annäherung, und dann die unvermittelt kalte Dusche des Zurückzuckens.) Das Ganze wirkte gewöhnlich irgendwie komisch, und die Zensur im heutigen Pakistan enthält noch immer eine sehr starke komische Komponente. Als die pakistanischen Zensoren feststellten, dass der Film *El Cid* damit endet, dass der tote Charlton Heston die Christen zum Sieg über die lebenden Moslems führte, hätten sie ihn fast von der Leinwand verbannt, bis sie auf den Einfall kamen, den gesamten Höhepunkt wegzuschneiden, sodass der freigegebene Film nun zeigte, wie der tödlich verwundete El Cid sehr edel stirbt, und dann war Schluss. Moslems – Christen 1:0.

Die Komödie ist zuweilen schwarz. Die Verbrennung des Films *Kissa Kursi Ka* (»Die Geschichte eines Stuhls«) während Mrs Gandhis Emergency-Regierung ist bekannt; in Pakistan sprach sich ein Leser in einem Brief an die *Pakistan Times* für die Entscheidung aus, den Film *Gandhi* wegen seiner wenig schmeichelhaften Darstellung des M. A. Jinnah zu indizieren, und kritisierte gewisse »liberale Elemente«, weil sie den Vorschlag zu machen wagten, den Film freizugeben, damit sich die Pakistanis eine eigene Meinung darüber bilden konnten. Bei ein bisschen weniger Liberalität, meinte der Briefschreiber, wären diese Personen mit Sicherheit bessere Bürger Pakistans.

Mein erster direkter Kontakt mit der Zensur fand 1968 statt, als ich mit 21 Jahren frisch aus Cambridge kam und ganz von der radikalen Begeisterung jenes so berühmten Jahres erfüllt war. Ich kehrte nach Karachi zurück, wo mich eine kleine Zeitschrift mit einem kurzen Bericht über meine Eindrücke bei der Heimkehr beauftragte. Ich erinnere mich nur noch sehr vage an dieses Werk (zum Glück ist die Erinnerung auch ein Zensor), höchstens daran, dass es alles andere als politisch war. Es befasste sich, glaube ich, eher melodramatisch mit Bildern von sterbenden Pferden, denen Fliegen über die Augäpfel krochen. Man kann sich Dinge dieser Art ja sicher vorstellen. Wie dem auch sei, ich lieferte den Beitrag ab und musste zwei Wochen später vom Chefredakteur der Zeitschrift hören, der Presserat, die nationalen Zensoren, habe ihn verboten. Nun hatte ich zufällig einen Onkel im Presserat und dachte mir in einer sehr unsozialen, vetternwirtschaftlichen Stimmung, ich brauchte nur einfach zu ihm zu gehen, dann komme alles wieder in Ordnung. Er wirkte sehr müde, als ich ihn zur Rede stellte. »Eine Veröffentlichung«, erklärte er mir stur, »läge bestimmt nicht in deinem Interesse.« Warum, das sollte ich nie erfahren.

Dann überredete ich Karachi TV, mich Edward Albees *Zoogeschichte* produzieren und selbst eine Rolle darin übernehmen zu lassen; das Stück gefiel ihnen, weil es 45 Minuten lang war und ein Zwei-Personen-Stück, das als Kulisse nur eine Parkbank brauchte. Zunächst musste ich eine Reihe höchst verwunderlicher Zensurkonferenzen über mich ergehen lassen. Die Rolle, die ich spielte, enthielt einen langen Monolog, in dem der Mann schildert, wie der Hund seiner Vermieterin ihn immer wieder angefallen hatte. Um sich mit dem Hund anzufreunden, kaufte er ein halbes Dutzend Hamburger. Der Hund verweigert die Hamburger und fällt ihn stattdessen abermals an. »Ich war gekränkt«, musste ich daraufhin sagen. »Es waren sechs ausgezeichnete Hamburger, die gar nicht so viel Schweinefleisch enthielten, dass sich jemand davon abgestoßen fühlen könnte.« – »Schweinefleisch«, erklärte mir ein Fernsehmanager würdevoll, »ist ein unanständiger Ausdruck.« Dasselbe hatte er auch von »Sex« und »homosexuell« behauptet, diesmal jedoch erhob ich Einspruch. Der Text, argumentierte ich, beschreibe das Schweinefleisch durchaus zutreffend. Denn das Schweinefleisch mache die Hamburger nach Albees Ansicht so abstoßend, dass sogar Hunde sie zurückwiesen. Das sei eine fabelhafte Anti-Schweinefleisch-Propaganda. Die müsse drin bleiben. »Aber so begreifen Sie doch«, erwiderte der Manager mit der gleichen müden Miene wie mein Onkel, »das Wort Schweinefleisch darf im pakistanischen Fernsehen nicht ausgesprochen werden.« Und damit basta. Auch die Passage über Gott als farbige Königin, die einen Kimono trägt und sich die Augenbrauen zupft, musste ich streichen.

Ich will damit nicht etwa sagen, dass die Zensur eine Quelle der Belustigung ist, das ist sie im Grunde keineswegs, sondern dass sie – jedenfalls in Pakistan – allgegenwärtig ist, unentrinnbar, und keine Rechtsmittel zulässt. In Indien werden die wichtigen Medien – Rundfunk und Fernsehen – von den Behörden kontrolliert, während man der Presse, beruhigt durch das Wissen um den niedrigen Bildungsstand im Land, wenigstens ein bisschen Spielraum lässt. In Pakistan dagegen geht man weiter. Die Behörden kontrollieren nicht nur die Presse, sondern auch die Journalisten. Bei der vor Kurzem abgehaltenen Konferenz des Non-Aligned Movement in New Delhi fiel das pakistanische Pressekorps durch seine ängstliche Zurückhaltung auf. Jeder einzelne Angehörige dieser Gruppe fürchtete, dass einer der Kollegen ihn bei der Heimkehr anzeigen könnte – wegen Alkoholkonsums, wegen zu enger Kontakte mit Hindus oder wegen unpatriotischen Verhaltens. Die indischen Journalisten waren zutiefst deprimiert vom Anblick ihrer Berufskollegen, die sich in einem Moment wie verängstigte Karnickel verhielten und im nächsten wie Vaterlandsverräter.

Welche Folgen hat nun eine totale Zensur? Eindeutig Mangel an Informationen und Überfluss an Lügen. Während Mr Bhuttos Genozidfeldzug in Belutschistan bewahrten die Nachrichtenmedien Schweigen. Offiziell herrschte in Belutschistan Frieden. Jene, die starben, erlitten einen inoffiziellen Tod. Es muss ihnen ein Trost gewesen sein zu wissen, dass die Staatswahrheit sie alle für lebendig erklärte. Ein weiteres Beispiel: In den Nachrichtenmedien des Landes findet die Beteiligung der Militärherren in Pakistan an der blühenden Heroinindustrie kaum Erwähnung. Dennoch aber ist dies der Grund für General Zias Sorge um das Schicksal der afghanischen Flüchtlinge. Afghanische Unternehmer helfen bei der Führung des pakistanischen Heroingeschäfts und waren so klug, dafür zu sorgen, dass sie nicht nur sich selbst, sondern auch die Armee bereicherten. Wie gut, dass der Koran kein Wort über die Moral des Heroinhandels verliert.

Der schlimmste, heimtückischste Effekt der Zensur jedoch ist, dass sie letzten Endes die Vorstellungskraft der Menschen lähmt. Wo es keine Debatten gibt, fällt es jedem schwer, sich Tag für Tag daran zu erinnern, dass es bei jeder Auseinandersetzung eine unterdrückte Seite gibt. Es wird nahezu unmöglich, sich vorzustellen, was die unterdrückten Dinge wohl sein könnten. Dafür wird es leichter, schlicht und einfach zu denken, dass das, was unterdrückt wurde, ohnehin wertlos oder auch so gefährlich sei, dass es unterdrückt werden musste. Dann ist der Sieg des Zensors vollkommen. Der Anti-*Gandhi*-Briefschreiber, der Engstirnigkeit als nationale Tugend lobt, ist so ein Opfer der Zensur; er scheint den Großen Bruder – oder *Burra Bhai* – *zu* lieben; vielleicht.

Wie es nun scheint, sind General Zias Tage gezählt. Ich glaube nicht, dass die gegenwärtigen Unruhen das Ende sind, aber sie sind der Anfang vom Ende, denn sie beweisen, dass die Menschen ihre Angst vor seinem brutalen Regime überwunden haben, und sobald die Menschen ihn nicht mehr fürchten, ist es aus mit ihm. Pakistans große Prüfung wird jedoch nach dem Ende der Diktatur kommen, nach der Restauration der Zivilregierung und freien Wahlen, wann immer das sein mag, in einem Jahr oder zwei, oder fünf; denn wenn keine Führer auf den Plan treten, die bereit sind, die Zensur aufzuheben, Meinungsfreiheit zuzulassen, daran zu glauben, dass Opposition die Grundlage der

Demokratie ist, und das zu demonstrieren – dann, fürchte ich, ist auch die letzte Chance vertan. Für den Moment jedoch kann man noch hoffen.

1983

Das Attentat auf Indira Gandhi

Wir alle, die wir in Indien leben, tragen heute Trauer. Es ist unwichtig, ob wir uns zu Indira Gandhis glühendsten Verehrern oder zu ihren unerbittlichsten Feinden zählen; ihre Ermordung macht uns alle ärmer und hinterlässt eine tiefe, beunruhigende Narbe auf der Idee Indien, ganz ähnlich jener, die General Zia der pakistanischen Gesellschaft mit dem Mord an dem Volksführer zugefügt hat, der in so vielen Dingen *son semblable, son frère* war, Premierminister Bhutto. Während der Regierungszeit von Mrs Gandhis Vater Jawaharlal Nehru war das Lieblingsschlagwort der Nachrichtenmedien die ein wenig nervöse Frage: »Und nach Nehru – wer?« Heute stellen wir uns eine angstvollere Frage: »Nach Indira – was?« Und das, was wir am meisten fürchten müssen, ist eindeutig ein Ausbruch von Vergeltungsmorden, von Hindu-Sikh-Gewalttätigkeiten, sowohl im Punjab als auch außerhalb. Der Wind wurde in Amritsar gesät; nun wird wohl (es wäre schön, sich hier zu irren) der Sturm schon reifen.

Wo nur können wir in all diesen Unruhen ein Fünkchen Hoffnung für Indiens Zukunft finden? Wo liegt der Weg, der vorwärts führt, weg von Zerstörung, Zerfall und Blut? Ich glaube, wenn er tatsächlich irgendwo zu finden ist, muss er in dieser mehr als schwierigen Zeit mit einer möglichst klaren Analyse der in den vergangenen Jahren begangenen Fehler beginnen. Wer die Vergangenheit vergisst, ist dazu verdammt, sie zu wiederholen.

Dem eigentlichen Kern der Idee Indien liegt ein Paradoxon zugrunde: die Tatsache, dass seine Bestandteile, jene Staaten, die sich zur Union zusammengeschlossen haben, uralte, historische Gebilde sind, mit Kulturen und unabhängigen Existenzen, die viele Jahrhunderte zurückreichen; während Indien selbst erst kurze 37 Jahre alt ist. Und dennoch ist es das »neugeborene« Indien, sozusagen das Baby, ist es die Zentralregierung, die über die alten Graubärte bestimmt. Zentralstaaten sind schon immer und unvermeidlicherweise anfällige, zerbrechliche Konstrukte gewesen.

In den letzten Jahren hat diese empfindliche Staatsform jedoch schwere Gleichgewichtsstörungen entwickelt, und einen großen Teil der Verantwortung dafür muss man Indira Gandhi anlasten. Während ihrer Amtszeit ist den einzelnen Staaten systematisch immer mehr Macht genommen und der Zentrale übertragen worden; und die durch diesen Prozess ausgelösten Ressentiments haben sich im Laufe der Jahre akkumuliert. Die Unruhen im Punjab begannen, als sich die Führung der Kongresspartei hartnäckig weigerte, über die damals sehr moderaten Forderungen der Akali-Dal-Partei nach Restitution der von der Zentrale an sich gerissenen Macht an die Regierungen der Einzelstaaten zu diskutieren. Es besteht kein Zweifel daran, dass diese Unnachgiebigkeit ein Hauptauslöser war für die immer weiter zunehmende Unterstützung für die Terroristen des Sant Jarnail Singh Bhindranwale und die ganzen traurigen Ereignisse, die zum Sturm auf den Goldenen Tempel führten.

Da sich die Zentrale mit ihrem Machthunger auch im übrigen Indien äußerst unbeliebt machte, erlitt die Kongresspartei bei den Staatswahlen eine Reihe von Niederlagen. Leider war Indira Gandhis Reaktion auf diese Niederlagen nur allzu berechenbar und weit davon entfernt, demokratisch zu sein. Sie ließ sich auf heimliche Destabilisierungsprogramme ein, von denen eines, wenigstens vorübergehend, den Sturz des beliebten und legal gewählten Premierministers von Kaschmir, Farooq Abdullah, zur Folge hatte, während ein anderes auf sie selber zurückfiel, als N. T. Rama Rao in Andhra abtreten und dann, als sich herausstellte, dass er noch immer die Mehrheit hinter sich hatte, wieder eingesetzt werden musste.

Jedem, der sich mit Indien beschäftigt, ist wohl klar – und

ich hoffe, dass es auch Indira Gandhis Nachfolger als indischer Ministerpräsident kristallklar sein wird –, dass diesem ganzen Unsinn ein Ende gemacht werden muss. Die Bundesregierung muss regieren, so viel ist klar; doch es wird Zeit, dass den legitimen Beschwerden der Bundesstaaten jene verständnisvolle Anhörung gewährt wird, die ihnen seit Jahren verweigert wurde. Wenn das geschieht, gibt es einen Hoffnungsschimmer für die Zukunft. Geschieht es nicht, muss man um die Zukunft der gesamten Union bangen.

Vor den Gefahren des Kommunalismus jener Art religiösen Sektierertums, das die mörderischen Schüsse zu verantworten hat, muss man sich sogar noch mehr fürchten. Hier findet sich ein weiteres Paradoxon im Kern der Idee Indien: dass die Ethik der Unabhängigkeitsbewegung und die des unabhängigen Staates von jeher säkular gewesen ist; und dass es dennoch wohl nur wenige Staaten auf der Welt gibt, in denen die Religion eine so unmittelbare und zentrale Rolle im alltäglichen Leben der Bürger spielt. Auch auf diesem Gebiet hat es schon immer Spannungen gegeben; in den letzten Jahren aber haben sich die Spannungen zusehends verschärft. Der wachsende Fanatismus der Hindus, erkennbar an der zunehmenden Stärke der RSS, der Organisation, die hinter der Ermordung Mahatma Gandhis stand, ist äußerst beunruhigend und hat eine Parallele in der Bhindranwale-Gruppe sowie – in letzter Zeit – in der stärker werdenden Unterstützung für die Jamaat-Partei der extremen Moslems in Kashmir – ein Resultat des Sturzes von Farooq Abdullah durch die Zentralregierung, durch den sich die Ansicht der Jamaat zu bestätigen schien, im heutigen Indien sei für Moslems kein Platz.

Einer der traurigsten Aspekte des zunehmenden Kommunalismus ist der, dass Indira Gandhis Kongresspartei darauf aus zu sein schien, die Stimmen der Hindus für sich zu buchen. Dass sie bereit war, auf die Stimmen der Sikhs zu verzichten, als sie den Sturm auf den Goldenen Tempel befahl, und auf die Stimmen der Moslems, als sie Farooq Abdullah absetzte, könnte man ebenfalls als Beweis dafür anführen; und das alles ist umso deprimierender, als es vom Führer einer Partei kommt, deren Wahlerfolge sich stets auf ihren Ruf als Hüter der Rechte und Sicherheit von Minderheiten gründeten. In letzter Zeit haben die Minderheiten – die Harijans oder Unberührbaren wie auch die Sikhs und Moslems – den Schoß der Kongresspartei verlassen, und ich hoffe sehr, dass die neue Kongressführung ein für allemal die Idee aufgibt, die Partei könne die Wahlen durch Ausspielen der Kommunalistenkarte gewinnen, und sich an die säkulare Ethik erinnert, von der die Zukunft der Staatenunion abhängt.

Darüber hinaus muss gesagt werden – und es fällt schwer, es an diesem Tag zu sagen –, dass eine der Bedrohungen der Demokratie in Indien während der letzten Jahre meiner Meinung nach von den dynastischen Bestrebungen der Familie Nehru selbst und dem absonderlich monarchistischen Stil ausgeht, den Mrs Gandhi entwickelt hatte. Vergessen wir nicht, dass die Nehrus – Motilal, sein Sohn Jawaharlal, dessen Tochter Indira und deren Söhne Rajiv und Sanjay –, wenn es um Macht geht, die Kennedys wie blutige Amateure dastehen lassen. Schließlich hat in den 37 Jahren der indischen Unabhängigkeit 31 Jahre lang ein Nehru die Macht ausgeübt. Und New Delhi hat sich in letzter Zeit nicht wie die Hauptstadt einer gewählten Demokratie gefühlt, sondern wie ein altmodischer *durbar*, ein Königshof. Die Machtfiguren an diesem Hof waren vielfach nicht Mitglieder der Regierung, ja nicht einmal des indischen Parlaments, sondern ein buntes Durcheinander aus alten Schulfreunden von Sanjay oder Rajiv, milliardenschweren Geschäftsleuten und gelegentlich einem oder zwei Vertretern jener Gruppe, die in Indien inzwischen »Gottesmänner« genannt werden. Dieser Schwarm von Hofschranzen hatte die indische Ministerpräsidentin regelrecht eingewickelt, und es wäre ein großer Schritt vorwärts, wenn er nun endlich die Macht verlieren würde. Aus diesem Grund wäre es in meinen Augen völlig falsch, wenn die Kongresspartei sich einen so unerfahrenen und für das hohe

Amt so ungeeigneten Mann wie Rajiv Gandhi erwählen würde; es wird Zeit, dass Indien eindeutig klarstellt – und dass die regierende Partei unmissverständlich demonstriert –, dass dieses Land nicht einer einzigen Familie gehört, so berühmt sie auch immer sein mag. Die Königin ist tot; *vive la République.*

Nein, ich versuche nicht, die Schuld an Indiens zahlreichen Krankheiten ausschließlich der ermordeten Premierministerin anzulasten. Eines der chronischen Leiden Indiens ist die politische Korruption, und davon hat es reichlich in der Kongresspartei gegeben, aber natürlich trägt Mrs Gandhi dafür nicht allein die Verantwortung. Und die Aufgabe, diesen Augiasstall auszumisten, wird keineswegs einfach sein. Aber es ist Sache der neuen Führung, den Weg dahin aufzuzeigen; den Gedanken, Stimmen gewinnen zu wollen, indem man an das religiöse Sektierertum appelliert, ein für allemal aufzugeben; endlich aufzuhören, den Apparat der Kongresspartei als Instrument der Patronage zu benutzen; den Versuch zu konterkarieren, die Autorität des Staatsapparates zu unterminieren; mit der Gewohnheit aufzuräumen, die Anhänger der politischen Gegner zu bestechen und zu korrumpieren, um in den Hinterzimmern zu erreichen, was an der Wahlurne nicht zu erreichen war; zu zeigen, dass sich Indien nicht in der Hand eines neuen Imperiums befindet. Und unseren Glauben an die Idee Indien wiederzubeleben.

Worum geht es im Grunde bei dieser Idee? Sie basiert auf dem wohl eindeutigsten und offensichtlichsten Faktum im Zusammenhang mit dem riesigen Subkontinent: den Massen. Denn wenn eine Nation von 700 Millionen auch nur annähernd funktionieren soll, muss sie sich, wo immer es möglich ist, auf das Konzept der Vielfalt stützen, auf Pluralität und Toleranz, auf Devolution und Dezentralisierung. Es gibt nicht nur eine einzige Möglichkeit, Inder zu sein – religiös, kulturell oder sprachlich; alle Macht dem Unterschied!

Oberflächlich gesehen stellt Mrs Gandhis Vermächtnis auf dem Gebiet der Außenpolitik ihre Nachfolger vor weniger Probleme. Seit sie 1949 ihren Ehemann Feroze Gandhi verließ, um ins Haus ihres Vaters zurückzukehren und Jawaharlal Nehrus »offizielle Gastgeberin« zu werden, hat Mrs Gandhi sich mit beträchtlicher Selbstsicherheit und großem Geschick auf der Bühne der internationalen Politik bewegt; das Tempo, mit dem es ihr gelang, die Welt alle Gräueltaten vergessen zu lassen, die während der Jahre ihrer Emergency-Regierung begangen wurden, ist Beweis genug für ihre Begabung. Sie hat es weitgehend geschafft, das Gleichgewicht zwischen Amerika und der Sowjetunion zu bewahren (die langjährige russische Allianz hat nie zu einem ideologischen Trend zum Kommunismus sowjetischer Prägung geführt; im Gegenteil, denn in den letzten Jahren wandte sich Mrs Gandhi offen von ihrer früheren sozialistischen Rhetorik ab und einem unverblümt kapitalistischen Programm zu). Und als Führerin des Non-Aligned Movement verlieh sie Indien enormes Format in den Augen der Bewohner der Dritten Welt, für die die relative Stabilität und Freiheit des indischen Regierungssystems Dinge waren, auf die man stolz sein, die man bewundern kann.

Doch auch auf diesem Gebiet bestehen tiefe Unsicherheiten. Es ist so leicht zu sagen, die neue Regierung sollte – und wird höchstwahrscheinlich – einfach versuchen, die Außenpolitik der letzten fortzusetzen; in der Praxis ist das weit schwieriger. Unsere Kenntnis von Mrs Gandhis großer Erfahrung in der Diplomatie unterstreicht nur noch die absolute Unerfahrenheit Rajivs und seiner Gruppe. Rechnet man dazu noch mit der Möglichkeit einer längeren Periode politischer Instabilität in Indien, erhält man alle Zutaten für eine rapid verstärkte Einmischung der Supermächte. Indien könnte Gefahr laufen, binnen Kurzem der größte politische Fußball der Welt zu werden.

Und dann ist da noch Pakistan. Es ist erst wenige Wochen her, seit in der indischen Hauptstadt Gerüchte über Mrs Gandhis Bereitschaft in Umlauf waren, Vorwände für einen Krieg mit Pakistan zu finden. Indira Gandhi sah dem Ausgang der bevorstehenden allgemeinen Wahlen mit erheblicher Nervosität entgegen – aus gutem Grund – und erinnerte sich noch ausgezeichnet an den wahlpolitischen Erdrutsch, den sie nach dem Bangladeschkrieg auslöste (ganz zu schweigen von Mrs Thatcher und den Falkland-Inseln).

Vor ein paar Monaten begann Rajiv Gandhi außerdem auf eine sehr wirksame Art mit dem Säbel zu rasseln und beschuldigte Pakistan, einen Krieg vom Zaun brechen zu wollen. Das war für viele Beobachter eindeutiger Unsinn. Selbst einem General wird es wohl kaum entgehen, dass es für Pakistan eine Torheit wäre, Krieg mit Indien zu beginnen, während Indiens größter Verbündeter, Russland, an der anderen Grenze Gewehr bei Fuß steht... Auf jeden Fall bleibt nun die Frage: Wenn sich die Situation in Indien weiterhin verschlechtern sollte – wird Rajiv Gandhi dann den Gedanken an einen Krieg wieder aufgreifen? Man kann nur hoffen, dass er es nicht tut.

Bevor ich zum Schluss komme, müssen noch zwei Klischees über Indien ausgeräumt werden, vor allem, da beide in diesen ersten Stunden nach Bekanntwerden des Attentats ihre verwitterten alten Häupter erhoben haben. Erstens ist die Wahrscheinlichkeit eines Militärputschs in Indien zur Einsetzung einer ähnlichen Diktatur wie die von Zia, glaube ich, so gering, dass man sie vergessen kann, und sei es auch nur, weil die gesamte Geschichte Indiens beweist, dass es unmöglich ist, das Land durch Militärgewalt zu erobern.

Und zweitens haben die Kugeln, die Mrs Gandhi töteten, ebenso wenig *bewiesen,* wie ungeeignet Indien für eine Demokratie ist, wie die beiden Kennedy-Morde oder der Bombenanschlag von Brighton dies im Hinblick auf Amerika oder Großbritannien bewiesen haben. Die Idee eines vereinten, demokratischen, säkularen Indien kann auch diesen furchtbaren Tag überleben.

Im Augenblick jedoch müssen wir, die wir durch Staatsbürgerschaft, Geburt oder Rasse Inder sind, die Tatsache akzeptieren, dass der Mord an Indira Priyadarshini Gandhi eine Schande für uns ist; aus dieser Schande heraus müssen wir jedoch hoffen, dass das Volk und die politischen Führer Indiens die Kraft finden, in den vor uns liegenden Tagen ehrenhaft zu handeln.

1984

Dynastie

Rajiv Gandhi wurde innerhalb von vierzig Minuten nach der über All-India-Radio und den Fernsehsender Doordarshan erfolgten Bekanntmachung des Attentats auf seine Mutter als indischer Ministerpräsident vereidigt; und an diesem Tag, da nichts auf der Welt mehr sicher erschien, waren sich alle über eine Tatsache einig, dass nämlich Rajiv *die einzig mögliche Wahl* gewesen sei. Verschiedentlich wurde er als »Thronfolger« bezeichnet. Wir erfuhren, dass er »sein Erbe antrete«. Die »Erbfolge« verlaufe reibungslos, der »dynastische Wechsel« sei »unvermeidlich« gewesen.

Das klingt eher nach der Ausdrucksweise von Höflingen als der von politischen Kommentatoren. Daneben jedoch wurde noch eine andere Sprache benutzt: die ohnehin schon recht müde Beschreibung Indiens als »größte Demokratie der Welt« verfiel in den Stunden und Tagen nach dem Mord an Indira Gandhi noch mehr der Erschöpfung. Und niemand schien den schrillen Missklang zwischen den beiden Ausdrucksformen zu hören. Diese nationale Taubheit war ein Zeichen dafür, wie groß die Macht der Nachkommen Motilal Nehrus geworden war. Am 31. Oktober 1984 war Rajiv Gandhi tatsächlich die einzig mögliche Wahl, bestätigt von den Machtagenten seiner Partei und den wenigen Männern, die ihm den Job hätten streitig machen können. Es war, als hätte etwas absolut Natürliches, ein organischer Prozess des politischen Körpers stattgefunden. Und mit einer der ironischsten Verdrehungen, die man sich vorstellen kann, wurde diese imperiale Nachfolge auf Indiens »Thron« der Welt als Beweis für die Widerstandsfähigkeit des demokratischen Systems in Indien präsentiert.

Was damals geschah, war allerdings alles andere als natürlich: Ein 40-jähriger Mann, ein politischer Anfänger, den man bis dahin für einen Stimmenverlierer, einen Schwächling, einen an Politik völlig uninteressierten Menschen gehalten hatte, war binnen weniger chaotischer Momente zur automatisch besten Wahl für den wichtigsten Job im ganzen Land hochgestylt worden. War dies derselbe Rajiv Gandhi, der schon nervös wurde, wenn er nur daran dachte, sich bei den allgemeinen Wahlen in mehr als einem Wahlkreis zu stellen, um nicht den alten Sitz von Amethi an seine mit ihm zerstrittene Schwägerin, Sanjays Witwe Menaka, zu verlieren? Welche Magie hatte es vermocht, diesen am Boden krebsenden Piloten in einen potenziellen Retter des Landes zu verwandeln?

Wie mir scheint, muss man mit der Antwort auf diese Fragen über Politik und Geschichte hinaus- und bis in den Bereich des Mythos hineingehen. Die Familie Nehru-Gandhi ist inzwischen gründlich mythologisiert worden; ihre Story wurde, um einen Ausdruck von Levi-Strauss zu verwenden, »ausgeknobelt«. Und in dieser Knobelei dürften wir die Quelle dieser Magie finden.

Materie ist, wie wir heute wissen, nichts anderes als komprimierte Energie: Ein kleiner Finger enthält zahllose Nagasakis. Analog dazu könnten wir die Mythen als Vielzahl komprimierter Bedeutungen verstehen. Jede mythologische Erzählung erlaubt 1001 Interpretationen, weil die Menschen, die mit dieser Story gelebt und sie benutzt haben, im Lauf der Zeit all diese vielen Bedeutungen in sie hineingelegt haben. Diese reiche Auswahl an Bedeutungen ist das Geheimnis hinter der Macht, die jedem Mythos innewohnt.

Die fortlaufende Saga der Familie Nehru, der Wechselfälle des Lebens von Jawaharlal, Indira, Sanjay und Rajiv, ist für Hunderte Millionen von uns zur Faszination geworden, die sich über mehr als drei Jahrzehnte erstreckte. Wir haben uns selbst in diese Story eingebracht, ihre Darsteller erfunden, sie wieder herausgerissen und neu erfunden. In unseren unerschöpflichen Spekulationen liegt eine Quelle ihrer Macht über uns. Wir wurden süchtig nach diesen Spekulationen, und die Nehrus zogen, kaum überraschend,

Vorteile aus unserer Sucht. Oder: Wir erträumten sie uns – so intensiv, dass sie tatsächlich zum Leben erwachten. Und nun, während der Traum zerfällt, bringen wir es nicht so recht fertig, ihn zu verlassen, aus ihm zu erwachen.

In dieser Version – die Dynastie als kollektiver Traum – repräsentiert Jawaharlal Nehru die nobelste Rolle des Traums, die idealistischste Phase. Während Indira Gandhi, immer pragmatisch, zuweilen bis zur Skrupellosigkeit, zur Verkörperung des Niedergangs wird und der brutale Sanjay für einen weiteren Niedergang des Kontinuums steht. Es ist schwer, jetzt schon zu sagen, wofür Rajiv Gandhi in dieser Analyse steht. Vielleicht ist er ja doch der Augenblick vor dem Erwachen. In den rezessiven Momenten des Traums beginnen die Geräusche der realen Welt in das Bewusstsein des Träumers einzudringen; und im Indien von heute sind die Geräusche der Realität wahrhaftig hartnäckig und laut. Möglich, dass Rajiv als Sandmann nicht gut genug ist, die Menschen weiterschlafen zu lassen. Wir werden sehen.

Jawaharlal Nehru hielt überhaupt nichts von Mahatma Gandhis bizarrem Versuch, die menschliche Sexualität zu minimieren, indem er behauptete, die »natürliche Affinität zwischen Mann und Frau« sei »die Anziehung zwischen Bruder und Schwester, Mutter und Sohn, Vater und Tochter«. Und doch haben sich diese Blutbande der Affinitäten in Jawaharlals eigener Familie als beständiger erwiesen denn Ehen. Menschen, die Nehrus geheiratet haben – Jawaharlals Kamala, Indiras Feroze, Sanjays Menaka –, sind in der Ehe selten glücklich gewesen. Die wesentlichen Beziehungen waren stets jene zwischen Vater und Tochter (Jawaharlal und Indira) oder Mutter und Sohn (Indira und Sanjay). Diese gewachsene Atmosphäre der geschlossenen Reihen ist, wie ich vermute, der Fels, auf den sich die Anziehungskraft der Dynastie als Mythos stützt. Ein Mythos erfordert ein geschlossenes System; und hier wiederum haben wir abermals den Beweis, dass Rajiv, dessen Familienleben nach außen durchaus glücklich wirkt und der Indira nie sonderlich nahezustehen schien, ganz einfach keine mythische Gestalt ist. (Man könnte natürlich einwenden, dass das gar keine so schlechte Sache ist.)

Die öffentlichen Spekulationen in Indien haben sich an diesen Verbindungen delektiert, haben die Rohstoffe genommen und alle möglichen Phantasien zusammengekocht, von denen ich hier nur eine anführen möchte, um zu zeigen, wie weit dieser Klatsch über die »königliche Familie« gedeihen kann. Während der Emergency, auf der Höhe von Sanjay Gandhis Macht, wollte ein absurdes und absolut unbegründetes Gerücht wissen, die enge Bindung zwischen Sanjay und seiner Mutter könne inzestuöse Züge angenommen haben. Hier haben wir es mit einem Fall zu tun, bei dem ödipale Zweideutigkeiten durch die überhitzte Phantasie einiger Dreckaufwühler wild übersteigert werden. In diesem wie in zahlreichen anderen Fällen wurde die Geschichte der Nehrus und Gandhis zum Produkt der Einbildungskraft ihrer Untertanen. Aber es gab auch noch genügend »wirkliche« Skandale, die die Spekulationsfabriken in Gang hielten, denn Mythen wie Seifenopern, die ja das Mythische in seiner primitivsten Form enthalten, erfordern ein hohes Maß an Schlüpfrigkeit. Also haben wir öffentliche Auseinandersetzungen zwischen Jawaharlal Nehru und Feroze Gandhi erlebt; haben wir Indira in Post-Emergency-Ungnade gesehen und sind – bei einem von manchen als göttliche Rache bezeichneten Flugzeugabsturz – Zeuge von Sanjay Gandhis Tod geworden; wir haben den außergewöhnlich heftigen Streit zwischen Indira und Menaka Gandhi erlebt. Und schon konzentrieren sich die Spekulationen auf die folgende Generation. Wer wird der nächste Kandidat der Dynastie sein? Sanjay und Menakas Sohn Feroze Varun oder Rajiv und Sonias Rahul? Was halten die beiden Prinzen voneinander? Und so weiter. Nicht selten schien es, als enthalte die Geschichte der Nehrus und Gandhis interessanteres Material als irgendetwas in Film oder Fernsehen: eine Dynastie, besser als *Dynasty* (»Denver-Clan«), ein Delhi, spannender als *Dallas*.

Vergessen dürfen wir jedoch nicht, dass die indische Öffentlichkeit keineswegs die einzige mythologisierende Kraft gewesen ist. Denn die Familie selbst hat kräftig mitgemischt bei der Selbstmystifizierung. Nur müssen wir hier Jawaharlal Nehru ausnehmen, der als Tariq Ali einer indischen Zuhörermenge einmal erklärt hat, dass *sie,* das Volk, es seien, die Indien sind, und nicht die Mutter Erde oder etwas anderes. Welch ein Kontrast zu den berüchtigten Wahlpropagandasprüchen seiner Tochter: *Indien ist Indira, und Indira ist Indien.* Im Gegensatz zu ihrem Vater litt Mrs Gandhi eindeutig sehr stark am großmäuligen »*L' état c'est moi*«-Wahn eines Louis XIV. Die Art, wie sie den Mutterkult – die hinduistischen Symbole der Muttergöttin in ihren verschiedenen Ausprägungen – und die Idee der *shakti* – der Tatsache, dass das dynamische Element des Hindu-Pantheons weiblich dargestellt ist – benutzte, war eiskalt berechnet und sehr geschickt, aber man hat das Gefühl, dass das auch ihren Vater gestört hätte, der nie viel davon gehalten hat, dass Mahatma Gandhi den Mystizismus der Hindus ausnutzte. Jawaharlal erkannte die entzweiende Wirkung des Versuchs, eine indische Ethik über die anderen zu stellen; Indira jedoch, weit weniger zimperlich, wurde zuletzt zu sehr Hindu und zu wenig nationale Führerfigur. Und weil es ihrer Mystik half, beutete sie sogar ihre zufällige Ehe mit einem völlig anderen Gandhi aus: Der Nachname mitsamt seinen innewohnenden Verwechslungen entbehrte nicht eines gewissen Vorteils für sie. (Am Abend ihres Todes brachte die erste Ausgabe der *Times* ein Foto des Mahatma und der jungen Indira unter der Schlagzeile »Die Enkelin«; in der zweiten Ausgabe war dieser Heuler abgeändert in »Die Jüngerin«, eine weitaus zutreffendere Auslegung.)

Auch Sanjay Gandhi schuf einen Personenkult für sich; und nun hat Rajiv, von jeher der am wenigsten attraktive und prosaischste des Clans, eine neue Ikone in seinem Hauptquartier installieren lassen: einen Computer. Schon jetzt wird das Image vom »Computer-Kid« Rajiv, dem Führer der technologischen Revolution, intensiv aufpoliert. Jawaharlal Nehru sagte einmal,

Indira sei gerade erst ins Zeitalter des Fahrrads eingetreten; Rajiv – oder vielmehr der Mythos Rajiv – hat da ganz eindeutig andere Ideen.

Der dritte Faktor in diesem Prozess der Mythenfabrikation war der Westen. Die Berichterstattung der westlichen Nachrichtenmedien über Indien konzentrierte sich so ausschließlich auf »die Familie«, dass wohl nicht viele Europäer oder Amerikaner auch nur einen einzigen indischen Politiker nennen könnten, der nicht entweder Nehru oder Gandhi heißt. Diese Art der Reportage hat überall den Eindruck erweckt, dass es überhaupt keine anderen potenziellen Führer gegeben habe; und das ist, trotz Jawaharlals und des größten Teils von Indiras Amtszeit, ganz einfach nicht wahr. Selbst heute, da die politische Szene in Indien ein bisschen ausgedünnt wirkt, gibt es Anzeichen dafür, dass eine neue Generation heranwächst; es gibt eine Reihe politischer Persönlichkeiten – Farooq Abdullah, Ramakrishna Hegde und sogar Chandra Shekhar –, mit denen Rajiv und seine Gefolgsleute in naher Zukunft rechnen müssen. Und doch hören wir in der Weltpresse so gut wie gar nichts über sie.

Auch die Führer der westlichen Welt haben eine Rolle dabei gespielt. Das machte sich besonders während der Zeit nach 1979 bemerkbar, als die Auflösung der Janata-Partei Mrs Gandhi an die Macht zurückbrachte. In den folgenden Jahren war es ihr vordringlichstes Ziel, eine Rehabilitierung ihrer eigenen Person zu betreiben, die Erinnerung an die Emergency mit ihren Gräueltaten zu löschen, sich von diesem Makel zu befreien, von der Geschichte freigesprochen zu werden. Mit Hilfe zahlreicher Premierminister und Präsidenten hatte sie dieses Ziel zum Zeitpunkt ihres Todes beinah erreicht. Sie versicherte der Welt, die Horrorstories über die Emergency seien Ausgeburten der Phantasie; und die Welt ließ ihr diese Lüge durchgehen. Es war ein Triumph des Image über die Substanz. Nur schwer kann man auf den logischen Schluss verzichten, dass der Westen – vor allem das westliche Kapital – erkannte, von wie großem Nutzen eine rehabilitierte Indira Gandhi sein würde, und sich daranmachte, sie zu erfinden.

Es wäre natürlich möglich, Gegenmythen zu dieser mythologisierten Familie zu bieten. Als einer dieser Gegenmythen käme die Sage von Pandora und ihrer Büchse infrage. Ich habe schon seit ihren Anfängen das Gefühl, dass die Oktroyierung der Emergency ein nicht weniger törichter Akt war als das Öffnen jener sagenhaften Büchse; und dass viele der Übel, unter denen Indien heute zu leiden hat – vor allem die Wiedererweckung des religiösen Extremismus –, auf die Zeit der damaligen Diktatur mit ihrer staatlichen Gewalttätigkeit zurückgeführt werden können. Die Emergency steht für den Triumph des Zynismus über das öffentliche Leben in Indien; und dass dieser Triumph inzwischen zunichtegemacht worden ist, könnte man wirklich nur schwer behaupten. Indira Gandhi erhielt viel internationales Lob für ihr demokratisches Verhalten, als sie 1977 die Wahlen verlor und die Macht abgab; aber das kommt mir so vor, als müsse man Pandora dazu beglückwünschen, dass sie ihre Büchse geschlossen hat, nachdem die Übel dieser Welt schon längst aus ihr entwichen sind.

Weit besser ist es allerdings, derartigen Mythen mit Fakten zu begegnen. Und diese Fakten beweisen, dass die Familienherrschaft die indische Demokratie in keinem besonders guten Zustand zurückgelassen hat.

Die Zentralisierung der Macht hat in den Bundesländern tiefe und zuweilen gewalttätige Ressentiments ausgelöst; die Politik von Nehrus Nachkommen, die seine idealistischere Vision durch ihre Macht-um-jeden-Preis-Politik ersetzt haben, hat zu einem abrupten Niedergang des Lebensstandards in Indien geführt; und die Entstehung einer Art königlichen Hofes in Delhi, einer herrschenden Elite von Vertrauensleuten der »Familie«, nicht gewählt und niemandem verantwortlich als der Ministerpräsidentin persönlich, hat die Struktur der indischen Demokratie noch weiter geschädigt. Allmählich sieht es – nicht wahr? – fast so aus, als sei es möglich, dass die Interessen der »größten Demokratie der Welt« und die der herrschenden Familie nicht unbedingt dieselben sein könnten.

1985

Zia ul-Haq. 17. August 1988

Stürzt ein Tyrann, werden die Schatten der Welt ein wenig heller, und einzig Heuchler zeigen Trauer. General Mohammed Zia ul-Haq war – ganz gleich, was sein »großer Freund« George Bush und seine unerschütterliche Gönnerin Margaret Thatcher uns einreden wollen – einer der grausamsten Tyrannen der heutigen Zeit. Vor elf Jahren tauchte er auf wie der Geist aus der Flasche in *1001 Nacht* und begann, obwohl er anfangs einer von der kleinen, belanglosen Sorte Dämonen zu sein schien, augenblicklich größer zu werden, bis er gigantisch genug war, das gesamte Pakistan bei der Kehle packen zu können. Jetzt, nach einer Ewigkeit der Unterdrückung (unter Zias Daumen liefen selbst die Uhren langsamer), vermag dieses traurige, strangulierte Land ein paar Augenblicke lang ein wenig freier zu atmen.

Der ehrerbietige, anspruchslose, demütig-religiöse Zia, der einfache Soldat einfacher Soldaten: Einem brillanten, autokratischen Patrizier wie Zulfikar Ali Bhutto – dem der Despotismus ebenfalls nicht fremd war – fiel es nicht schwer, in einem solchen Mann einen nützlichen, lenkbaren Idioten zu sehen, einen Dschinn mit einem komischen Groucho-Marx-Schnauzbart in einer fest verkorkten Flasche. 1976 wurde Zia Bhuttos Stabschef, hauptsächlich deshalb, weil Bhutto das Gefühl hatte, ihn sicher in der Flasche zu haben. Doch Pakistani-Generäle sind besonders geschickt darin, aus solchen Flaschen zu entweichen und dafür ihre ehemaligen Herren darin einzuschließen. Der Protegé setzte den Protektor im Juli 1977 ab, machte sich zwei Jahre später zu seinem Henker und entfachte dadurch eine Blutfehde mit der Bhutto-Dynastie, die vermutlich mit seinem Tod hätte enden können. Was an der neuen Situation optimistisch stimmt, ist die Tatsache, dass Pakistans übrig gebliebene Generäle keinen Grund haben, Bhuttos Rache zu fürchten, falls der demokratischen Regierungsform wieder die Macht zufällt, die Pakistan so lange verweigert wurde.

Pakistan ist unter Zia zu einem albtraumhaften, surrealen Land geworden, in dem für die afghanischen Rebellen bestimmte Kampfausrüstungen mehr oder weniger offen auf dem schwarzen Markt des Landes verhökert werden; in dem die Einwohner von Karachi achselzuckend über die alltägliche Mauschelei zwischen der Polizei und den großen Diebesbanden sprechen; in dem bewaffnete Privatarmeen eine der größten Rauschgiftindustrien der Welt verteidigen und versorgen; in dem »Wahlen« ohne Teilnahme der politischen Parteien stattfinden. Dass eine derartige Situation weltweit als »stabil« bezeichnet wird, könnte komisch sein, wenn es nicht so abscheulich wäre; noch schrecklicher ist, dass sie sich mit einem Mäntelchen religiösen Glaubens tarnt.

Im Westen muss man immer wieder betonen, dass der Islam ebenso wenig monolithisch grausam, ebenso wenig ein »Reich des Bösen« ist wie das Christentum, der Kapitalismus oder der Kommunismus. Die mittelalterliche, frauenfeindliche, verdummende Ideologie, die Zia Pakistan mit seinem Islamisierungsprogramm oktroyierte, war die mit Abstand hässlichste Ausprägung dieses Glaubens, und noch dazu eine, die die meisten pakistanischen Moslems, glaube ich, beunruhigte und ängstigte. Ein wahrer Gläubiger zu sein bedeutete keineswegs, ein Zelot zu sein. Der Islam hat sich auf dem indopakistanischen Subkontinent historisch in moderaten Bahnen entwickelt, mit einem starken Einschuss von pluralistischer Sufi-Philosophie; Zia war ein Feind dieses Islams. Nun, da er von der Bildfläche verschwunden ist, könnte ihm ein großer Teil des Islamisierungsprogramms sehr schnell folgen. Pakistan will und braucht kein Rechtssystem, das dem Zeugnis der Frauen weniger Wert beimisst als dem der Männer; und keines, das es dem pakistanischen Fernsehen verbietet, sportliche Wettkämpfe von Frauen zu zeigen, wie es im Zusammenhang mit den Olympischen Spielen von Seoul der Fall war.

Faiz, Pakistans größter Dichter, hat diese Dinge in seinem Gedicht *Zalim* (»Der Tyrann«) folgendermaßen ausgedrückt:

> Dies ist das Fest; begraben wir die Hoffnung
> Mit angemessener Trauer. Komm, mein Volk.
> Wir wollen das Massaker an den Massen feiern...
> Mein ist die neue Religion, die neue Moral.
> Mein sind die neuen Gesetze, mein ein neues Dogma.
> Von nun an berühren die Priester im Gotteshaus
> Mit ihren Lippen die Hände von Götzen...
> Jedes Portal der Gebete oben im Himmel
> Wird heute zugeschlagen.

Nun, der Tyrann hat seine Zeit gehabt und ist verschwunden. Wie ist das geschehen? Die Möglichkeit eines Unfalltodes kann man, glaube ich, mit Sicherheit ausschließen. Ebenso wenig überzeugend finde ich die Hinweise auf einen Militärputsch oder einen »Handstreich« von indischem Territorium aus. Eine reale Möglichkeit ist ein Attentat durch Angehörige des afghanischen Geheimdienstes; aber es gibt noch zahlreiche andere, spekulativere Möglichkeiten. Sollte die Wahrheit je ans Licht kommen, wird sie uns zweifellos überraschen.

Der Tod des US-Botschafters ist zweifellos tragisch, seine Nähe zu General Zia beweist jedoch, wie sehr der verstorbene Präsident Pakistans vom guten Willen und der Unterstützung Amerikas abhängig war. Es ist Pakistans Tragödie, dass die Vereinigten Staaten sich in ihrer Rolle als Weltpolizist für die Freiheit dazu entschlossen haben, die Freiheit in Afghanistan zu verteidigen, indem sie die Menschen-, Bürger- und politischen Rechte der Untertanen General Zias opferten.

Was soll nun werden? Erfahrene Beobachter der pakistanischen Szene werden nicht allzu viele Mützen in die Luft werfen. Dass die Armee bereit sein könnte, reale Macht aufzugeben, während die Lage in Afghanistan noch unsicher ist, erscheint kaum wahrscheinlich. Und obwohl mit Zia mehrere ranghohe Generäle bei der Explosion der C-130 starben, sind zwei der härtesten noch überaus lebendig: Fazle Haq, lange Zeit Zias engster Verbündeter, dessen Ruf durch hartnäckige Hinweise auf seine Verbindungen zu Drogenhändlern geschädigt ist, und Aslam Beg, der wohl Zias wahrscheinlichster Nachfolger ist. Wenn man die trostlose politische Lage in Pakistan betrachtet, ist es am einfachsten, das Schlimmste zu befürchten. Doch diesmal gibt es noch eine andere Möglichkeit – weit hergeholt, aber erwähnenswert.

Wenn die US-Administration sich überwinden könnte einzusehen, dass General Zias Art von »Stabilität« eine tiefgreifende Instabilität hinterlassen hat; und wenn Amerika sich dann entschließen könnte, an Stelle der militärischen Macht in Pakistan die demokratischen Kräfte zu unterstützen, käme eine neue, auf der schönen alten Idee der repräsentativen Regierung basierende Stabilität in den Bereich der Möglichkeit. Ich spreche natürlich von Benazir Bhutto und der Koalition politischer Parteien, deren Führerin sie ist und die zu erhalten sie sich nun sehr anstrengen muss. Dies müsste Benazirs Stunde sein; bleibt abzuwarten, ob die halsstarrige pakistanische Armee, die fissipare Natur der Koalition (nun, da der große, alles vereinigende Feind verschwunden ist) und die Veränderung der Geopolitik sie daran hindern.

1988

Tochter der Macht

»*Cogito ergo sum*«, sinniert Benazir Bhutto und übersetzt zuvorkommend: »Ich denke, darum bin ich. Ich hatte in Oxford immer Schwierigkeiten mit dieser philosophischen Prämisse und habe sie jetzt noch mehr.« Nicht etwa, dass sie nicht denkt, wissen Sie – eigentlich denkt sie *sogar dann, wenn sie es gar nicht will* –, aber das Denken scheint ihr nicht beim *Sein* zu helfen. »Ich habe das Gefühl, nichts zu haben, worauf ich Spuren hinterlassen könnte«, jammert sie. Man könnte sich als Boden für derartige Spuren durchaus eine Autobiografie vorstellen, doch seltsamerweise ist Benazir sogar in ihrem eigenen Buch *Tochter der Macht* nicht anwesend. Die Stimme, die darin spricht, die Spuren, die dort hinterlassen werden, gehören einem amerikanischen Geist.

Es ist eine Stakkatostimme, die Verben hasst und sehr in Klangeffekte verliebt ist. Hier schildert sie, was die pakistanische Armee 1971 in Bangladesh angerichtet hat: »Plünderung. Vergewaltigung. Entführungen. Mord.«[*] Hier schildert sie uns Benazirs Einzelhaft: »Zeit, erbarmungslos, monoton... Abblätternder Beton. Eisenstäbe. Und Stille. Absolute Stille.« Und hier die Beisetzung ihres Bruders Shah Nawaz: »Schwarz. Schwarze Trauerflore. Schwarze *shalwar hameez* und *dupattas*... Schwarz. Immer mehr Schwarz.« Und was tun die Menschen »im Fieber ihres Schmerzes«? – »Weinen. Klagen.«

Aber selbst das ist noch lyrisch im Vergleich zur Beschreibung von Benazirs Mittelohrentzündung: »Klick. Klick. Klick. Klick.« (Auf einer Seite insgesamt elfmal.) Oder der Gefängnisgeräusche, wie man sie in einer Einzelzelle wahrnimmt: »Rassel, rassel. Klirr, klirr.« Oder Benazirs Wahl eines Ehemanns: »Asif Zardari.

---

[*] S. R. bezieht sich mit seiner Kritik auf die amerikanische Fassung. Anm. der Red.

Asif Zardari. Asif Zardari.« Vielleicht ist es ja ganz gut, dass Miss Bhuttos Phantom sich nicht allzu angestrengt an der Form des Dramas versucht. Wenn sie es tut, geschieht folgendes: »›Nein!‹, schrie ich. ›Nein!‹« (als sie vom Tod ihres Bruders erfährt). Und: »›Nein‹, schrie ich in Eliot Hall und warf die Zeitung hin.« (als sie vom Einmarsch der indischen Armee in Bangladesh hörte). Und, am allertragischsten, wenn sie von der Hinrichtung ihres Vaters hört: »›Nein!‹, durchbrach der Schrei die Knoten in meiner Kehle. ›Nein!‹«

Wäre der übelste Geruch, der diesem Buch entströmt, der eines miesen Schreibstils, es wäre möglich – und sogar angemessen – gewesen, ihr zu verzeihen. Schließlich hat Miss Bhutto verdammt viel durchmachen müssen, und das Ganze wäre selbst in Joan-Collins-Prosa zu einer spannenden Story geworden. Unglücklicherweise stinkt aber die Politik nicht weniger. Tochter des Ostens nennt sie sich; in Wirklichkeit ist sie jedoch immer noch Zulfikar Ali Bhuttos kleines Mädchen, immer noch nicht bereit einzugestehen, dass der Märtyrervater auch nur die kleinste Sünde begangen haben könnte.

Die daraus folgenden Auslassungen in ihrer Story sind aber nicht weniger verräterisch als jene Dinge, die sie hineinschreibt. Sie schafft es zum Beispiel, die gesamte Regierungszeit ihres Vaters zu behandeln, ohne den Völkermord in Belutschistan auch nur mit einem Wort zu erwähnen. Sie spricht zutreffend von den Foltercamps des Zia-Regimes, sowohl in Belutschistan als auch anderswo – »Ketten. Eisblöcke. Chilis, den Häftlingen ins Rektum geschoben« –, versteckt die gleichen Grausamkeiten durch Bhuttos Schergen jedoch unter dem Mäntelchen der liebenden Tochter. Ganz und gar unterschlägt sie Bhuttos angestrengte Versuche der Wahlbeeinflussung von 1977, Versuche, die ihm einen Sieg von lächerlich unglaubhaften Proportionen verschafften, Zia jedoch die Gelegenheit zum Einhaken boten und es ihm ermöglichten, unter dem Vorwand, neue, unumstrittene Wahlen abzuhalten, die Macht an sich zu reißen. Am schlimmsten allerdings ist, dass Bhuttos Tochter dessen Rolle bei den Ereignissen, die zur Sezession Bangladeshs führten, in wahrhaft skandalösem Ausmaß verfälscht.

Nach Benazir Bhuttos Version trifft die Schuld eindeutig Scheich Mujib, den Führer der damaligen East Pakistani Awami League. Nach den Wahlen von 1970, behauptet Benazir, »betrieb Mujib, statt mit meinem Vater zusammenzuarbeiten, die Gründung einer unabhängigen Bewegung ... Mujib legte einen Starrsinn an den Tag, dessen Logik mir bis auf den heutigen Tag entgeht.« Man sieht sich versucht, einfache Wörter zu benutzen, um es ihr zu erklären. Hör zu, mein liebes Kind, der Mann hatte *gewonnen,* und es war dein Vater, der sich auf die Hinterbeine stellte ... Bei den Wahlen von 1970 errang die Awami League die absolute Mehrheit aller Sitze von Pakistans zwei »Flügeln« zusammen. Es war Mujibs gutes Recht, »starrsinnig« darauf zu bestehen, dass er Premierminister wurde, und es waren Bhutto und General Yahya Khan, die konspirierten, um das zu verhindern. *So* begann der Sezessionskrieg, das aber würde man der Lektüre dieses Buches niemals entnehmen können.

Es ist deprimierend, Benazir Bhutto noch immer als liebende Tochter zu sehen. Sie ist eine tapfere Frau, sie hat ein schweres Leben gehabt und es als Politikerin weit gebracht, seit den Tagen der Unerfahrenheit, da sie Zia Ultimaten stellte, die sie nicht durchzusetzen vermochte. Bei Pakistans bevorstehenden Wahlen repräsentieren Benazir Bhutto und die Volkspartei Pakistans beste Hoffnung, und wenn ich eine Stimme bei diesen Wahlen hätte, würde ich sie vermutlich ihr geben. Doch dieses Buch ist reinste Naivität, und die darin herrschende Tendenz, die Augen vor unangenehmen Tatsachen zu schließen, ist Anzeichen für die Schwäche, die Hohlheit dieser Hoffnung. Wenn Benazir die Beste ist, kann man sich ausrechnen, wie man sich die Übrigen vorzustellen hat.

Ihr Buch hat natürlich seine großen Momente, wenn sie uns zum Beispiel erzählt, wie sie Hubert Humphrey mit Bob Hope verwechselte, oder wenn sie uns vertrauliche Insider-Informationen über die Post-Bangladesh-Friedensverhandlungen in Simla zwischen Mrs Gandhi und Mr Bhutto gibt. Und das bei Weitem überzeugendste Kapitel ist jenes über die Prozessfarce und anschließende Hinrichtung von Bhutto durch diese furchterregende »Cartoon«-Figur Zia ul-Haq. Letzten Endes sind es aber die Schwierigkeiten, die Benazir mit dem Denken hat, die den stärksten Eindruck hinterlassen.

»Wie glänzt doch das Haar auf der Stirn meines Geliebten«, singt Benazirs Geist bei der Hennazeremonie vor der Eheschließung mit Asif Asif Asif. Auf seiner Stirn, eh? Nun ja, ein *highbrow* ist er bestimmt nicht, und nach dieser Lektüre wirkt seine arrangierte Ehe wie eine perfekte Verbindung.

1988

Dritter Teil

Es gibt keine »Commonwealth-Literatur«

Anita Desai

Kipling

Hobson-Jobson

Es gibt keine »Commonwealth-Literatur«

Als ich 1983 gebeten wurde, im Rahmen des English Studies Seminar in Cambridge zu sprechen, glaubte mich die Lady vom British Council mit ein paar freundlichen Worten beruhigen zu müssen. »Keine Sorge«, sagte sie, »bei unserem Seminar gehört auch die Commonwealth-Literatur zum Fach Englisch.« Also musste man daraus schließen, dass diese beiden Richtungen normalerweise so streng voneinander getrennt wurden wie rauflustige Kinder, sexuell inkompatible Pandabären oder vielleicht labile spaltbare Stoffe, die explodieren können, wenn man sie zusammengibt.

Ein paar Wochen später unterhielt ich mich mit einem Literaturprofessor – einem Spezialisten *englischer* Literatur, muss ich hinzufügen –, einem freundlichen und einsichtsvollen Mann. »Als Commonwealth-Schriftsteller«, meinte er, »werden Sie vermutlich feststellen, dass man eine gewisse Freiheit genießt, gewisse Vorteile, wenn man, wie Sie, eine Position an der Peripherie einnimmt, nicht wahr?«

Und dann veröffentlichte eine britische Zeitschrift in derselben Ausgabe Interviews mit Shiva Naipaul, Buchi Emecheta und mir. In meinem Interview gestand ich ein, dass ich die seltsame Formulierung »Commonwealth-Literatur« allmählich immer weniger hilfreich und sogar ein wenig geschmacklos fände; und las interessiert, dass sowohl Shiva Naipaul als auch Buchi Emecheta bei *ihren* Interviews mit eigenen Worten praktisch dasselbe ausgedrückt hatten. Daher erschienen die drei Interviews unter der Überschrift: »›Commonwealth-Schriftsteller‹... aber sie wollen nicht so genannt werden.«

Inzwischen hat sich das Commonwealth bei mir überaus unbeliebt gemacht.

Ist das nicht eine wirklich abstruse Abscheulichkeit, dachte ich – eine Literaturschule, deren angebliche Mitglieder ihre Zugehörigkeit so nachdrücklich bestreiten? Noch schlimmer aber ist, dass dieses Leugnen kurzerhand ignoriert wird. Wie es scheint, hat dieses Scheusal ein gewisses Eigenleben angenommen. Als ich daher zu einer Konferenz über dieses Scheusal – ausgerechnet – nach Schweden eingeladen wurde, dachte ich mir, es könne nicht schaden, das Thema ein bisschen unter die Lupe zu nehmen.

Die Konferenz war großartig organisiert: Es wimmelte von hochgelehrten, welterfahrenen Persönlichkeiten, die sich des Langen und des Breiten über den neuen Geist des Experimentierens in der englischsprachigen Literatur der Philippinen auszulassen vermochten. Darüber hinaus lernte ich Schriftsteller aus der ganzen Welt kennen – oder vielmehr dem Commonwealth. Es herrschte eine so anregende Atmosphäre, dass ich mich fast zu der Ansicht hätte bekehren lassen, das Thema der Diskussion existiere tatsächlich und sei nicht nur eine Fiktion, und zwar eine ganz einzigartige Fiktion insofern, als es ausschließlich von Kritikern und Akademikern erdacht wurde, die alsbald mit Begeisterung daran zu glauben begannen ... Die Zweifel aber wurden trotz aller Versuchung einzulenken nicht ausgeräumt.

Viele Delegierte waren, wie ich feststellte, durchaus bereit anzuerkennen, dass der Begriff »Commonwealth-Literatur« schlecht gewählt sei. Südafrika und Pakistan zum Beispiel sind nicht Mitglieder des Commonwealth, und dennoch scheinen ihre Autoren zu seiner Literatur zu gehören. England andererseits, das meines Wissens noch nicht ganz aus dem Commonwealth ausgeschieden ist, wurde von seiner literarischen Manifestation ausgeschlossen. Aus auf der Hand liegenden Gründen: Es ginge nicht an, die englische Literatur, dieses große, geheiligte Monstrum, mit einem Haufen von Emporkömmlingen in einen Topf zu werfen, die sich unter diesem neuen und schlampig zusammengezimmerten Schirm drängen.

Auf der Konferenz für »Commonwealth-Literatur« sprach ich mit oder hörte Vorträge von dem australischen Dichter Randolph Stow, dem Westinder Wilson Harris, Ngugi wa Thiongo aus

Kenia, Anita Desai aus Indien und der kanadischen Schriftstellerin Aritha van Herk. Und war anschließend überzeugt, dass unsere Unterschiede weit schwerwiegender waren als unsere Ähnlichkeiten, dass man also unmöglich sagen konnte, was der Begriff »Commonwealth-Literatur« – diese Idee, die unsere Zusammenkunft ja schließlich erst ermöglicht hatte – nun wirklich bedeutete. Aritha van Herk sprach wortgewandt über das Problem, imaginäre Landkarten der großen Weiten Kanadas zu zeichnen; Wilson Harris schwang sich zu Höhenflügen metaphysischer Lyrizismen und hochgradiger Abstraktionen auf; Anita Desai sprach flüsternd – ihr Roman war schließlich ein Roman hoher Empfindsamkeit –, und ich fragte mich, was wohl in aller Welt sie mit dem überzeugten Marxisten Ngugi gemeinsam haben sollte, einem unverhohlen politischen Schriftsteller, der seine Abkehr von der englischen Sprache verdeutlichte, indem er sein Werk auf Suaheli las, während sein Übersetzer die schwedische Fassung vortrug und wir anderen völlig verständnislos dasaßen. Nun würde diese immense Vielfalt bei einer allgemeinen Literaturkonferenz wohl durchaus natürlich wirken – hier jedoch handelte es sich um eine ganz bestimmte Schule der Literatur, und ich versuchte herauszufinden, was für eine Schule das eigentlich sein sollte.

Die einzige Annäherung an eine Definition, die ich fand, klang eindeutig herablassend: »Commonwealth-Literatur« ist anscheinend jenes Schrifttum, das in englischer Sprache von Personen kreiert wurde, die selbst weder weiße Briten noch Iren oder Bürger der Vereinigten Staaten sind. Ob schwarze Amerikaner Bürger dieses bizarren »Commonwealth« sind, ist mir nicht bekannt. Vermutlich nicht. Ebenfalls ungesichert ist, ob Bürger von Commonwealth-Ländern, die in anderen Sprachen – etwa Hindi – schreiben oder wie Ngugi vom Englischen in andere Sprachen umschalten, in diesen Club aufgenommen werden oder ob ihnen der Beitritt verweigert wird.

Inzwischen klang das Wort »Commonwealth-Literatur« immer unliebenswürdiger in meinen Ohren. Denn es bezeichnete nicht nur einfach ein Ghetto, sondern ein exklusives Ghetto. Und durch die Schaffung eines solchen Ghettos wurde – wird – die wesentlich weiter gefasste Bezeichnung »englische Literatur« – die für mich stets einfach nur Literatur in englischer Sprache gewesen war – zu einem weitaus engeren Begriff herabgewertet, zu einem topografischen, nationalistischen, möglicherweise sogar rassistisch-ausgrenzenden Begriff.

Als ich dann dieses unübersichtliche Durcheinander betrachtete, kam mir der Gedanke, dass eine derartige Kategorie eine Chimäre ist, und zwar im wahrsten Sinne des Wortes. Heutzutage bezeichnet dieser Begriff natürlich eine irreale, monströse Ausgeburt der Phantasie; doch sicher werden Sie sich erinnern, dass es sich bei der klassischen Chimäre um ein Ungeheuer ziemlich außergewöhnlicher Natur handelte, denn sie war mit dem Kopf eines Löwen, dem Körper einer Ziege und dem Schwanz einer Schlange ausgestattet. Und da sie aus Elementen bestand, die in der realen Welt nicht miteinander zu verbinden waren, konnte sie ausschließlich in Träumen existieren.

Die Gefahren, die entstehen, wenn ein solches Phantom auf die Gefilde der Literatur losgelassen wird, sind meiner Ansicht nach vielfältig. Wie schon erwähnt, ist eine dieser Folgen die Entstehung eines Ghettos, und das wiederum führt bei einigen seiner Bewohner zu einer gewissen Ghettomentalität. Außerdem kann und wird die Schaffung einer falschen Kategorie zu einer extrem engstirnigen und zuweilen irreführenden Auslegung einiger der Autoren führen, die ihr angehören sollen; und wiederum lenkt die Existenz – oder vermeintliche Existenz – dieses Monstrums die Aufmerksamkeit von dem ab, was zu betrachten sich wirklich lohnt, was wirklich vorgeht. Ich halte es für nützlich, noch einige Minuten über diese Gefahren nachzudenken.

Ich beginne mit einem Punkt, der auf der Hand liegt. Englisch ist inzwischen zur Weltsprache geworden. Es hat diesen Status zum Teil infolge der physischen Kolonisierung eines Viertels der Welt durch die Engländer erhalten und ist noch heute trotz mancher Probleme von zentraler Bedeutung für die Angelegenheiten so gut wie aller Länder, denen es, zusammen mit Missionsschulen, Straßen und Kricketregeln, von den britischen Kolonisatoren sozusagen als Morgengabe dargebracht wurde.

Seine heutige Vorrangstellung ist jedoch nicht ausschließlich – vielleicht nicht einmal hauptsächlich – Ergebnis dieser britischen Hinterlassenschaft. Sondern ebenso sehr Ergebnis der Überlegenheit der Vereinigten Staaten von Amerika in allen Weltfragen. Diesen zweiten Impuls in Richtung Englisch könnte man, je nach Standpunkt, als eine Art linguistischen Neokolonialismus oder einfach als Pragmatismus seitens zahlreicher Regierungen und Pädagogen der Welt bezeichnen.

Was mich betrifft, so halte ich es nicht immer für nötig, den antikolonialen – oder heißt es postkolonialen? – Knüppel gegen die englische Sprache zu schwingen. Der Vorgang, mit dem wir es hier zu tun haben, ist meiner Meinung nach der, dass die Menschen, die einst von der Sprache kolonisiert wurden, sie jetzt sehr schnell umformen, domestizieren, immer selbstverständlicher gebrauchen. Von der enormen Flexibilität und Reichhaltigkeit der englischen Sprache unterstützt, erobern sie sich innerhalb ihrer Grenzen weitläufige eigene Territorien.

Nehmen wir den Fall Indien – nur, weil ich mit ihm am besten vertraut bin. Die Debatte über die Verwendbarkeit der englischen Sprache im postbritischen Indien tobt seit 1947 – eine Debatte, die heute jedoch, wie ich meine, nur noch für die ältere Generation von Bedeutung ist. Die Kinder des unabhängigen Indien scheinen nicht der Ansicht zu sein, dass Englisch noch immer den unauslöschlichen Makel seiner kolonialen Herkunft trägt. Sie benutzen es als indische Sprache, als eines der Werkzeuge, die ihnen zur Verfügung stehen.

(Hier vereinfache ich natürlich, aber in groben Zügen trifft es zu.)

In Indien besteht hinsichtlich der Einstellung zur englischen Sprache darüber hinaus eine Art Nord-Süd-Wasserscheide. Im

Norden, im sogenannten »Hindigürtel«, in dem die Hauptstadt Delhi liegt, kann man sich Hindi als zukünftige Landessprache vorstellen; in Südindien dagegen, das gegenwärtig unter den Versuchen der Zentralregierung leidet, ihm diese Landessprache *aufzuzwingen,* ist die Abneigung gegen die Hindisprache weit stärker als gegen die englische. Nachdem ich selbst eine geraume Zeit in Südindien verbracht habe, bin ich zu der Überzeugung gelangt, dass Englisch eine für Indien sehr wesentliche Sprache ist – nicht nur wegen seines technischen Vokabulars und weil es die internationale Kommunikation verbessert, sondern auch einfach, weil es zwei Indern ermöglicht, sich miteinander in einer Sprache zu unterhalten, die keiner von den beiden hasst.

Übrigens stand in Westbengalen, wo die Regierung eine Kampagne gegen die englische Sprache führt, als bissiger Stich gegen den marxistischen Ministerpräsidenten der Provinz, Jyoti Basu, folgendes Graffito auf Englisch an einer Wand: »Mein Sohn wird nicht Englisch lernen; dein Sohn wird nicht Englisch lernen; aber Jyoti Basu wird seinen Sohn ins Ausland schicken, damit er dort Englisch lernt.«

Ich hoffe also, damit unter anderem klargestellt zu haben, dass in Indien eine komplexe und sich weiterentwickelnde Bindung der Gesellschaft und der Literatur an die englische Sprache besteht. Diese Art postkolonialer Dialektik wird als einigender Faktor der »Commonwealth-Literatur« angeführt; nur leider existiert er ganz eindeutig nicht oder ist bei den Problemen der Literatur in Kanada, Australien und sogar Südafrika höchstens sehr peripher. Jedes Mal, wenn man die allgemeinen Theorien über »Commonwealth-Literatur« untersucht, zerfallen sie einem unter den Händen.

Die englische Literatur hat einen indischen Zweig. Und damit meine ich Literatur in englischer Sprache. Diese Literatur ist aber zugleich auch indische Literatur. Hier besteht keinerlei Unvereinbarkeit. Wenn die Geschichte komplexe Tatsachen schafft, sollten wir nicht versuchen, sie zu vereinfachen.

Also: Englisch ist eine indische Literatursprache und verfügt inzwischen, dank Schriftstellern wie Tagore, Desani, Chaudhuri, Mulk Raj Anand, Raja Rao, Anita Desai und anderen, über einen beachtlichen Stammbaum. Nun trifft es natürlich zu, dass die englischsprachige Literatur in England, Irland und den USA älter ist als zum Beispiel jene in Indien; und so wäre es möglich, dass »Commonwealth-Literatur« nichts weiter ist als ein etwas ungeschickter Name für die jüngere englischsprachige Literatur der Welt. Wenn das aber zuträfe – oder vielmehr, wenn das alles wäre –, so wäre es eine relativ unbedeutende Fehlbenennung. Aber das ist nicht alles. Weil der Ausdruck nicht nur benutzt wird, um etwas zu beschreiben oder sogar falsch zu beschreiben, sondern ebenso, um zu *trennen*. Er erlaubt akademischen Institutionen, Verlegern, Kritikern und selbst Lesern, einen großen Teil der englischen Literatur in eine Schublade zu stecken und ihn dann mehr oder weniger zu ignorieren. Günstigstenfalls stellt er das, was als »Commonwealth-Literatur« bezeichnet wird, *unter* die »eigentliche« englische Literatur – oder, um auf meinen Freund, den Professor, zurückzukommen, stellt englische Literatur in den Mittelpunkt und verweist den Rest der Welt an die Peripherie. Wie deprimierend, dass im Fachgebiet Literatur noch immer an einer derartigen Einstellung festgehalten wird, nachdem sie in allen anderen Fächern, die das Englische betreffen, längst abgeschafft worden ist!

Wie aber nun lebt es sich im Ghetto der »Commonwealth-Literatur«? Fest steht, dass jedes Ghetto seine eigenen Regeln hat, und darin bildet dies keine Ausnahme.

Eine dieser Regeln, eine der Ideen, auf denen die ganze Konstruktion beruht, lautet, dass Literatur ein Ausdruck der jeweiligen Nationalität sei. Was also die »Commonwealth-Literatur« an Patrick White interessant findet, ist die Tatsache, dass er Australier ist; an Doris Lessing, dass sie Afrikanerin ist; an V. S. Naipaul, dass er Westinder ist, obwohl ich bezweifle, dass es irgendjemand wagen würde, ihm das ins Gesicht zu sagen. Bücher werden in diesem Zusammenhang fast immer dafür gelobt, dass sie Motive und Symbole aus der nationalen Tradition des Autors benutzen, dass ihre Form eine eindeutig vorenglische Traditionsform spiegelt oder dass die Einflüsse, die auf den Autor einwirken, als jener Kultur eigen eingestuft werden können, der er »entspringt«. Bücher, die Traditionen mischen oder bewusst mit Traditionen zu brechen suchen, werden häufig als äußerst suspekt betrachtet. Ein Beispiel: Vor einigen Jahren schrieb der indische Dichter Arun Kolatkar, der gleichermaßen mühelos auf Englisch wie auf Marathi schreibt, eine preisgekrönte Reihe von Gedichten, *Jejuri* genannt, die ein Bericht über seinen Besuch einer Hindutempelstadt sind. (Ironischerweise hat er damit, wie ich erwähnen sollte, den Commonwealth Poetry Prize gewonnen.) Seine Gedichte sind wunderbar, zeitgenössisch, geistreich und trotz ihres Themas das Werk eines nichtreligiösen Mannes. Sie wecken den Zorn eines Doyens der »Commonwealth-Literatur«-Studien in Indien, Professor C.D. Narasimhaiahs, der zwar zugibt, dass die Gedichte brillant sind, Kolatkar jedoch vorwirft, sein Werk durch den Versuch, die Tradition zu leugnen, zur Bedeutungslosigkeit zu verurteilen.

Hier haben wir es eindeutig mit dem Popanz der Authentizität zu tun. Ein Thema, das der indische Kunstkritiker Geeta Kapur im Zusammenhang mit der modernen indischen Malerei erforscht hat, das aber genauso auf die Literatur zutrifft. »Authentizität« ist das legale Kind der altmodischen Exotik. Sie verlangt, dass Quellen, Formen, Stil, Sprache und Symbole allesamt einer angeblich homogenen und ungebrochenen Tradition entstammen. Und wehe, wenn nicht! Bezeichnend ist, dass dieser Ausdruck – so weithin benutzt in der begrenzten Welt der »Commonwealth-Literatur«, und zwar ausschließlich als Lob – außerhalb dieser Welt lächerlich wirken würde. Stellen Sie sich vor, ein Roman würde für sein »authentisches Englisch« oder »authentisches Deutsch« gepriesen. Das wirkt doch absurd. In unserem Ghetto jedoch sind derartige Absurditäten unausrottbar.

Ich selbst werde immer wieder gefragt, ob ich Brite oder Inder bin. Um mich zu beschreiben, wurde die Formulierung »als Inder geborener britischer Schriftsteller« erfunden. Aber, wie ich gestern Abend sagte, handelt mein neues Buch von Pakistan. Also was nun? »In England lebender indopakistanischer Schriftsteller«? Sie sehen, wie töricht es ist, Schriftsteller in Reisepässe pressen zu wollen.

Einer der absurdesten Aspekte dieser Suche nach nationaler Authentizität ist die vollkommen falsche Annahme, es gäbe so etwas wie reine, unverfälschte Traditionen, aus denen wir schöpfen könnten. Die einzigen Menschen, die ernsthaft daran glauben, sind die religiösen Extremisten. Wir anderen dagegen begreifen, dass das Wesen der indischen Kultur eben in dem Bewusstsein besteht, dass wir eine gemischte Tradition besitzen, eine Melange von Elementen, so unterschiedlich wie antikes Mughal und zeitgenössisches Coca-Cola-Amerikanisch. Ganz zu schweigen von muslimischen, buddhistischen, dschainistischen, christlichen, jüdischen, britischen, französischen, portugiesischen, marxistischen, maoistischen, trotzkistischen, vietnamesischen, kapitalistischen und natürlich hinduistischen Elementen. Das Markenzeichen der indischen Tradition war immer der Eklektizismus – die Fähigkeit, von der Welt das zu nehmen, was zu uns passt, und alles andere abzulehnen –, und den findet man auch heute noch im Kern der besten Werke, sowohl der visuellen Künste als auch der Literatur. Im Wörterbuch der »Commonwealth-Literatur« dagegen ist Eklektizismus kein besonders freundliches Wort. Aus diesem Grund wird die real existierende Mischtradition durch den dem Reich der Phantasie angehörenden Traum von Reinheit ersetzt.

Sie werden vielleicht bemerkt haben, dass der Zweck dieses literarischen Ghettos – wie wohl der Zweck aller Ghettos – darin besteht, etwas einzusperren, einzuschränken, einzugrenzen. Seine Regeln sind im wahrsten Sinne des Wortes konservativ. Tradition ist alles; radikale Brüche mit der Vergangenheit betrachtet man stirnrunzelnd. Kein Wunder, dass so viele von der »Commonwealth-Literatur« vereinnahmte Schriftsteller abstreiten, etwas mit ihr zu tun zu haben.

Ich sagte zuvor, das Konzept der »Commonwealth-Literatur« leiste manchen Schriftstellern einen Bärendienst, weil es zu falschen Auslegungen seiner Werke führt; in Indien trifft das, glaube ich, auf Ruth Jhabvala und, in geringerem Maß, auf Anita Desai zu. Von dem Standpunkt aus betrachtet, dass Literatur national gebunden und sogar verpflichtet sein müsse, wird es nämlich einfach völlig unmöglich, die Denkweise und Vorstellungswelt einer wurzellosen Intellektuellen wie Ruth Jhabvala zu verstehen. In Europa gibt es natürlich genügend Beispiele von entwurzelten, ewig wandernden Schriftstellern und sogar Völkern, um Ruth Jhabvalas Werk leicht begreifbar zu machen; nach den Regeln des Commonwealth-Gettos befindet sie sich jedoch außerhalb des Erlaubten. Infolgedessen ist ihr Ruf in Indien weit weniger gut als im Westen. Und auch Anita Desai bekommt Schwierigkeiten, wenn sie mit absoluter Aufrichtigkeit feststellt, dass ihre Arbeit keine indischen Vorbilder hat. Der Roman ist eine westliche Literaturform, sagt sie, daher sei alles, was sie beeinflusst, logischerweise ebenfalls westlich. Dennoch sind ihre behutsamen, aber harten Fiktionen großartige Studien des indischen Lebens. Das verwirrt die Kohorten des Commonwealth. Aber wenn es um »Commonwealth-Literatur« geht, ist Verwirrung ohnehin die Norm.

Ich habe ebenfalls gesagt, dass die Erschaffung dieser Phantomkategorie dazu beiträgt, das zu vertuschen, was wirklich vorgeht und worüber man unbedingt sprechen sollte. In diesem Zusammenhang möchte ich behaupten: Wenn wir die ganze »Commonwealth-Literatur« vergessen könnten, würden wir vielleicht erkennen, dass es bei großen Teilen der Literatur – in vielen verschiedenen Sprachen – aus jenen Ländern der Welt, die man im weitesten Sinne als weniger mächtig, ja sogar als machtlos bezeichnen könnte, gewisse Gemeinsamkeiten gibt. Der faszinierende Realismus der Lateinamerikaner beeinflusst die indischsprachigen Schriftsteller im heutigen Indien. Die reiche, volksmärchenhafte Form eines Romans wie *Sandro von Tschegem* des moslemischen Russen Fasil Iskander findet ihre Parallelen – zum Beispiel – in den Werken des Nigerianers Amos Tutuola oder gar von Cervantes. Ich glaube, man könnte sogar Theorien über gemeinsame Faktoren auch bei den Schriftstellern aus diesen Kulturen aufstellen – armen Ländern oder unterdrückten Minderheiten in mächtigen Ländern – und sagen, dass vieles von dem, was in der Weltliteratur neu ist, tatsächlich aus diesen Gruppen hervorgeht. Das scheint mir eine »reale« Theorie zu sein, markiert von Grenzen, die weder politischer noch linguistischer Natur, sondern Grenzen der Phantasie sind. Aber Entwicklungen dieser Art gerade sind es, die von der Chimäre »Commonwealth-Literatur« verschleiert werden.

Dieser transnationale, translinguistische Prozess der gegenseitigen Befruchtung ist nicht neu. Die Werke Rabindranath Tagores, zum Beispiel, sind dank seiner Freundschaft mit der argentinischen Intellektuellen Victoria Ocampo seit Langem schon überall im spanischsprechenden Amerika erhältlich. So wurde es möglich, dass ein oder sogar zwei Generationen südamerikanischer Schriftsteller *Gitanjali, Das Heim und die Welt* und andere Werke lesen konnten und einige, wie Mario Vargas Llosa, sie als äußerst interessant und anregend empfanden.

Wenn die »Dritte-Welt-Literatur« eine Entwicklung ist, die vom Gespenst der »Commonwealth-Literatur« verschleiert wird, lenkt der Nachdruck, den die »Commonwealth-Literatur« auf das Schreiben in englischer Sprache legt, die Aufmerksamkeit von vielen anderen Dingen ab, die ebenfalls unsere Aufmerksamkeit verdienen. Ich habe mich bemüht aufzuzeigen, dass die gesamte Sprachenfrage in Indien ein Thema erbitterter Fehden ist. Aber man muss hinzufügen, dass in Indien zahlreiche Arbeiten auch in vielen anderen Sprachen entstehen, für die sich außerhalb Indiens jedoch kein Mensch interessiert. Die Angloinder ziehen das gesamte Scheinwerferlicht auf sich. Nur sehr wenig wird übersetzt; und sehr wenige der besten Schriftsteller – Premchand, Anantha

Moorthy – und der besten Romane sind nicht einmal dem Namen nach bekannt.

Um dieses Thema weiterzuspinnen: Mir fällt auf, dass der größte Bereich der Auseinandersetzungen über indische Literatur nichts mit der englischen Literatur zu tun hat, sondern mit den Auswirkungen der Hegemonie des Hindi auf die Literatur in anderen indischen Sprachen, vor allem anderen nordindischen Sprachen. Vor Kurzem traf ich den hervorragenden Gujarati-Romancier Suresh Joshi, der mir erzählte, er könne zwar auf Hindi schreiben, sehe sich aber veranlasst, Gujarati zu benutzen, weil das eine bedrohte Sprache sei; nicht vom Englischen oder vom Westen bedroht, sondern vom Hindi. In zwei bis drei Generationen, erklärte er, drohe Gujarati auszusterben. Und interessanterweise verglich er es mit dem Status der tschechischen Sprache unter dem Joch Russlands, wie Milan Kundera es beschreibt.

Das ist eindeutig ein Problem, das für die indische Literatur von zentraler Bedeutung ist. Die »Commonwealth-Literatur« interessiert sich allerdings nicht für solche Dinge.

Mir kommt der Gedanke, dass mein Titel vielleicht nicht ganz zutreffend ist. Es gibt tatsächlich so etwas wie »Commonwealth-Literatur«, denn sogar Gespenster können existent werden, wenn man genügend Fakultäten gründet, wenn man genügend Bücher schreibt und genügend Studenten für die Forschung ausbildet. Sie existiert nicht in dem Sinne, dass Schriftsteller sie nicht schreiben, aber das ist von geringer Bedeutung. Also sollte ich mich verbessern: Es *sollte* keine »Commonwealth-Literatur« geben. Wenn es sie nicht gäbe, könnten wir die Schriftsteller für das schätzen, was sie sind, ob nun auf Englisch oder nicht; wir könnten die Literatur im Rahmen ihrer realen Gruppierungen besprechen, die durchaus national sein können, die durchaus linguistisch sein können, die aber genauso gut auch international sein und sich auf imaginative Affinitäten stützen können; und was englische Literatur betrifft, so meine ich, wenn *die gesamte* englischsprachige Literatur gemeinsam untersucht werden könnte, würde sich eine Form herausschälen, die wirklich die neue Form der Sprache in der Welt wiedergibt, und wir könnten erleben, dass englische Literatur noch nie in besserer Form gewesen ist, weil die Weltsprache nun auch eine Weltliteratur besitzt, die sich in jede nur erdenkliche Richtung fortpflanzt.

Die englische Sprache hat schon vor langer Zeit aufgehört, ausschließlich Besitz der Engländer zu sein. Vielleicht wurde die »Commonwealth-Literatur« erfunden, um den Tag hinauszuschieben, an dem wir wilden Tiere tatsächlich in Bethlehem eindringen. Dann wäre es Zeit zuzugeben, dass das Zentrum nicht zu halten ist.

1983

Anita Desai

Hauptthema von Anita Desais Romanen ist bisher die Einsamkeit gewesen. Ihre denkwürdigsten Personen – die alte Frau Nanda Kaul in *Berg im Feuer* oder Bim in *Clear Light of Day* – waren einzelne, einzigartige Figuren. Und die Bücher selbst waren private Universen, beleuchtet von der Wahrnehmungsfähigkeit, der feinen Sprache und dem scharfen Verstand der Autorin, die aber in gewissem Sinn so allein, so abgesondert bleiben wie ihre Personen.

Daher ist ihr Roman *Der Hüter der wahren Freundschaft* ein umso bemerkenswerteres Werk; denn in diesem großartigen Buch berichtet Anita Desai nicht von Einsamkeit, sondern von Freundschaft, von den Gefahren und Verantwortlichkeiten, denen man sich aussetzt, wenn man sich anderen anschließt, statt sich abzusondern. Zugleich hat sie damit eine sehr aufgeschlossene Fiktion verfasst, die Reserve ihrer früheren Arbeiten abgelegt, um so sensible Themen wie die Unruhe der Minderheiten im modernen Indien, den neuen Imperialismus der Hindisprache und den Niedergang zu behandeln, der am ganzen zerrissenen Körper der indischen Gesellschaft nur allzu deutlich sichtbar wird. Ein enorm couragierter Roman.

Die Story stellt das langsame Dahinsterben einer falschen Freundschaft der schmerzhaften Geburt einer neuen gegenüber. Deven, der Urdu-Lyrik liebt, aus finanziellen Gründen aber an einem Kleinstadtcollege Hindi lehren muss, wird von seinem Jugendfreund Murad gedrängt, nach Delhi zu gehen, um für Murads ziemlich alberne Zeitschrift den großen, alternden Urdu-Dichter Nur Shahjehanabadi zu interviewen. Das Verhältnis zwischen dem schwachen, weltfremden Deven und dem angeberischen Rüpel Murad wirkt anfangs wie aus einem Werk von R. K. Narayan. Aber Narayans schüchterne Charaktere stehen gewöhnlich für das traditionelle Indien und seine Rüpel für einen Aspekt der modernen Welt. *Hüter der wahren Freundschaft* arbeitet nicht mit derartigen Allegorien. Murads abstoßendes Verhalten – er treibt Deven nahezu in den Ruin, während er ihm scheinbar hilft, verschwendet Geld auf ein mieses Tonbandgerät für das Interview, besorgt ihm einen unfähigen »Assistenten«, der die Aufnahme total verpatzt, und weigert sich dann, die aus diesen Aktionen entstehenden Rechnungen zu begleichen – liefert also den klaren, unsentimentalen Beweis dafür, dass uns von unseren Freunden ebenso wahrscheinlich Vernichtung droht wie von unseren Feinden.

Der emotionale Kern des Romans liegt jedoch in der Beziehung zwischen Deven und seinem Helden Nur. Anfangs scheint der Traum des jungen Lehrers vom literarischen Giganten Wirklichkeit zu werden. Dann jedoch zeigen sich allmählich die tönernen Füße des Götzen: Nur, von Tauben und anderen – menschlichen – Quälgeistern verfolgt; Nur als Gierschlund, Nur betrunken, Nur, wie er auf den Boden kotzt. Hier ist vermutlich eine Allegorie beabsichtigt. »Wie kann es eine Urdu-Lyrik geben«, fragt der Dichter rhetorisch, »wenn es keine Urdu-Sprache mehr gibt?« Und seine Altersschwäche ist – genau wie die Hinfälligkeit des einstmals prächtigen Familiensitzes von Devens Lehrerkollegen, dem Moslem Siddiqui – ein Symbol des Untergangs der Sprache und der Kultur, die er vertritt. Allein der Name des Dichters ist schon ironisch: *Nur* heißt »Licht«, aber es ist ein Licht, das wahrhaftig sehr matt geworden ist.

Wieder einmal ist der zentrale Beweis nicht allegorisch. Das Schöne an *Hüter der wahren Freundschaft* ist, dass sich das, was eine Geschichte unvermeidlicher Tragödien zu sein scheint – die Tragikomödie von Devens Versuch, sein Interview zu bekommen, im Gegensatz zu der schwärzeren Tragödie des Dichters Nur –, als eine Story des Triumphs über diese Tragödien entpuppt. Zum Schluss begreift Deven, von Krisen geschüttelt, von Nurs Geldforderungen gebeutelt (für eine Staroperation, für eine Pilgerfahrt nach Mekka), dass er zum »Hüter« sowohl von Nurs Freundschaft als auch seiner Dichtkunst geworden ist.

> »... und das bedeutete, dass er der Hüter von Nurs Geist und Seele war. Das war eine große Auszeichnung. Das konnte er auch unter Druck nicht leugnen oder abtun.«

Als Deven das begriffen hat, erscheinen die Kalamitäten seines eigenen Lebens auf einmal unwichtig. »Er würde spielend mit ihnen fertig werden«, und genauso geschieht es.

Die Gefühlsüberladenheit dieses Endes wird durch Anita Desais bewundernswerten Mangel an Sentimentalität vor dem Schwulst gerettet. Ihr Bild ist schonungslos: Urdu mag im Sterben liegen, in Siddiquis Charakter zeigt sie jedoch die schlimmste Seite der Urdu/Moslem-Kultur: ihre Versnobtheit, ihre ewige Sehnsucht nach dem verlorenen Glanz eines früheren Imperiums. Und wir sehen, äußerst bezeichnend, dass Deven zwar bereit ist, seine Pflichten Nur gegenüber zu erfüllen, aber total versagt, wenn er dasselbe Nurs Ehefrau oder der eigenen gegenüber tun soll. Von der ersten fühlt er sich zu stark eingeschüchtert, um auch nur ihre Gedichte zu lesen, und Sarah mit ihren verblassten Träumen von »Ventilator, Telefon und Kühlschrank« ist ihm zu unwichtig, um überhaupt eine Beziehung zu ihr aufzubauen. Dass Anita Desai die Welt der Männerfreundschaft so brillant schildert, um zu demonstrieren, dass auch dies Teil des Prozesses ist, durch den die Frauen von der Macht über ihr eigenes Leben ausgeschlossen werden, ist eine bittere Ironie hinter diesem zwar besorgten, aber keineswegs bitteren Buch.

1984

Kipling

In Luis Buñuels letztem Film *Dieses obskure Objekt der Begierde* wurde die Heldin von zwei Schauspielerinnen gespielt, von denen eine kühl und gelassen war, die andere leidenschaftlich und sinnlich. Die beiden Frauen waren einander überhaupt nicht ähnlich, und dennoch geschah es nicht selten, dass die Leute den ganzen Film betrachteten, ohne diesen Trick zu bemerken. Ihr Bedürfnis, an die Homogenität der Persönlichkeit zu glauben, war so tief verwurzelt, dass sie ihren eigenen Augen nicht trauten.

Einmal erwog ich, mir Buñuels Einfall für eine Fernsehsendung über Rudyard Kipling auszuborgen. Ich wollte ihn sowohl von einem indischen als auch von einem englischen Schauspieler darstellen, wollte ihn in einigen Szenen Hindi, in anderen Englisch sprechen lassen. Schließlich mussten die Diener das Kind Rudyard, wenn es bei seinen Eltern weilen durfte, ermahnen, dass es »mit Mama und Papa jetzt Englisch sprechen« müsse. Der Einfluss Indiens auf Kipling – auf sein Weltbild wie auf seine Sprache – ließ ihn für mein Empfinden zu einem Menschen werden, der im Konflikt mit sich selber lebte, teils Bazar-Boy, teils Sahib. In seinen frühen indischen Geschichten (dieser Essay beschränkt sich auf die beiden Sammlungen *Soldiers Three* und *In Black and White*) stößt man überall auf diesen Konflikt, obwohl Kipling sich dessen nicht immer vollkommen bewusst gewesen zu sein scheint. (Als er zwölf Jahre später *Kim* schrieb, hatte seine Selbstbeherrschung zugenommen. Aber Kims gespaltene Loyalität war für mich niemals so interessant wie die Problematik der wechselnden Beziehungen zwischen Indern und Engländern in, zum Beispiel, »On the City Wall«.)

Der frühe Kipling ist ein Schriftsteller, in dem ein Sturm tobt und der in seinem Leser, vor allem, glaube ich, wenn dieser Leser Inder ist, einen ebensolchen Sturm widersprüchlicher Reaktionen auslöst. Zorn und Entzücken sind zwei unvereinbare Gefühle, und doch besitzen diese frühen Geschichten tatsächlich die Macht, gleichzeitig zu erzürnen und zu entzücken.

Kiplings rassische Bigotterie wird oft damit entschuldigt, er habe in seinen Schriften lediglich die Einstellung seiner Zeit widergespiegelt. Den Angehörigen einer angeblich minderwertigen Rasse fällt es schwer, eine solche Entschuldigung zu akzeptieren. Sollen wir die Antisemiten im Nazi-Deutschland mit derselben Begründung entschuldigen? Hätte Kipling einen gewissen Abstand zwischen sich selbst und den von ihm wiedergegebenen Einstellungen gehalten, wäre alles anders. Aber wie eine Story nach der anderen erkennen lässt, deckt sich diese Einstellung des Autors – das heißt, die Einstellung Kiplings, wie er vom englischen Schauspieler dargestellt wird – zur Gänze mit jener der Weißen in seinen Erzählungen. Die Inder, die er porträtiert, sind Gattenmörder (»Dray Wara Yow De«), Halunken (»At Howli Thana«), Verräter an den eigenen Brüdern (»Gemini«), ungetreue Ehefrauen (»At Twenty-Two«) und so fort. Selbst die Eurasierin Mrs DeSussa in »Private Learoyd's Story« ist eine komische Dicke. Inder bestechen Zeugen, lassen ihre politischen Führer im Stich und sind einfältig: »Übergroße Nachsicht ... hat bei zahlreichen Eingeborenen zu der festen Überzeugung geführt, der Eingeborene könne das Land regieren.« Mr Kipling weiß es besser. »Es (Indien) wird nie allein stehen können.«

Aber da ist andererseits der indische Schauspieler; Ruddy Baba neben Kipling Sahib. Und dieser Bursche ist der Grund dafür, dass Kipling in Indien noch immer so beliebt ist. Dessen Popularität wirkt wie – und ist tatsächlich – eine ganz außergewöhnliche kulturelle Großzügigkeit. Aber sie ist real. Kein anderer westlicher Schriftsteller hat Indien jemals so gut gekannt wie Kipling, und diese Kenntnis des Schauplatzes, der Abläufe und der Details ist es, die seinen Erzählungen ihre unleugbare Autorität verleihen. Die Handlung von »Black Jack« rankt sich um die technischen Unterschiede zwischen zwei Gewehren verschiedener Bauart; während die Story »In Flood Time« ihre Qualität Kiplings präziser und großartiger Schilderung eines angeschwollenen Flusses während des Monsunregens verdankt. Auch den Salon der Kurtisane Lalun in »On the City Wall« hätte er nicht so erstehen lassen können, wäre er nicht selber Stammgast in derartigen Etablissements gewesen.

Nicht alle Erzählungen haben dem Lauf der Zeit standgehalten – »The Sending of Dana Da« wirkt besonders schwach –, alle sind sie jedoch vollgestopft mit Informationen über eine verlorene Welt. Wenn man etwas lernen will, müsse man lesen, heißt es, und niemand kann die Leser besser über Britisch-Indien informieren als Rudyard Kipling.

Diese Stories sind vor allem Stimmenexperimente. In *Soldiers Three* hat Kipling versucht, dem gewöhnlichen britischen Soldaten Stimme zu verleihen, den er so sehr bewunderte. (Die Originalversion der ersten Erzählung, »The God From the Machine«, erschien in der Railway Library mit einer Widmung für »diesen starken Mann, *T. ATKINS*, ... mit größter Bewunderung und freundlicher Kollegialität«.) Wieweit ihm das gelungen ist, wäre zu diskutieren.

Nicht zu bezweifeln ist, dass Kipling seine handelnden Personen in- und auswendig kannte und, indem er die Welt der Offizierskaste gegen die Sicht des einfachen Soldaten tauschte, eine einzigartige Subkultur erschloss, die sonst der Literatur weitgehend verloren gegangen wäre; und dass viele dieser Charaktere hervorragend gezeichnet sind. »The Big Drunk Draf«, über eine Kompanie Soldaten auf dem Marsch zur Einschiffung nach England, die fast gegen ihren jungen Offizier aufbegehren, durch die List Terence Mulvaneys und dem Mut des Offiziers selbst jedoch daran gehindert werden, gehört ebenfalls zu diesen glänzenden Erzählungen; während »Black Jack«, die Story über ein Mordkomplott, die – wie Kipling in der Ausgabe der Railway Library eingesteht – Robert Louis Stevensons Erzählung »The Suicide Club« (deutsch »Der Selbstmörder-Club«) einiges verdankt, meine persönliche Lieblingsgeschichte ist.

An der Oberfläche wird der Text jedoch durch Kipling selbst merkwürdig unzugänglich gemacht, weil er die Sprache seiner drei Musketiere hartnäckig in dickstem Oirisch (Mulvaney), breitestem Cockney (Ortheris) und Ee-ba-goom-Northern (Learoyd) wiedergibt. Mulvaneys »*menowdherin' an' minandherin' an' blandanherin'*« wird bald ermüdend, und Ortheris unterschlägt so viele Anfangs-Hs, Schluss-gs und Schluss-ds, dass einem die Apostrophe vor den Augen verschwimmen. George Orwell meinte über Kiplings Dichtkunst, dass eine derartige Nachahmung der Unterschichtsjargons seine Werke noch schlimmer mache, als sie in Standardenglisch geklungen hätten, und »rekonstruierte« ein paar Zeilen, um das zu beweisen. Ich muss gestehen, dass ich hinsichtlich dieser Erzählungen Ähnliches empfand. Kiplings Nachahmungen hängt etwas Herablassendes an:

»*Ah doan't care. Ah would not care, but ma heart is plaayin' tivvy-tivvy on ma ribs. Let ma die! Oh, leave ma die!*«

Learoyds Qualen werden durch diese Klamottenorthografie seltsam herabgewürdigt. Kiplings besondere Zuneigung zu den *Soldiers Three* kann häufig wie *de haut en bas* wirken.

Der zweite Hauptpunkt linguistischen Interesses an den *Soldiers Three*-Stories ist die Verwendung einer Anzahl von Hindiwörtern und -ausdrücken. Diese werden auf einem Pidgin-, *Hobson-Jobson*-Niveau wiedergegeben: »*Take him away, an' av you iver say wan wurrud about fwhat you've* dekkoed, *I'll* marrow *you till your own wife won't* sumjao *who you are!*« Der indische Kritiker S. S. Azfar Hussain hat darauf hingewiesen, dass von den elf Hindisätzen in *Soldiers Three* (und damit sind nur jene vollständigen Hindisätze gemeint, die es in Kiplings gesamtem œuvre gibt) zehn Befehlssätze sind; und von diesen zehn sind neun Befehle englischer Herren an ihre Diener. Es ist also wichtig, das Ausmaß seiner indischen Kindheit auf Kiplings Werk nicht zu überschätzen. Es scheint gesichert, dass Kipling keineswegs des Schreibens und

Lesens auf Hindi oder Urdu kundig war. Wie Dr. Hussain berichtet, »beweisen Kiplings Manuskripte im Britischen Museum..., dass er verschiedentlich versuchte, seinen Namen auf Urdu zu schreiben, dass es ihm aber seltsamerweise kein einziges Mal gelang. Er schrieb ›Kinling‹, ›Kiplig‹ oder ›Kipenling‹.«

In den *Soldiers Three*-Erzählungen sind die Hindi/Urdu-Wörter über den Text verstreut wie Currypulver. In den *In Black and White*-Stories wagt er einen weitaus ambitionierteren Versuch. Hier sind es die Inder, denen er Stimme verleiht, und da sie in vielen Fällen bestimmt nicht Englisch sprechen würden, musste er einen ganzen Idiolekt erfinden.

Ein großer Teil dieses frei erfundenen »Indiaspeak« besteht aus so vielen Ausrufen, so häufigem »Ahoo! Ahoo!« und »Ahi! Ahi!« und sogar »Auggrh!«, dass man daraus schließen könnte, Inder seien Menschen, die zu nichts anderem fähig sind als zu kurzen Ausrufen. Einiges davon klingt sehr nach der Salaam-Exotik der Pantomime: »Der Verstand eines alten Mannes gleicht dem *numah*-Baum. Frucht, Knospe, Blüte und die toten Blätter all der vergangenen Jahre erscheinen gleichzeitig.« Manchmal legt Kiplings eigene Überzeugung den Indern ganz unsägliche Sätze in den Mund: »Groß ist die Gnade dieser Narren von Engländern«, lautet eine dieser verzerrten Äußerungen. Viele davon sind jedoch auf brillante Art *richtig*. Der Kunstgriff wortgetreuer Übersetzung von Metaphern klingt wahrhaftig exotisch, verleiht dem Dialog aber auch eine gewisse Authentizität: »... der Sahib persönlich! Mein Herz wird fett und mein Auge froh!« Und die indischen *banias*, Polizisten, Bergleute und Huren klingen auf eine Art indisch, wie sie es bei Forster zum Beispiel niemals tun. Das kommt daher, dass sie wie Inder denken, jedenfalls dann, wenn Kipling es ihnen gestattet. Denn das Problem der Herablassung bleibt. Schließlich hätte Kipling niemals den »Eingeborenen« eine Erzählung gewidmet, wie er sie T. Atkins gewidmet hat. Und wenn der Ton in *Soldiers Three* zuweilen gönnerhaft klingt, so klingt er bei *In Black and White* stellenweise weit, weit schlimmer.

Vor allem Kiplings Inderinnen sind (günstigstenfalls) die Quelle aller Probleme und Gefahren für die Männer – die Hindu-Heldin von »In Flood Time« ist der Anlass zu einer tödlichen Rivalität zwischen einem Moslem und einem Sikh –, während sie schlimmstenfalls ihren alten, blinden Ehemann betrügen wie Unda in »At Twenty-Two« oder ihren grausamen Pathan-Ehemann wie die *woman of the Abazai* – mit traurigem Ergebnis – in »Dray Wara Yow Dee«:

»Und sie neigte den Kopf, und ich schlug ihn ihr am Halswirbel ab, dass er mir zwischen die Füße fiel. Danach kam die Wut unseres Volkes über mich, und ich hackte ihr die Brüste ab, damit die Männer von Little Malikand die verbrecherische Tat erkannten ...«

Und doch, und doch ... ist es unmöglich, Kiplings Kunstfertigkeit bei den überzeugenden Porträts von Pferdedieben, ländlichen Polizisten oder Punjabi-Geldverleihern nicht zu bewundern. Die Geschichte, wie der blinde Bergmann Janki Meah den Weg aus einer eingestürzten Mine findet, könnte auch von einer leichtsinnigen Frau handeln, aber die Welt, die Psychologie und die Sprache der Männer sind überragend geschildert.

Die bemerkenswerteste Erzählung dieser Sammlung ist fraglos »On the City Wall«. Darin liegen die beiden Kiplings offen miteinander im Streit, und am Ende, so scheint mir, gelingt es dem indischen Kipling, das umzukehren, was der englische Kipling für den Sinn dieser Erzählung hält.

»On the City Wall« wird nicht von einer indischen Stimme erzählt, sondern von einem englischen Journalisten, der, wie »die ganze Stadt«, gern Laluns Freudenhaus an der Stadtmauer von Lahore besucht, um dort zu rauchen und zu plaudern. Das Freudenhaus wird als eine Oase in der turbulenten Atmosphäre Indiens dargestellt; hier gehen Moslems, Hindus, Sikhs und Europäer problemlos miteinander um. Nur eine Gruppe ist ausgeschlossen:

»Lalun empfängt keine Juden.« Eine der wortgewandtesten Gestalten bei Lalun ist Wali Dad, der verwestlichte junge Mann, der sich selbst bezeichnet als »ein Produkt – Produkt der Verdammnis. Auch *das* verdanke ich Ihnen und Ihresgleichen: dass ich keinen Satz beendigen kann, ohne eure Autoren zu zitieren«. Der entwurzelte – oder scheinbar entwurzelte – Wali Dad ist einer der Hauptakteure der Erzählung. Ein anderer ist der gefangene Revolutionär Khem Singh, der in Fort Amara hinter Schloss und Riegel gehalten wird. Der dritte Haupt-»Darsteller« ist die Menge der Schiiten-Moslems, die in den Straßen der Stadt wogt, denn es ist die Zeit der Muharram-Prozessionen, und Gewalt liegt in der Luft.

Wie Kipling Wali Dad behandelt, ist nach allen Maßstäben recht abscheulich. Er baut ihn auf, nur um ihn niederzumachen, und als sich der junge Mann beim Anblick der fanatisierten Muharram-Prozessionen in eine Art Wilden verwandelt – »Seine Nüstern weiteten sich, seine Augen wurden starr, und er schlug sich leise gegen die Brust«, berichtet Kipling und lässt Wali Dad Dinge sagen wie etwa: »Diese Schweine von Hindus! Heute Nacht werden wir die Kühe in ihren Tempeln abschlachten!« –, ist die Bedeutung unverkennbar: Die westliche Zivilisation war nichts als Tünche; ein Eingeborener bleibt auch unter europäischen Jacketts und Krawatten ein Eingeborener. Das Blut fordert sein Recht. Wali Dads Regression ist nicht nur unglaubhaft, sie zeigt auch, dass Kipling nicht begreift, dass es gerade Menschen wie diese waren, diese Wali Dads, Jawaharlal Nehrus und M. K. Gandhis, die die indische Revolution machten; dass sie die westliche Kultur übernehmen würden, ohne sich von ihr entwurzeln zu lassen, um ihr Wissen dann gegen die Briten anzuwenden und den Sieg davonzutragen.

Im zweiten Haupterzählstrang der Geschichte verführt Lalun den Erzähler zur Beihilfe bei der Flucht des Revolutionärs Khem Singh. Kipling deutet an, dass die Anhänger des alten Führers ihre Lust auf die Revolution verloren haben, sodass Khem Singh keine andere Wahl hat, als freiwillig in die Gefangenschaft zurückzukehren. Doch dieser Erzähler begreift die Bedeutung der Geschichte weit besser: »Ich aber«, schließt er, »dachte darüber nach, wie ich nun wirklich Laluns Wesir geworden war.« Louis Cornell meint in seiner Studie über diese Erzählung seltsamerweise, »die ostentative Klimax…, da der Erzähler entdeckt, dass er dem Revolutionär unwissentlich geholfen hat, vor der Polizei zu fliehen, ist ein im Verhältnis zum Rest der Geschichte zu unwichtiges Ereignis, um so dicht ans Ende der Erzählung geschoben zu werden«. Eine Klimax fast ans Ende einer Geschichte zu schieben ist in meinen Augen keineswegs unüblich; und weit davon entfernt, ein unwichtiges Ereignis zu sein, erscheint mir Khem Singhs Flucht von zentraler Bedeutung für die Geschichte. Indien, Lalun-Indien, verhext und verlockt die Engländer in der Person des Erzählers; der Herr wird zum Diener, zum Wesir. So kommt es, dass die Schlussfolgerung genau jenes Textes, in dem Kipling aufs Nachdrücklichste seiner Überzeugung Ausdruck verleiht, dass Indien niemals allein stehen kann, ohne britische Führung, und in dem er die indischen Versuche, die überlegene englische Kultur anzunehmen, ins Lächerliche zieht, in uns die Vorstellung erweckt, die Sahibs seien unfähig zu begreifen, was sie zu beherrschen vorgeben. Lalun täuscht den Erzähler; Wali Dad betrügt den Autor. »On the City Wall« ist Ruddy Babas Sieg über Kipling Sahib. Und nun, da dieser »große Götze, der Pax Britannica genannt wird und, wie die Zeitungen versichern, zwischen Peshawar und Cape Comorin haust« zerbrochen ist, steht die Story zusammen mit den anderen in diesem Band da als Zeugnis für den uralten Streit zwischen Kolonisierern und Kolonisierten. Es wird immer vieles an Kipling geben, das ich nur schwer verzeihen kann; in diesen Erzählungen jedoch gibt es so viel Wahrheit, dass es unmöglich ist, sie zu ignorieren.

1990

Hobson-Jobson

Das britische Empire, darin sind sich jetzt viele *pundits* einig, brach wie ein *juggernaut* auf der Suche nach *loot* über die *barbaricans* des Ostens herein. Die *moguls* des *raj* reisten in *palanquins,* rauchten *cheroots* und tranken *toddy* oder *sherbet* auf den *verandahs* des *gymkhana-Clubs,* während die *memsahibs* sich vor den *thugs* in *bandannas* und *dungarees* fürchteten, die wie die *pariahs* durch die Nacht streiften und *ghoulish deeds* planten.

Alle kursiv gesetzten Wörter im obigen Absatz sind, zusammen mit ihren östlichen Stammbäumen, im *Hobson-Jobson* zu finden, dem legendären Wörterbuch Britisch-Indiens, zu dessen Wiederherausgabe man Routledge gratulieren kann. Die über 1000 Seiten legen beredtes Zeugnis ab von der beispiellosen Vermischung der englischen mit den indischen Sprachen, und während einige der indischen Lehnwörter vertraut wirken – *pukka, curry, cummerbund* –, dürften andere viele der modernen Leser in Erstaunen versetzen.

Wussten Sie zum Beispiel, dass das Wort *tank* Gujarati- und Marathi-Ursprünge hat? Oder dass *cash* ursprünglich das Sanskritwort *karsha* war, »ein Gewicht in Silber oder Gold im Wert von einem 400stel *Tula*«? Oder dass *shampoo* eine Massage war und nichts mit Haaren zu tun hatte, sondern von dem Imperativ – *champo!* – des Hindiverbs *champna* kommt, das heißt »Kneten und Pressen der Muskeln mit dem Ziel, Müdigkeit usw. zu vertreiben«? Fast jede Spalte des Buches enthält Entdeckungen wie diese, aufgezeichnet in einem angenehm exzentrischen, um nicht zu sagen verschrobenen Stil. Henry Yule und A. C. Burnell, die Autoren, stehen nicht an, auch eine nicht vertrauenswürdige Quelle zu nennen; ein Beispiel dafür ist der Eintrag unter *muddle,* im Sinne von »Double«, »Sekretär« oder »Übersetzer«: »Dieses Wort ist uns nur aus dem cleveren – vielleicht zu cleveren – kleinen, unten erwähnten Buch bekannt... vermutlich eine falsche Auffassung von *budlee*.«

Das Hauptinteresse des *Hobson-Jobson* konzentriert sich jedoch nicht so sehr auf die Etymologie der Wörter, die noch gebräuchlich sind, sondern auf die Fülle dessen, was man als angloindische Sprache bezeichnen muss; der *Hobson-Jobson* setzt ihr ein Denkmal, dieser Sprache, die noch vor 40 Jahren gebraucht wurde, nun aber so tot ist wie ein Dodo. Auf Angloindisch war ein *jam* ein Gujarati-Häuptling, ein *sneaker* »ein großer Becher (oder eine kleine Schale) mit Untertasse und Deckel«, ein *guinea-pig* ein Leutnant zur See auf einem Indienfahrer, *owl* eine Krankheit, *Macheen* nicht etwa ein Schreibfehler, sondern ein Eigenname, die Verballhornung von Maha-Cheen für »Großchina«. Selbst ein so alltägliches Wort wie *cheese* wurde verändert. Das Hindiwort *chiz* – also ein Ding – gab dem englischen Wort für Käse eine neue, slanghafte Bedeutung und bezeichnete »alles, was gut ist, von erstklassiger Qualität, rein, angenehm oder vorteilhaft«, zum Beispiel in der Redewendung: »*These Cheroots are the real cheese.*«

Einige Verdrehungen indischer Wörter – »möglicherweise durch vulgäre Zungen« – haben einen weiten Weg von ihren Quellen hinter sich. Man muss sich schon anstrengen, wenn man im angloindischen *snowrupee* – für »Autorität« – das Telugu-Wort *tsanauvu* erkennen will. Sogar der Titel des Wörterbuchs, dem Vernehmen nach gewählt, um den Verkauf zu fördern, gehört in diese Kategorie. Er kommt von dem Ruf *Ya Hasan! Ya Hussain!*, den schiitische Moslems während der Muharram-Prozessionen ausstoßen. Ich begreife nicht ganz, wie es die Kolonialengländer geschafft haben, darin *Hobson! Jobson!* zu hören, doch das liegt gewiss an meinem eigenen Mangel an Phantasie.

Seit der ersten Veröffentlichung dieses Buchs ist jetzt etwa ein Jahrhundert vergangen, und im Jahre 1886 vermochten Yule und Burnell (die man versucht ist, in Hobson und Jobson umzutaufen) sogar Wortspiele anzuführen, die es ermöglichten, Hindi mit – ausgerechnet! – Latein in Verbindung zu bringen. Das angloindische

Wort *poggle,* ein Verrückter, kommt vom Hindiwort *pagal,* und so wird uns das folgende »makkaronische Sprichwort angeboten, das ein Nichtinder wohl kaum zu schätzen wissen wird: *Pagal et pecunia jaldé separantur«.* (Ein Tor und sein Geld sind schnell getrennt.)

Britisch-Indien hat so viel Indisches assimiliert, dass es seine Freimaurerlogen – nach dem Hindiwort für einen Ort der Hexerei – *jadoogurs* nennt, *kubberdaur (khabardaar)* ruft, wenn es »Aufgepasst!« meint, und einen Inder *puckerow* (fangen) will, bevor es ihn *samjao* – wörtlich ihm etwas zu verstehen gibt, idiomatisch aber ihn verprügelt.

Umso merkwürdiger, dass bestimmte, wohlbekannte Wörter fehlen. Kein *kaffir,* kein *gully,* nicht mal ein *wog,* obwohl es einen *wug* gibt, ein Baloch- oder Sindhi-Wort, das »plündern« heißen, aber auch eine Kamelherde bezeichnen kann. (Zuweilen kann *Hobson-Jobson* wunderbar vage sein.) Ich dachte mir auch, dass wohl ein moderner Anhang angebracht wäre, in den zahlreiche englische Wörter aufgenommen werden könnten, die im unabhängigen Indien eine neue »Hinglish«-Bedeutung bekommen haben. Im heutigen Indien ist der vor den Richter geführte Häftling der *undertrial,* ein Boss häufig ein *incharge;* und mit einem traurigen Euphemismus sterben jene, die von der Hand eines Polizisten den Tod erleiden, bei einem »*Polizei-encounter«.*

Einige Tage mit dem *Hobson-Jobson* zu verbringen bedeutet fast, das Hinscheiden jener engen Verbindung zu bedauern, die dieses linguistische *kedgeree* hervorgebracht hat. Wenn man sich dann jedoch erinnert, um welche Art von Verbindung es sich handelt, möchte man – sehr frei – wie einst Rhett Butler zu Scarlett O'Hara sagen: »*Frankly, my dear, I don't give a small copper coin weighing one tolah, eight mashas and seven surkhs, being the fortieth part of a rupee.*« – »Offen gestanden, meine Liebe, es kümmert mich eine kleine Kupfermünze im Gewicht von einem *tolah,* acht *mashas* und sieben *surkhs,* den vierzigsten Teil einer Rupie.« Oder, kurz gesagt, einen Dreck.

1985

Vierter Teil

Attenboroughs *Gandhi*

Außerhalb des Wals

Satyajit Ray

Handsworth Songs

Wo liegt Brazil?

Attenboroughs *Gandhi*

Vergöttlichung ist eine indische Krankheit, und in Indien wurde Mohandas Karamchand Gandhi, große Seele, kleiner Vater, höher gehoben als irgendjemand sonst im Pantheon der neuzeitlichen Götter. »Aber«, wurde ich vor Kurzem mehr als einmal in Indien gefragt, »warum sollte ein *Engländer* Gandhi vergöttlichen wollen?« Und warum, könnte man hinzusetzen, sollte die amerikanische Academy ihm helfen wollen, indem sie einem Film, der als Biografie unzulänglich, als Geschichte erschreckend und als Film oft genug so lächerlich krude ist wie Votivgaben in einem Tempel, acht schimmernde Statuetten verleiht?

Die Antwort lautet möglicherweise, dass *Gandhi* (der Film, nicht der Mann, der zwar die Briten ungeheuer irritiert hat, inzwischen aber ungefährlich – weil tot – ist) gewisse Sehnsüchte der westlichen Psyche befriedigt, die man in drei große Kategorien zusammenfassen kann. Erstens den exotischen Impuls, den Wunsch, in Indien die Quelle spirituell-mystischer Weisheit zu sehen. Gandhi, der Zelluloid-Guru, tritt in die Fußstapfen anderer populärer Heiliger. Diesen Weg hat der Maharishi gebahnt. Zweitens gibt es etwas, das man als christliche Sehnsucht nach einem »Führer« bezeichnen könnte, der den Idealen der Armut und des einfachen Lebens dient, einem Mann, der zu gut ist für diese Welt und daher auf den Altären der Geschichte geopfert wird. Und drittens besteht der liberal-konservative, politische Wunsch, bestätigt zu finden, dass Revolutionen *allein* durch Unterwerfung, Selbstaufopferung und Gewaltlosigkeit gemacht werden können und sollten. Um *Gandhi* für den westlichen Markt noch attraktiv zu machen, müsste er geheiligt und in Christus verwandelt – ein seltsames Schicksal für einen gerissenen Gujarati-Anwalt –, müsste die Geschichte einer der größten Revolutionen dieses Jahrhunderts verstümmelt werden.

Das ist nichts Neues. Die Briten haben die Inder jahrhundertelang verstümmelt.

Ein großer Teil der Debatten über den Film befasste sich mit Auslassungen: Warum nicht Subhas Bose? Warum nicht Tagore? Die Filmemacher antworten darauf, es sei unmöglich gewesen, jeden und alles in den Film aufzunehmen, und die Auswahl ist für jedes Kunstwerk natürlich von zentraler Bedeutung. Aber künstlerische Auswahl kreiert Bedeutungen, und bei *Gandhi* sind diese häufig zweifelhaft und in einigen Fällen erschreckend naiv.

Nehmen wir das Blutbad von Amritsar, die wohl kraftvollste Sequenz des ganzen Films. Sowohl das Massaker als auch die darauf folgende Kriegsgerichtsverhandlung, bei der empörte Engländer den verstockten Dyer mit kaum kaschiertem Entsetzen befragen, sind akkurat und voller Anteilnahme in Szene gesetzt. Was diese beiden Szenen jedoch vermitteln, ist der Eindruck, Dyers Handlungsweise in Jallianwala Bagh sei die Tat eines grausamen, übereifrigen Einzelnen gewesen und von ganz Angloindien umgehend verdammt worden. Und das ist eine einzige große Lüge.

Die Briten im Punjab waren 1919 in Panik geraten. Sie fürchteten eine zweite Indienmeuterei. Sie hatten Albträume von Vergewaltigungen. Der Kriegsgerichtsprozess mochte Dyer verurteilt haben, die Kolonisten taten das jedoch nicht. Er hatte den *wogs* eine Lektion erteilt; er war ein Held. Und als er nach England heimkehrte, wurde er wie ein Held gefeiert. Ein Berufungsfonds zu seinen Gunsten machte ihn zum reichen Mann. Tagore, angewidert von der englischen Reaktion auf das Massaker, gab seine Ritterwürde zurück.

Im Fall Amritsar wurde die Bedeutung des Ereignisses durch künstlerische Auswahl verändert. Eine unverzeihliche Verzerrung der Wirklichkeit.

Ein weiteres Beispiel: Gandhis Ermordung. Attenborough hält sie für wichtig genug, um sie an den Anfang wie auch ans Ende seines Films zu stellen; während der dazwischenliegenden drei Stunden jedoch berichtet er uns nichts Näheres darüber. Nicht den Namen des Attentäters. Nicht den Namen der Organisation, die hinter dem Mord stand. Auch nicht die Andeutung eines Motivs für die Tat. In einem politischen Thriller würde das höchstens dümmlich wirken; in *Gandhi* ist es etwas weit Schlimmeres. Gandhi wurde von Nathuram Godse ermordet, einem Mitglied der fanatischen Hindu-RSS, die dem Mahatma die Schuld an der Teilung Indiens gab. Im Film jedoch wird der Killer nicht aus der Menge hervorgehoben; er tritt ganz einfach mit einer Waffe in der Hand aus der Masse heraus. Das könnte eines von drei Dingen bedeuten: dass er die Masse *repräsentiert,* sich das Volk also gegen Gandhi gewandt hat und dass der Mob einen Killer ausspie, der seinen Auftrag erfüllt hatte; dass Godse ein »einzelner Verrückter« war, wiewohl ein einzelner Verrückter unter dem Einfluss eines finster wirkenden Sadhu in einer Rikscha; oder dass Gandhi Christus im Lendenschurz ist, und das Attentat die Kreuzigung, die keiner weiteren Erklärung bedarf. Aber Godse war *kein* Repräsentant der Menge. Er arbeitete *nicht* allein. Und das Attentat war eine politische, nicht etwa eine mystische Handlung. Attenboroughs Verzerrungen mythologisieren, aber sie lügen auch.

Ach ja, aber – so sagt man uns – der Film ist eine Biografie, nicht etwa ein politisches Werk. Doch selbst wenn man diese Verzerrung akzeptiert (im Fall eines so öffentlich gelebten Lebens wohl doch recht weit hergeholt), muss man einwenden, dass eine Biografie, wenn sie nicht zur Hagiografie werden soll, die peinlicheren Aspekte des Subjekts genauso schildern muss wie seine liebenswerten Seiten. Die *brahmacharya*-Experimente, bei denen Gandhi sich eine ganze Nacht zu jungen, nackten Frauen legt, um seinen Willen zur Enthaltsamkeit auf die Probe zu stellen, sind weithin bekannt und bieten durchaus filmische Möglichkeiten, wenngleich sie natürlich als Geschehnisse problematisch sind. Der Film ignoriert sie. Genau wie er Gandhis Zuneigung zu indischen Milliardärindustriellen ignoriert (er starb schließlich im Haus des allerreichsten von ihnen, im Birla House in Delhi). Das müsste doch sicher eine ergiebige Fundgrube für Biografen sein:

der Mann der Massen, der sich dem einfachen Leben, der Selbstverleugnung, der Askese verschreibt, sich aber sein Leben lang von superkapitalistischen Gönnern finanzieren und, wie manche sagen würden, hoffnungslos korrumpieren ließ! Eine schriftliche Biografie, die solch trübe Gewässer ignoriert, wäre des Lesens nicht wert. Einem Film sollten wir nicht weniger kritisch begegnen.

Gandhi zeichnet falsche Bilder von den meisten Führern des Unabhängigkeitskampfes. Patel wirkt wie ein Clown, während er einer der härtesten der harten Männer war; und wirklich überaus geistreich war es, Jinnah als Graf Dracula zu porträtieren. Die wichtigsten Veränderungen liegen jedoch in der Darstellung von Nehrus Persönlichkeit und in der Entscheidung, Bose aus der Geschichte zu streichen.

In beiden Fällen wurde das dramatische Interesse den Interessen der Vergöttlichung geopfert. Nehru war nicht Gandhis Jünger. Sie waren gleichgestellt und pflegten sich heftig zu streiten. Ihre Diskussionen waren ein zentraler Bestandteil der Freiheitsbewegung – Nehru, der urbane Weltmann, der Indien industrialisieren wollte, um es ins moderne Zeitalter zu führen, gegenüber dem rustikalen, das Handwerk liebenden, zuweilen mittelalterlich wirkenden Menschen Gandhi: Das Land erlebte diese Debatten mit und musste wählen. Mit dem Herzen wählte Indien Gandhi, wegen der praktischen Politik jedoch wählte es Nehru. Es ist unmöglich, das Wesen von Indiens Unabhängigkeit zu begreifen, solange man nicht den Konflikt zwischen diesen beiden großen Männern begreift. Indem der Film Nehru zu Bapujis Anhänger degradiert, kastriert er sich selbst.

Und Bose wird hinausselektiert. Bose, der Guerillero, der im Krieg mit den Japanern gegen die Briten kämpfte, Bose, dessen Ansichten eine ganz andere Art von Gegengewicht zu Gandhis Einstellung bewirkt und damit den Film verbessert hätten. Aber Bose war gewalttätig, und der Film möchte, falls überhaupt etwas, mitteilen, dass Gewaltlosigkeit wirkt und dass sie überall wirken kann, in jeder beliebigen Revolution. Aus diesem Grund werden alle Gegenargumente rigoros unterdrückt. Die Botschaft des Films *Gandhi* lautet, die beste Methode, die Freiheit zu erringen, sei, sich aufzustellen – unbewaffnet –, gegen die Unterdrücker zu marschieren und sich von ihnen zu Boden prügeln zu lassen; wenn man das nur oft genug wiederhole, werde man sie damit so in Verlegenheit bringen, dass sie abziehen. Das ist etwas Schlimmeres als Unsinn. Es ist gefährlicher Unsinn. Gewaltlosigkeit war eine Strategie, die für ein bestimmtes Volk gegen einen bestimmten Unterdrücker eingesetzt wurde; sie zu generalisieren ist zumindest verdächtig. Was hätte Gewaltlosigkeit wohl gegen die, sagen wir, Nazis vermocht? Sogar in Indien hatten die Führer der Unabhängigkeitsbewegung nicht etwa Erfolg, weil sie moralischer waren als die Briten. Sie haben gewonnen, weil sie intelligentere, gerissenere, besser kämpfende Politiker waren als ihre Gegner. *Gandhi* zeigt uns einen Heiligen, der auf ein Imperium verzichtet. Das ist Fiktion.

Alle Anhänger unbeabsichtigter Komödien werden die Szenen in *Gandhi* genießen, in denen Bapu für einen westlichen Journalisten seine Eheschließung wiederholt; in denen der Hungerstreik eines einzigen Mannes ein aufständisches Kalkutta beruhigt und reumütige Hooligans Gandhi versprechen, moslemische Waisenkinder zu adoptieren; in denen Mirabehn als eine in ständiger Trance befindliche Frau dargestellt wird; oder in denen die Teilung durch eine Unterbrechung von zwei Minuten während der Unabhängigkeitsverhandlungen ausgehandelt wird. Wenn das der »Beste Film des Jahres 1983« ist, dann gnade Gott der Filmindustrie.

Tatsächlich ist *Gandhi* ein unglaublich teurer Film über einen Mann, der sich den kleinen Schritten und dem Asketentum verschrieb. Die Form des Films, opulent und üppig, überwältigt und erdrückt letztlich den Mann, der seine Zentralfigur ist, und zwar trotz Ben Kingsleys glänzender Leistung (er hat sich den Oscar wenigstens ehrlich verdient). Es ist, als hätte Gandhi nach seinem

Tod in Attenborough den letzten seiner Millionärsgönner, seinen letzten Birla gefunden. Und reiche Männer haben, genau wie Kaiser, schon immer eine Schwäche für zahme Heilige gehabt.

1983

Außerhalb des Wals

Wohl ein jeder, der in den letzten paar Monaten den Fernseher eingeschaltet, ein Kino besucht oder eine Buchhandlung betreten hat, wird bemerkt haben, dass die britische Raj – Oberherrschaft – nach einer Pause von dreieinhalb Jahrzehnten eine Art Comeback feiert. Nach dem Big-Budget-Fantasy-Gespann *Gandhi* und *Octopussy* wurde uns die schwarz geschminkte Minstrel-Show von *Palast der Winde* in ihrer TV-Serienfassung präsentiert und unmittelbar darauf das übertrieben beweihräucherte Leinwandepos *Jewel in the Crown*. Dazu zählen sollte ich noch den angeblichen »Dokumentarfilm« über Subhas Chandra Bose, Granada Televisions *War of the Springing Tiger,* das in der schönsten Tradition journalistischer Neutralität Indiens zweithöchst geehrten Unabhängigkeitsführer als »Clown« darstellt. Und damit wir uns nur ja nicht einbilden, dass damit der schmerzlichen Erfahrungen genug sind, dürfen wir nicht vergessen, dass uns noch David Leans Film *Reise nach Indien* bevorsteht.* Ich erinnere mich, in der *Times* ein Interview mit Mr Lean gelesen zu haben, in dem er die Gründe für seinen Wunsch darlegt, Forsters Roman zu verfilmen. »Dickie Attenboroughs *Gandhi* habe ich zwar noch nicht gesehen«, erklärte er, »aber soweit ich weiß, ist es bisher noch niemandem gelungen, Indien auf die Filmleinwand zu bannen.« Die indische Filmindustrie, von Satyajit Ray bis zu Mr N. T. Rama Rao, wird sich zweifellos entsprechend gedemütigt fühlen von diesem Urteil des großen Mannes.

Wir leben in schweren Zeiten. Nachdem ich meine Vorbehalte gegen den *Gandhi*-Film anderswo bereits erklärt habe, möchte ich meinen Streit mit Mahatma Dickie hier nicht erneuern. Und was

---

* Der Film wurde inzwischen bereits aufgeführt; deutscher Romantitel *Auf der Suche nach Indien*. Anm. d. Red.

Octopussy betrifft, so kann man nur sagen, dass dieses Porträt des modernen Indien so mutig und kompromisslos realistisch ist wie seine Darstellung der Klugheit, Integrität und Weltgewandtheit britischer Geheimdienste.

Zur Verteidigung Mahattenboroughs muss ich sagen, dass er tatsächlich ein paar Inder durch Inder spielen ließ. (Man ist allmählich auch für die kleinsten Dinge dankbar.) Die Verantwortlichen für die Verfilmung von *Palast der Winde* wollten von derartigem Firlefanz jedoch nichts wissen. Sicher, man ließ die indischen Schauspieler die Bösen spielen (Saeed Jaffrey, der das Raj-Revival mit weiteren Rollen in *Gandhi* und *Jewel in the Crown* zu seiner persönlichen Heimarbeit erhoben hat, tat zischelnd und händereibend das Seine; und Sneh Gupta spielte die selbstsüchtige Prinzessin, deren Rolle zu ihrem Pech leider nur aus den endlos wiederholten Worten »Ram Ram« bestand). Dagegen blieben die Rollen der Guten fest in der Hand von Ben Cross, Christopher Lee, Omar Sharif und, am denkwürdigsten, Amy Irving als gute Prinzessin, deren Make-up-Spezialist anscheinend glaubte, indische Prinzessinnen müssten ihre Augen in schwarzer Tinte ertränken und bräunlich-verbrannte Lippen gemalt bekommen.

Nun ist *Palast der Winde* natürlich der reinste Kitsch. Die große Verarbeitungsmaschinerie der TV-Seifenoper hat den ein wenig bissfesteren Mist des Romans von M. M. Kaye genommen und zu einem leicht verdaulichen, auch ohne Kauen schluckbaren Brei püriert. Dadurch wurden die beiden Hauptpersonen, beide angeblich als Inder aufgewachsen, so weit gehirnamputiert, dass sie nicht mehr in der Lage waren, ihren eigenen Namen richtig auszusprechen. Der Mann nennt sich »A Shock«, die Frau »An Jooly«. Überall umgeben sind sie von gebrandmarktem menschlichem Fleisch, Falschheit und Witwenverbrennungen durch die Eingeborenen. Es gibt Pathaner, die kein Wort Paschto sprechen können. Und um den christlichen Markt nicht zu beleidigen, sollen wir tatsächlich glauben, das Kind »A Shock«, von Hindus und Moslems großgezogen, habe irgendwie gespürt, dass ihm keiner der beiden

»Wege« bestimmt war, und instinktiv, wenn es das Gefühl hatte, beten zu müssen, »zu den Bergen gebetet«. Nun wäre es durchaus vorstellbar, dass solches Zeug von niemandem jemals ernst genommen wird und es daher überflüssig ist, sich darüber aufzuregen. Sollten wir uns nicht einfach über diesen Unsinn erhaben fühlen, den Fernseher abschalten und uns nicht weiter darum kümmern?

Mir selbst wäre diese quietistische Reaktion wesentlich lieber – und ich werde später noch mehr über den Quietismus zu sagen haben –, wäre ich nicht der Überzeugung, dass es ungeheuer wichtig ist, *immer* ungeheuer wichtig ist, Schund auch offen als Schund zu bezeichnen; und dass man ihn durch Stillschweigen nur rechtfertigen würde. Es würde mir auch nicht so viel ausmachen, wäre da nicht die Tatsache, dass *Palast der Winde,* als Buch wie auch als Fernsehserie, nur die letzte einer sehr langen Reihe grundfalscher Darstellungen ist, die der Westen dem Osten angetan hat. Die Darstellung eines falschen Orients mit grausamen Fürsten und dunkelhäutigen, schmalhüftigen Mädchen, mit Gottlosigkeit, Feuer und Schwert hat Edward Said brillant in seiner klassischen Studie *Orientalism* geschildert, in der er aufzeigt, dass es der Zweck solch falscher Darstellungen war, eine moralische, kulturelle und künstlerische Rechtfertigung für den Imperialismus und die ihm zugrunde liegende Ideologie zu schaffen, die Ideologie der rassischen Überlegenheit der Weißen über die Asiaten. Hinzufügen möchte ich nur noch, dass Klischees einfacher abzutun sind, wenn die Kultur, die für dieses Klischee herhalten muss, nicht die eigene ist; oder wenigstens, wenn die eigene Kultur stark genug ist, sich gegen das Klischee zu wehren. Wenn die Fernsehbildschirme des Westens regelmäßig von anderen, nicht weniger aufgeblähten Big-Budget-Produktionen überschwemmt würden, in denen die Realität Indiens dargestellt wird, könnte man den vereinzelten M. M. Kaye vertragen. Werden Gebete an die Berge jedoch zur Norm, dreht sich einem der Magen um.

M. M. Kayes Agent war Paul Scott, und mir schien es immer

ein Armutszeugnis für seine literarische Urteilsfähigkeit zu sein, dass er *Palast der Winde* für ein gutes Buch hielt. Noch seltsamer ist jedoch die Tatsache, dass *The Raj Quartet* und der Kaye-Roman beide auf einer Strategie aufgebaut sind, die man, um es höflich auszudrücken, als »Anleihen machen« bezeichnen muss. In beiden Fällen sind die zentralen Handlungsmotive älteren und weitaus besseren Romanen entnommen. Der als Inder erzogene Ash (»A Shock«), Held von *Palast der Winde,* der entdeckt, dass er ein Sahib ist und sich von nun an zwischen den beiden Seelen in seiner Brust hin- und hergerissen fühlt, ist mühelos als Pappkamerad von Kiplings Kim zu erkennen. Und Daphne Manners' Vergewaltigung in den Bibighar Gardens entstammt ebenso eindeutig Forsters *Auf der Suche nach Indien.* Da Kaye und Scott den Autoren, die sie imitieren, jedoch weit unterlegen sind, verwandeln sie alles, was sie berühren, in reinstes Blech. Während Forsters Szene in den Marabar-Höhlen Zwiespältigkeit und Mysterium bewahrt, beschert uns Scott nicht eine Vergewaltigung, sondern gleich eine Massenattacke, die noch dazu von Bauern verübt wird. Stinkende Menschen der übelsten Sorte. Also wird nicht nur Sex, sondern auch Klasse vergewaltigt; der armen Daphne bleibt aber auch nichts erspart. Bestimmt ist es sinnlos, darauf hinzuweisen, dass bei einer derartigen Vergewaltigung, wenn sie denn schon als Metapher für die Beziehung zwischen Indien und England herhalten muss, im Interesse der Wahrheit eine Inderin vergewaltigt werden müsste, und zwar von einem oder mehreren Engländern, egal welcher Klasse. Aber nicht einmal Forster wagte über ein solches Verbrechen zu schreiben. Denn das hieße, die Angst der Weißen vor den Dunkelhäutigen, vor riesigen braunen Schwänzen heraufzubeschwören.

Nun werden Sie sagen, ich sei unfair; Scott sei ein Schriftsteller ganz anderen Kalibers als M.M. Kaye. Und überdies kämen nur sehr wenige Briten im *Quartet* gut davon – Barbie, Sarah, Daphne, kein einziger Mann. (Als Kaye die Fernsehfassung sah, fand er sie überaus taktlos – den Briten gegenüber!)

Tatsächlich bin ich nicht so sicher, ob Scott ein so viel besserer Autor ist. Genau wie Kaye hat er einen Instinkt für Klischees. Der sadistische, mit Vorliebe Hintern dreschende Polizist Merrick entpuppt sich (Überraschung!) als heimlicher Homosexueller. Seine Mittelschulbildung macht ihn (was sonst?) brutal und aggressiv. Und überall um ihn herum bewegt sich eine Welt rückgratloser Wunder, *grandes dames* der Militärkaste, Säuferinnen, hohlköpfige Blondinen, Dummchen, knackige junge Dinger, gute Kumpels, schlimme Finger und russische Grafen mit Augenklappen. Das Ganze wirkt wie eine literarische Version von Mulligatawny-Suppe: Sie versucht, indisch zu schmecken, ist aber letztlich nur auf ultraprovinzielle Art britisch, allerdings mit viel zu viel Pfeffer.

Und, jawohl, Scott ist hart in seiner Darstellung vieler englischer Charaktere; aber ich möchte einen weit schwierigeren Beweis führen, einen Beweis im Zusammenhang mit der *Form*. Die Form des *Quartet* erzählt uns im Grunde, die Geschichte vom Untergang des Raj sei weitgehend auf das Verhalten der Offiziere und ihrer Ehefrauen zurückzuführen. Inder dürfen Komparsenrollen übernehmen, bleiben aber auch in ihrer eigenen Geschichte zum größten Teil Statisten. Sobald diese Form festgelegt ist, spielt es kaum noch eine Rolle, dass die einzelnen englischen Romanfiguren von ihren Autoren wenig mitfühlend behandelt wurden. Die Form schreibt vor, dass *sie es sind, deren Geschichte wichtig ist,* und das ist so meilenweit von der Wahrheit entfernt, dass man es als Lüge bezeichnen muss. Es genügt nicht, darauf hinzuweisen, dass Scott versucht hat, die Briten in Indien darzustellen, und dass die imperialistische Gesellschaft so beschaffen war, dass Inder wirklich nur Statistenrollen spielten. Man kann diese Form auch nicht verteidigen, indem man erklärt, ein Werk nehme in seiner Struktur die Ethik an, die es in Inhalt und Stil zu verabscheuen vorgibt. In Wirklichkeit ist es ein Fall für den Staatsanwalt.

Ich kann diese kurze Zusammenfassung des Raj-Revivals nicht abschließen, ohne auf David Lean zurückzukommen, einen Filmregisseur, dessen Interviews allein schon Kritik verdienen. Sein

Meisterstück in der *Times* habe ich bereits erwähnt; hier nun drei Passagen aus seinem Gespräch mit Derek Malcolm im *Guardian* vom 23. Januar 1984:

1. »Forster war ein bisschen antienglisch, anti-Raj und so weiter. Es ist vermutlich riskant, so etwas zu sagen, aber ich bin es weniger als er. Ich lege mehr Wert darauf, das Gleichgewicht zu wahren. Ich glaube nicht, dass die Engländer alle Idioten waren. Doch Forster hat sie so dargestellt. Er ist ziemlich grob mit ihnen umgesprungen. Ich habe die Szene weggelassen, wo sie vor Gericht den ganzen Prozess an sich zu reißen versuchen. Richard (Goodwin, der Produzent) wollte, dass ich sie drinlasse. Aber ich habe Nein gesagt, sie passt einfach nicht hinein. Die hätten so was niemals getan.«

2. »Was diesen Aziz betrifft, so hat er sehr viel Indisches an sich. Das sind wunderbare Menschen, aber manchmal zum Verrücktwerden, wissen Sie... Er ist ein Esel. Aber er ist liebenswürdig, und man hat ihn richtig gern. Ich meine das nicht etwa herabsetzend – so was kommt einfach vor. Ich kann nicht anders. Und Miss Quested... na ja, die ist ein bisschen prüde und langweilig im Buch, wissen Sie. Deswegen hab' ich sie verändert, mitfühlender gestaltet. Forster war nicht immer sehr gut, was Frauen betraf.«

3. »Noch etwas. Ich habe versucht, dieses ›noch nicht, noch nicht‹ loszuwerden. Sie wissen schon, als dieses ›Raus aus Indien‹ anfängt, und die Bemerkung, man müsse uns ins Meer treiben. Forster-Experten haben immer wieder behauptet, diese Szene sei wichtig, aber die Freundschaft zwischen Fielding und Aziz wurde durch derartige Dinge nicht gerade gefördert. Wenigstens ist das meine Meinung. Das Buch kam zur Zeit der Verhandlung gegen General Dyer heraus und wurde in Amerika daher ein ungeheurer Erfolg. Aber ich fand das ein bisschen aufgesetzt. Jedenfalls sehe ich es als eine persönliche und nicht als eine politische Geschichte.«

Forsters strikte Weigerung, seinen Roman verfilmen zu lassen, wirkt allmählich höchst vernünftig. Sobald jedoch mit dem Unternehmen eines Revivals begonnen wurde, sind die Wünsche eines toten Romanciers kein Hindernis mehr. Und es können kaum noch Zweifel daran bestehen, dass man sich in England gegenwärtig ans Aufpolieren des ziemlich matt gewordenen Bildes vom Empire gemacht hat. Der unaufhörliche Niedergang, die zunehmende Armut und der niederträchtige Geist von Thatcher-England veranlassen viele Briten, wehmütig auf die verlorene Zeit ihrer Überlegenheit zurückzublicken. Das Wiederaufleben imperialistischer Ideologien und die Beliebtheit der Raj-Fiktionen erinnert an die Phantomschmerzen eines amputierten Körperteils. England läuft Gefahr, in eine Phase kultureller Psychose einzutreten, indem es wieder einmal beginnt, sich wie eine Großmacht aufzuführen, während seine Macht in Wirklichkeit mit jedem Jahr schwindet. Das Juwel in der Krone besteht heutzutage aus Glas.

Anthony Barnett hat in seinem TV-Essay *Let's Take the ›Great‹ Out of Britain* überzeugend erklärt, dass die Idee Großbritannien (ursprünglich ein Sammelbegriff für die Länder der britischen Inseln, immer wieder aber benutzt, um den Mythos nationaler Größe aufrechtzuerhalten) die Handlungsweise sämtlicher Nachkriegsregierungen beherrscht hat. Aber es war Margaret Thatcher, die ihre Fahne in der Euphorie über den Falkland-Sieg am sichtbarsten an den alten Kolonialmast nagelte und behauptete, der Erfolg im Südatlantik beweise, dass die Briten noch immer das Volk seien, »das ein Viertel der ganzen Welt beherrscht hat«. Kurz darauf plädierte sie für die Rückkehr zu den Werten der Viktorianischen Zeit und demonstrierte damit, dass sie sich in einen heldenhaften Kampf gegen den linearen Ablauf der Zeit zu stürzen beabsichtigte.

Damit versuche ich etwas zu sagen, das bei den lautstarken Lobgesängen auf die gegenwärtige Flut angloindischer Romane Gefahr läuft, überhört zu werden: dass Kunstwerke, auch unterhaltende Werke, nicht in einem sozialen und politischen Vakuum entstehen; und dass die Art, wie sie auf eine Gesellschaft wirken, nicht von der Politik, von der Geschichte zu trennen ist. Für jeden Text gibt es einen Kontext; der Revisionismus des Raj, exemplifiziert durch den Riesenerfolg dieser Fiktionen, ist das künstlerische Gegenstück zur Auferstehung der konservativen Ideologien im England von heute. Und ganz gleich, wie unbelastet die Autoren und Filmemacher arbeiten, ganz gleich, wie großartig die Schauspieler spielen (und niemand würde leugnen, wie wunderbar zum Beispiel Susan Wolldridge als Daphne und Peggy Ashcroft als Barbie in der TV-Fassung des *Jewel* waren) - sie laufen Gefahr, zur Unterstützung des Konservatismus beizutragen, indem sie ihm jenen fiktiven Glanz verleihen, der ihm in der Realität völlig abgeht.

Der Titel dieses Essays leitet sich - offensichtlich - ab von jenem einer älteren Arbeit (1940) des zweiten literarischen Phänomens von 1984, Mr Orwell. Und da ich die darin enthaltenen Behauptungen über die Beziehung zwischen Politik und Literatur besprechen will, muss ich natürlich zunächst eine Zusammenfassung jenes Essays mit dem Titel »Im Innern des Wals« liefern. Er beginnt mit einer weitgehend bewundernden Analyse der Schriften Henry Millers:

> Auf den ersten Blick könnte kein Material weniger vielversprechend sein. Als *Wendekreis des Krebses* veröffentlicht wurde, marschierten die Italiener in Abessinien ein, und Hitlers Konzentrationslager waren bereits überfüllt... Es schien kein guter Augenblick zu sein, um einen so herausragenden Roman über amerikanische Schmarotzer zu veröffentlichen, die sich im Quartier Latin ihre Drinks schnorren. Natürlich ist kein Romancier verpflichtet, direkt über zeitgenössische Geschichte zu schreiben, aber ein Romancier, der die großen öffentlichen Ereignisse der Gegenwart ganz einfach ignoriert, ist im Allgemeinen entweder ein Tor oder schlicht ein Idiot. Nach einer einfachen Aufzählung des Inhalts würden die meisten Leute vermutlich annehmen, bei *Wendekreis des Krebses* handele es sich

um nichts weiter als ein paar kleine, aus den Zwanzigern übrig gebliebene Unanständigkeiten. In Wirklichkeit erkannte jeder, der es las, sofort, dass es sich um ein ... äußerst bemerkenswertes Buch handelte. Inwiefern oder warum bemerkenswert?

Der Versuch, diese Frage zu beantworten, führt Orwell auf immer dichter verschlungene Pfade. Er schreibt Miller die Gabe zu, eine ganz neue Welt zu erschließen, »nicht indem er das aufdeckt, was fremd ist, sondern das, was altvertraut ist«. Er lobt ihn, weil er Englisch »als gesprochene Sprache benutzt, gesprochen jedoch *ohne Furcht,* d.h. ohne Angst vor Rhetorik oder dem außergewöhnlichen oder poetischen Wort. Es ist eine dahinfließende, anschwellende Prosa, eine Prosa, die Rhythmen birgt.« Vor allem aber vergleicht er Miller mit Whitman, »denn was er sagt, ist schließlich ›ich akzeptiere‹«.

Hier etwa beginnen die Dinge ein wenig bizarr zu werden. Orwell weist klar und deutlich darauf hin, dass man, wenn man in den 30ern sagte, »›ich akzeptiere‹, zugleich so viel sagte wie, ich akzeptiere Konzentrationslager, Gummiknüppel, Hitler, Stalin, Bomben, Flugzeuge, Dosennahrung, Maschinengewehre, Putsche, Säuberungen, Schlagworte, das Bedaux-System, Gasmasken, U-Boote, Spione, Provokateure, Pressezensur, Geheimgefängnisse, Aspirin, Hollywoodfilme und politische Morde«. (Nein, ich weiß auch nicht, was ein Bedaux-System ist.) Aber im folgenden Abschnitt teilt er uns dann bereits mit, dass »Miller, gerade weil er der Erfahrung in gewissem Sinne passiv gegenübersteht, in der Lage ist, sich dem Durchschnittsmenschen weiter zu nähern als ein zielbewusster Schriftsteller. Denn der Durchschnittsmensch ist ebenfalls passiv.« Nachdem er den Durchschnittsmenschen somit als Opfer charakterisiert hat, behauptet er gleich darauf, dass nur das typisch Millersche Opfer-Buch, »unpolitisch ... unethisch ... unliterarisch ... unzeitgenössisch«, mit der Stimme des Volkes sprechen kann. Und so stellt sich heraus, dass es sich letztlich doch lohnt, Konzentrationslager und Bedaux-Systeme zu akzeptieren.

Nun folgt eine Attacke auf die literarische Mode. Orwell, ein 37-jähriger Patriarch, erklärt uns, »wenn man von einem Schriftsteller sagt, er sei modern, meint man so gut wie immer, dass er von Menschen unter 30 bewundert wird«. Anfangs wählte man bequeme Zielscheiben – A. E. Housmans »*roselipt maidens*« und Rupert Brookes »Grantchester« (»eine Art gesammelter Kotze aus einem mit Ortsnamen vollgestopften Magen«). Dann jedoch dehnt er seine Polemik auch auf »die Bewegung« aus, die politisch engagierte Generation der Auden, Spender und MacNeice. »Im Großen und Ganzen«, schreibt Orwell, »scheint die Literaturgeschichte der 30er-Jahre die Meinung zu rechtfertigen, dass ein Schriftsteller gut daran tut, sich aus der Politik herauszuhalten.«

Gewiss, er macht ein paar Punkte, wenn er zum Beispiel auf die Bourgeois- und Elementarschulabstammung all dieser literarischen Radikalen hinweist oder wenn er die Beliebtheit des Kommunismus bei den britischen Intellektuellen mit der Enttäuschung der breiten Mittelschicht über die traditionellen Werte in Zusammenhang bringt: »Patriotismus, Religion, das Empire, die Familie, die Heiligkeit der Ehe, die Alte-Schulkameraden-Krawatte, Geburt, Erziehung, Ehre, Disziplin – jeder Mensch mit durchschnittlicher Bildung könnte die ganze Bande in drei Minuten auseinandernehmen.« In diesem Vakuum der Ideologie, meint er, habe noch immer »das Bedürfnis nach etwas, woran man glauben kann« bestanden, und diese Lücke füllt der Kommunismus Stalinscher Prägung.

Auf Henry Miller zurückkommend greift Orwell den Vergleich auf, den Miller zwischen Anaïs Nin und Jonas im Innern des Wals zieht.

> Das Innere des Wals ist einfach eine Gebärmutter, die groß genug für einen Erwachsenen ist... selbst ein Unwetter, das alle Schlachtschiffe der Welt untergehen ließe, wäre kaum noch wie ein Echo wahrzunehmen... Miller selbst ist im Innern des Wals... ein bereitwilliger Jonas... Er hat nicht das Bedürfnis,

den Prozess, den er durchläuft, zu ändern oder zu beherrschen. Er hat die wesentliche Aufgabe des Jonas erfüllt, indem er sich verschlucken ließ und dabei passiv blieb, *es akzeptierte*. Worauf das hinausläuft, wird man sehen. Es ist eine Art Quietismus.

Am Ende dieses seltsamen Essays heißt Orwell – der anfangs Autoren, die die zeitgenössische Realität ignorierten, als »normalerweise Toren oder schlicht Idioten« beschrieb – diese quietistische Philosophie, diese Wal-Version der Pangloss'schen Ermahnung »*cultiver notre jardin*« sogar willkommen, *tritt für sie ein*. »Fortschritt und Reaktion«, schließt Orwell, »haben sich beide als Schwindel erwiesen. Anscheinend bleibt nichts weiter mehr als Quietismus – der Realität den Horror nehmen, indem man sich ihm unterwirft. Verkriecht euch ins Innere des Wals – oder vielmehr gebt zu, dass ihr euch im Innern des Wals befindet (denn dort *befindet* ihr euch natürlich). Überlasst euch dem Weltprozess... akzeptiert ihn einfach, erduldet ihn, zeichnet ihn auf. Das scheint die Formel zu sein, die heutzutage vermutlich jeder sensible Romancier übernimmt.«

Die Gründe des sensiblen Romanciers entdeckt man im letzten Satz dieses Essays, in dem Orwell von »der *Unmöglichkeit* einer signifikanten Literatur« spricht, »bis die Welt sich in ihre neue Form gefunden hat«.

Und uns will man erklären, Fatalismus sei eine typische Eigenart der indischen Denkweise.

Es ist unmöglich, bei einer Reaktion auf »Im Innern des Wals« den Hinweis zu unterdrücken, dass Orwells Argument sehr stark beeinträchtigt wurde, weil er sich ausgerechnet Henry Miller als quietistisches Beispiel hernahm. In den letzten 44 Jahren, die seit der ersten Veröffentlichung des Essays vergangen sind, hat Millers Ruhm sich mehr oder weniger in Luft aufgelöst, und er gilt heute höchstens noch als jener vergnügte Pornograf, unter dessen skatologischer Oberfläche Orwell so unergründliche Tiefen wähnte. Wenn wir im Jahre 1984 gebeten werden, uns zwischen dem Miller des *Wendekreis des Krebses* und der ersten hundert Seiten von *Schwarzer Frühling* einerseits und andererseits den gesammelten Werken von Auden, MacNeice und Spender zu entscheiden, bezweifle ich, dass viele von uns den alten Henry wählen würden. Es scheint daher, dass politisch engagierte Kunst sich tatsächlich als dauerhafter erweisen kann denn Botschaften aus dem Innern des Wals.

Ebenso falsch wäre es, einen Schritt weiterzugehen, ohne den Sinn zu untersuchen, in dem Orwell den Ausdruck »Politik« benutzt. Sechs Jahre nach »Im Innern des Wals«, und zwar in seinem Essay »Politics and the English Language« (1946) schrieb er: »In unserem Zeitalter kann es so etwas wie ›sich aus der Politik heraushalten‹ nicht geben. Denn alle Fragen sind politische Fragen, und die Politik selbst ist eine Masse aus Lügen, Ausreden, Torheiten, Hass und Schizophrenie.«

Für einen so aufrichtigen, direkten, intelligenten, leidenschaftlichen und geistig gesunden Mann wie Orwell war »Politik« zur Inkarnation der Antithese seiner eigenen Weltanschauung geworden, war sie die zur Oberwelt gewordene Unterwelt, die Hölle auf Erden. »Politik«, das war ein Portemanteau-Terminus, der alles beinhaltet, was er hasste; kein Wunder, dass er sie aus der Literatur heraushalten wollte.

Ich kann mich des Eindrucks nicht erwehren, dass Orwells Intellekt und letztlich auch sein Geist am Horror des Zeitalters zerbrachen, in dem er lebte, am Zeitalter Hitlers und Stalins (und, um fair zu sein, an seinem schlechten Gesundheitszustand in späteren Jahren). Angesichts der Übermacht der grausamen Pogrome, Säuberungen, Bombardierungen und all der entsetzlichen Manifestationen einer Amok laufenden Politik konzentrierte er seine Talente auf die Konstruktion und Rechtfertigung eines Fluchtwegs. Daher seine Auffassung des Durchschnittsmenschen als Opfer, und daher seine Auffassung der Passivität als die literarische Haltung, die jener des Durchschnittsmenschen am nächsten kommt. Er benutzt diese Art Logik als Instrument, um sich einen Rückweg in den Mutterleib zu bauen, in den Wal, weit weg vom Donnergrollen des Krieges. Das sieht sehr stark nach dem Vorhaben eines Mannes aus, der den Kampf aufgegeben hat. Obwohl er weiß, dass »es so etwas wie ›sich aus der Politik heraushalten‹ nicht gibt«, versucht er sich einen Mechanismus zu konstruieren, den er für ebendiesen Zweck benutzen kann. Sitzt es aus, empfiehlt er; im Innern des Wals werden Schriftsteller sicher sein, bis der Sturm vorüber ist. Ich maße mir nicht an, ihn für diese Einstellung zu verurteilen. Er lebte in einer sehr schlimmen Zeit. Aber es ist wichtig, seine Schlussfolgerungen zu erörtern, denn eine auf intellektuelle Niederlage aufgebaute Philosophie muss später stets irgendwann noch einmal neu konstruiert werden. Außerdem hat sich Orwell ganz zweifellos einer gewissen Art von Defätismus und Verzweiflung ergeben. Zu der Zeit, als er 1984 schrieb, krank und zurückgezogen im Jura, war er eindeutig zu der Erkenntnis gelangt, dass Widerstand sinnlos sei. Winston Smith sieht sich vom ersten Augenblick seines Aufbegehrens an als toter Mann. Das geheime Buch der Dissidenten wurde, wie sich herausstellt, von der Gedankenpolizei geschrieben. Jeder Protest muss zwangsläufig in Zimmer 101 enden. In einem Zeitalter, da es oft scheint, als hätten wir uns alle verabredet, an die Entropie zu glauben, an die Voraussetzung, dass alles auseinanderfällt und die Geschichte der irreversible Prozess ist, durch den alles allmählich schlimmer wird, lässt sich der Status von 1984 als wahrer Mythos unserer Zeit weitgehend aus dem ungebrochenen Pessimismus des Buches erklären.

Überdies (und dies stellt die Verbindung der beiden parallel verlaufenden Phänomene jenes Jahres dar, des Empire-Revivals und der Orwellomanie) ist die quietistische Einstellung, das heißt die Ermahnung, die Ereignisse hinzunehmen, eine zutiefst konservative. Wenn Intellektuelle und Künstler sich aus dem Kampf zurückziehen, fühlen sich die Politiker sicherer. Früher einmal stritten sich Rechte und Linke in England darum, wem denn

Orwell nun »gehöre«. In jenen Tagen reklamierten ihn beide Seiten für sich; und, wie Raymond Williams sagt, dieses Tauziehen gereichte seinem Andenken kaum zur Ehre. Ich möchte die alten Feindseligkeiten keineswegs von Neuem eröffnen; aber der Wahrheit kann man nicht aus dem Weg gehen, und die Wahrheit ist, dass Passivität immer den Interessen des Status quo dient, dem Interesse der Menschen, die sich bereits an der Spitze befinden; und der Orwell von »Im Innern des Wals« und 1984 vertritt Ideen, die einzig unseren Herren dienen. Wenn Widerstand sinnlos ist, werden jene, gegen die man sonst Widerstand leisten würde, allmächtig.

Viel leichter hingegen fällt es, eine gemeinsame Grundlage mit Orwell zu finden, wenn es darum geht, das Verhältnis zwischen Politik und Sprache zu untersuchen. Der Erfinder von »Neusprech« war sich darüber klar, dass immer dann, »wenn die allgemeine (politische) Atmosphäre schlecht ist, auch die Sprache darunter leidet«. In »Politics and the English Language« nennt er uns eine Reihe bezeichnender Beispiele der Perversion von Bedeutungen für politische Zwecke.

»Feststellungen wie ›Marschall Pétain war ein echter Patriot‹, ›Die Sowjetpresse ist die freieste der Welt‹, ›Die katholische Kirche ist gegen die Verfolgung‹ werden fast immer mit der Absicht getroffen, andere zu täuschen«, schreibt er. Darüber hinaus liefert er herrliche Parodien für die bei Politikern übliche Metaphernmixtur. »Der faschistische Oktopus hat seinen Schwanengesang gesungen, der Schaftstiefel wird in den Schmelztiegel geworfen.« Vor Kurzem stieß ich auf einen würdigen Nachkommen dieser grandiosen alten Heuchler: Die *Times* sprach in einem Bericht über das Herausschmuggeln geheimer Dokumente aus den Abteilungen des Secret Service von immer häufiger auftretenden, durch einen »hochrangigen Maulwurf« verursachten »Lecks«.

Seltsam ist jedoch, dass der Autor von *Farm der Tiere,* der Schöpfer eines so großen Teils jenes Vokabulars, mit dessen Hilfe wir nun diese Verzerrungen begreifen – »Doppeldenk«, »Gedankendelikt« und alles andere –, nicht bereit gewesen sein soll, einzugestehen, dass es die Literatur ist, die am ehesten die Macht besitzt, die Sprache zu verteidigen, sich mit den Verzerrern herumzuschlagen, *gerade indem sie die politische Arena betritt.* Die Autoren der Gruppe 47 im Nachkriegsdeutschland, Grass, Böll und so weiter, mit ihrer »Trümmerliteratur«, deren Zweck und großer Erfolg es war, die deutsche Sprache aus den Trümmern des Nazismus wiederaufzubauen, sind das beste Beispiel dieser Macht. Genauso wie, auf eine ganz andere Art, Joseph Heller. In *Good as Gold* liefert Ralph, der Adjutant des Präsidenten, dem Schriftsteller Stoff für eine superbe Satire über den »Washingtonsprech«. Ralph redet in Sätzen, die gewöhnlich damit schließen, dass sie ihrem Anfang widersprechen. »Diese Verwaltung wird Sie voll und ganz unterstützen, bis es unbedingt sein muss«; »Dieser Präsident will keine Jasager. Was wir wollen, sind unabhängige, integre Menschen, die mit all unseren Entscheidungen einverstanden sind, sobald wir sie getroffen haben.« Jedes Mal, wenn Ralph seinen oxymoronen Mund öffnet, lässt er die Grenzen der Orwellschen Auffassung von der Interaktion zwischen Literatur und Politik erkennen. Es ist eine Auffassung, die jede Komödie, Satire, Deflation ausschließt; weil nämlich der Schriftsteller nicht unbedingt der Anhänger einer finsteren Ideologie sein muss. Er kann genauso gut ihr Kritiker, Antagonist, Geißler sein. Von Swift bis Solschenizyn haben die Schriftsteller diese Rolle durchaus ehrenvoll gespielt. Und vergessen wir nicht das Schwein Napoleon.

Genauso wie es unzutreffend ist, dass die Politik die Literatur ruiniert (selbst unter »ideologischen« politischen Autoren würde der Fall Orwell den großen Felsen Pablo Neruda ins Wanken bringen), genauso wenig ist es zwingend, dass der »Durchschnittsmensch«, *l'homme moyen sensuel,* politisch passiv ist. Wie wir gesehen haben, war der Mythos dieses unbeweglichen Durchschnittsmenschen Teil der Orwellschen Logik des Rückzugs; dennoch sollte man sich an nur einige wenige Beispiele erinnern, da sich der »Durchschnittsmann« – ganz zu schweigen von der

»Durchschnittsfrau« – alles andere als inaktiv verhielt. Wir mögen Khomeinis Iran missbilligen, aber die Revolution in jenem Land war eine echte Massenbewegung. Genauso wie die Revolution in Nicaragua. Und, nicht zu vergessen, die Revolution in Indien. Ich frage mich, ob Indien 1947 die Unabhängigkeit erreicht hätte, wenn die Massen die Kongresspartei und die Moslemliga ignoriert und stur in dem verharrt hätten, was nun wirklich ein riesengroßer Wal sein müsste.

Die Wahrheit lautet: Es gibt keinen Wal. Wir leben in einer Welt ohne Möglichkeit, sich zu verstecken; dafür haben die Raketen gesorgt. Sosehr wir uns auch danach sehnen, in den Mutterleib zurückzukehren – wir werden nicht noch einmal geboren. Also bleibt uns nur eine relativ direkte Wahl: Entweder wir erliegen freiwillig einer Selbsttäuschung, verlieren uns in der Phantasie des großen Fisches, für den eine andere Metapher jene von Pangloss' Garten ist; oder wir tun das, was alle Menschen instinktiv sofort tun, wenn ihnen klar wird, dass sie den Mutterleib für immer verlassen haben, und erheben ein ungeheures Geschrei. Gewiss, wenn wir so schreien, weinen wir zum Teil um das, was wir verloren haben; aber wir schreien auch, um uns zu beweisen, um zu sagen, hier bin ich, ich bin ebenfalls wichtig, von nun an müsst ihr mit mir rechnen. Deswegen empfehle ich statt Jonas' Wal die uralte Tradition, Lärm zu schlagen, eine so große, empörte Klage über die Welt anzustimmen wie nur menschenmöglich. Wo Orwell sich Quietismus wünschte, soll Rowdytum herrschen; statt Stille im Innern des Wals Protestgeschrei. Wenn wir aufhören, uns als metaphorischen Fetus zu sehen, und an seine Stelle das Bild eines neugeborenen Säuglings rücken, wird das zumindest ein kleiner intellektueller Fortschritt sein. Und mit der Zeit lernen wir vielleicht sogar das Krabbeln.

Eines muss ich jedoch klarstellen: Ich sage nicht, dass die gesamte Literatur ab sofort der protestierenden, Lärm schlagenden Art angehören soll. Das könnt ihr vergessen; nun, da wir Säuglinge sind, die frisch aus dem Mutterleib kommen, müssen wir sowohl lachen und staunen können als auch zürnen und weinen. Ich habe keine Lust, mich selbst, geschweige denn einen anderen, bis ans Ende meines Schriftstellerlebens an den Baum der politischen Literatur zu nageln. Lewis Carroll und Laurence Sterne sind nicht minder wichtig für die Literatur als Swift und Brecht. Ich will nur sagen, dass sich Politik und Literatur genauso gut, genauso unauflösbar vereinbaren lassen wie Sport und Politik und dass diese Mixtur Konsequenzen hat.

Die moderne Welt lässt nicht nur Verstecke vermissen, sondern auch Gewissheiten. Es gibt keine Übereinstimmung betreffs der Realität zwischen – beispielsweise – den Nationen des Nordens und denen des Südens. Was Präsident Reagans Behauptungen nach in Mittelamerika geschieht, unterscheidet sich so radikal von der, sagen wir, sandinistischen Version, dass es fast keinen gemeinsamen Nenner gibt. Es wird also notwendig, Partei zu ergreifen, zu erklären, ob man Nicaragua für den »Vorgarten« der Vereinigten Staaten hält oder nicht. (Vietnam war, wie Sie sich erinnern werden, der »Hinterhof«.) Deswegen erscheint es mir unumgänglich, dass die Literatur sich in derartige Diskussionen einmischt, denn das, was diskutiert wird, ist nichts weniger als das, *was der Fall ist,* was Wahrheit ist und was Unwahrheit. Wenn Schriftsteller die Aufgabe, Bilder von der Welt zu malen, den Politikern überlassen, wird sich das zu einem der größten und erniedrigendsten Rücktritte der Geschichte gestalten.

Außerhalb des Wals tobt unablässig der Sturm, der niemals nachlassende Streit, die Dialektik der Geschichte. Außerhalb des Wals besteht ein echtes Bedürfnis nach politischer Fiktion, nach Büchern, die neue und bessere Landkarten der Realität zeichnen und neue Sprachen schaffen, mit deren Hilfe wir die Welt verstehen lernen. Außerhalb des Wals erkennen wir, dass wir alle von der Geschichte bestrahlt sind, radioaktiv geladen sind mit Geschichte und Politik; sehen wir, dass es ebenso falsch sein kann, ein politikloses, fiktives Universum zu kreieren wie eines, in dem niemand zu arbeiten, zu essen, zu hassen, zu lieben oder zu schlafen braucht. Außerhalb des Wals wird es notwendig, ja sogar begeisternd sein, sich mit speziellen, durch die Einverleibung politischen Materials entstandenen Problemen herumzuschlagen, denn Politik ist abwechselnd Farce und Tragödie, und zuweilen (z. B. in Zias Pakistan) beides zugleich. Außerhalb des Wals ist der Schriftsteller gezwungen hinzunehmen, dass er (oder sie) Teil der Masse, Teil des Ozeans, Teil des Sturmes ist, sodass Objektivität ein ebenso großer Traum wird wie Perfektion, ein unerreichbares Ziel, nach dem man trotz der Unmöglichkeit eines Erfolgs jederzeit streben muss. Außerhalb des Wals liegt die Welt von Samuel Becketts berühmter Formel: *Ich kann nicht weiter, ich gehe weiter.*

Deswegen (um dort anzuschließen, wo ich begann) ist es wahrhaft notwendig, wegen der Raj-Fiktion und der zombiegleichen Auferstehung des dahingeschiedenen Empires Lärm zu schlagen. Die verschiedenen Filme, Fernsehserien und Bücher, über die ich zuvor gesprochen habe, verbreiten eine Reihe von Auffassungen der Geschichte, denen man so laut und so bloßstellend wie möglich widersprechen muss.

Dazu gehören: die Idee, dass Gewaltlosigkeit zu erfolgreichen Revolutionen führt; die seltsame Meinung, Kasturba Gandhi hätte Margaret Bourke-White die Geheimnisse ihres Sexuallebens anvertraut; die sonderbare Auffassung, irgendein Inder könnte so aussehen oder sprechen wie Amy Irving oder Christopher Lee; die Meinung (die vielen dieser Werke unterliegt), Briten und Inder hätten einander im Grunde recht gut verstanden, und das Ende des Empires sei eine Art Gentleman's Agreement zwischen alten Freunden aus dem Club gewesen; die revisionistische Theorie – siehe David Leans Interviews –, dass *wir, die Briten, gar nicht so schlecht waren, wie wir immer hingestellt werden;* die falsche Anschuldigung, der die Verwendung von Vergewaltigungsszenen Glaubwürdigkeit verleiht, dass zarte englische Rosen ständig Gefahr liefen, von geilen *wogs* sexuell belästigt zu werden (genau diese Angst stand hinter dem Amritsar-Massaker des General Dyer); und vor allem die Phantasie, das britische Empire repräsentiere eine »noble« oder »große« Eigenschaft Englands; es sei, trotz all seiner Fehler, Gemeinheiten und Bigotterien, im Grunde wunderbar und glanzvoll gewesen.

Wenn Bücher und Filme im Innern des Wals gemacht und konsumiert werden könnten, wäre es vielleicht möglich, sie rein als Unterhaltung oder, gelegentlich, sogar als Kunst zu sehen. In unserer Wal-losen Welt jedoch, in dieser Welt ohne stille Winkel, kann es keine bequeme Flucht vor der Geschichte, vor dem Tumult, dem schrecklichen Lärm und der Unruhe geben.

1984

Satyajit Ray

»Ich werde nie vergessen, wie aufgewühlt ich war, nachdem ich ihn gesehen hatte«, sagte Akira Kurosawa über Satyajit Rays ersten Film, *Pather Panchali (*»Das Lied der kleinen Straße«), und er hat recht: Dieser Film, der so gut wie gar nichts gekostet hat und fast ausschließlich mit schauspielerischen Laien von einem Regisseur gedreht wurde, der die Regeln bei der Arbeit gelernt (und erfunden) hat, ist ein Werk von so großer lyrischer und emotionaler Gewalt, dass es auf die Zuschauer ebenso stark wirkt wie ihre eigenen, zutiefst persönlichen Erinnerungen. Noch heute löst auch die kürzeste Sequenz von Ravi Shankars wundervollem Musikthema eine Flut von Gefühlen und eine Unmenge von Bildern wach: das Auge des kleinen Apu, im Moment des Erwachens beobachtet, erfüllt von Mutwillen und Leben; die Insekten, die mit ihrem Tanz auf der Wasseroberfläche des Teiches das Bild des Monsunregens vorwegnehmen; und vor allem die unsterbliche Szene, eine der tragischsten in der gesamten Kinogeschichte, in der Harihar, der Bauer, aus der Stadt in sein Dorf zurückkehrt und seinen Kindern Geschenke mitbringt, ohne zu ahnen, dass seine Tochter in seiner Abwesenheit gestorben ist. Als er Sarbajaya, seiner Ehefrau, den Sari zeigt, den er dem toten Mädchen mitgebracht hat, bricht sie in Tränen aus; nun begreift er und fängt ebenfalls an zu weinen; aber (und das ist ein Geniestreich) ihre Stimmen werden von der sehr, sehr hohen Musik eines einzelnen *tarshehnai* übernommen, ein Klang wie der Verzweiflungsschrei der Seele.

Pather Panchali war der erste Ray-Film, den ich jemals gesehen habe, und wie viele kinosüchtige Inder sah ich ihn nicht in Indien, sondern in London. Obwohl ich in Bombay aufgewachsen bin, der größten Filmstadt der ganzen Welt (»Bollywood« produzierte in jenen Tagen mehr Filme pro Jahr als Los Angeles, Tokio oder Hongkong), wusste ich weniger über Indiens größten

Filmemacher als über den »internationalen Film« (das heißt jedenfalls die Filme von Robert Taylor, *Haut den Herkules, Francis – ein Esel, Herr General* und *Maria Montez).* Es war im alten Academy-Kino in der Oxford Street, im National Film Theatre und im Arts Cinema in Cambridge, wo ich diese betrübliche Lücke schloss, abwechselnd von Begeisterung und Beschämung über meine bisherige Ignoranz erfüllt. Als Mitte der Sechzigerjahre die *Nouvelle Vague* wie eine Flutwelle über die Kinos herfiel und die Namen Truffaut, Godard, Resnais, Malle, Antonioni, Fellini, Bergman, Wajda, Kurosawa und Buñuel für uns wichtiger wurden als irgendein Romancier und als der neueste Film in irgendeiner Woche *Jules und Jim* heißen konnte, oder *Alphaville,* eine Woche später eventuell gefolgt von *Asche und Diamant, Yojimbo, Das Irrlicht, Liebe 62, 81/2, Das Siebte Siegel, Der Würgeengel* oder *Die Handschrift von Saragossa* – als das Kino also vor Innovation und Originalität nur so strotzte, war ich richtig stolz auf das Wissen, das mir Rays Filme vermittelt hatten: dass diese Explosion kreativer Genies auch in Indien ihre Dimensionen hatte.

Diese Meinung wurde nicht von allen Indern geteilt, denn da Ray, ein Bengali, Filme in seiner Muttersprache drehte, wurden sie außerhalb von Bengalen nicht verliehen. Sein internationaler Erfolg trug ihm zu Hause, wie vorauszusehen war, Prügel ein. In *Satyajit Ray: The Inner Eye* schildert Andrew Robinson ein typisches Beispiel für diese Ressentiments, das überdies den vulgären, energiegeladenen (und, es muss gesagt werden, heimtückisch attraktiven) Bombay-Film in direktem Konflikt mit dem intellektuellen, kompromisslosen, »schwierigen« Ray zeigt. Nargis (Nargis Dutt), Star des Bombay-Films und Star des »Supertränenepos« von 1957, *Mother India,* war Anfang der 80er Jahre Mitglied des indischen Parlaments und ritt aus dieser erhabenen Position heraus eine verblüffende Attacke gegen Ray:

NARGIS: Warum, glauben Sie, sind Filme wie *Pather Panchali* im Ausland so populär?... Weil die Menschen dort Indien in einer erniedrigenden Position sehen wollen. Das ist das Bild, das sie sich von unserem Land gemacht haben, und ein Film, der dieses Bild bestätigt, wirkt für sie authentisch.

INTERVIEWER: Aber warum sollte ein so bekannter Regisseur wie Ray so etwas tun?

NARGIS: Um Preise einzuheimsen. Seine Filme sind keine kommerziellen Erfolge. Aber sie gewinnen Preise... Mein Wunsch wäre, dass Mr Ray, wenn er die indische Armut schon im Ausland zeigen muss, auch das ›Moderne Indien‹ zeigt.

INTERVIEWER: Und was ist das ›Moderne Indien‹?

NARGIS: Dämme...

Die Antwort darauf erfolgte in einem Schreiben des Forum for Better Cinema: »Glauben Sie wirklich, dass in den sogenannten kommerziellen Filmen Bombays das [Moderne Indien] dargestellt wird? Tatsächlich wimmelt es in der Welt der kommerziellen Hindifilme doch von Schurken, Schmugglern, Banditen, Voyeuren, Mördern, Cabaret-Tänzerinnen, sexuell Pervertierten, Degenerierten und Vergewaltigern, die man wohl kaum als Vertreter des modernen Indien bezeichnen kann.« – »Kurz darauf«, berichtet Mr Robinson, »teilte die Regierung Ray mit, man müsse ihm die Genehmigung, einen Film über Kinderarbeit zu drehen, verweigern, da so etwas in Indien konstitutionell nicht existiert.« (Die indischen Regierungen lassen häufig eine Schwäche für die Vogel-Strauß-Politik erkennen. Mit meiner eigenen Dokumentation von 1987, *The Riddle of Midnight*, bekam ich Schwierigkeiten, weil ich unter anderem erwähnte, dass alle Kashmiri-Moslems, mit denen ich sprach, äußerst unzufrieden mit Indien waren und den Anschluss an Pakistan verlangten. So etwas durfte man zu jener Zeit offiziell nicht aussprechen, und so wurde mir vorgeworfen, Sympathisant der Fundamentalisten zu sein; weniger als drei Jahre später wurde der Deckel, den New Delhi so lange über der Kashmirfrage geschlossen hielt, möglicherweise endgültig weggesprengt.)

Die Meinungsverschiedenheit zwischen Nargis Dutt und Rays Parteigängern, der Streit zwischen der philisterhaft/kommerziell/chauvinistischen Einstellung und der ästhetisch/puristisch/aufnahmebereiten Ansicht kann auf verschiedene Art interpretiert werden: als Streit zwischen zwei Definitionen von Vaterlandsliebe, denn während Nargis Ray praktisch antiindisch nennt, wird seine Liebe zu Indien, wie Mr Robinson versichert, durch sein Œuvre deutlich gemacht; und, interessanter vielleicht, als Streit zwischen der kosmopolitischen, draufgängerischen Bitch-City Bombay und den alten, intellektuellen Traditionen Kalkuttas. Ray selbst äußert sich, durchaus gerechtfertigt, bissig über den Bombay-Tonfilm. »Indien«, sagt er, »hat eine der größten Erfindungen des Westens mit dem weitreichendsten künstlerischen Potenzial genommen und sie auf seine Größe zurechtgestutzt.« Endlose Bollywood-Remakes von *Love Story, Die glorreichen Sieben* usw. sind Beweise genug für diese Tatsache.

Da ich jedoch selbst ein Bombaywallah bin, komme ich nicht umhin zu bemerken, dass Andrew Robinson sich im Kampf Bombay gegen Kalkutta nachdrücklicher auf Rays Seite stellt als Ray persönlich. Er macht ein paar auf unfaire Weise abwertende Bemerkungen über den »neuen« oder »mittleren« Film, der heute in Bombay, Kerala oder anderswo entsteht. Diesem Versuch, dem Kino gegenüber einen Mittelkurs zwischen der Einstellung des Mandarins und der des Geldsacks zu steuern, fehle, wie wir erfahren, »das Engagement« für ihre Stoffe – eine recht vage Behauptung und eine, durch die die soliden Erfolge jener Regisseure herabgesetzt werden, die er namentlich aufzählt – Benegal, Gopalakrishnan und Aravindan. »In den meisten Werken des ›neuen‹ Films begegnet man einer Oberflächlichkeit und Stumpfheit, die der vorgetäuschten urbanen Kultur des modernen Indien zu entspringen scheint, letztlich jedoch auf den Mangel an Phantasie in der indischen ›Synthese‹ des letzten Jahrhunderts zurückzuführen ist«, erklärt Mr Robinson in einer der wenigen oberflächlichen Passagen eines im Grunde gewissenhaften Buches. Die Filme, die er attackiert, sind besser, als er eingesteht; und während die indische urbane Kultur, in Bombay vor allem, unzweifelhaft von Schwindel, Geschmacklosigkeit, Oberflächlichkeit und versagender Phantasie durchsetzt ist, ist sie doch gleichzeitig eine Kultur von hoher Vitalität, linguistischer Verve und einer Art weltstädtischer Erregung, die europäische Großstädte zum größten Teil vergessen haben. Das trifft auf die grell geschminkte Kurtisane Bombay ebenso zu wie auf Rays Kalkutta.

Rays Film *Shatranj ke Khilari* (»Die Schachspieler«) repräsentiert den Tiefstpunkt in dem von Unbehagen geprägten Verhältnis zwischen Satyajit Ray und der Filmindustrie von Bombay. Dieser Film, Rays erster (und bisher einziger) Spielfilm auf Hindi, war der bewusste Versuch, sich dem Mainstream der indischen Kultur anzuschließen. Dem Vernehmen nach verdarben die Filmbosse von Bombay die Chancen des Films, indem sie Druck auf die nationalen Verleiher ausübten, ihn nicht zu buchen. In diesen Zwischenfall bringt Mr Robinson nur wenig Licht, stellt lediglich fest, dass »Ray sich weigert, sich zu diesem Punkt zu äußern, und es vermieden hat, seine Zeit auf den Versuch zu verschwenden, die Wahrheit ans Licht zu bringen; Shama Zaidi jedoch, der Bombays Filmszene gut kennt, hält eine Verschwörung gegen den Film für ›durchaus möglich‹.« Klatsch ist kein Ersatz für eine gründliche Untersuchung. Nach meiner Erinnerung an ein Gespräch mit Satyajit Ray über diese Angelegenheit war er ein weitaus überzeugterer Anhänger dieser Verschwörungstheorie, als Mr Robinson zugibt; aber er fand trotz allem die Erfahrung, auf Hindi zu arbeiten, höchst anregend, vor allem, weil er aus einer weit größeren Anzahl begabter Schauspieler zu wählen vermochte, als man sie im zahlenmäßig sehr viel kleineren bengalisprachigen Film findet. Er war interessiert daran, weitere Hindifilme zu drehen; gesundheitliche Probleme mögen das inzwischen unmöglich gemacht haben.

Als Highbrow-*auteur*, der dennoch die Talente der Bollywood-Stars zu schätzen weiß, ist Satyajit Ray außerdem für einen Mann, der Buñuels Filme wegen »des surrealistischen Elements« missbilligt, ein Mann mit einem kräftigen Schuss Phantasie. Sein Märchenfilm *Goopy Gyne Bagha Byne* (»Die Abenteuer von Goopy und Bagha«) wird in Bengalen genauso sehr geliebt wie hierzulande *Der Zauberer von Oz.* »Es ist wirklich außergewöhnlich, wie schnell *Goopy & Bagha* Teil der Popkultur geworden ist«, schrieb Ray kurz nach der Premiere des Films. »In der ganzen Stadt gibt es kein einziges Kind, das die Filmsongs nicht kennt und singt.« Es scheint also, dass Rays Werk durchaus in der Lage ist, mehr zu bewirken als Preise einzuheimsen; aber keinem einzigen von Rays Phantasiefilmen – *Hirak Rajar Deese* (»Das Königreich der Diamanten«), *Sonar Kella* (»Die Goldene Festung«), *Joi Baba Felunath* (Der Elefantengott), auch nicht *Goopy & Bagha* – ist es gelungen, außerhalb von Indien den gleichen Beifall zu erringen wie seine realistischeren Filme. Mr Robinson schreibt das »dem historischen Desinteresse des Westens (sic) an Indiens Legenden« zu, womit er durchaus recht haben mag. Auf jeden Fall sprang Satyajit Ray, als ich ihm gegenüber erwähnte, *Sonar Kella* sei einer meiner Lieblingsfilme, vom Frühstückstisch auf und gestikulierte wie wild vor Freude, verwandelte sich in das Urbild des stolzen Vaters, dessen am wenigsten vielversprechender Sprössling soeben mit nie erwartetem Lob überschüttet wurde.

Goopy & Bagha, erklärt Robinson mit Recht, »hat in Satyajit Ray eine Ader aufgestauter Phantasie freigelegt, die im Werk seines Vaters und Großvaters noch freien Lauf hatte«. Bei Weitem die stärkste Passage in *Satyajit Ray: The Inner Eye* ist die einleitende, 70 Seiten lange biografische Studie. Ray entstammt einer Familie von Phantasten, Dichtern von Nonsensversen, Schöpfern von fabelhaften, hybriden Tieren – Walefant, Stachelente, Storchel –, und sowohl Rays Vater Sukumar als auch sein Großvater Upendrakishore waren berühmt für ihre Kindergeschichten und Illustrationen, veröffentlicht in der Familienzeitschrift *Sandesh,* ein Wort, das, wie Mr Robinson uns erklärt, sowohl Zuckerwerk als auch Information bedeuten kann. Aber es war auch eine Familie der brillanten und zahlreichen intellektuellen wie spirituellen

Begabungen. Upendrakishore war ein Drucker, dessen Erfindungen auf dem Gebiet der Halbtonschirmmalerei von einer britischen Firma gestohlen wurden; Sukumar war visionär veranlagt und sah seinen eigenen Tod voraus. Ray war von diesem in der Familie immer wieder auftauchenden Hang zur Mystik (den auch sein Urgroßvater Loknath besaß) tief berührt; und er führt auch seine eigene künstlerische Begabung auf sie zurück. »Diese ganze Sache mit der Kreativität ... kann durch die Wissenschaft nicht erklärt werden.« Wieder einmal ergibt eine nähere Untersuchung, dass Satyajit Ray etwas anderes ist als der realistische Künstler, der er zu sein scheint, der zu sein er sogar behauptet.

Der Rest des Ray-Clans war nicht weniger brillant. Sein Großonkel Hemendranath Bose war Parfümeur und außerdem »ein Fahrradpionier in Indien, einer der ersten Inder, die ein Automobil besaßen, und der erste, der Schallplattenaufnahmen machte ... Zu seinen vierzehn Kindern zählten nacheinander ein berühmter Sänger, ein Maler und Musikkenner, ein Geräuschespezialist beim Film, vier Kricketspieler (von denen einer *der* große Name seiner Zeit war) und Nitin Bose, ein bekannter Filmregisseur, der Satyajit später drängte, Bühnenbildner zu werden und die Regie aufzugeben.« Um einer solchen Familie gerecht zu werden, musste Ray früh beginnen. Er war »als Kind hoch empfänglich für Geräusche und Licht. Ein halbes Jahrhundert später noch erinnert er sich an verschiedene vergessene Straßenrufe und daran, dass man die Marke eines Autos sogar im Innern eines Hauses am Klang der Hupe erkennen konnte.« Zu den Hupen, die er identifizieren lernte, gehörte die des Lancias seiner Tante, »auf dessen Kühlerhaube eine Grille hockte, die beim Fahren rötlich aufglühte«. Selbst seine Freunde schienen magische Begabungen zu entwickeln; sein Collegekumpel Pritwish Neogy zum Beispiel »besaß die außergewöhnliche Gabe, ein Gemälde zu identifizieren, indem er nur einen Quadratzoll davon betrachtete« und vermochte, so Satyajit selbst, »jede Fälschung auf den ersten Blick zu erkennen«.

Mr Robinson verfolgt seinen biografischen Bericht bis zu Rays

Arbeit an *Pather Panchali*, die er in aller Ausführlichkeit schildert. Dann geht er bedauerlicherweise zu einer Film-um-Film-Beschreibung von Rays Karriere über und unternimmt nur hier und da den Versuch, die Geschichte der Filme mit der komplexeren Geschichte von Rays persönlicher und intellektueller Entwicklung zu verknüpfen. Es ist, als habe Rays berühmte Zurückhaltung im Hinblick auf sein Privatleben auf das Buch abgefärbt.

Die tatsächlich unternommenen Versuche einer Verknüpfung sind allesamt hochinteressant. Sukumar Rays Bindung an die Bewegung, die »als Reaktion auf Lord Curzons erklärte Absicht, die Provinz aufzuteilen, von 1903 an ganz Bengalen erfasste«, wirft ein interessantes Licht auf die spätere Entscheidung seines Sohnes Satyajit, *Das Heim und die Welt* zu verfilmen, jenen Roman, den Rabindranath Tagore über diese Bewegung schrieb; Rays eigene Familienverbindungen mit Tagore werfen ebenso interessante Lichter auf das lebenslange Engagement des Filmregisseurs für das Werk des Schriftstellers. Und Rays Reaktion auf die große Hungersnot in Bengalen von 1943 bis 1944, seine Scham darüber, nichts unternommen zu haben, um den Sterbenden zu helfen, hilft uns wiederum, den großartigen Film zu verstehen, den er später über dieses Thema drehte: *Asani Sanket* (»Ferner Donner«). Auch über die Filme und ihre Akzeptanz gibt es zahlreiche interessante Informationen: Ein solches Fundstück ist die Geschichte, wie *Devi*, »Die Göttin«, von religiösen Extremisten als Anti-Hindu-Film attackiert wurde. Man kann jedoch nicht umhin, festzustellen, dass diese Film-um-Film-Methode das Buch für Nichtfilmfans weniger interessant macht; und das ist schade, weil eine vollgültige Biografie, wie diese Einleitung bewies, auf jeden Fall breites Interesse gefunden hätte.

Trotz allem verdient dieses Buch Anerkennung. Es ist außerordentlich gründlich, häufig einsichtig und zuweilen sehr unterhaltsam. Es ist gut, dass es ein so einfühlsames Porträt der Giganten des Kinos gibt. Seit seinem Herzanfall mit anschließender Bypass-Operation 1984 hat Satyajit Rays Arbeitskraft nachgelassen;

Ganashatru, sein letzter Film, eine Adaption von Ibsens *Ein Volksfeind*, musste im Studio gedreht werden, während Rays Sohn dem Vater assistierte. Wir wollen hoffen, dass Ray es schafft, noch viele weitere Filme zu drehen, aber auch seine bisherigen Erfolge sind überwältigend; und man könnte sagen, dass sein gesamtes Œuvre, genau wie sein allererster Film, ein »Lied der kleinen Straße« ist, denn Ray hat immer die kleine Geschichte dem großen Epos vorgezogen und ist der Dichter par excellence der normalmenschlichen, lebensnahen Komödie und Tragödie der Durchschnittsmänner und -frauen, welche, wie wir alle, kleine, aber unvergessliche Straßen entlangpilgern.

1990

Handsworth Songs

In Teil vier ihrer berühmten Autobiografie, *Ich weiß, dass der gefangene Vogel singt*, schildert Maya Angelou ein Treffen der Harlem Writers' Guild, auf dem sie eine Passage aus ihrem Werk vorlas, die von der Gruppe völlig verrissen wurde. Das war eine harte Lektion für sie. »Wenn ich also schreiben wollte, musste ich bereit sein, eine Art von Konzentration zu entwickeln, wie man sie sonst fast nur bei Menschen findet, die auf ihre Hinrichtung warten. Ich musste mir eine Technik aneignen und meine Ignoranz aufgeben.«

Es genügt einfach nicht, schwarz und traurig oder auch schwarz und zornig zu sein. Diese Botschaft ist weder in Angelous Selbstporträt zu überhören noch in Louise Meriwethers wundervollem *Daddy Was A Numbers Runner*, oder in Toni Morrison und Paule Marshall; wenn man die unbekannten Geschichten erzählen, wenn man den Stimmlosen Stimme verleihen will, muss man eine Sprache finden. Das gilt für den Film genauso wie für Prosa, für Dokumentationen ebenso wie für Autobiografien. Denn wenn man die falsche Sprache benutzt, ist man so gut wie taubstumm und blind.

Unten im Metro Cinema läuft ein neuer Dokumentarfilm, der für drei Wochen angesetzt ist: *Handsworth Songs*, vom Black Audio Film Collective hergestellt. Was man so über den Film hört, ist gut. Dem *New Socialist* gefällt er, dem *City Limits* gefällt er, er wird als vielschichtig, originell, imaginativ bezeichnet; seine Hersteller reden vom Sprechen in Metaphern, sein Regisseur John Akomfrah wird in der Stadt ein Talent genannt, das man im Auge behalten sollte.

Leider bewirkt er viel zu wenig, und das Problem scheint in der Sprache zu stecken.

Ich möchte es so formulieren: Wenn ich Handsworth sage – was für Handsworth Songs sehen Sie? Die meisten Briten sehen Brände, Krawalle, geplünderte Geschäfte, junge Rastas und behelmte Polizisten bei Nacht. Eine Mordsstory; Titelseite. Möglicherweise eine West Side Story: Officer Krupke, bis an die Zähne bewaffnet, gegen die Kids mit den sozialen Macken.

Es gibt einen Satz in den *Handsworth Songs,* aus dem wir alle lernen sollten. »In Krawallen stecken keine Stories«, heißt es immer wieder, »nur die Geister anderer Stories.« Das Dumme ist nur, dass uns die anderen Stories nicht erzählt werden. Was uns geboten wird, ist das, was wir schon aus dem Fernsehen kennen. Schwarze als Unruhestifter; Schwarze als Opfer. Es gibt einen Rasta, der sich vor der Polizei versteckt; es gibt die alten News-Clips von den Leuten, die in den 50er-Jahren von Bord der Schiffe kamen und Calypsos über »Darling London« sangen. Was haben die denn schon gewusst, eh? Über ihr Leben und das Leben ihrer in England geborenen Kinder aber hören wir nichts. Aus Handsworth hören wir keine Songs.

Und warum nicht? Die Filmprospekte geben uns einen Hinweis: »Der Film versucht verborgene Brüche/Leiden der ›Rasse‹ ans Licht zu bringen.« Er »sieht die Krawalle als ein politisches Schlachtfeld, beleuchtet von den Trajektorien des industriellen Niedergangs und der strukturellen Krise«. Mein Gott! Das Tragische ist, dass diese Filmemacher uns, während sie versuchen, Brüche auszugraben und zu ergründen, wie Trajektorien Schlachtfelder ausleuchten können, so bedauerlich wenig von der unendlich viel reicheren Sprache ihrer Protagonisten hören lassen. Wenn Innenminister Hurd mit besorgter Miene unmittelbar nach den Krawallen Handsworth besucht, hört man eine schwarze Stimme sagen: »Je höher der Affe steigt, desto mehr er den Hintern zeigt.« Wenn doch nur ein bisschen mehr von diesem Witz und dieser Frische den Weg in den Film gefunden hätte! Aber die Filmemacher sind viel zu intensiv damit beschäftigt, »die Konvergenz von ›Rasse‹ und ›Kriminalität‹ zu dokumentieren« und eine lebendige Welt mit der toten Sprache der Rasse-Industrie-Profis zu beschreiben.

Ich kenne Handsworth nicht sehr gut, aber ich weiß, dass es von erzählenswerten Geschichten überschäumt. Nehmen wir doch nur John Bishton und Derek Reardons Foto-und-Text-Essay von 1984, *Home Front*. Es gibt vietnamesische Boat People in Handsworth, wo Father Peter Diem, selber Flüchtling, ein Kirchenzentrum betreibt, in dem sie sich ein wenig Trost holen können. Es gibt einen asiatischen Geschäftsmann in Handsworth, der seinen Reibach gemacht hat, indem er seine asiatischen Brüder in Sweatshops beschäftigte, wo – ausgerechnet – jene Harrington-Jacken hergestellt wurden, die so beliebt bei den Skinheads waren, deren bevorzugter Zeitvertreib das »Pakibashing« war.

Es gibt zwei alte britische Soldaten. Einer, Shri Dalip Singh, sitzt steif aufgerichtet in seiner Militäruniform da und trägt voll Stolz seinen Africa Star; der andere, ein gewisser Jagat Singh, ist ein gebrochener alter Mann, der über 300-mal wegen Trunkenheit auf der Straße verhaftet wurde. Manchmal schnappen sie ihn des Abends, während er den Verkehr zu regeln versucht.

Handsworth ist ein sehr frommer Stadtteil. Eine ehemalige Methodistenkapelle ist heute eine von zahlreichen *Sikhgurdwaras*. Es gibt dort die Good News Asian Church, man findet Rasta-Groundations, eine Moschee, Säle der Pfingstgemeinde sowie Hindu-Dschaina – und Buddhistenbetstätten. Viele der Songs von Handsworth sind fromme Lieder. Aber es gibt auch Reggae; es gibt *toasters* bei *blues dances,* es gibt Punjabi*ghazals* und Two-Tone-Bands.

Heutzutage tanzen die Kids von Handsworth gern den Wobbler. Und einige Bewohner träumen von fernen »Befreiungen« und nähren, zum Beispiel, die finstere Phantasie Khalistan.

Ich halte es für wichtig, solche Geschichten zu erzählen; zu erklären, auch das ist England. Seht euch die strahlenden Illuminationen und das Feuerwerk beim Hindufest der Lichter, Divali, an. Hört den Ruf, mit dem die Moslems zum Gebet gerufen werden – *Allahu Akbar* –, vom Minarett der Moschee in Birmingham herüberschallen. Besucht die äthiopische World Federation, die den

Rastas von Handsworth hilft, ins Land der Ras Tafari »zurückzukehren«. Auch das sind heute englische Szenen, englische Lieder.

Aber in den *Handsworth Songs* findet man nichts davon, obwohl man aus irgendeinem Grund lange Passagen über Probleme in Tottenham und Brixton liest, und das ist genau die Art von Verschleierung, auf die sich die Harlem Writers gestürzt hätten, egal, wie offen und ehrlich sie wirken.

Es ist für schwarze Stimmen nicht leicht, sich Gehör zu verschaffen. Es ist nicht leicht, jemanden sagen zu lassen, dass der Staat uns angreift, dass die Polizei militarisiert ist. Es ist nicht leicht, gegen Medienklischees anzukämpfen. Und darum besteht, sobald jemand ausspricht, was wir alle wissen, selbst wenn er es ungeschickt und im Jargon ausdrückt, sofort der Wunsch, laut zu jubeln, einfach nur, weil er es geschafft hat, etwas zu sagen, geschafft hat, irgendwie durchzudringen. Ich persönlich glaube nicht, dass so etwas sehr hilfreich ist. Diese Art Jubel macht uns träge.

Ich finde, das nächste Mal sollten wir anfangen, diese Geistergeschichten zu erzählen. Wenn wir wissen, warum Vögel in Käfigen singen – lasst uns ihrem Gesang lauschen.

1987

Wo liegt Brazil?

In N.F. Simpsons Theaterstück *One Way Pendulum,* einem der wenigen kompetenten britischen Beiträge zum absurden Theater, erhält ein Mann per Postversand die lebensgroße Nachbildung eines Gerichtssaals im Old Bailey als Bausatz. In seinem Wohnzimmer fügt er ihn zusammen und findet sich sogleich darin vor Gericht. Ein Gerichtsdiener verkündet, der Angeklagte, unser Held, sei an dem besagten Tag »nicht auf dieser Welt« gewesen. Der Richter erkundigt sich stirnrunzelnd: »Auf welcher Welt denn dann?« Und der Gerichtsdiener erklärt: »Wie es scheint, besitzt er eine eigene.«

Wie Sie sehen, ist es nicht leicht zu bestimmen, wo die Welt der Phantasie liegt. Sogar dem Rechtssystem (vor allem dem Rechtssystem) ist ihre geographische Lage nicht bekannt. Die Franzosen wollen uns heutzutage glauben machen, dass diese Welt, die sie »den Text« nennen, nicht das Geringste mit der »realen« Welt zu tun habe, die sie als »die Welt« bezeichnen. Wenn ich jedoch glaube (und das tue ich), dass die imaginäre Welt mit der wahrnehmbaren verbunden ist, verbunden sein muss, müsste es mir doch, nicht wahr, möglich sein, ihre Lage zu bestimmen; zu sagen, wie man von hier aus dorthin kommt. Aber es ist, wie Sie wissen, nicht eben leicht, in dieser Hinsicht präzise zu sein...

Diese Überlegungen wurden ausgelöst von *Brazil,* Terry Gilliams großartigem Film über den zukünftigen Totalitarismus. Denn je phantasievoller ein Werk ist, desto kitzliger wird das Problem der Ortsbestimmung. Sagen wir es mal so: Wir können uns alle ohne große Diskussionen darauf einigen, dass der Höhepunkt von *Der unsichtbare Dritte* auf dem Mount Rushmore stattfindet oder dass *Die Unbestechlichen* in Washington, D.C., spielt. Gehen wir aber über diese beruhigend klaren Aussagen hinaus, geraten wir in eine Grauzone, über die wir nächtelang diskutieren könnten: Spielt *Apocalypse Now* »wirklich« in Vietnam oder in einem »fiktiven« Herzen der Finsternis? Ist *Amadeus* Geschichte oder Humbug? Und noch ein Stückchen weiter auf diesem Weg verwandelt sich die Oberfläche in gelbe Ziegel, huschen weiße Kaninchen vorbei, kaut Lemmy Caution auf einer Gauloise. Meine Frage lautet nun: Wohin sind wir damit gelangt? Was für ein Ort ist Oz oder Wunderland? Auf welchem Weg kommen wir, mit oder ohne Ford Galaxy, nach Alphaville? Und ganz speziell – für diesen Essay – wo liegt Brazil?

Auf keinen Fall liegt es in Südamerika. (Obwohl jenes Brasilien, genau wie dieses, in der Vergangenheit dafür bekannt war, stromgeladene Elektroden an den Körpern seiner Dissidenten zu befestigen.) Der Film hat seinen Titel von einer alten Xavier-Cugat-Melodie.

> *Brazil, where hearts were entertained in June,*
> *We stood beneath an amber moon*
> *And softly murmured: Someday soon.*

Müssen wir also behaupten, dass dieser Film irgendwie in einem Song spielt? Nun ja, in einem gewissen ironischen Sinn könnte das zutreffen. Die lustvolle Naivität der alten Weise verkörpert, mit Gilliams Erzählung vom Terror des Staates verglichen, tatsächlich einen großen Teil vom Geist des Films, eine Kombination, wie Gilliam es ausdrückt, aus Franz Kafka und Frank Capra.

»*Someday soon*«, flüstert der Song leise, und das klingt im Zusammenhang mit Gilliams Story wie eine Drohung. Womit wir bei einer zweiten Möglichkeit angelangt wären, den Film anzusiedeln, und zwar in der Zeit. George Lucas' »*Krieg der Sterne*«-Zyklus beginnt mit einem kleinen Paradoxon, einem Untertitel, der uns erklärt, was wir nun sehen würden, sei nicht nur in der Ferne, sondern auch vor langer Zeit geschehen. Doch Lucas' »Vergangenheit« wirkt so sehr wie eine konventionelle Raumoperzukunft, dass wir diesen kleinen Einleitungsscherz schnell vergessen. Eine weit interessantere Zeitfixierung finden wir in Michael Radfords neuem Film *1984*. Während Lucas die Vergangenheit wie Zukunft aussehen lässt, entscheidet sich Radford dafür, »Zukunft« (ein seltsamer Ausdruck im Zusammenhang mit einem Film, der ein Jahr nach dem Jahr seines Titels herauskam) bewusst altmodisch zu gestalten; als eine Zukunft, wie ein Designer von 1948 sie sich vorgestellt haben mag, dem Jahr, in dem Orwell jenes Buch schrieb. Das ist eine effektvolle, wenn auch irgendwie pedantische Idee. Die Zukunft in *Brazil* ist ein weit zwielichtigerer und beunruhigenderer Ort.

Hier vereinigen sich Elemente der Vergangenheit und der Zukunft, um uns in die Irre zu führen. Die Fernsehapparate wirken überaus seltsam. Mitteilungen werden (wie in dem Radford-Film) mit diesen kleinen Metallbehältern versandt, die man, wie früher in großen Kaufhäusern, durch Rohre schickt. Andererseits wiederum wirkt der Film wunderbar futuristisch, zuweilen sogar auf komische Art, wie bei der Szene in dem Restaurant mit den riesigen, Darmverschlingungen ähnlichen Rohren, wo sich das Essen, so appetitlich auf bebilderten Speisekarten dargestellt, als bunt gefärbter Brei entpuppt. Die Verschmelzung von Vergangenheit und Zukunft ist beunruhigend; sie bewirkt, statt Radfords archaischer Zukunft, eine Atmosphäre, die fast schon an Nostalgie grenzt. (Und wieder ist die Titelmusik maßgeschneidert dazu.)

Es ist, als müssten heutzutage, da wir, genau wie im vergangenen Jahrtausend und weitaus begründeter, von der Angst beherrscht sind, dem Ende aller Zeiten entgegenzuschreiten, unsere Träume von der Zukunft – selbst von einer so finstern Zukunft wie dieser – von Nostalgie und Bedauern geprägt sein. Es wäre wohl nicht allzu phantasievoll zu vermuten, dass das andere Krieg-der-Sterne-Programm, jenes, das keineswegs weit entfernt und lange her ist, die Zukunft in eine Fiktion verwandelt oder vielmehr ihren fiktiven Charakter noch gesteigert hat. Heutzutage ist morgen nicht nur ein Ort, der noch nicht gekommen ist, sondern einer, der möglicherweise niemals kommt. Genau wie die Kleidung, die Jonathan Pryce (der in *Brazil* den Antihelden Sam spielt) im Film trägt, ist die Vorstellung der Zukunft irgendwie altmodisch. Und wenn diese annullierte Zukunft der Ort von Gilliams Film ist, dann erkennen wir, dass dieser Ort sogar noch schwerer zu bestimmen ist, als wir anfangs argwöhnten.

Auf den ersten Blick spielt der Film in Dystopia, Utopias finsterem Gegenstück, der schlimmsten aller möglichen Welten. Unsichtbare Terroristenbombenleger wehren sich gegen die Gewalt des Polizeistaates. Von beiden Seiten werden Normalbürger in riesigen Massen getötet, aber so ist das Leben. Inmitten dieses allgemeinen Abschlachtens verschlingen sich zwei Erzählstränge miteinander. Der eine ist die traurige Geschichte von Mr Buttle und Mr Tuttle, die tief im Zentrum des Staates beginnt, als ein Gedankenpolizist eine Fliege totschlägt, die in einen Computerdrucker fällt und einen Fehler auslöst. Anstelle des gefährlichen, subversiven und freischaffenden Klimaanlageningenieurs Harry Tuttle (Robert de Niro, gekleidet wie die Zigarren rauchende Version des alten Cartoonhelden The Phantom) bestimmt die Maschine den unschuldigen Familienvater Mr Buttle; also bohren die Cops ein Loch in seine Zimmerdecke und schleppen ihn fort, damit er mit stumpfen Scheren im Zeitlupentempo in Stücke geschnitten wird, oder so ähnlich. *Wir sind für die Götter, was Fliegen für grausame Kinder sind.* Unterdessen träumt ein Winston-Smith-ähnlicher Angestellter namens Sam davon, Flügel zu haben und sich inmitten schäfchenwollweicher Wolken hoch über die Erde emporzuschwingen, um einer blonden Erscheinung nachzujagen, die, wie die Jungfrau Maria der Renaissance, in fließende Gewänder aus schimmernden Stoffen gehüllt ist. Das ist Jill (Kim Greist), die einen Monstertruck fährt und mit der zusammen Sam schließlich gegen den Staat revoltiert – mit vorauszusehend abscheulichen Folgen.

Es scheint also, dass der Film als eine visuell brillante Bearbeitung Orwellscher Themen »geortet« werden kann. Der Schluss der Version, die ich gesehen habe – in der sich Sams mit Harry Tuttles

Hilfe bewerkstelligte Flucht aus der Folterkammer als Wunschtraum seines in den Wahnsinn getriebenen Hirns entpuppt (er sitzt wieder auf dem Folterstuhl und blickt mit seinem inneren Auge auf grüne Wiesen, während die Folterer ironisch grinsend feststellen: »Sieht aus, als wär er uns doch entwischt«) –, betonte diese Orwell-Verbindung, sodass ich versucht war, an *Brazil* dasselbe zu kritisieren, was ich an Orwell kritisieren würde; dass es zu einfach, zu glatt ist, ein Dystopia zu schaffen, in dem jeglicher Widerstand sinnlos ist; dass man, indem man nur einen symbolischen, individuellen Widerstand gegen die Macht des Staates anbietet, in eine Art romantische Falle tappt; dass es in der gesamten Weltgeschichte noch nie eine so übermächtige Diktatur gegeben hat, dass es unmöglich gewesen wäre, sie zu bekämpfen. Doch aus einer Anzahl von Gründen scheint es mir kartografisch nicht ganz korrekt zu sein, *Brazil* zu nahe an Orwells *Airstrip One* anzusiedeln.

Denn erstens wird man in den Vereinigten Staaten einen ganz anderen Schluss zeigen: Sam befindet sich letztlich noch immer in den Klauen der Folterer; doch nun, in der allerletzten Szene, haben nicht sie das letzte, höhnische Wort. Nun füllt sich die Folterkammer allmählich mit Wolken von derselben schäfchenwolligweißen Art wie die, inmitten derer er in seinen geflügelten Träumen flog (und mit denen die amerikanische Version des Films, anders als die englische, auch beginnt). Das verändert die Aussage des Filmschlusses beträchtlich. Er wird zu einer Szene vom Triumph der Phantasie, des Traums, über die Fesseln der Wirklichkeit. Und es wird klar, dass dies, und nicht die politische Allegorie, tatsächlich die Aussage des Films sein soll. Es scheint also, dass wir uns endlich dem Wo und Was des Films ein wenig nähern.

Auch andere Elemente des Films lassen auf eine komplexere Auffassung als die trostlosen Simplizitäten von *1984* schließen, speziell die Rolle des Robert de Niro als Tuttle, das Phantom-Faktotum. Sam mag vernichtet werden, Tuttle aber, die Zigarre munter zwischen die Zähne geklemmt, schwingt sich wie ein urbaner Tarzan weiterhin von Wolkenkratzer zu Wolkenkratzer. Denn auch er »fliegt«, wenn auch nur mit Hilfe von Seilen; man könnte ihn als eine Gassenjungenversion von Sams Traum auffassen, der sich als einen Engel sieht. In *Brazil* verkörpert der Flug den phantasievollen Geist; und so stellt sich heraus, dass wir etwas sehr Merkwürdiges über die Welt der Phantasie erfahren – dass sie tatsächlich mit der »wirklichen« Welt *im Krieg* liegt, der Welt, in der alles unabwendbar schlechter wird und in der sich kein Zentrum halten kann. Sam, der Engelhafte, und Mr Tuttle, der Teuflische, repräsentieren die Macht der Traumwelten gegenüber dieser finsteren Wirklichkeit. In einer Zeit, in der es unmöglich erscheint, etwas gut ausgehen zu lassen, in der wir Dystopien zu schaffen scheinen wie die Menschen früherer Zeiten Utopien, in der wir offenbar das Vertrauen in unsere Fähigkeit, die Welt zu verbessern, verloren haben, bringt Gilliam uns frohe Botschaft. Wie N. F. Simpson in *One Way Pendulum* erklärte, ist die Welt der Phantasie ein Ort, den der lange Arm des Gesetzes nicht zu erreichen vermag.

Diese Idee – die Gegenüberstellung von Phantasie und Wirklichkeit, die natürlich auch die Gegenüberstellung von Kunst und Politik bedeutet – ist von großer Bedeutung, denn sie erinnert uns daran, dass wir nicht hilflos sind; dass Träumen Macht besitzen heißt. Und der wahre Standort von Brazil ist, wie ich vermute, die andere große Tradition der Kunst, jene, in der Techniken der Komödie, der Metapher, der intensivierten Vorstellungskraft, Phantasie und so weiter, eingesetzt werden, um unsere konventionellen, von der Gewohnheit abgestumpften Gewissheiten dessen, was die Welt ist und sein muss, aufzubrechen. Unwirklichkeit ist die einzige Waffe, mit der die Wirklichkeit zerschlagen werden kann, damit sie anschließend wiederaufgebaut wird. (Ich habe einmal in einem Bürohaus gearbeitet, in dem ein verstörter Anonymus begann, sämtliche Toiletten zu zerschlagen. Das wirkte wie eine sinnlose, irrwitzige Zerstörung, bis wir eines Tages an der Wand neben einem zertrümmerten Wasserklosett folgende Worte gekritzelt fanden: *Wenn die Zisterne nicht verändert werden kann, muss sie zerstört werden.* Harry Tuttle, *Brazils* radikales Faktotum, wäre stolz auf ihn gewesen.)

Spielt. Erfindet die Welt. Die Macht der spielerischen Phantasie, unsere Art, die Dinge zu sehen, endgültig zu verändern, ist von jedem Einzelnen, von Laurence Sterne in *Tristram Shandy* bis zu einem gewissen Monty Python in seinem *Flying Circus,* demonstriert worden. Unser Begriff von der modernen Welt wurde von Kafka mit seinen nie erläuterten Prozessen, seinen unerreichbaren Schlössern und Riesenkäfern ebenso beeinflusst wie von Freud, Marx oder Einstein. In dieser Auffassung liegt jedoch eine furchtbare Gefahr, die von den realistischen Künstlern nicht erkannt wird. Diese Gefahr ist Skurrilität. Wenn es keine Regeln gibt als jene, die man selber erfindet – wird dann nicht alles viel zu einfach? Wenn Schweine fliegen können, bleiben sie dann Schweine, und wenn nicht, warum sollte uns das kümmern? Kann ein Kunstwerk einen Wert besitzen, wenn es seine Wurzeln nicht in der wahrnehmbaren Wirklichkeit hat?

Eine Antwort auf derartige Fragen hat Lewis Carroll gegeben. (Wie wir uns erinnern, ist Terry Gilliam auch der Regisseur von *Jabberwocky.*) Es gibt Künstler mit der Gabe, Wurzeln bis in die Welt der Träume hinabzusenken, deren Werk die Logik des träumenden und nicht des wachenden Geistes besitzt. Das ist James Joyce in *Finnegans Wake* gelungen. Terry Gilliam gelingt, wie ich glaube, in *Brazil* etwas ganz Ähnliches.

Und hier ist die zweite Antwort. Es wurde behauptet, der grundlegende Unterschied zwischen der amerikanischen und der britischen Auffassung von Komödie sei der, dass die amerikanische Komödie mit der Frage beginnt: »Ist es nicht komisch, dass ...?« (dass es MASH-Ärzte gibt, die Soldaten zusammenflicken, damit die Army sie wieder zerfetzen lassen kann; dass New Yorker wie die von Woody Allen verkörperten von Angst- und Schuldgefühlen getrieben werden; oder dass die Armen – Chaplin, der seine Stiefel isst – arm sind), während der Ausgangspunkt der britischen

Komödie die Frage ist: »Wäre es nicht komisch, wenn ...?« (wenn eine Tierhandlung tote Papageien verkaufte; wenn Gehirnchirurgen geistig behindert wären; wenn Herren in Nadelstreifenanzügen komische Gangarten hätten). Terry Gilliam, einem Amerikaner in England, der auf Amerika zurückblickt – denn er sagt eindeutig, dass *Brazil* von Amerika handelt, und während wir den Film zu orten suchen, sollten wir wirklich ein wenig auf das achten, was sein Schöpfer sagt –, gelingt es, aus beiden Auffassungen eine Synthese zu machen.

Ein Schlüssel zu dieser Methode ist Kafka. Eine Geschichte wie »Die Verwandlung« scheint auf den ersten Blick ins »englische« Lager zu gehören: Wäre es nicht komisch, wenn Gregor Samsa eines Morgens aufwachen und feststellen würde, dass er sich in ein riesiges Insekt verwandelt hat? In Wirklichkeit bezieht sie ihren (sehr schwarzen) Humor jedoch aus einer weit ernsthafteren Frage: Ist es nicht komisch, dass die Familie eines Mannes mit Angst, Verlegenheit, Scham, Liebe, Langeweile und Erleichterung reagiert, wenn sich der Sohn des Hauses in etwas verwandelt, das sie nicht begreifen, wenn er entsetzlich leidet und schließlich stirbt? Der Humor in *Brazil* ist ähnlich schwarz: Ist es nicht komisch, dass Bourgeois-Frauen sich Schönheitsoperationen unterziehen, die ganz fürchterlich danebengehen? Ist es nicht komisch, dass Menschen, die hingerichtet werden sollen, mit ihren Tüten über dem Kopf so furchtbar lächerlich wirken? Und wie Kafka benutzt der Film »Oberflächen«-Techniken vom Typ Absurditäten/Python: gigantische Samuraikrieger; Stenotypistinnen, die das Geständnis eines Verurteilten niederschreiben, während er gefoltert wird, und zwar mit jedem Schrei und jedem Stöhnen. Indem er seinen Humor schwärzt, vermeidet Gilliam die Falle der Skurrilität. Monty Python geht nach *Metropolis,* und das Ergebnis ist etwas sehr Seltenes: ein wirklich ernsthaft komischer Film.

Relevant ist ebenfalls, dass Terry Gilliam ein Migrant ist. »Amerika bombardiert die Menschen mit Träumen und beraubt sie ihrer eigenen«, sagte er, und auch davon handelt *Brazil*: vom

Kampf zwischen den privaten, persönlichen Träumen (Fliegen, Liebe) und den großen, massenproduzierten Phantasien ewiger Jugend, materiellen Reichtums und Macht. Aber Gilliams Status als Migrant ist nicht nur wegen seiner Entfremdung von der amerikanischen Konsumgesellschaft wichtig. *Brazil* ist das Produkt dieser Absonderlichkeit, der geschärften Wahrnehmungsfähigkeit der Migranten, deren Entwicklung ich für eins der zentralen Themen dieses Jahrhunderts der Vertriebenen halte. Migrant zu sein heißt vielleicht, die einzige menschliche Spezies zu sein, die frei ist von den Fesseln des Nationalismus (ganz zu schweigen von seiner hässlicheren Schwester, dem Patriotismus.) Es ist eine beschwerliche Freiheit.

Eine Folge der Massenmigrationen war die Entstehung eines völlig neuen Menschentyps: Menschen, die ihre Wurzeln in Ideen haben statt in Orten, in Erinnerungen ebenso sehr wie in materiellen Dingen; Menschen, die gezwungen waren, sich – weil sie von anderen so definiert wurden – durch ihr Anderssein zu definieren; Menschen, in deren tiefstem Inneren seltsame Fusionen stattfinden, beispiellose Fusionen zwischen dem, was sie waren, und dem, wo sie sich befinden. Der Migrant hegt Argwohn gegen die Wirklichkeit: Nachdem er mehrere Möglichkeiten des Seins erfahren hat, begreift er, wie illusorisch sie alle sind. Um die Dinge klar zu erkennen, muss man eine Grenze überschreiten.

Die beherrschende Phantasie in *Brazil* ist eine Fusion des von Lewis Carroll, Sterne oder Swift dargestellten Typs Engländer mit einem Typ Amerikaner, der es intuitiv versteht, Engstirnigkeit zu vermeiden, eine epische Erzählung fortschreiten zu lassen, den Charakter eines Superstars überraschend wirksam zu nutzen. De Niro ist selten so exzentrisch und dennoch so sicher eingesetzt worden. Im ganzen Film finden wir Bilder mit Wurzeln auf beiden Seiten des Atlantiks. Das Ende zum Beispiel, als Sams Traum von der Flucht verfliegt und er wieder auf dem Folterstuhl sitzt (mit oder ohne Wolken), erinnert an *Pincher Martin,* in dem ein ertrinkender Seemann sich eine Insel vorstellt, an deren Strand er gespült wird; es ist aber zugleich ein Echo von *Eine Begebenheit an der Owl-Creek-Brücke,* dem auf Ambrose Bierce' Story beruhenden Film, in dem ein Mann, der gehenkt werden soll, von seiner Flucht in eine überwältigend glückliche Zukunft träumt, nur um letztlich doch in seiner Schlinge zu hängen.

Weil sie ihre vertraute Umgebung verloren haben, müssen Migranten unweigerlich ein neues, imaginatives Verhältnis zur Welt finden. Und für das mehrheitliche, hybride, großstädtische Ergebnis derartiger Imaginationen könnte das Kino, in dem außergewöhnliche Fusionen schon immer legitim waren – in dem zum Beispiel Besetzungsregisseure uns gelehrt haben, Peter Sellers als französischen Detektiv und einen französischen Schauspieler als Lord Greystoke, Tarzan aus den Wäldern, zu akzeptieren –, durchaus ein idealer Ort sein. Und wenn ich mit der simplen (aber vielleicht auch gar nicht so simplen) Bemerkung schließen soll, dass der Standort von Brazil das Kino selber ist, weil im Kino der Traum die Norm ist, dann sollte ich auch hinzufügen, dass dieses Kino-Brazil ein Land der schönen Täuschungen ist, in dem wir alle, die wir – aus welchen Gründen auch immer – ein Land verloren haben und anderswo gelandet sind, die wahren Einwohner sind. Und so bin ich, wie Terry Gilliam, ein Brasilianer.

1985

Fünfter Teil

Das neue Empire in Großbritannien

Ein unbedeutender Brand

Home Front

V. S. Naipaul

Der Maler und die Pest

Das neue Empire in Großbritannien

Großbritannien ist nicht Südafrika. In dieser Hinsicht verfüge ich über zuverlässige Informationen. Es ist auch nicht Nazi-Deutschland. Das habe ich ebenfalls aus bester Quelle. Möglicherweise finden Sie, dass diese beiden Feststellungen nicht unbedingt von hoher dramatischer Qualität sind. Aber es ist bemerkenswert, wie häufig sie oder ähnliche Behauptungen benutzt werden, um antirassistischen Kombattanten zu widersprechen. »So schlimm ist es doch gar nicht«, hören wir, »Sie übertreiben, Sie verdrehen die Worte, Sie müssen paranoid sein.« Deswegen möchte ich vorweg einräumen, dass es hier, soweit ich weiß, *keine* Passgesetze gibt. Dass gemischtrassige Ehen *nicht* verboten sind. Und dass Auschwitz *nicht* in den Home Counties wiederaufgebaut wurde. Ich finde es jedoch seltsam, dass jene, die derartige Verneinungen als Verteidigung benutzen, kaum jemals merken, dass ihre eigenen Erklärungen Beweis dafür sind, wie ernst die Lage geworden ist. Denn wenn man Großbritannien verteidigen will, indem man darauf hinweist, dass eine Massenvernichtung rassisch minderwertiger Personen noch nicht begonnen hat oder dass das Prinzip der weißen Überlegenheit wirklich nicht in die Verfassung aufgenommen worden ist, dann muss tatsächlich etwas sehr schiefgelaufen sein.

Ich möchte behaupten, dass Rassismus im heutigen Großbritannien keine Nebensache ist; dass er keine periphere Minderheitenfrage ist. Ich bin überzeugt, dass Großbritannien eine kritische Phase seiner postkolonialen Periode durchmacht und dass diese Krise nicht nur eine politische oder ökonomische Seite hat. Es ist eine Krise der gesamten Kultur, des Gefühls der gesamten Gesellschaft für sich selbst. Und der Rassismus ist nur der am deutlichsten sichtbare Teil dieser Krise, die Spitze jener Art Eisberg, die Schiffe versenken kann.

Nun glaube ich nicht, dass viele von Ihnen das britische Empire als ein Thema betrachten, für das es lohnt, sich ganze Nächte um die Ohren zu schlagen. Schließlich kann man von jenem schönen Zeitalter englischer Vorherrschaft, da die Landkarte der halben Welt vor Freude errötete, wenn sie sich unter der Pax Britannica winden durfte, recht zuversichtlich behaupten, dass es vorüber ist, nicht wahr? Ein paar Falkland-Inseln hin oder her, die Sonne des Imperiums ist untergegangen. Und wie glorios war dieser Untergang! In welch herrlicher Ordnung haben sich die Briten zurückgezogen! Überall auf der Welt gingen die Union Jacks flatternd an den Masten nieder, um durch andere Flaggen in allen möglichen exotischen Farben ersetzt zu werden. Die scharlachroten Eroberer sind heimwärts geschlichen, die Boxwallahs und Memsahibs und Bwanas, und haben Parlamente, Schulen, Autostraßen und die Kricketregeln zurückgelassen. Mit wie viel Anstand haben sie sich auf ihre kalte Insel zurückgezogen, ihr Leben als die schneidigen Menschen ihrer Träume aufgegeben, die endlosen, dampfenden Landschaften Indiens und Afrikas mit den beengten Horizonten ihrer farblosen, regennassen Straßen vertauscht! Jetzt haben die Briten andere Sorgen; sinnlos, könnte man sagen, dieses spezielle tote Pferd wieder auszugraben, um dem armen, in Auflösung begriffenen Kadaver nochmals die Peitsche zu geben!

Aber was ich aufzeigen wollte, ist Folgendes: dass dieselbe Einstellung genau hier wieder Fuß fasst, hier in dem, was E. P. Thompson als letzte Kolonie des britischen Empires bezeichnet. Zuweilen scheint es, dass die britischen Behörden, da sie nicht mehr in der Lage sind, Regierungen zu exportieren, stattdessen beschlossen haben, ein neues Empire zu importieren, eine neue Gemeinschaft von Untertanenvölkern, die sie weitgehend genauso sehen und mit denen sie weitgehend genauso umspringen können, wie ihre Vorgänger »jene hitzigen und wilden Menschen« gesehen haben und wie sie mit ihnen umgesprungen sind, den »Widerspenstigen, noch ungezähmten Völkern, halb Teufel, halb Tier«, die für Rudyard Kipling die »Bürde des weißen Mannes« waren. Kurz gesagt, wenn wir den britischen Rassismus verstehen wollen – und ohne Verständnis ist keine Besserung möglich –, können wir die Natur dieses Untiers nicht einmal annähernd begreifen, solange wir nicht seine historischen Wurzeln akzeptieren. 400 Jahre Eroberung und Plünderung, vier Jahrhunderte Belehrung, dass man den Fuzzy-Wuzzies und den *wogs* überlegen sei, hinterlassen einen Fleck. Dieser Fleck hat sich bis in den letzten Winkel der Kultur, der Sprache und des täglichen Lebens ausgebreitet; und nie wurde der Versuch unternommen, ihn auszuwaschen.

Als Beweis für die Existenz dieses Flecks könnten wir zum Beispiel die enorme, unverminderte Gier der weißen Briten nach Fernsehserien, Filmen, Theaterstücken und Büchern anführen, die bis obenhin mit Sehnsucht nach dem »Großen Scharlachroten Zeitalter« angefüllt sind. Oder die Gleichgültigkeit, mit der die englische Sprache die Prägung rassisch negativer Ausdrücke zulässt: *wog, frog, kraut, dago, spic, yid, coon, nigger, argie*. Gibt es eine zweite Sprache mit einem so reichhaltigen Vokabular rassistischer Injurien? Und da ich die *argies* erwähnt habe, lassen Sie mich aus Margaret Thatchers Ansprache in Cheltenham am 3. Juli zitieren, ihrer berühmten Siegesrede: »Wir haben etwas über uns selbst gelernt«, sagte sie damals, »eine Lektion, die zu lernen dringend notwendig war. Als wir begannen, gab es noch Wankelmütige und Kleinherzige... Menschen, die glaubten, wir könnten nie wieder werden, was wir einst waren. Es gab jene, die es zwar nicht zugeben wollten... die in ihrem innersten Herzen jedoch die geheime Angst hegten, es könnte zutreffen: Großbritannien sei nicht mehr dieselbe Nation, die ein Imperium aufgebaut und ein Viertel der Welt regiert hat. Nun, sie haben sich geirrt.«

In dieser Rede gibt es mehrere interessante Aspekte. Erinnern wir uns, dass sie von einer triumphierenden Premierministerin auf dem Höhepunkt ihrer Beliebtheit gehalten wurde; einer Premierministerin, die mit absoluter Glaubwürdigkeit behaupten konnte, für eine überwältigende Mehrheit der Wähler zu sprechen, und die, wie selbst ihre Verleumder zugeben müssen, ein beträchtliches Gespür für die richtige Einschätzung der Stimmung im Volk besaß. Wenn nun eine solche Volksführerin zu einem solchen Zeitpunkt den Geist des Imperialismus beschwören zu können glaubte, dann nur, weil sie wusste, wie wesentlich dieser Geist für das Eigenimage der weißen Briten aller Klassen ist. Ich sage weiße Briten, weil Mrs Thatcher eindeutig nicht jene zwei Millionen oder mehr Schwarze angesprochen hat, die nicht ganz so über das Empire denken. Und so bedeutet selbst die Tatsache, dass sie das Wort »wir« gebrauchte, ebenso die Ausschließung einer Rasse wie in ihrer anderen bekannten Ansprache über die Angst, von Einwanderern »überschwemmt« zu werden. Bei derartigen Volksführern verwundert es nicht, dass die Briten die echten Lektionen ihrer Vergangenheit wirklich nur äußerst schwerfällig lernen.

Hier möchte ich wiederholen, was ich anfangs schon sagte: Großbritannien ist nicht Nazi-Deutschland. Das britische Empire ist nicht das Dritte Reich. Aber in Deutschland wurden nach Hitlers Sturz von zahlreichen Menschen heroische Versuche unternommen, das deutsche Denken und die deutsche Sprache von der Verseuchung durch den Nationalsozialismus zu befreien. Derartige Säuberungsaktionen sind gelegentlich in jeder Gesellschaft notwendig. Aber das britische Denken, die britische Gesellschaft ist nie vom Dreck des Imperialismus befreit worden. Er ist noch da, brütet Läuse und Gewürm, wartet auf skrupellose Menschen, um sie für seine eigenen Zwecke zu nutzen. Eine der Hauptkonzeptionen des Imperialismus war, dass militärische Überlegenheit kulturelle Überlegenheit voraussetze, und das ermöglichte es den Briten – und tut es noch –, auf Kulturen herabzusehen, die weit älter waren als ihre eigenen, und sie zu unterdrücken. Für die Bürger des neuen, importierten Imperiums, für die kolonisierten Asiaten und Schwarzen Englands, repräsentiert die Polizei die Kolonialarmee, die Truppen der Besatzung und der Kontrolle.

Nun würden Sie zum großen Teil jene Völker, die ich Mitglieder einer neuen Kolonie genannt habe, zumeist als »Einwanderer« bezeichnen. (Wie Sie übrigens feststellen werden, habe ich eine von Mrs Thatchers Taktiken übernommen, denn das Sie, das ich anspreche, ist ein weißes Sie.) Darum möchte ich Sie nunmehr bitten, über das Wort »Einwanderer« nachzudenken, denn es scheint mir das Ausmaß zu kennzeichnen, in welchem rassistischen Vorstellungen erlaubt wurde, wesentlich an Boden zu gewinnen und den ganzen Charakter der Debatte zu gestalten. Tatsache ist, dass es bereits seit vielen Jahren eine beträchtliche Zahl sowohl weißer als auch schwarzer Einwanderer gibt, dass die Zahl der Emigranten, die dieses Land alljährlich verlassen, inzwischen größer ist als die Zahl der Immigranten; und dass über vierzig Prozent der schwarzen Gemeinschaften nicht Einwanderer sind, sondern schwarze Briten, als Briten geboren und erzogen, in den vielen Stimmen und Akzenten Großbritanniens aufgewachsen und mit keiner anderen Heimat als dieser. Aber noch immer bedeutet das Wort »Einwanderer« nur »schwarze Einwanderer«; die Legende von der »Überschwemmung« hält sich eisern; und selbst die in England geborenen Schwarzen und Asiaten gelten als Menschen, deren wirkliche »Heimat« anderswo liegt. Einwanderung ist nur ein Problem, wenn man sich Sorgen über Schwarze macht; das heißt, wenn man das ganze Thema mit rassistischen Vorurteilen angeht.

Das Schlimmste an diesem sogenannten »Zahlenlotto« ist jedoch die Annahme, eine reduzierte Einwanderung von Schwarzen sei ganz selbstverständlich wünschenswert. Folge dieser Annahme ist, dass Regierungen beider Parteien eilfertig grobe Ungerechtigkeiten als Erfolge ausgaben. Lassen Sie mich das näher erklären. Die Einwanderungsgesetze dieses Landes haben ein Quotensystem für die Immigration von UK-Passinhabern aus verschiedenen Ländern erstellt. Nachdem Idi Amin jedoch die Asiaten aus Uganda vertrieb und die Briten ihr Bestes taten, um diese britischen Staatsbürger an der Einreise in unser Land zu hindern, wurde diese afrikanische Quote nicht mehr erhöht; infolgedessen ist die Gesamtzahl der schwarzen Einwanderer nach Großbritannien gesunken. Nun könnte man meinen, die ganz normale

Gerechtigkeit müsste verlangen, dass die ohnehin beklagenswert niedrigen Quoten für britische Staatsbürger aus Afrika ebendiesen Staatsbürgern zugänglich gemacht werden sollten, von denen inzwischen viele als Flüchtlinge in Indien leben, einem verzweifelt armen Land, das es sich kaum leisten kann, für sie zu sorgen. Doch die normale Gerechtigkeit ist im Zusammenhang mit diesem Problem niemals sehr stark in Erscheinung getreten. Tatsächlich beabsichtigt die britische Steuerbehörde nunmehr, die Steuerbegünstigungen für jene Lohnempfänger hier zu streichen, deren Angehörige im Ausland festsitzen. Also hält man zunächst die Familien der Menschen fern und ändert anschließend die Gesetze, um es diesen Menschen doppelt schwer zu machen, ihre Familien zu ernähren. Schließlich handelt es sich ja nur um »Einwanderer«.

Vor ein paar Jahren gab es in der britischen Presse eine große Kampagne wegen einer Familie afrikanischer Asiaten, die auf dem Flughafen Heathrow landeten und von den äußerst widerwilligen Ortsbehörden untergebracht wurden. Daraus wurde eine klassische Medienjagd: »Sie kommen hier herüber, schmarotzen beim Staat und drängen sich bei der Wohnungsvergabe nach vorn.« In derselben Woche jedoch landete noch eine weitere Familie in Heathrow, ebenfalls bedürftig, die von den Ortsbehörden ebenfalls untergebracht wurde. Diese zweite Familie fand in der Presse kaum Erwähnung. Es handelte sich um eine Familie weißer Rhodesianer, die vor der Aussicht auf ein freies Zimbabwe flohen. Einer der höchst seltsamen Aspekte der britischen Einwanderungsgesetze ist, dass zahlreiche Rhodesianer, Südafrikaner und andere weiße Nichtbriten automatisch das Recht auf Einreise und Aufenthalt bekommen, wenn sie das Glück haben, auch nur über ein britisch geborenes Großelternteil zu verfügen, während vielen britischen Staatsbürgern dieses Recht verweigert wird, weil sie zufällig Schwarze sind.

Ein letztes Argument für die »Einwanderer«. Es ist ein auf der Hand liegendes Argument, wird aber immer wieder vergessen. Es lautet: Sie kamen, weil sie darum gebeten wurden. Die Regierung

MacMillan startete eine groß angelegte Werbekampagne voll Hoffnung und Optimismus, bei der Großbritannien als Land der Fülle dargestellt wurde, eine wunderbare Gelegenheit, die man sich nicht entgehen lassen sollte. Und sie zeitigte Wirkung. Die Menschen kamen voll Vertrauen und in dem Glauben hierher, dass sie erwünscht seien. Und so wurde das neue Empire importiert. Vor langer Zeit wurde dieses Land als »perfides Albion« bezeichnet; nun verdient es sich diesen beschämenden Spottnamen wieder von Neuem.

Wie ist es denn nun also, dieses Land, in das die Einwanderer kamen und in dem ihre Kinder aufwachsen? Sie würden es nicht wiedererkennen. Denn dies ist nicht das England des Fair Play, der Toleranz, des Anstands und der Gleichheit – vielleicht hat jenes Land überhaupt nicht existiert, höchstens etwa in Kindermärchen. Auf den Straßen des neuen Empire werden schwarze Frauen beschimpft und schwarze Kinder auf dem Heimweg von der Schule verprügelt. In den heruntergekommenen Wohnanlagen des neuen Empire werden schwarzen Familien die Fenster eingeschlagen, fürchten sie sich, im Dunkeln das Haus zu verlassen, werden menschliche und tierische Exkremente in ihre Briefkästen geworfen. Von der Polizei kommen Drohungen statt Schutzmaßnahmen, und die Gerichte bieten kaum Hoffnung auf Entschädigung. Großbritannien besteht heute aus zwei völlig verschiedenen Welten, und in welcher von den beiden man lebt, wird ausschließlich durch die Hautfarbe bestimmt. Nun sind nach meinen Erfahrungen, von den aktiven Kämpfern gegen den Rassismus abgesehen, nur sehr wenige Weiße bereit, jenen Schilderungen der heutigen Realität Glauben zu schenken, die von den Schwarzen stammen. Und die Schwarzen werden angesichts dessen, was Professor Michael Dummett »den Willen, nicht zu wissen – eine bewusste Ignoranz, nicht etwa die Ignoranz der Unschuld« – genannt hat, zunehmend argwöhnisch und zornig.

Eine Kluft hat sich in der Realität aufgetan. Weiße und schwarze Wahrnehmungen des täglichen Lebens sind so weit auseinandergedriftet, dass sie nicht mehr vereinbar sind. Und die Kluft wird nicht etwa kleiner, sondern größer. Wir stehen einander an den Rändern des Abgrunds gegenüber, schreien uns an und schleudern zuweilen Steine, während der Boden unter unseren Füßen nachgibt. Ich entschuldige mich nicht für meine kompromisslose Ansicht über die Gründe für die Existenz dieser Kluft. Der Wille zur Ignoranz, von dem Professor Dummett spricht, entsteht aus dem Wunsch, sich nicht den Folgen dessen, was ringsum vorgeht, stellen zu müssen.

Tatsache bleibt, dass jede größere Institution in diesem Land bis zu einem gewissen Grad von rassischen Vorurteilen durchdrungen ist, und die fehlende Bereitschaft der weißen Mehrheit, diese Tatsache einzusehen, ist der Hauptgrund, warum sich daran nichts ändert. Nehmen wir die Justiz. Im Großbritannien von heute gibt es Richter wie McKinnon, der im Gerichtssaal behaupten kann, das Wort »Nigger« dürfe nicht als rassistisches Schimpfwort ausgelegt werden, weil er selbst in der Public School den Spitznamen »Nigger« trug; oder wie der große Lord Denning, der ein Buch veröffentlichen darf, in dem er behauptet, Schwarze seien als Geschworene nicht so brauchbar wie Weiße, weil sie aus Kulturen mit weniger strengen Moralgesetzen stammen. Wir haben eine Polizei, deren Mitglieder buchstäblich an jedem Tag ihres Lebens Schwarze schikanieren. Es gab einen Polizisten, der letztes Jahr in einem nicht gekennzeichneten Wagen an der Railton Road in Brixton saß, vorübergehende schwarze Jugendliche beschimpfte und die ersten von ihnen festnahm, die den Fehler machten zurückzuschimpfen. Bei einer Demonstration in Southall saßen Polizisten in ihren Mannschaftswagen und schrieben die Buchstaben NR an die beschlagenen Fensterscheiben. Die britische Polizei hat sich trotz Lord Scarmans Empfehlung sogar geweigert, Rassendiskriminierung als Vergehen in ihre Dienstvorschrift aufzunehmen. Und nun nehmen, weil Gerichte und Polizei nicht ihre Pflicht tun, die Aktivitäten rassistischer Hooligans ständig zu. Es reicht eben nicht, die Existenz von Neofaschisten in der Gesellschaft zu beklagen: Sie existieren, weil man sie existieren lässt. (Ich sagte zuvor, jede größere Institution, also nehmen wir die Regierung selbst aufs Korn. Als das Race-Relations-Gesetz verabschiedet wurde, nahm die Regierung von Großbritannien ausdrücklich sich selbst und all ihre Aktionen von der Gültigkeit des Gesetzes aus.)

Einer meiner Freunde, ein Inder, wurde jüngst für jenes rein technische Vergehen ausgewiesen, das man *overstaying* nennt. Das bedeutet, dass er, nachdem er etwa zwölf Jahre lang hier gelebt hatte, die Antragsformulare für die Verlängerung der Aufenthaltserlaubnis um ein paar Tage zu spät einreichte. Nun hatte weder er noch seine Familie jemals einen Penny Sozialhilfe in Anspruch genommen oder, wie ich wohl betonen sollte, Schwierigkeiten mit der Polizei gehabt. Er und seine Frau verdienten ihren Lebensunterhalt mit einem kleinen Bekleidungsgeschäft und verbrachten ihre gesamte Freizeit mit freiwilliger Arbeit zugunsten ihrer Gemeinde. Mein Freund war Vorsitzender seiner örtlichen Trader's Association. Und als der Ausweisungsbefehl eintraf, baten diese Association, alle drei Parlamentsmitglieder seines Borough und ungefähr 50 weitere Parlamentsmitglieder beim Innenministerium für ihn um Nachsicht. Keine Reaktion. Da der Sohn meines Freundes an einer seltenen Krankheit litt, wurde ein ärztliches Attest beigebracht mit der Erklärung, dass die Gesundheit des Kindes gefährdet sei, wenn es nach Indien geschickt werde. Das Innenministerium erwiderte, nach seiner Ansicht bestünden keinerlei humanitäre Gründe für eine Revision seiner Entscheidung. Schließlich erbot sich mein Freund, freiwillig das Land zu verlassen – Deutschland hatte ihm Asyl zugesichert –, und bat darum, als freier Mann gehen zu dürfen, damit nicht das Stigma eines Ausweisungsbefehls in seinen Pass gestempelt wurde. Das Innenministerium verweigerte ihm auch diesen letzten Rest Selbstachtung und warf ihn hinaus. Wie der Faschist John Kingsley Read einmal sagte: Einer raus, bleibt eine Million.

Die Kombination dieser Art von institutionellem Rassismus und der gewollten Ignoranz der Öffentlichkeit zeigte sich deutlich am Durchlauf des Nationality-Gesetzes von 1981 durch das Parlament. Dieses ohnehin schon berüchtigte Elaborat der Gesetzgebung, entworfen, um die schwarzen und asiatischen Briten ihrer Bürgerrechte zu berauben, passierte trotz einiger, hauptsächlich nichtweißer Proteste. Und weil es die Position der Weißen im Grunde nicht berührte, wurde ihnen vermutlich gar nicht klar, dass ihnen eines ihrer ältesten Rechte, ein Recht, das sie seit 900 Jahren besaßen, gestohlen wurde. Ich meine das Recht auf Staatsbürgerschaft durch Geburt, das *ius soli* oder Recht auf den Boden. Neun Jahrhunderte lang war jedes Kind, das auf britischem Boden geboren wurde, ein Brite. Automatisch. Von Rechts wegen. Nicht durch Genehmigung des Staates. Mit diesem *ius soli* räumte das Nationality-Gesetz auf. Von nun an ist die Staatsbürgerschaft ein Geschenk der Regierung. Sie waren blind, weil sie glaubten, das Gesetz sei gegen die Schwarzen gerichtet; deswegen lehnten sie sich bequem zurück und legten die Hände in den Schoß, während Mrs Thatcher jedem Einzelnen von uns, ob schwarz oder weiß, und unseren Kindern und Kindeskindern auf ewig das Geburtsrecht stahl.

Nun ist es möglich, dass diese Blindheit unheilbar ist. Einer der bekannteren Kandidaten der SDP erklärte mir kürzlich, dass er die Idee des Rassismus in der Arbeiterklasse zwar leicht akzeptieren könne, die Vorstellung weitverbreiteter Vorurteile in der Mittelschicht für ihn jedoch nicht überzeugend sei. Nach langen Jahren freiwilliger Arbeit auf diesem Gebiet dagegen weiß ich, dass die Managementetagen der britischen Industrie und Geschäftswelt genauso von Vorurteilen durchsetzt sind wie viele Gewerkschaften. Man glaubt zum Beispiel, dass bei etwa 50 Prozent aller Anrufe von Arbeitgebern, die bei Arbeitsvermittlungen eingehen, ausdrücklich betont wird, Schwarze seien unerwünscht. Die Arbeitslosigkeitsrate der Schwarzen liegt weit, weit höher als die der Weißen; und solche Anomalien ergeben sich nicht rein zufällig.

Lassen Sie mich diese Behauptung am Beispiel Fernsehen erläutern. Ich habe früher einmal mein Brot mit dem Abfassen von Commercials verdient und fand die Vorurteile der leitenden Angestellten in der britischen Industrie erschreckend. Ich könnte Ihnen den Namen des Vorsitzenden einer führenden Baugesellschaft nennen, die eine Werbemelodie ablehnte, weil der unsichtbare Sänger klang, als habe er eine schwarze Stimme. Die Ironie dabei war nur, dass der Sänger ein Weißer war, die Werbemelodie des Vorjahres jedoch *tatsächlich* von einem Schwarzen gesungen worden war, der anscheinend das große Glück hatte, nicht wie ein Schwarzer zu klingen. Ich kenne den Marketing Director einer führenden Süßwarenfirma, der alle Vorschläge, ein schwarzes Kind – als eines in einer Gruppe von weißen Kindern – in einem Commercial einzusetzen, ablehnte. Wie er sagte, bewiesen seine Recherchen, dass eine derartige Besetzung kontraproduktiv sei. Ich kenne den Werbemanager einer Fluggesellschaft, der sich weigerte, in seiner Fernsehwerbung eine echte, bei seiner eigenen Gesellschaft angestellte Stewardess einsetzen zu lassen, weil sie schwarz war. Sie war zwar gut genug, den Passagieren Drinks zu servieren, aber nicht gut genug, bei dieser Beschäftigung im Fernsehen gezeigt zu werden.

Jede Sprache spiegelt die Einstellung der Menschen, die sie gebrauchen und gestalten. Und in der Sprache, mit der interrassische Beziehungen in Großbritannien beschrieben werden, findet man einen ausgesprochenen Niedergang. Anfangs hieß es, das Ziel sei »Integration«. Dieses Wort hat jedoch sehr schnell die Bedeutung von »Assimilation« angenommen: Ein Schwarzer konnte nur integriert werden, wenn er sich wie ein Weißer zu verhalten begann. Nach der »Integration« kam das Konzept der »rassischen Harmonie«. Und wieder klang das tugendhaft und wünschenswert, bedeutete in der Praxis jedoch, dass Schwarze dazu gebracht werden sollten, trotz allen Unrechts, das ihnen tagtäglich angetan wurde, friedlich mit den Weißen zusammenzuleben. Der Ruf nach »rassischer Harmonie« war lediglich die Aufforderung, den Mund zu halten und zu lächeln, während gegen unsere

Leiden nicht das Geringste getan wurde. Nun gibt es wieder ein neues Schlagwort: »Multikulturalismus«. In unseren Schulen bedeutet das kaum mehr, als den Kindern ein paar Bongorhythmen beizubringen, ihnen zu zeigen, wie man einen Sari anlegt und so weiter. Im Ausbildungsprogramm der Polizei bedeutet es, den Kadetten einzutrichtern, Schwarze seien »kulturell so anders«, dass sie gar nicht anders könnten, als Ärger machen. Multikulturalismus ist die letzte symbolische Geste den Schwarzen Großbritanniens gegenüber und sollte genau wie »Integration« und »rassische Harmonie« als der Schwindel entlarvt werden, der er ist.

Mittlerweile gehen die Klischees weiter. Die Schwarzen haben Rhythmus im Blut, die Asiaten sind fleißige Arbeiter. Von Tory-Politikern hörte ich, die Conservative Party diskutiere ernsthaft die Idee, die Asiaten zu hofieren und der Labour Party die Afrokariben zu überlassen, weil die Asiaten so großartige Kapitalisten sind. Im neuen Empire, genau wie im alten, scheinen unsere Herren nur allzu gern bereit zu sein, auf die erprobte und zuverlässige Strategie des ›Teile und Herrsche‹ zurückzugreifen.

Das schlimmste und heimtückischste Klischee jedoch habe ich mir bis zuletzt aufgehoben, und das ist die Charakterisierung der Schwarzen als Problem. Sie sprechen vom Rassenproblem, vom Einwanderungsproblem, von allen möglichen Problemen. Wenn Sie liberal sind, erklären Sie, die Schwarzen hätten Probleme. Wenn nicht, behaupten Sie, die Schwarzen *seien* das Problem. Aber die Angehörigen der neuen Kolonie haben nur ein einziges echtes Problem, und das Problem sind die Weißen. Der britische Rassismus ist natürlich nicht unser Problem. Sondern das Ihre. Wir müssen nur unter den Auswirkungen Ihres Problems leiden.

Und bevor Sie, die Weißen, nicht erkennen, dass es nicht um Integration, Harmonie, Multikulturalismus oder Einwanderung geht, sondern schlicht und einfach darum, die Vorurteile zu erkennen und zu eliminieren, die fast allen von Ihnen innewohnen, werden die Staatsbürger Ihres neuen und letzten Empire gezwungen sein, sich gegen Sie zu wehren. Sie könnten auch sagen, dass wir aufgefordert sind, eine neue Freiheitsbewegung zu gründen.

Daher ist es interessant, daran zu denken, dass Mahatma Gandhi, der Vater einer früheren Freiheitsbewegung, als er nach England kam und gefragt wurde, was er von der englischen Zivilisation halte, antwortete: »Ich glaube, das wäre eine gute Idee.«

1982

Ein unbedeutender Brand

Am 20. November gab es in der Londoner Gemeinde Camden einen unbedeutenden Brand. Nichts Spektakuläres; nur eine billige Bed-and-Breakfast-Pension ging in Flammen auf. Das abgebrannte Haus war Gloucester Place Nr. 46, Eigentum der Firma London Lets, die einem Mr J. Doniger gehört. Als der Brand ausbrach, schrillte nirgendwo Alarm. Denn der war abgestellt. Die Feuerlöscher waren leer. Die Notausgänge waren blockiert. Es war Nacht, aber das Treppenhaus war dunkel, weil keine Glühbirnen in den Fassungen waren. Und in dem einzigen, vollgestopften Zimmer im obersten Stock, in dem sie seit neun Monaten wohnten und wo der Kocher neben dem Bett stand, erstickten Mrs Abdul Karim, eine Bangladeschi, mit ihrem fünfjährigen Sohn und ihrer dreijährigen Tochter. Sie waren der London Lets durch den Gemeinderat von Camden als Mieter zugeteilt worden – für eine Summe, die ein Gemeinderatsmitglied auf 280 Pfund pro Woche schätzte. Todesfälle sind, wie es scheint, nicht immer billig.

Jene von uns, die nicht in Slumwohnungen hausen, gewöhnen sich mit bemerkenswerter Mühelosigkeit an die Tatsache, dass andere dort wohnen müssen. Inzwischen ist es allgemein bekannt, dass Gemeinderäte im ganzen Land Menschen in weit unter dem Standard liegende Behausungen einweisen. Die Gemeinderäte geben zu, dass auch sie selbst diese Behausungen für untragbar halten, weil sie den Vorschriften der Gesundheitsämter weder in puncto Hygiene noch in puncto Sicherheit genügen. Unter Druck geben sie sogar zu, dass schwarze und asiatische Familien mit weit größerer Wahrscheinlichkeit in solch »provisorische« Unterkünfte eingewiesen werden als weiße. (Ich benutze die Anführungsstriche, weil ich zahlreiche Familien kenne, die seit weit über einem Jahr in diesen Slums vegetieren – ohne jede Hoffnung auf bessere Unterbringung.) Realistische Statistiken sind schwer zu bekommen, aber man kann wohl mit Recht behaupten, dass ein Drittel bis die Hälfte aller in Unterkünften vom Typ London Lets eingewiesenen Familien schwarz sind. Das ist uns allen bekannt; wir aber seufzen angesichts dieses Problems nur mitfühlend und gehen auf die andere Straßenseite. Diesmal jedoch haben die schikanierten Familien beschlossen, den Gemeinderat – oder uns – nicht so leicht davonkommen zu lassen. Am 22. November begaben sie sich ins Rathaus von Camden und verlangten eine öffentliche Untersuchung des Falles. Als die ihnen verweigert wurde, besetzten sie den Sitzungssaal. Während ich dies niederschreibe, sind sie alle noch immer dort und wollen, falls nötig, bis in alle Ewigkeit dort bleiben, obwohl sie es vorziehen würden, einfach auf Dauer in eine sichere und menschenwürdige Wohnung eingewiesen zu werden.

Die Besetzerfamilien vertreten jene 80 oder mehr von der Gemeinde Camden in Häuser der London Lets eingewiesenen Familien. Sie verlangen die Zusicherung des Gemeinderats, dass derartige Zuweisungen aufhören. Und wenn Sie wollen, kann ich Ihnen noch weit mehr von diesen Horrorstories erzählen. Eine Mutter berichtete uns, ihr Baby sei an einer Infektion gestorben, die es sich zugezogen hatte, weil sie in einem Zimmer leben mussten, in das ständig Abwässer sickerten; eine andere erzählte uns, sie hause jetzt schon seit drei Jahren in einer dieser billigen Bed-and-Breakfast-Pensionen. Zwei schwangere Frauen, über den Geburtstermin hinaus, schlafen seit mehr als einer Woche auf dem Fußboden des Sitzungssaals, weil sie sich dort weit wohler und sicherer fühlen als in ihren unsäglichen Wohnungen. Und immer wieder hörte ich von Treppenhäusern mit verfaulten Dielen, von Toiletten, deren Spülung nicht funktionierte, von Feuchtigkeit, Moder und Insektenbefall. In einem einzigen Zimmer in Gloucester Place 42 müssen sich Mr und Mrs Ali samt ihrem Sohn das Quartier mit einer großen Anzahl von »weißlichen, kriechenden Insekten, wie Erdwürmern« teilen.

Es bereitet mir keineswegs Vergnügen, eine sozialistische Lokalbehörde wie den Gemeinderat von Camden anzuprangern, der ohnehin schon ganz oben auf »Nannys« Abschussliste steht. Aber ebenso wenig angenehm ist es, mit anzusehen, wie vorgebliche Sozialisten in der letzten Woche geredet und sich verhalten haben. Ich erkundigte mich bei Councillor Bob Latham, dem Vorsitzenden von Camdens Rassenausschuss, was geschehen werde, wenn die Familien in den Slums den Gemeinderat wegen Nichterfüllung ihrer gesetzlichen Pflicht verklagen würden, die Staatsbürger des Boroughs dem allgemeinen Standard gemäß unterzubringen. Er entgegnete, dass viele der Immobilien außerhalb von Camden lägen; deswegen glaube er kaum, dass man die Stadt Camden verklagen könne. Councillor Sandy Wynn, stellvertretende Vorsitzende des Gemeinderats und eine Frau mit beklagenswert überheblichem Gehabe, verkündete lauthals, die obdachlosen Familien würden »von Leuten manipuliert, die andere Ziele im Kopf haben«. Councillor Richard Sumray deutete in seinen Medieninterviews an, die Besetzung sei Teil eines Versuchs von Bengalifamilien, sich auf der Unterbringungsliste vorzudrängen. (Man sollte noch darauf hinweisen, dass keineswegs alle beteiligten Familien schwarz sind.) Vermutlich sind noch nicht genug Menschen verbrannt. Prioritäten sind nun einmal Prioritäten. Wie lautet doch das alte Lied? *The people's tape is deepest red...*

Am zweiten Abend der Besetzung bildeten die Familien einen Kreis um eine Gruppe von Gemeinderäten, die sich aus der Diskussion davonschleichen wollten. Camden reagierte radikal und schickte die Polizei. Während ein Polizei-Superintendent mit dem Anwalt der Familien verhandelte, nahmen seine Mannen die Angelegenheit selbst in die Hand und stürmten den Sitzungssaal. Dieser Raum hat drei Eingänge. Zwei davon waren unbewacht und unverschlossen. Am dritten drängte sich eine Menge Leute. Die Polizei verschaffte sich durch diese dritte Tür Zugang, und zwar mit Gewalt. Ein junger Mann musste ins Krankenhaus gebracht werden und trug, als er zurückkehrte, den Arm in der

Schlinge. Ich fragte Sumray, was passiert sei. »Jemand hat sich den Ellbogen gestoßen«, antwortete er.

Inzwischen untersucht die Polizei den Tod von Mrs Karim und ihren Kindern wie einen Mordfall. Es gibt anscheinend Beweise dafür, dass der Brand absichtlich gelegt wurde. Und sofort machten Andeutungen und Sticheleien die Runde. Die obdachlosen Familien hätten den Brand selbst gelegt, wird behauptet, um den Gemeinderat zu zwingen, ihnen andere Wohnungen zuzuweisen. Das klingt wie ein neues New-Cross-Feuer: Um wie viel geordneter wird doch das Leben, wenn man die Opfer für das Verbrechen selber verantwortlich macht!

Seit diesen Todesfällen und dem Beginn der Saalbesetzung hat es zahlreiche Stories über die zunehmenden Schikanen gegen Familien in Slumunterkünften durch deren Vermieter und durch die Polizei unter dem Deckmantel der »Untersuchung der Karim-Morde« gegeben. Gemeinderäte haben es mit der Methode »teile und herrsche« versucht: Sie erboten sich, den Familien, die sich im Sitzungssaal aufhielten, neue Wohnungen zuzuweisen, wenn anschließend endlich wieder Ruhe herrsche. In Großbritannien hat das Wort Solidarität jedoch noch seine Bedeutung, auch wenn die Labour-Räte es längst vergessen haben: Die Besetzer weigerten sich zu verhandeln, es sei denn auf der Basis, dass alle acht Familien gemeinsam versorgt würden.

Auch einen wirklich sehr rührenden Moment hat es gegeben. Am Mittwoch, dem 29. November, setzte sich der Gemeinderat Phil Turner mit den Familien zusammen, um sich von ihrem leidgeprüften Leben ein Bild zu machen und zu besprechen, was der Gemeinderat wohl für sie tun könne: Dem Mann kamen doch tatsächlich die Tränen – einem anständigen Mann, vom Frust und seiner Position zum Weinen gebracht! Die Besetzerfamilien sind überzeugt, dass Turner Mitgefühl mit ihnen hat. Sein Problem sei, wie sie sagen, dass er weder von den Beamten der Wohnungsbehörde noch von der Labour-Gruppe als Mehrheit viel Unterstützung erhält. So wurde den Familien eine ganze Reihe vager

Versprechungen gemacht; man bot ihnen unzulängliche neue Wohnungen, das heißt abermals Bed-and-Breakfast-Unterkünfte oder abermals »vorläufige« Unterbringung an, was sie jedoch ablehnten.

Deswegen ist es dem Gemeinderat so unangenehm, den 80 Familien die Zusagen zu geben, die sie verlangen: London Lets ist noch lange nicht das Ende der Geschichte. Ich habe Schilderungen zahlreicher anderer Bed-and-Breakfast-Immobilien gehört, die sogar noch schlimmer klangen. Und wieder ist es schwer, Zahlen zu nennen, aber es mögen 700 Familien sein – ungefähr 2000 Menschen –, die von der Stadt Camden in durch Krankheiten verseuchte Feuerfallen eingewiesen wurden. Kein Wunder, dass die Gemeinderäte so nervös sind. Die Mäuse haben begonnen zurückzubeißen.

Zuletzt möchte ich noch einmal wiederholen, dass es mir kein Vergnügen ist, die Gemeinde Camden anzuprangern. Viele Mitglieder des Gemeinderats und viele seiner Angestellten sind pflichtbewusste Menschen, die aufrichtig ihr Bestes tun. Überlegen Sie mal, um wie viel schlimmer das Schicksal der Obdachlosen in weniger »aufgeklärten« Boroughs sein muss!

Das Problem ist, dass Camdens »Bestes« noch lange nicht gut genug ist. Es wird Zeit, dass keine Menschen mehr sterben müssen, um den örtlichen Behörden zu beweisen, dass sie unter grauenhaftesten Bedingungen leben müssen. Behandelt man den Tod von Mrs Karim und ihren Kindern als Mord, so werden viele von uns behaupten, die Mörder säßen im Rathaus von Camden; und dabei spreche ich nicht von den Familien, die den Sitzungssaal besetzt haben, um gewaltlos zu protestieren und die ihnen lange verweigerten Rechte zu fordern.

1984

Home Front

Home Front von John Bishton und Derek Reardon ist ein Buch der Bilder; und die Einbildungskraft, der Prozess, durch den wir uns Bilder von der Welt machen, ist (zusammen mit dem Ich-Bewusstsein und der Entwicklung des Greifdaumens) einer der Schlüssel zu unserer Menschlichkeit. Daher sind gut gemachte Bilder für uns alle wichtig; sie sagen uns nicht nur, was wir zuvor gesehen haben, sondern was uns zu sehen *möglich* ist. *Sie öffnen uns die Augen.* Es gibt viele derartige Bilder in diesem fotografischen Porträt der Alltagsrealität, wie sie von Großbritanniens Asiaten und Schwarzen erlebt wird – viele erinnernswerte Bilder von Glück, Turbulenz, Trotz, Kindheit, Tod. In einer *gurdwara,* das heißt einem Sikhtempel in Handsworth, sitzt ein alter Mann auf dem mit einem weißen Tuch bedeckten Fußboden und klammert sich wärmesuchend an eine Heizung. Oder auf einem unbebauten städtischen Grundstück taucht der Kopf eines Kindes über der Spitze einer Trümmerpyramide auf, während hinter ihm voll Ironie eine Backsteinmauer aufragt, auf die eine grellbunte, paradiesische Tropenszene gepinselt ist.

Die grundlegende Bedeutung eines solchen fotografischen Essays wie *Home Front* ist jedoch nicht rein ästhetischer Natur. Denn dies sind Bilder von Menschen, die seit Jahrhunderten von Bildern verfolgt worden sind. Die Einbildungskraft kann also ebenso wirksam verfälschen, herabwürdigen, lächerlich machen, karikieren und verletzen wie verdeutlichen, intensivieren und entlarven; und von den alten Sklaven bis zu den in England geborenen schwarzen Kindern der Gegenwart hat es eine Menge Menschen gegeben, die Zeugnis davon ablegen könnten, wie sehr es schmerzt, der Vorstellung der weißen Gesellschaft von ihnen unterworfen zu sein.

Zum Glück ist die »weiße Gesellschaft« keine homogene Masse.

Schließlich handelt es sich hier um das Werk zweier Weißer, und es ist ein sensibles, kenntnisreiches Werk. In *The Black Jacobins* schrieb C.L.R. James: »Die Schwarzen werden nur jene Weißen als Freunde anerkennen, die mit ihnen Schulter an Schulter kämpfen. Und es *wird* solche Weißen geben.« Genau so ist es.

Sagen wir also, dass man dieses Buch als Teil des Kampfes ansehen sollte. Sein Titel deutet darauf hin, mit seinen Anklängen an Kriegsentbehrungen und Wachsamkeit wie auch an die zunehmende Kameradschaft und Solidarität der Menschen – in diesem Fall der schwarzen Gemeinschaften. Es versucht neue, zutreffendere Bilder gegen die alten Verfälschungen zu setzen, damit die Welt mit ihrer Einstellung in der Lage ist, einen oder zwei Millimeter weit fortzuschreiten.

Ein ehrenwertes Vorhaben; doch welche Mächte formieren sich dagegen! Der Ärger begann, ist man versucht zu sagen, gleich zu Anfang:

> Gott schuf die kleinen Nigger-Boys.
> Er schuf sie in der Nacht.
> Er schuf sie in so großer Hast,
> dass er sie weiß zu färben vergaß.

Jawohl, möglicherweise begann es mit der Schöpfung. Denn vor dem Licht herrschte, wie man weiß, Finsternis; aber »Gott sprach, es werde Licht! Und es ward Licht. Und Gott sah, dass das Licht gut war, und Gott schied das Licht von der Finsternis.« Dann ist also die Angst vor der melanindunklen Haut in Wahrheit die Angst vor dem urzeitlichen Dunkel, der Urnacht? Ist sie die instinktive Feindseligkeit der Tagwesen gegenüber den Geschöpfen der Nacht? Mag sein. Mag auch sein, dass all dies darüber hinaus mit der Vorstellung des anderen zu tun hat, dem seitenverkehrten Zwilling im Spiegel, dem Doppelgänger, dem negativen Bild, das uns durch seine Gegenteiligkeit wissen lässt, was wir sind. Gott kann nicht ohne den Teufel definiert werden, Jekyll ist sinnlos ohne Hyde. Der andere muss also eindeutig gefürchtet werden. Darstellungen dieses/dieser anderen benutzen häufig Motive der Nacht oder der Unsichtbarkeit, die eine Nacht des beobachtenden Auges ist; oder der sexuellen Bedrohung (»Die Schöne und das Biest«); oder der Missgestaltung (»Frankensteins Monster«). Sehr oft ist der andere ein Ausländer; und nur sehr, sehr selten wird er als Sympathieträger dargestellt. Zwei bemerkenswerte Ausnahmen davon sind Kafkas »Verwandlung« und der Film *King Kong*. An anderer Stelle zeigt uns Kafka, dass der andere ein Schloss sein kann oder ein mitternächtliches Klopfen an der Tür; aber er kann auch ein hilfloser Käfer sein, das heißt Gregor Samsa, das heißt wir selbst. Und Kong darf sich in Fay Wray verlieben, was ihm eine gewisse Tragik verleiht: »Es war die Schöne, die das Biest umbrachte.«

Auf keinen Fall wird es genügen, die Schuld am Rassismus und der Schaffung lügnerischer Bilder von schwarzen Menschen einer in der Tiefe brodelnden, allgemeinen Schwäche der Menschheit zuzuschreiben. Obwohl das Vorurteil in allen Gesellschaften wurzelt, treibt diese Pflanze jeweils nur in spezifischen historischen, politischen und wirtschaftlichen Verhältnissen übel riechende Blüten. Daher ist jeder Fall anders gelagert, und wenn man gegen dieses Dreigestirn der Bigotterie kämpfen will, sind es die Unterschiede, die wichtig und nützlich sind. Interessant ist, dass immer wieder ausgerechnet die allgemeine Verbreitung rassischer Vorurteile zu ihrer Entschuldigung angeführt wird. (Während nur wenige Menschen versucht wurden, zum Beispiel Mord mit dem Argument zu entschuldigen, dass auch Aggression und Gewalttätigkeit der ganzen Spezies gemeinsam sind.) Und während es eindeutig zutrifft, dass Schwarze und Asiaten sich unseren Vorurteilen stellen und mit ihnen fertigwerden müssen, scheint es ebenso eindeutig zu sein, dass die größte Aufmerksamkeit dem größten Problem gewidmet werden muss, und in Großbritannien ist das der weiße Rassismus. Sprächen wir hier von Indien oder Afrika, müssten wir gegen andere Formen des Rassismus kämpfen. Doch schließlich kämpft man am engagiertesten dort, wo man lebt: an der Heimatfront. Auch das gehört zur menschlichen Natur.

Der britische Rassismus – und damit meine ich eine voll entwickelte Ideologie, inklusive Pseudowissenschaft und »Vernunft« – blühte zum ersten Mal voll auf als Rechtfertigung des lukrativen Sklavenhandels und hatte ursprünglich eindeutig wirtschaftliche Hintergründe. Während der Kolonisierung in Asien und Afrika entwickelte er sich zur Rechtfertigung der Weltherrschaft. Das sind die spezifischen Verhältnisse, ohne die man die britische Variation dieser Krankheit nicht zu verstehen vermag. Doch immer wieder wird eingewendet, dass jene alten Zeiten, jene alten Vorstellungen längst tot seien und bei den Ereignissen im heutigen Großbritannien keine signifikante Rolle mehr spielten. Wenn das doch nur zuträfe! Wenn die Geschichte doch nur so sauber arbeiten und sich beim Fortschreiten selbst ausradieren könnte!

Wenn nur die Ideen der Vergangenheit nicht so tief in die Erde hineinfaulten und dort den Dünger für die Ideen der Gegenwart bildeten! Im 19. Jahrhundert waren es die Iren, die wegen ihrer Küchengerüche kritisiert wurden und weil sie sich wie die Karnickel vermehrten; einhundert Jahre später wurden dieselben Verleumdungen, mit fast genau denselben Worten, den »Pakis« entgegengeschleudert. Und viele der Mythen, der falschen Bilder, gegen welche die Schwarzen noch immer ankämpfen, stammen aus der Frühzeit des Sklavenhandels – die Legende, zum Beispiel, von ihrer unersättlichen animalischen Begierde, von der sexuellen Aggressivität schwarzer Frauen und den riesigen, bedrohlichen Gliedern der schwarzen Männer. Im Jahre 1626 schrieb Francis Bacon in *Neu-Atlantis,* der »Geist der Unzucht« sei »ein kleiner, widerlicher, hässlicher Äthiopier«. Das war nur eine von vielen ähnlichen Bemerkungen.

Es ist unmöglich, in dieser kurzen Abhandlung all die erdichteten Vorstellungen und tradierten Ideen aufzulisten, die auf das Bewusstsein ebenso einwirken wie auf das Unterbewusstsein und so die Bedingungen schaffen, unter denen der Rassismus gedeihen kann. Minstrel-Shows, alte Filme, in denen Negermammies in Kopftuch und Filzlatschen durchs Bild watscheln und wogen, gestikulierfreudige Orientalen in Haremshosen, *yashmaks* und Turbanen. Und ja, die alte *golliwog*, die groteske schwarze Puppe; auf dem Fußballplatz werden schwarze Spieler mit dem Ruf verspottet: »Kehr doch auf dein Marmeladenglas zurück!« Fernseh- und Zeitungsdarstellungen: Weil Schwarze und Asiaten, ob nun in Großbritannien oder in anderen Ländern, mehr oder weniger aus den Nachrichten verschwinden – es sei denn in Krisenzeiten. Gewalttätigkeit, Aufruhr, Attentate, Hungersnot, Überschwemmung, Seuchen, Überfälle: die Funktion des »Nachrichtenwerts« verbindet Schwarze unterschwellig mit Problemen. Nun ja, nicht ausschließlich. Schwarze besitzen ein angeborenes Gefühl für Rhythmus, Asiaten nicht. Schwarze sind gute Sportler, Asiaten dafür lernbegierig. (Dieser stereotype Kontrast wirkt heute noch in vielen Schulen.) Asiaten sind sparsam, geschäftsorientiert, von Natur aus konservativ; Schwarze werfen mit dem Geld um sich, sind faul und unzufrieden mit dem Staat. Schwarze nehmen Drogen; Asiaten sprechen kein Englisch.

Das Schlimme an derartigen Klischees ist nur, dass sie trotz ihrer Banalität und obwohl sie offensichtlich falsch zu sein scheinen, immer wieder funktionieren; im Großbritannien von heute funktionieren, Wirkung erzielen. Und dass sie schwer zu bekämpfen sind, weil niemand zugeben will, von ihnen beeinflusst zu werden. Natürlich sieht man, dass andere Menschen – aber nicht Sie, auf gar keinen Fall! – sich möglicherweise lächerlich machen. Und während die große Macht der falschen Vorstellungen geleugnet wird, müssen Großbritanniens Schwarze und Asiaten weiterhin in den schlimmstmöglichen öffentlichen Unterkünften hausen, eine weit höhere Arbeitslosenquote akzeptieren als ihre weißen Nachbarn, es mit Straßenarmeen von Neofaschisten aufnehmen, die Polizei fürchten, sich in Einwanderungszentren schikanieren und, wenn sie protestieren, sagen lassen, sie brauchten ja nicht hierzubleiben, wenn's ihnen nicht gefällt: als hinge die englische Staatsbürgerschaft der ethnischen Minderheiten davon ab, dass sie nur ja nicht aufmucken.

Wir leben in Vorstellungen. Durch Bilder versuchen wir unsere Welt zu begreifen. Und durch Bilder versuchen wir zuweilen andere zu unterjochen und zu beherrschen. Aber das Bildermachen, die Einbildungskraft kann ebenso ein Prozess der Verherrlichung, selbst der Befreiung sein. Neue Bilder können die alten verdrängen. Dieses Buch *Home Front* ist ein bemerkenswerter Beitrag zu diesem Prozess, dem Prozess, vom Marmeladenglas herunterzukommen.

1984

V. S. Naipaul

Vor ein paar Jahren sagte V. S. Naipaul, er halte sich immer noch für einen komischen Schriftsteller, und sein größter Ehrgeiz sei es, noch einmal etwas Ähnliches zu schreiben wie seinen großartigen Roman von 1961 *Ein Haus für Mr Biswas*. Das zu lesen war herzerfrischend; sollte der Autor eine Möglichkeit finden, die Herzlichkeit und Energie seines frühen Schaffens, dessen Höhepunkt *Biswas* war, mit der technischen Meisterschaft seiner späteren Arbeiten zu kombinieren, konnten wir uns tatsächlich auf etwas ganz Besonderes freuen.

Aber es gab Zweifel. Die dunklen Wolken, die sich über Naipauls innerer Welt zusammengezogen zu haben schienen, würden sich, so befürchtete man, nicht so leicht vertreiben lassen; seine Liebe zu den Menschen schien nachgelassen zu haben, und die Komik von *Miguel Street, Der mystische Masseur, The Suffrage of Elvira* und *Mr Biswas* war, so bissig und unsentimental diese Bücher auch sein mochten, im Grunde liebevoll gewesen.

The Enigma of Arrival, Naipauls erster Roman nach acht Jahren, lässt darauf schließen, dass sich die Wolken nicht verzogen, sondern verdichtet haben. Dem Buch fehlt zwar die Bitterkeit einiger seiner letzten Arbeiten, aber es ist eines der traurigsten Bücher, die ich seit Langem gelesen habe, mit einer Atmosphäre völlig ungebrochener Melancholie. »Diese Melancholie durchdrang meinen Geist, während ich schlief«, berichtet der Erzähler, in dem man unweigerlich den Autor zu erkennen glaubt, »und als ich erwachte … war ich so davon vergiftet … dass ich den größten Teil des Tages brauchte, um sie wieder abzuschütteln.«

Es ist ein seltsames Buch, eher Meditation als Roman, autobiografisch in dem Sinne, dass es die intellektuelle Landschaft eines Menschen beschreibt, der seit Langem »das Geistesleben« über alle anderen Lebensformen erhoben hat. Das Thema ist das Bewusstsein des Erzählers, seine Umformung durch die Migration, die »Ankunft«, und seine allmähliche Hinwendung zu James' »*distinguished thing*«, dem Tod. Natürlich gibt es auch andere Personen, aber die werden aus der Distanz beobachtet, und die Hauptereignisse ihres Lebens – eine Flucht, eine Entlassung, ein Tod – finden hinter der Bühne statt. Infolge dieser Entleerung wird der Schriftsteller zum Thema; wird der Erzähler zur Erzählung.

Interessanterweise und anders als seine Migranten-Brüder hat Naipaul es vorgezogen, in einem ländlichen Teil Englands, Wiltshire, zu wohnen, einem England der Herrenhäuser und Bäche. Der erste Teil des Buchs handelt von dem, was er als seine »zweite Kindheit« in diesem Wiltshire bezeichnet. Die Idee der Migration als einer Form der Wiedergeburt ist eine Vorstellung, deren Wahrheit viele Migranten erkennen werden. Unmittelbar zu erkennen und oft sehr bewegend ist auch das Gefühl eines Schriftstellers, der sich verpflichtet glaubt, seine neue Welt durch einen Akt purer Willenskraft ins Leben zu rufen, das Gefühl, wenn die Welt nicht bis ins winzigste Detail beschrieben und so ins Leben gerufen wird, würde sie nicht existieren. Der Einwanderer muss die Erde unter seinen Füßen erfinden.

Also schildert Naipaul all das: diesen Pfad, dieses Cottage, diesen Gärtner, diesen Blick auf Stonehenge, dieses winzige Stückchen des Planeten, den sein Erzähler noch einmal sehen lernen muss. Es ist eine Art extremer Minimalismus, aber er wird nahezu hypnotisch. Und allmählich entsteht das Bild, erscheinen Gestalten in der Landschaft, wird eine neue Welt gewonnen.

Durch die Geschichte – nun ja, den Bericht – über den Landarbeiter Jack und seinen Garten erfahren wir, wie sich der Eindruck des Erzählers vom ländlichen England verändert. Anfangs noch idyllisch – »Emanationen der Literatur, der Antike und der Landschaft schienen Jack und sein Garten zu sein…« –, bewegt sich der Blick allmählich auf realistischeren Bahnen. Jacks Gesundheit lässt nach, sein Garten verkommt, er stirbt, die neuen Bewohner des Cottage gießen Beton über seinen Garten. Die Idee der Zeitlosigkeit, die Vorstellung, Jack sei »unerschütterlich, tief verwurzelt in der Erde«, erweist sich als Illusion. *In allem um mich herum nichts als Veränderung und Verfall.*

So wird die neue Welt allmählich als das erkannt, was sie ist – aber zu welchem Preis! Es ist, als habe Naipaul so viel von seiner Energie darauf verwandt, dieses Stück Wiltshire zu erschaffen und zu begreifen, dass ihm danach die Kraft fehlte, die Personen atmen und sich bewegen zu lassen. Ihnen gelingen nur winzige Andeutungen von Aktivität; sogar die Story von Brenda, der ländlichen Ehefrau, die zu große Hoffnungen in ihre Schönheit gesetzt hat, und Les, dem Ehemann, der sie ermordet, nachdem sie, gedemütigt von ihrem misslungenen Versuch einer Liebschaft mit einem anderen Mann, zu ihm zurückkehrt, wird auf eine seltsam kraftlose, inkonsequente Art erzählt.

Der Erzähler spricht immer wieder davon, dass sein Geist gebrochen sei von Krankheit, Erschöpfung. Einst habe er eine Story über De Chiricos Gemälde *Das Rätsel der Ankunft* schreiben wollen, erklärt er, und gibt uns auf weniger als einer Seite eine Zusammenfassung dieser niemals erzählten Erzählung. Sie ist brillant, eine Reiseerzählung, die in der klassischen Welt des surrealistischen Gemäldes spielt, völlig anders als alles, was Naipaul jemals geschrieben hat.

Auf dem Gemälde sieht man einen Hafen, ein Segel, einen Turm, zwei Gestalten. Aus der einen Gestalt macht Naipaul einen Reisenden, der in einer »gefährlich klassischen Stadt« ankommt. »Allmählich ... wich sein Gefühl von Abenteuer einem Gefühl der Panik ... Ich stellte mir einen religiösen Ritus vor, an dem er, von freundlichen Menschen geleitet, unwissentlich teilnahm, um sich als vorbestimmtes Opfer darin zu finden. Im kritischen Moment stieß er auf eine Tür, öffnete sie und befand sich wieder am Hafenkai seiner Ankunft ... Nur eines fehlt ... Das antike Schiff ist verschwunden. Der Reisende hat sein Leben zu Ende gelebt.«

Das Buch selbst ist zwar ehrlicher und direkter, zugleich aber weniger lebendig und fesselnd als die zunächst imaginierte Phantasie, und man wünscht sich, vor allem in der langgezogenen zweiten Hälfte des Romans, immer wieder, der Erzähler bzw. Naipaul hätte die ausgemusterte Erzählung schreiben können. Wieder einmal Erschöpfung; wenn dem Schriftsteller die Kraft zur Fiktion fehlt, ist das, was bleibt, autobiografisch.

Nach einem interessanten und mutigen Bericht über seine Entwicklung als Schriftsteller kehrt Naipaul zu seinem Wiltshire-Mikrokosmos zurück, und wie sich herausstellt, spiegelt sich in dieser winzigen Welt die Erschöpfung seines Erzählers und seine Hinwendung zum Tode. Auch eines der Sinnbilder Englands stirbt: Das Herrenhaus ist ökonomisch nicht mehr so mächtig wie früher, sein Eigentümer liegt mit verfetteten Schenkeln inmitten des Verfalls faul in der Sonne. So ziemlich alle Charaktere des Buches leben irgendwie im Bann des Herrenhauses – Pitton, ein zweiter Gärtner, Phillips, der Verwalter, und seine Frau, ein Chauffeur, ein gescheiterter Schriftsteller, sogar der Erzähler selbst –, und auch sie gehen zusammen mit dem Schiff unter. Auf sie alle warten Tod und Versagen.

All dies wird in filigraner, präziser Prosa bester Qualität beschrieben, aber es ist eine körperlose Prosa. Die Idee, die Briten hätten ihre Eigenart verloren durch »einen Mangel an Autorität, einen Verfall gesellschaftlichen Miteinanders« und der Untergang des Herrenhauses ermutige das gemeine Volk, »den Verfall zu beschleunigen, zu plündern, zu Trödel zu reduzieren«, ist ein unwahrscheinliches, unhaltbares Konzept. Wenn dieses Buch doch nur gelegentlich einen winzigen Funken Leben versprühte! So, wie es dasteht, wirkt das Porträt der Erschöpfung letztlich nur noch erschöpfend.

Warum diese abgrundtiefe Ermüdung? Wir hören etwas über den Traum von einem explodierenden Kopf, über schwache Gesundheit, Familientragödien. Möglicherweise steckt mehr dahinter. Ich glaube, es war Borges, der sagte, in einem Rätsel, dessen Lösung *Messer* ist, lautet das einzige Wort, das nicht verwendet werden darf, *Messer*. Es gibt ein Wort, das ich im Text von *The*

Enigma of Arrival nicht finden kann: das Wort Liebe. Und ein Leben ohne Liebe oder eines, in dem die Liebe so tief vergraben ist, dass sie nicht mehr herausfindet, ist genau das, wovon dieses Buch handelt; und was es so furchtbar traurig macht.

1987

Der Maler und die Pest

Es sieht sehr danach aus, als müsse die Geschichte der abstrakten, expressionistischen Malerei um einen neuen Abschnitt erweitert werden. Ein neuer Name sollte von nun an Erwähnung finden – wenn nicht in einem Atemzug mit Jackson Pollock und Willem de Kooning, dann aber im gleich darauffolgenden: der Name Harold Shapinsky, in diesem Monat 60 Jahre alt, ein Künstler russischer Herkunft, der gegenwärtig in New York City lebt, wo sein Werk für den größten Teil der letzten vier Jahrzehnte einfach ignoriert wurde. Nun, nach all den Jahren der Nichtbeachtung, hat sich eine bemerkenswerte Schicksalswende ergeben, und Mr Shapinsky erlebt ein *annus mirabilis* mit einer größeren Retrospektive seiner Arbeit in der Mayor Gallery in London, einer enormen Publicity auf beiden Seiten des Atlantiks und mehreren bedeutenden europäischen Galerien, die, wie berichtet, Schlange stehen, um seine Arbeiten anzukaufen. Die Story von der späten »Entdeckung« des Harold Shapinsky ist vermutlich eine der außergewöhnlichsten in der Geschichte der modernen Kunst. Schwer genug zu glauben, dass ein Maler, der jetzt mit Lob aus allen Ecken der europäischen Kunstszene überschüttet wird, so lange in Manhattan, der unumstrittenen Hauptstadt der Kunstwelt, dahindämmern musste, ohne auch nur die geringste Anerkennung zu finden. Noch verwunderlicher ist aber wohl die Identität seines »Entdeckers«; denn der Mann, der dieses Wunder ganz allein bewirkt hat, ist alles andere als ein Kunstexperte und hat keinerlei Verbindung zur amerikanischen oder europäischen Kunstszene. Er beschreibt sich vielmehr selbst als »verrückten Inder« und als »eine Pest«.

Dieser Mann ist Akumal Ramachander, 35, Lehrer für Englisch-Anfängerkurse am landwirtschaftlichen College von Bangalore im südlichen Indien – ein höchst außergewöhnlicher Background für den Helden einer schier unglaublichen Geschichte, die nur dadurch gerettet wird, dass sie wahr ist.

Professor Ramachander – Akumal – ist Amateur im wahrsten Sinne des Wortes: ein Mann mit Passionen. Höchstwahrscheinlich ist er sogar der begeisterungsfähigste Mensch auf diesem Planeten, wie ich vor ein paar Jahren entdeckte, als ich auf einer Vortragstour durch Indien reiste. Akumal, damals ein völlig Fremder für mich, suchte mich in Bangalore in meinem Hotelzimmer auf, stellte sich vor und überschüttete mich sodann mit einer kaum zu bremsenden Flut von Sentenzen, breitem Lächeln, blitzenden Augen, endlosen Monologen und ausdrucksvollen Gesten, an die sich alle, die sich in seiner Nähe aufhalten, sehr schnell gewöhnen. Auf mich wirkte er ein bisschen wie ein Bauernfänger, aber es war unmöglich, sich seiner Offenheit und Lebensfreude wie auch seiner unverkennbar echten Liebe zu Literatur, Kunst, Kino und zahlreichen anderen Dingen, darunter Schmetterlingen, zu verschließen. (Er singt übrigens auch.) Eine so unerschöpfliche, »verrückte« Energie brauchte natürlich etwas, worauf sie sich konzentrieren konnte. Dieses unerlässliche Ziel fand sich, als Akumal rein zufällig – obwohl man sich zuweilen fragt, ob im Leben überhaupt jemals etwas reiner Zufall ist – dem Sohn des Malers Harold Shapinsky begegnete.

Im September 1984 wurde Akumal, zu Besuch bei dem indischen Dichter A. K. Ramanujan in Chicago, zu einer Party mitgenommen, wo er David Shapinsky traf und zum ersten Mal von Harold hörte. In Davids Wohnung sah er ein paar Arbeiten des Vaters und wurde, wie er es formulierte, »aufmerksam«. Er reiste nach New York – hier muss ich darauf hinweisen, dass Akumal kein millionenschwerer Jet-set-Inder ist; er hat noch nie viel Geld besessen und machte während dieser Phase recht viel Schulden – und lernte dort Harold und Kate Shapinsky kennen.

Akumal war beeindruckt und bewegt von den Gemälden und von der Würde, mit der die Shapinskys trotz ihrer großen Armut lebten. Das Apartment war winzig. Es gab, wie Akumal feststellte, nicht mal ein flüssiges Spülmittel fürs Geschirr; stattdessen legten sie ein Stück Kernseife auf den Boden eines Wasserkrugs. Die Finanzen des Malers waren schon lange so knapp bemessen, dass er sich keine Leinwand leisten konnte und daher gezwungen war, auf dicken Lagen Papier zu malen. (Aus diesem Grund sind seine Werke alle relativ klein, und eine von Shapinskys – in meinen Augen – größten Leistungen ist es, auf diesem künstlich beschränkten Format große, »epische« Konzepte unterzubringen.)

Kate Shapinsky war Tänzerin von Beruf, eine Zeitgenossin Martha Grahams. Heute fertigt sie, während Shapinsky malt, Quilts, Sweater und Pullover, die sie an Boutiquen verkauft, und nur das geringe Einkommen aus dieser Arbeit hat es den Shapinskys viele Jahre lang ermöglicht, einigermaßen zu leben, und ihrem Mann Harold, zu malen.

Mit David Shapinsky besprach Akumal, ob er, Akumal, Harolds Arbeit zu fördern versuchen solle, und es wurde beschlossen, dass man es wenigstens probieren könne. Nun schloss der Professor aus Bangalore mit dem Sohn des Malers eine Wette ab – dass er für Harold Shapinsky innerhalb eines Jahres eine größere Ausstellung in Europa arrangieren werde, in London, vielleicht, oder in Amsterdam; und dass die *Encyclopaedia Britannica* ihre Ausführungen über den abstrakten Expressionismus abändern, das heißt für die Werke dieses lange verkannten Meisters Platz schaffen müsse.

Aber Harold Shapinsky hatte den größten Teil seiner Künstlerlaufbahn, unbemerkt von Galerien und Händlern, weit abseits des Kunstmarktes verbracht. Im Jahre 1950 war sein Werk im Rahmen einer Ausstellung junger Talente gezeigt und von der *New York Times* sogar gelobt worden, seitdem aber hatte sich, bis auf ein paar obskure Gruppen-Vernissagen, überhaupt nichts mehr getan. Gleichgültigkeit hatte ihn ins Abseits getrieben. Und kein Establishment gibt freiwillig zu, einen Fehler gemacht zu haben.

Diese Mauer der Gleichgültigkeit und Skepsis war es, die Akumal überwinden oder niederreißen musste. Er ließ auf eigene Kosten Dias von Shapinskys Arbeiten anfertigen und startete einen Frontalangriff auf die Kunstwelt von Manhattan. Ohne Erfolg; die Mauer hielt stand. Denn schließlich, wie sollte es möglich sein, dass ein verrückter Inder vom landwirtschaftlichen College in Bangalore auf etwas gestoßen war, das die New Yorker Moguln übersehen hatten? Nachdem sich etwa dreißig Galerien geweigert hatten, auch nur einen Blick auf die Dias zu werfen, beschloss Akumal, einen Versuch in Europa zu wagen. Und damit wendete sich das Glück für ihn und Shapinsky.

Im Dezember 1984 betrat Akumal, unterm Arm die Schachtel mit den Dias und ohne einen Termin zu haben, die Londoner Tate Gallery. Wenige Minuten später erhielt Ronald Alley, der Kustos der Modern Collection, die telefonische Mitteilung, in der Eingangshalle befinde sich ein sehr erregter indischer Gentleman und bestehe darauf, irgendjemandem eine Anzahl Dias zu zeigen, die, wie er behaupte, eine größere Entdeckung seien. Alley erklärte sich bereit, sich die Dias anzusehen. Akumal hatte die Mauer durchbrochen.

Als Ronald Alley die Dias sah, sagte er: »Ich war verblüfft, dass ein echter abstrakter Expressionist von dieser Qualität unbekannt war«, und empfahl Akumal an die Mayor Gallery. Außerdem legte er seine Meinung über Shapinskys Arbeit schriftlich nieder. Während der folgenden Wochen folgte so mancher europäische Experte seinem Beispiel. Professor Norbert Lynton, Professor für Kunstgeschichte an der Universität von Sussex, schrieb: »Er ist mit Sicherheit ein Maler von außergewöhnlicher Qualität... Die Dias lassen auf einen abstrakten Expressionismus von selten gesehener Frische und Lebendigkeit (im Gegensatz zu melancholisch-seelenvoll) schließen, auf ein wundervolles Farbgefühl und außerdem ein seltenes Gespür für Positionsmarkierungen und Farbfelder sowohl auf Leinwand als auch auf Papier.« Auch die führenden Galerien von Köln und Amsterdam zeigten sich begeistert. Und James Mayor von der Mayor Gallery flog nach New York, war beeindruckt, ja freudig erregt, und traf eine Auswahl für eine Shapinsky-Retrospektive. Die Wette war gewonnen.

Man möchte vermuten, dass es außer der aufrichtigen Begeisterung in ganz Europa über die Qualität von Shapinskys Werk auch ein gewisses Maß an schadenfrohem Händereiben gegeben hat, weil Shapinskys Fall die New Yorker Kunstszene in so negativem Licht dastehen lässt. Und New York hat schon so lange im Hühnerhof regiert, dass diese europäische Rache wahrhaftig sehr süß gewesen sein muss.

Was nun Professor Ramachander betrifft, so wird inzwischen auch er davon profitieren, dass er Harold Shapinsky lanciert hat. Aber wieso war Akumal überhaupt in der Lage zu sehen, was allen anderen entgangen war? Der Grund scheinen die schon erwähnten Schmetterlinge zu sein: »Meine Kunstschule war eine kleine Wiese in der Nähe meines Elternhauses. Dort habe ich viel Zeit verbracht und Schmetterlinge gejagt. Hunderttausende, wissen Sie, in all ihren wunderschönen Farben. Töten würde ich nie einen Schmetterling, nur gejagt habe ich sie und die unendliche Fülle ihrer Farben bewundert. All diese Farben haben, glaube ich, einen tiefen Eindruck in mir hinterlassen... und all diese Muster und Kombinationen waren dann schon in mir drin. Nun musste ich nur noch die Arbeiten eines anderen nehmen und schauen, ob ich all diese Farben, die ich in meiner Kindheit gesehen hatte, zurückholen konnte. Und Shapinsky kommt dem wirklich sehr nahe.«

Seit Jahrhunderten ist es das Schicksal der Menschen im Osten gewesen, vom Westen »entdeckt« zu werden – mit dramatischen und gewöhnlich unangenehmen Folgen. Die Geschichte von Akumal und Shapinsky ist eine kleine Begebenheit, durch die der Osten das Kompliment erwidern konnte, und überdies mit Happy End. Und wenn wir daran glauben sollen, dass alles mit einer Wiese in Kalkutta begann, wo ein kleiner Inder, von wirbelnden Schmetterlingsfarben umgeben, herumlief – warum nicht? Das ist genauso glaubwürdig wie alles andere an dieser Story.

1985

Sechster Teil

Allgemeine Wahlen

Charter 88

Über die Identität der Palästinenser:

Ein Gespräch mit Edward Said

Allgemeine Wahlen

Es ist noch gar nicht lange her, dass ich nach einem zweimonatigen Aufenthalt in Indien nach England zurückkehrte und mich ziemlich desorientiert fühlte – dabei hatte man zu dem Zeitpunkt noch gar nicht zu allgemeinen Wahlen aufgerufen. Mittlerweile jedoch, wo immer wieder neue Meinungsumfragen uns von einem nahezu unausweichlichen, mehr oder weniger überwältigenden Sieg der Tories informiert haben, hat sich mein Gefühl der Entfremdung zu so etwas wie einem voll ausgewachsenen Kulturschock entwickelt. »Es ist eine verrückte Welt, die Sie hier haben, meine Herren.«

Haben sie was ins Trinkwasser geschüttet, während ich fort war? Ich hatte immer gedacht, die Engländer seien stolz auf ihren gesunden Menschenverstand oder ihren guten, altmodischen, nüchternen Realismus. Die Wahl von 1983 jedoch beginnt immer stärker wie ein düsteres Ammenmärchen auf mich zu wirken, eine so empörend unwahrscheinliche Fiktion, dass jeder Romancier, der es erfunden hätte, verspottet worden wäre.

Lassen Sie uns diese Fiktion doch einmal näher betrachten. Eine Tory-Premierministerin namens Maggie May wird wegen ihrer Versprechungen, die Direktbesteuerung zu beschneiden und das Land wieder an die Arbeit zu schicken (*»Labour isn't working«*), gewählt. Während der folgenden vier Jahre erhöht sie die Direktbesteuerung und schafft es, die Arbeitslosenzahl um zwei Millionen zu steigern. Und ein paar Extrabonbons gibt's obendrein von ihr: ein Fünftel der verarbeitenden Industrie ist ruiniert, und Maggie May hat dem Land (obwohl sie wiederholt behauptet, mit der monströsen Inflation aufgeräumt zu haben) den größten Preisanstieg beschert, den je ein britischer Premierminister zu verantworten hatte. Das Wohnbauprogramm des Landes kommt zum Stehen; Schulen und Krankenhäuser werden geschlossen; das

Nationality-Gesetz beraubt die Briten ihres 900 Jahre alten Rechts auf Staatsbürgerschaft durch Geburt; und der unerwartet große Gewinn aus dem Nordseeöl wird zur Finanzierung der Arbeitslosigkeit verschleudert. Geld wird in die Polizei gesteckt, und als Ergebnis steigen die anzeigepflichtigen Verbrechen um 28 Prozent.

Immer wieder erzählt sie der Nation, dass es strenge Ausgabenbegrenzungen gebe, gibt aber dennoch unzählige Milliarden für einen Wahnsinnskrieg aus, zu dessen Folgen der Export von Trinkwasser in den Südatlantik gehört, das den britischen Steuerzahler fünf Pence pro Pint kostet. Und da wir gerade von Frieden sprechen: Weitere unzählige Milliarden hat sie für den Ankauf der modernsten Todeswaffen bereitgestellt, obwohl der gesunde Menschenverstand, ganz zu schweigen von den Erfahrungen der Geschichte, eindeutig darauf hinweist, dass es, je mehr Waffen dieser Art existieren, umso wahrscheinlicher ist, dass sie auch eingesetzt werden.

Bis hierher ist die Story von der Premierministerin May beinah glaubwürdig. Die fiktive Person wirkt ungewöhnlich grausam, inkompetent, skrupellos und gewalttätig, aber es hat schon andere Tory-Politiker gegeben, auf die eine solche Beschreibung durchaus zutrifft. Nein, die Story fällt erst auseinander, wenn sie ihrem Ende zugeht: Maggie May beschließt, sich an das Volk zu wenden, und statt in die tiefste Dunkelheit oder wenigstens, wie ihre Namensvetterin, nach Tasmanien gejagt zu werden, scheint es, dass man ihr das Vertrauen aussprechen wird; dass fünf weitere Jahre Grausamkeit, Inkompetenz usw. genau das sind, was die Wähler wollen.

Der unglückselige Romancier reicht seine Story ein und wird sofort mit einer Flut von Ablehnungsbescheiden überschüttet. Verzweifelt sucht er seine Erzählung überzeugender zu gestalten. Maggie Mays politische Gegner werden als hoffnungslos zerstritten dargestellt. Dass sich angeblich »Vollzeit-Sozialisten« unter ihren Widersachern befinden, beunruhigt das Volk. Der Führer der Labour Party trägt ein ungebügeltes Donkey Jacket am Zenotaph und stolpert immer wieder über seinen Hund. Und dennoch bleibt die Tatsache (darauf weisen die Ablehnungsbescheide hin) bestehen, dass für Mrs May, wenn sie den Vorsprung halten will, den sie – wie die Umfragen ergeben – anscheinend innehat, offensichtlich die Arbeitslosen – oder jedenfalls ein Teil davon – stimmen; genau wie ein Teil der Obdachlosen, ein Teil der Geschäftsleute, deren Geschäft sie ruiniert hat, ein Teil der Frauen, denen es schlechter gehen wird, wenn (zum Beispiel) ihr Vorschlag, das Kindergeld von der Bedürftigkeit abhängig zu machen, zum Gesetz wird, und ein Teil der Gewerkschafter, deren Rechte sie so drastisch zu beschneiden beabsichtigt.

An diesem Punkt würde unser imaginärer Romancier die Integrität seiner Vision opfern, weil er veröffentlicht werden will, und den Schluss voraussichtlich umschreiben. Trompeten schmettern, die schlafenden Bürger erwachen, *le jour de gloire* beginnt, und Maggie May kriegt 1983 den gleichen Rausschmiss wie ihr Held Winston Churchill im Jahre 1945.

Wirkt es nicht sonderbar, dass dies, das plausible Happy End, im kalten Licht des wirklichen Großbritannien betrachtet, völlig unglaubwürdig aussieht?

Ich ertappe mich dabei, mit Spengler der Ansicht nachzuhängen, dass es Zeiten geben kann, in denen das Negativste eines Volkes an die Oberfläche kommt und in seiner Regierung Ausdruck findet. Es gibt natürlich viele Briten, und viele von ihnen – die skeptischen, infrage stellenden, radikalen, reformerischen, indeterministischen, nonkonformistischen Briten – habe ich immer zutiefst bewundert. Doch diese Briten befinden sich gegenwärtig auf dem Rückzug, und zwar sogar auf dem ungeordneten; während das schwache Großbritannien, das stramm der alten Viktoria nachtrauernde Großbritannien, das klassenbewusste, Kusch-auf-deinen-Platz-Großbritannien, das schmallippige, hurrapatriotische Großbritannien am Ruder ist. Finstere Göttinnen regieren; die strahlende Helle verschwindet vom Firmament. »Die alten

Briten«, berichtet das beste aller Geschichtsbücher, *1066 and All That,* »malten sich blau oder waid-blau an und kämpften heldenhaft unter ihrer verwegenen Königin Woadicea.« Die heutigen Briten sind sogar noch älter, aber sie haben abermals gekämpft, und es dauert lange, bis die blaue Farbe verblasst. Woadicea reitet wieder.

Und was sie alles erreicht hat! Sie hat das Volk davon überzeugt, dass alles, was schiefgeht, von der Arbeitslosenzahl bis zur Verbrechensrate, Gottes Wille oder die Schuld eines anderen ist, dass die Truppen der gewerkschaftlich organisierten Arbeiterschaft im Grunde der Feind der organisierten Arbeiterschaft sind; dass wir uns nur verteidigen können, indem wir den Vereinigten Staaten die Macht über unser Leben und unseren Tod überlassen; dass es weit schlimmer ist, ein »Aktivist« zu sein als ein Inaktivist, und dass die Linke wieder als das gesehen werden muss, was sie in der lateinischen Sprache heißt: *sinister.* Sie vertritt eine Ideologie, die in Wirklichkeit eine Ideologie der Impotenz ist und sich – ein Trick – mit dem Mäntelchen der Entschlossenheit tarnt, und so scheint er zu funktionieren: Maggies Stachel.

Dabei geschah es erst 1945, dass das britische Volk, politisiert durch seine Kriegserlebnisse, das Joch der blauen, also konservativen Herrscherklasse abwarf... Wie schnell hat sich doch das Rad der Geschichte gedreht, wie schnell ging das Vertrauen in die Partei verloren, die es sich als Waffe geschmiedet hatte, wie bedrückend bereit scheint die Nation zu sein, wieder einmal Kotau zu machen. Das Schlimmste an dieser Wahl aber ist, dass niemand richtig zornig über das zu sein scheint, was geschehen ist, was geschieht und was mit Sicherheit weiter geschehen wird, wenn Mrs Thatcher am Morgen des 10. Juni auf der Schwelle von Downing Street Number 10 stehen wird. (Woraus wird sie diesmal zitieren? Wieder aus Franz von Assisi? Aus der Apokalypse? Den Hitler-Tagebüchern?)

Nach meiner Ansicht ist das Ausbleiben eines weitverbreiteten Volkszorns überaus ernst zu nehmen, und zwar weil Demokratie nur in einem turbulenten Klima gedeihen kann. Denn wo es Zustimmung, Zynismus, Passivität, Resignation und »Inaktivität« gibt, ist der Weg bereitet für jene, die uns unserer Rechte berauben wollen.

Und so weigere ich mich endgültig und trotz aller Voraussagen und Wahrscheinlichkeiten, zu akzeptieren, dass unsere Sache verloren ist. Verzweiflung ist eine Genugtuung für unsere Feinde. Und bei Wahlen geht es nicht um logische Argumente, sondern um Leidenschaften. Es ist sogar vorstellbar, dass selbst jetzt, in dieser elften Stunde, eine gewisse Wut im Volk angefacht werden kann, Wut auf jenes Versiegen des Lichts, für das der Thatcherismus steht. Die Wählerschaft, so hören wir, sei noch nie so wankelmütig gewesen; also könnte sich das Wunder möglicherweise doch noch einstellen. Vielleicht erweist es sich ja auch eines Tages, dass das wirkliche Leben denselben Wahrscheinlichkeitsgesetzen folgt wie die Fiktion und die Vernunft wieder bei uns Einzug hält.

Wenn nicht, können wir uns auf fünf weitere Jahre des *going to the dogs* – des Vor-die-Hunde-Gehens – freuen. Leser des *Guardian* werden sich zweifellos an diese wenig sympathischen Tiere erinnern; vor wenigen Jahren waren sie als *running dogs* – Mitläufer – des Kapitalismus bekannt.

1983

Charter 88

Früher glaubte ich einmal, die Philosophie der sozialen Gerechtigkeit, die Diskussionen über die Definition des Guten, ja, alle Diskussionen über die Gesellschaftsform, in der wir leben wollten, hätten *Vorrang vor der Politik,* die Politik sei eine zweitrangige, untergeordnete Sparte der Ethik. Man könnte behaupten, das treffe auf Karl Marx genauso zu wie auf Aristoteles. Jetzt aber scheint das nicht mehr zuzutreffen. »In Großbritannien darf heutzutage gar nichts mehr apolitisch sein«, erklärt uns Hugo Young in einem *Guardian*-Artikel, in dem er der Wahlkampagne der Charter 88 vorwirft, eine verkappte SDP zu sein, ein Versuch, sich bei »apolitischen Klassen« anzubiedern. Das einzige »wirkliche« Ziel derartiger Kampagnen, behauptet er, sei es, »die Labour Party zu dieser Einstellung zu bekehren«. Also müssen neue Ideen jetzt mit dem Hut in der Hand zu den politischen Overlords gehen (und »politisch« ist hier mit »parteipolitisch« gleichzusetzen). Welch eine engstirnige Zeit!

Im Kopf eines dieser Overlords, Mr Roy Hattersley, hat eine noch bemerkenswertere Fusion des Ethischen mit dem Politischen stattgefunden, die ihn in die Lage versetzt, »absolute Freiheit« als »Regierungsmaßnahme« darzustellen, und das in einem Artikel, dessen unmittelbar vorangehender Absatz sich, ohne sich anscheinend des darin liegenden Widerspruchs bewusst zu sein, mit den »durch Regierungsmaßnahmen« verweigerten Rechten ethnischer Minderheiten und der Frauen befasst.

»Wahre Freiheit erfordert Maßnahmen der Regierung«, erklärt Mr Hattersley in echt orwellschem Ton und ignoriert dabei die gesamte Geschichte der Freiheitsbewegung auf der Welt, ganz zu schweigen von den hervorragenden Erfolgen der nichtregierungsamtlichen Bürgerbewegungen in dieser Richtung – Erfolge, die beweisen, dass Regierungen, was Fragen der Freiheit betrifft, erst handeln, wenn sie mit der Nase darauf gestoßen werden.

Es wird eindeutig eines recht kräftigen Stoßes bedürfen, um Mr Hattersley in Bewegung zu setzen, für den Demokratie die »absolute Souveränität« des Parlaments bedeutet. Unter Hinweis auf einen Mori-Bericht über die Ergebnisse, die eine Verhältniswahl bei den Wahlen von 1987 gebracht hätte (die Tories hätten 279 Sitze erhalten statt 375; Labour 202 statt 229; die Alliance 149 statt nur 22), erklärt er, da dies eine Pattsituation im Parlament ergeben hätte, die zur »Destruktion der großen Parteien« führen müsste, dürfe so etwas niemals geschehen. Wir sehen also, dass der Stellvertretende Vorsitzende der Labour Party nicht nur an die absolute Souveränität des Parlaments glaubt, sondern auch *an die großen Parteien;* ein weiterer Beweis – falls ein weiterer Beweis nötig wäre – dafür, dass die wahren Konservativen in Großbritannien heutzutage in der Labour Party zu finden sind, während es eine Menge Radikale in Blau gibt.

Die Charter 88 ist der Versuch, die Debatte über die Gesellschaftsform, in der wir leben möchten, wieder in Gang zu setzen, und zwar eben weil unsere »absoluten Souveräne« nicht mehr fähig zu sein scheinen, derartige Fragen aufs Tapet zu bringen; eben weil es so schwierig wird, an die Unverletzlichkeit unserer Rechte zu glauben, oder vielmehr sogar an ihre Existenz, bis wir sie in einer schriftlichen Verfassung niedergelegt sehen. Wie Ian McEwan es formuliert: Wenn wir in Großbritannien die stolzen Inhaber fundamentaler Freiheiten sind, die so vielen anderen Menschen verweigert werden, warum sollte man sich weigern, sie niederzuschreiben?

Ich würde die Charter 88 gewiss nicht als »apolitisch« bezeichnen, denn letztlich muss sie eindeutig darauf hinarbeiten, sich aufs politische, sogar aufs parteipolitische Feld zu begeben; aber als *präpolitisch,* als eine jener Initiativen, die, wie die Bürgerrechtsbewegung, die Anti-Vietnam-Bewegung, die Grünen, zunächst als Bewegung der Bürger, nicht ihrer eigenen Anführer, zu arbeiten beginnt und die Politiker verpflichtet, zur Abwechslung mal auf andere Stimmen als ihre eigenen zu hören.

Was die Charter 88 von den Bewegungen unterscheidet, die ich soeben aufgezählt habe, ist die Tatsache, dass es sich nicht um eine Ein-Punkt-Kampagne handelt, sondern um den Versuch zu einer radikalen Kritik an der Art, wie wir gegenwärtig regiert werden; und dass sie, um ihre Ziele je zu erreichen, Unterstützung von allen Teilen des politischen Spektrums benötigt. Eine festgelegte Verfassung muss über dem Sektierertum der Parteipolitik stehen.

Roy Hattersley hat nur Verachtung für schriftlich niedergelegte Verfassungen. Selbst die Europäische Menschenrechtskonvention tut er als Instrument zum Schutz der Public Schools ab. Auf jeden Fall, erklärt er uns, könne man das nicht tun. »Was das Parlament gegeben hat, kann das Parlament auch nehmen.« Absoluten Souveränen fehlt, wie es scheint, die absolute Macht nur über sich selbst. Das alles ist Unsinn. Jawohl, die Charter 88 plant etwas ganz Ähnliches wie eine konstitutionelle Revolution, aber konstitutionelle Revolutionen hat es schon früher gegeben. Jawohl, das würde zum Beispiel bedeuten, dass das Parlament für seine eigene, vorübergehende Abschaffung stimmen müsste, damit – vielleicht auf einer gesetzgebenden Versammlung – das Gesetz endlich über die Häupter unserer Herrschenden gestellt wird. Jawohl, wir sprechen davon, die legale Form der Nation zu verändern. So etwas können Nationen tun, wenn sie es für notwendig halten. Mr Hattersleys Hass auf Veränderungen verurteilt ihn, wie ich fürchte, zum Schicksal der Dinosaurier.

Die schlichte Wahrheit ist, dass so ungefähr jeder andere demokratische Staat eine schriftlich niedergelegte Verfassung besitzt und wertschätzt; dass die Briten darauf bestanden, dass all ihre ehemaligen Kolonien sich im Augenblick ihrer Unabhängigkeit ein solches Dokument zulegten; und dass eine wachsende Zahl britischer Bürger kein Vertrauen mehr in die unbegrenzte Macht dieser oder jeder anderen übermächtigen britischen Regierung hat.

»Die ganze Idee der Menschenrechte – vor allem der *allgemeinen* – ist eine vergleichsweise neue, junge Entwicklung«, schreibt Steve Platts im *New Statesman & Society*. Es ist nützlich, von ihm daran erinnert zu werden, »eine wie revolutionäre Entwicklung« die Allgemeine Erklärung der Menschenrechte der UNO vor nur 40 Jahren eigentlich war. Schon ein eher flüchtiges Studium der Geschichte des 20. Jahrhunderts zeigt, dass es wirklich sehr schwer ist, zu bestimmen, was ein »Menschenrecht« oder ein »Bürgerrecht« eigentlich ist oder nicht ist, und dass es ebenso leicht für die Regierungen ist, so zu tun, als existierten derartige Rechte nicht oder brauchten nicht zu existieren. Aber wir alle wissen, was wir unter einem »verfassungsmäßigen Recht« verstehen. Das Fifth Amendment der US-Verfassung macht es einer amerikanischen Thatcher unmöglich, dass Recht eines Angeklagten zur Aussageverweigerung vor Gericht zu widerrufen. Die Unterzeichner der Charter 88 sind der Ansicht, es sei höchste Zeit, dass wir ebenfalls derartige Rechte erhalten; und es könnte eventuell sogar möglich sein, eine landesweite – und, anfangs, außerparlamentarische – Mehrheit dafür zu gewinnen.

1988

Über die Identität der Palästinenser:
Ein Gespräch mit Edward Said

SALMAN RUSHDIE: Für jene von uns, die in dem Kampf zwischen den östlichen und westlichen Sichtweisen der Welt sowohl einen internen als auch einen externen Kampf sehen, ist Edward Said seit vielen Jahren eine besonders wichtige Stimme. Als Professor für Englisch und Vergleichende Literatur an der Columbia University sowie als Autor literarischer Kritiken über, unter anderem, Joseph Conrad besitzt Edward die bemerkenswerte Fähigkeit, die Welt gerade so minutiös zu lesen wie Bücher. Wir brauchen nur an die große Trilogie zu denken, die seinem neuen Buch, *After the Last Sky*, vorausgegangen ist. Im ersten Band, *Orientalism*, analysierte er »den Zusammenhang zwischen Wissen und Macht« und erläuterte, wie die Gelehrten der Empirezeit dazu beitrugen, ein Bild des Orients zu schaffen, das die Rechtfertigung für die Übermacht-Ideologie des Imperialismus darstellte. Als Nächstes folgte *The Question of Palestine*, in dem der Kampf zwischen einer vorherrschend von westlichen Vorstellungen geprägten Welt – jene des Zionismus und später Israels – und der weitgehend »orientalischen« Wirklichkeit des arabischen Palästina geschildert wird. Anschließend kam *Covering Islam* mit dem Untertitel »Warum die Medien und die Experten entscheiden, wie wir den Rest der Welt zu sehen haben«, in dem die Erfindung des Ostens durch den Westen im Rahmen einer Diskussion über die Reaktionen auf die Wiederbelebung des Islam sozusagen auf den neuesten Stand gebracht wird.

After the Last Sky ist eine gemeinsame Arbeit mit Jean Mohr – einem Fotografen, der Ihnen möglicherweise aus John Bergers Studie der Einwandererarbeit in Europa, *A Seventh Man*, bekannt ist. Der Titel stammt aus einem Gedicht namens »Die Erde dringt auf uns ein« von Mahmoud Darwish, einem palästinensischen Volksdichter:

> Die Erde dringt auf uns ein, stößt uns durch die letzte Passage, und wir reißen uns die Glieder aus, um uns hindurchzuzwängen. Die Erde zerdrückt uns. Ich wünschte, wir wären ihr Weizen, damit wir sterben und von Neuem leben könnten. Ich wünschte, die Erde wäre unsere Mutter, damit sie gut zu uns wäre. Ich wünschte, wir wären Bilder auf den Steinen, damit unsere Träume sie als Spiegel trügen. Wir sahen die Gesichter jener, die durch die Letzten von uns getötet wurden bei der letzten Verteidigung der Seele.
> Wir weinten über das Festmahl unserer Kinder. Wir sahen die Gesichter jener, die unsere Kinder zum Fenster dieses letzten Raums hinauswerfen werden. Unser Stern wird Spiegel aufhängen.
> Wohin sollen wir gehen, hinter der letzten Grenze? Wohin sollen die Vögel fliegen hinter dem letzten Himmel?
> Wo sollen die Pflanzen schlafen nach dem letzten Hauch der Luft? Wir werden unsere Namen schreiben mit scharlachrotem Dampf.
> Wir werden die Hand des Liedes abschlagen, damit es von unserem Fleisch beendet wird.
> Hier werden wir sterben, hier in der letzten Passage. Hier und hier wird unser Blut seinen Olivenbaum pflanzen.

Hinter dem letzten Himmel gibt es keinen Himmel mehr. Hinter der letzten Grenze gibt es kein Land mehr. Der erste Teil von Saids Buch trägt den Titel »States«. Er ist eine leidenschaftliche und bewegende Meditation über Vertreibung, Landlosigkeit, Exil und Identität. Er fragt zum Beispiel, in welchem Sinne man sagen kann, dass die Palästinenser existieren. Er fragt: »Existieren wir? Welchen Beweis haben wir dafür? Je weiter wir uns vom Palästina unserer Vergangenheit entfernen, desto problematischer wird unser Status, desto entwurzelter unser Sein, desto unbeständiger unsere Präsenz. Wann wurden wir ein Volk? Wann hörten wir auf, eines zu sein? Oder befinden wir uns erst in dem Prozess, eines zu werden? Was haben diese großen Fragen mit unseren Beziehungen untereinander und mit anderen zu tun? Unsere Briefe schließen wir oft mit der Formel ›palästinensische Liebe‹ oder ›palästinensische Küsse‹. Gibt es wirklich so etwas wie palästinensische Intimität und palästinensische Umarmungen, oder sind das ganz einfach Intimität und Umarmungen – Erfahrungen, die allen Menschen gemeinsam und weder politisch bedeutsam noch spezifisch für eine Nation oder ein Volk sind?«

Eine wesentliche Idee in *After the Last Sky* betrifft die Bedeutung der palästinensischen Erfahrung für die Gestaltung von Kunstwerken, die von Palästinensern stammen. In Edwards Augen folgt aus der gebrochenen oder unterbrochenen Natur der palästinensischen Erfahrung, dass die klassischen Regeln für Gestaltung oder Struktur auf diese Erfahrung nicht zutreffen können; dass man vielmehr mit einer Art Chaos oder instabilen Form arbeiten muss, die ihre essenzielle Instabilität präzise ausdrückt. Dann führt Edward in das Thema ein – das weiter hinten im Buch fortentwickelt wird –, dass die Geschichte Palästinas die Insider (die palästinensischen Araber) zu Außenseitern gemacht hat. Dieses Argument wird durch ein Foto von Nazareth illustriert, aufgenommen an einem Platz in dem Teil der Stadt, der Upper Nazareth genannt wird – einem Viertel, das zur Zeit des arabischen Palästina noch gar nicht existierte. Auf diese Weise sieht man das arabische Palästina vom Standpunkt eines neuen, erfundenen Palästina aus, und die Insidererfahrung des alten Palästina wird auf dem Foto zur Außenseitererfahrung. Und doch sind die Palästinenser geblieben.

> Es wäre leichter,
> in der Milchstraße Bratfische zu fangen,
> das Meer umzupflügen
> oder einen Alligator sprechen zu lehren,
> als uns zu vertreiben.

Im zweiten Teil, »Interiors«, in dem das Thema Insider und Außenseiter vertiefend entwickelt wird, spricht Edward vom veränderten Status der Palästinenser, die in Palästina leben. Bis vor Kurzem wurden jene, die im Land geblieben sind, innerhalb der palästinensischen Gemeinde allgemein mit leichter Geringschätzung betrachtet, fast so, als seien sie durch die unmittelbare Nähe zu den Juden irgendwie verseucht worden. Nun aber ist die Situation genau umgekehrt, und jene, die weiterhin dort leben, eine palästinensische Kultur bewahren und die Welt zwingen, ihre Existenz anzuerkennen, haben in den Augen der anderen Palästinenser einen weit höheren Status erlangt.

Die Erfahrung, ein Insider des Palästinensertums zu sein, drückt sich aus durch eine Reihe von Codes, die der Außenseiter nicht verstehen kann, die aber von Palästinensern, wenn sie einander begegnen, jedes Mal sofort ausgetauscht werden. Die einzige Möglichkeit, das eigene Insidertum zu beweisen, ist eben der Gebrauch dieser Codes. Es gab da einen seltsamen Zwischenfall, als Professor Said durch einen ihm völlig Fremden ein Schreiben von einem Mann erhielt, der seine *palästinensische* Identität als Karateexperte erworben hätte. »Was sollte mir dieser Brief also sagen?«, fragt Said. »Erstens, dass er ein Insider war und sich der freundlichen Dienste eines wohlwollend gesinnten Außenseiters bediente, um Kontakt aufzunehmen mit mir, einem Insider, der jetzt außerhalb von Jerusalem lebt, dem Ort unserer gemeinsamen Herkunft. Dass er meinen Namen auf Englisch schrieb, war ebenso Zeichen dafür, dass er sich in der Welt auskannte, in der ich lebte, als auch dafür, dass er beobachtete, was ich tat. Die Zeit war gekommen zu demonstrieren, dass es für die Edward Saids besser wäre, wenn sie nicht vergäßen, dass sie von Karateexperten beobachtet werden. Karate steht hier nicht für Selbstverteidigung, sondern ausschließlich für die mehrfach wiederholte Tatsache, ein *palästinensischer* Experte zu sein. Ein Palästinenser – es ist, als ob die ständige Wiederholung dieses Faktums uns und andere daran hindert, uns zu übergehen oder uns ganz und gar zu übersehen.«

Nun nennt er eine Anzahl anderer Beispiele dafür, wie ein Verhalten wiederholt wird, um es zum palästinensischen Verhalten zu machen und so durch diese Wiederholung zu einer Existenz zu gelangen. Es scheint da auch einen Zwang zum Exzess zu geben, der in dem Buch auf tragische wie auf komische Art veranschaulicht wird. Wenn man Palästinenser ist, besteht eins der Probleme darin, dass die Idee des Inneren immer wieder verletzt wird von den Schilderungen anderer Leute, von den Versuchen anderer Leute zu bestimmen, was es heißt, diesen inneren Raum besetzt zu halten – ob es nun jordanische Araber sind, die behaupten, es bestehe kein Unterschied zwischen einem Jordanier und einem Palästinenser, oder Israelis, die behaupten, das Land sei nicht Palästina, sondern Israel.

Der dritte Teil, »Emergence«, und der vierte, »Past and Future«, diskutieren die Frage, was es tatsächlich heißt oder heißen kann, Palästinenser zu sein. Außerdem wird über die Macht berichtet, der die Palästinenser unterworfen sind, über die Art, wie selbst ihre Namen durch die Überlagerung der hebräischen Transliteration verändert wurden. Als Zeichen des Widerstands versuchen die Palästinenser nun ihre Identität zu behaupten, indem sie zu den alten arabischen Formen zurückkehren: Abu Ammar, zum Beispiel, statt Jassir Arafat. Verschiedentlich wurde sogar die eigentliche Bedeutung der Namen verändert. So wurde das größte Flüchtlingslager im Libanon, Ein el Hilwé, in der arabischen Transliteration mit »H« geschrieben, in der hebräischen Transliteration zu Ein el Khilwé: ein Name, der »süße Quelle« bedeutete, wurde in etwas verwandelt, das man als »Quelle am leeren Ort« übersetzen könnte. Said sieht darin eine Anspielung auf die

Massengräber und die immer wieder niedergewalzten und nicht in jedem Fall neu aufgebauten Lager. »Außerdem kam mir der Gedanke«, schreibt er, »dass Israel das Lager mit seiner palästinensischen Quelle tatsächlich geleert hat.«

Anschließend wird in dem Text über den Zionismus gesprochen, den Said in seinem früheren Buch *The Question of Palestine* behandelt. Wir sollten dabei nicht vergessen, wie schwierig es ist, in irgendeiner Form Kritik am Zionismus zu üben, ohne sich dem Vorwurf des Antisemitismus auszusetzen. Vor allem muss man den Zionismus als einen historischen Prozess verstehen, als etwas, das in einem Zusammenhang existiert und gewisse geschichtliche Funktionen besitzt. Eine weitere Idee in diesen späteren Teilen des Buches ist, dass im Westen jeder das Exil als Zustand primär mit Literaten und Angehörigen der Bourgeoisie in Verbindung bringt. Die Exilanten scheinen stets einer Mittelschicht anzugehören, in der große Gedanken möglich sind. Im Fall der Palästinenser jedoch ist das Exil ein Massenphänomen: Es ist die Masse, die exiliert wurde, und nicht nur die Bourgeoisie.

Schließlich stellt Said eine Reihe von Fragen, die auf das ursprüngliche Problem der palästinensischen Existenz hinauslaufen: »Was geschieht mit einem landlosen Volk? Wie ihr auch immer in der Welt existiert – was bewahrt ihr von euch selber? Was lasst ihr fallen?« Einen Passus finde ich besonders wertvoll, da er zahlreiche Dinge berührt, über die auch ich nachgedacht habe. »Unsere ureigenste Realität«, schreibt Said, »drückt sich in der Art aus, wie wir von einem Ort zum anderen ziehen. Wir sind Migranten und vielleicht Hybriden in, aber nicht aus jeder Situation heraus, in der wir uns befinden. Das ist die tiefste Kontinuität unseres Lebens als Volk, das im Exil lebt und ständig weiterziehen muss.« Auch die absolute Konzentration der Palästinensersprache auf ihre militärische Ausdrucksform kritisiert er und verweist auf die Gefahren des Verlustes oder des Nichtvorhandenseins einer Kultur.

Gelegentlich erhält Professor Said Drohungen von der Jewish Defense League in Amerika, und ich glaube, wir sollten unbedingt einsehen, dass es kein besonders leichtes Schicksal ist, als Palästinenser in New York zu leben.

Eine meiner Schwestern wurde in Kalifornien immer wieder gefragt, woher sie stamme. Und wenn sie dann »Pakistan« antwortete, schienen die meisten Menschen keine Ahnung zu haben, was das bedeutete. Ein Amerikaner sagte: »Ah ja, Pakestina!« und begann sofort von seinen jüdischen Freunden zu erzählen. Man kann die Folgen der amerikanischen Ignoranz in puncto Weltfragen gar nicht schlimm genug einschätzen. Als ich 1986 beim PEN-Kongress in New York war, übernahm es die amerikanische Schriftstellerin Cynthia Ozick, eine Petition in Umlauf zu setzen, in der der österreichische Kanzler Kreisky als Antisemit dargestellt wurde. Warum aber war er Antisemit – dieser Mann, der selbst Jude ist und Zehn-, vielleicht sogar Hunderttausenden von Juden aus der Sowjetunion Zuflucht gewährte? Weil er ein Gespräch mit Jassir Arafat geführt hat. Das Beunruhigende aber ist, dass diese Petition, auf den ersten Blick schon reichlich absurd, von den Teilnehmern des Kongresses so absolut ernst genommen wurde. Es gab sogar einen Moment, in dem ich voll Nervosität glaubte, weil niemand sonst für Palästina sprach, müsste ich es selber tun. Die Verteidigung jedoch kam ausgerechnet von Pierre Trudeau, der sehr bewegend über die Sache der Palästinenser sprach. Das waren einige der vielen außergewöhnlichen Dinge, die in New York geschehen können. Edward, Sie sind der Mann an Ort und Stelle. Wird die Situation schlechter? Wird sie besser? Was für ein Gefühl haben Sie?

EDWARD SAID: Also, ich glaube, dass sie schlechter wird. Zunächst einmal haben die meisten Menschen in New York, die sich so sehr über Palästina und die Palästinenser aufregen, überhaupt keine unmittelbaren Erfahrungen gemacht, sondern richten sich mit ihren Meinungen hauptsächlich nach dem, was sie im Fernsehen gesehen haben: Bombendrohungen, Morde und das, was der Innenminister und andere als Terrorismus bezeichnen. Das bewirkt eine gewisse unbegründete, emotionale Haltung, und darum reagieren die Menschen, wenn ich jemandem vorgestellt werde, der möglicherweise von mir gehört hat, auf eine sehr seltsame Art, die besagt: »Vielleicht bist du ja doch nicht so schlimm, wie es scheint.« Die Tatsache, dass ich Englisch spreche, und zwar sogar relativ gut, macht die Sache noch komplizierter, und so konzentrieren sich die meisten Menschen für den Rest unseres Gesprächs auf meine Arbeit als Englischprofessor. Aber man spürt eine ganz neue Art von Gewalttätigkeit um sich herum, die das Resultat der Ereignisse von 1982 ist. Damals gab es einen wichtigen Bruch mit der Vergangenheit, sowohl für die Menschen in den Vereinigten Staaten, die Israel unterstützten, als auch für Menschen wie uns, für die die Zerstörung von Beirut, unserem Beirut, das Ende einer Ära war. Meistens hat man zwar das Gefühl, ein ganz normales Leben zu führen, doch immer wieder wird man mit einer Drohung oder einer Anspielung auf etwas konfrontiert, das äußerst unangenehm sein könnte. Irgendwie fühlt man sich immer ausgestoßen.

SALMAN RUSHDIE: Hat sich irgendeine Änderung für Sie ergeben hinsichtlich der Möglichkeiten, zu publizieren oder über die Palästinenserfrage zu sprechen?

EDWARD SAID: In einem gewissen Maße. Das ist eine Frage, in der, wie Sie wissen, in Amerika ein Links-Rechts-Bruch besteht, und es gibt immer noch einige Gruppen, einige Menschen – wie Chomsky oder Alexander Cockburn –, die bereit sind, sie in aller Öffentlichkeit aufs Tapet zu bringen. Aber die meisten Menschen neigen zu der Auffassung, dass man sie besser den Verrückten überlässt. Freundliche Aufnahme findet man seltener, und schließlich veröffentlicht man für eine immer kleinere Leserschaft. Ironischerweise wird man außerdem zum Symbol, daher erhalte ich, wann immer irgendwo eine Entführung oder etwas Ähnliches stattfindet, Anrufe von den Medien, die mich bitten, herüberzukommen und zu kommentieren. Es ist ein äußerst seltsames Gefühl, als eine Art Repräsentant des Terrorismus angesehen zu werden. Man wird behandelt wie ein Diplomat des Terrorismus mit einem Platz am runden Tisch. Ich erinnere mich jedoch an einen Fall, als ich mit dem israelischen Botschafter zusammen zu einer Fernsehdiskussion geladen wurde – ich glaube, es ging um den Zwischenfall mit der *Achille Lauro*. Der wollte jedoch nicht nur mit mir nicht im selben Zimmer, sondern sogar in einem anderen Gebäude sitzen, um nicht durch meine Gegenwart beschmutzt zu werden. Der Interviewer sagte zu seinen Zuhörern im ganzen Land: »Wissen Sie, Professor Said und Botschafter Netanyahu weigern sich, miteinander zu sprechen; der israelische Botschafter will nicht mit ihm sprechen, und er will nicht...« Da unterbrach ich ihn und entgegnete: »O nein, ich bin durchaus bereit, mit ihm zu sprechen, aber er will nicht...« Der Moderator erwiderte: »Ich muss mich korrigieren. Mr Botschafter, warum wollen Sie nicht mit Professor Said sprechen?« – »Weil er mich umbringen will.« Ohne mit der Wimper zu zucken, wandte der Moderator ein: »Ach ja, wirklich? Bitte, erzählen Sie uns davon.« Und der Botschafter erzählte, dass wir Palästinenser die Israelis umbringen wollten, und so fort. Es war wirklich eine absolut idiotische Situation.

SALMAN RUSHDIE: Wie Sie sagen, haben Sie es nicht gern, wenn man von einer palästinensischen Diaspora spricht. Warum?

EDWARD SAID: Ich glaube, weil darin anklingt, dass wir, wie mir ein Mann aus Jerusalem schrieb, »die Juden der arabischen Welt« sind. Ich aber bin der Ansicht, dass unsere Erfahrung völlig anders ist und weit über derartigen Versuchen steht, Parallelen zu ziehen. Vielleicht ist die Dimension bescheidener. Auf jeden Fall passt die Idee, dass es da eine Art erlösende Heimat gibt, nicht zu meiner Auffassung der Situation.

SALMAN RUSHDIE: Dann möchte ich Ihnen die Frage stellen, die Sie selbst immer wieder formulieren: Existieren Sie? Und wenn ja, welche Beweise haben Sie dafür? In welchem Sinne gibt es eine palästinensische Nation?

EDWARD SAID: Zunächst einmal in dem Sinne, dass sehr viele Menschen Erinnerungen haben oder großes Interesse daran bekunden, in der Vergangenheit nach einem Zeichen für eine zusammengehörige Gemeinschaft zu suchen. Und viele – vor allem Gelehrte der jüngeren Generation – versuchen auch Dinge über die politische und kulturelle Erfahrung Palästinas zu entdecken, die es vom Rest der arabischen Welt unterscheiden. Zweitens ist es bei uns Tradition, Kopien palästinensischer Organisationen an so weit entfernten Orten wie Australien oder Südamerika aufzubauen. Es ist höchst bemerkenswert, dass Menschen nach, sagen wir, Youngstown, Ohio, ziehen – eine Stadt, die ich zwar nicht kenne, mir aber sehr gut vorstellen kann – und durchaus auf dem Laufenden sind über die jüngsten Ereignisse in Beirut oder die gegenwärtigen Meinungsverschiedenheiten zwischen der Volksfront und der Fatah, aber weder den Namen des Bürgermeisters von Youngstown kennen noch wissen, wie er gewählt wurde. Vielleicht nehmen sie einfach an, dass er von irgendjemandem in sein Amt eingesetzt wurde, statt sich wählen zu lassen. Schließlich können Sie aus Jean Mohrs Fotos ersehen, dass die Palästinenser ein Volk sind, das sehr viel umherzieht, das ständig Gepäckstücke von einem Ort zum anderen schleppt. Das trägt zu unserem Identitätsgefühl als Volk bei. Und das erklären wir laut genug, oft genug und schrill genug, erstarkt in dem Bewusstsein, dass es ihnen nicht gelungen ist, uns loszuwerden. Es ist ein großartiges Gefühl – Sie können es positiv oder pessoptimistisch nennen –, am Morgen aufzuwachen und zu sagen: Na also, sie haben mich nicht kaltgemacht!

SALMAN RUSHDIE: Um dieses Argument, die Dinge könnten schlechter stehen, zu veranschaulichen, erzählen Sie in Ihrem Buch die Geschichte von der Mutter, deren Sohn kurz nach seiner Hochzeit starb. Während die Braut noch immer trauert, sagt sie: »Ich danke Gott, dass es so geschehen ist, und nicht anders!« Daraufhin wird die Braut sehr zornig und sagt: »Wie kannst du so etwas sagen! Was könnte denn wohl noch schlimmer sein?« Aber die Schwiegermutter antwortet: »Stell dir vor, er wäre alt geworden, und du hättest ihn wegen eines anderen Mannes verlassen, und er wäre dann erst gestorben; viel schlimmer wäre das gewesen. Es ist also besser, dass er jetzt gestorben ist.«

EDWARD SAID: Genau. Man kann sich immer noch schlimmere Situationen vorstellen.

SALMAN RUSHDIE: Es ist sehr schwierig zu entscheiden, ob dies Optimismus oder Pessimismus ist. Deswegen nennt man es ja Pessoptimismus. Möchten Sie jetzt etwas über die Codes sagen, durch die sich die Palästinenser identifizieren, und über die Idee der Wiederholung und des Exzesses als Existenzmöglichkeit?

EDWARD SAID: Ich möchte Ihnen eine andere Geschichte erzählen, aus der Sie ersehen, was ich meine. Ein guter Freund von mir kam einmal zu mir ins Haus und blieb über Nacht. Am anderen Morgen nahmen wir das Frühstück ein, zu dem ein Yoghurtkäse mit einem bestimmten Würzkraut gehörte, *zaatar*. Diese Kombination gibt es vermutlich in der gesamten arabischen Welt und mit Sicherheit auch in Palästina, Syrien und dem Libanon. Mein Freund aber erklärte: »Siehst du? Dass es hier *zaatar* gibt, ist ein Zeichen dafür, dass dies ein palästinensisches Haus ist.« Da er ein Dichter war, verbreitete er sich ausführlich und ermüdend lange über die palästinensische Küche, und am Ende des Vormittags waren wir beide fest überzeugt, eindeutig eine nationale Küche zu haben.

SALMAN RUSHDIE: Dann wird also irgendetwas nur, weil ein Palästinenser es tut, zu etwas typisch Palästinensischem?

EDWARD SAID: Ganz recht. Aber selbst bei den Palästinensern gibt es feste Codewörter, durch die sich bestimmen lässt, aus welchem Lager oder welcher Gruppe der Sprecher kommt; ob er zur Volksfront gehört, die an die totale Befreiung Palästinas glaubt, oder zur Fatah, die an eine Einigung durch Verhandlung glaubt. Denn wenn sie über die nationale Befreiung sprechen, würden sie ein unterschiedliches Vokabular benutzen. Außerdem gibt es regional verschiedene Akzente. Es ist wirklich sonderbar, im Libanon einen jungen Palästinenser zu treffen, der in einem Flüchtlingslager geboren wurde und niemals in Palästina gewesen ist, aber in seinem libanesischen Arabisch die sprachliche Modulation von Haifa oder Jaffa benutzt.

SALMAN RUSHDIE: Wenden wir uns der Idee des Exzesses zu. Sie sprechen davon, dass Sie sich gezwungen sehen, überall viel zu viel Gepäck mitzuschleppen. Aber im Ernst: Ich erinnere mich an das Gespräch zwischen einem gefangenen palästinensischen Guerillero und einem israelischen Rundfunkreporter, bei dem der Guerillero sich selbst der furchtbarsten Verbrechen bezichtigt, das Ganze in Wirklichkeit aber durch einen kolossalen Exzess von Entschuldigungen ins Lächerliche zieht. Der Rundfunkreporter ist viel zu sehr mit seinen eigenen, eingefahrenen Vorstellungen beschäftigt, um zu merken, was da überhaupt vor sich geht.

EDWARD SAID: Genau. Das war 1982 im südlichen Libanon, als der israelische Rundfunk als eine Art psychologischer Kriegführung immer wieder gefangene Guerilleros vors Mikrofon zerrte. In dem Fall aber, von dem Sie sprechen, ließ sich niemand hinters Licht führen. Im Gegenteil, die Palästinenser in Beirut zogen eine Kassette von der gesamten Sendung und spielten sie am Abend als Unterhaltungsshow für die Zuhörer ab. Ich werde Ihnen eine kleine Kostprobe daraus übersetzen:

Israelischer Reporter: Ihr Name?
Gefangener Palästinenser: Ahmed Abdul Hamid Abu Site.
Israeli: Was ist Ihr Deckname?
Palästinenser: Mein Deckname lautet Abu Lell [auf Englisch Vater der Nacht, mit einem ziemlich bedrohlichen, schauerlichen Unterton]*
Israeli: Sagen Sie mir, Herr Abu Lell, zu welcher Terroristenorganisation gehören Sie?
Palästinenser: Ich gehöre zur Volksfront zur Befreiung... ich meine, Terrorisierung Palästinas.
Israeli: Und seit wann arbeiten Sie für diese Terrororganisation?

---

* Die eckigen Klammern kennzeichnen Saids Einlassungen. Anm. d. Red.

Palästinenser: Seit ich zum ersten Mal mit dem Terrorismus Bekanntschaft machte.

Israeli: Und was war Ihr Auftrag im Südlibanon?

Palästinenser: Mein Auftrag war Terror. Mit anderen Worten, wir drangen in Dörfer ein und terrorisierten die Bewohner. Und besonders wo es Frauen und Kinder gab, terrorisierten wir einfach alles. Was wir taten, war nichts als Terror.

Israeli: Haben Sie diesen Terror aus festem Glauben an Ihre Sache oder für Geld ausgeübt?

Palästinenser: Nein, nein, nur für Geld. Was für eine Sache ist denn das? Gibt es überhaupt noch eine Sache? Wir haben uns doch schon lange verkauft.

Israeli: Sagen Sie... Woher bekommen die Terroristenorganisationen ihr Geld?

Palästinenser: Von jedem, der Geld für den Terrorismus erübrigen kann.

Israeli: Was halten Sie von dem Terroristen Arafat?

Palästinenser: Der ist der größte Terrorist von allen, das schwöre ich! Er ist derjenige, der uns und unsere Sache verkauft hat. Sein ganzes Leben besteht aus Terrorismus. [Für einen Palästinenser könnte das natürlich bedeuten, dass er der fanatischste von allen ist, aber es klingt, als sei er einfach ein totaler Verräter.]

Israeli: Was halten Sie von der Art, wie sich die israelischen Verteidigungstruppen verhalten haben?

Palästinenser: Auf meine Ehre, wir danken den israelischen Verteidigungstruppen für die gute Behandlung jedes einzelnen Terroristen.

Israeli: Haben Sie einen guten Rat für die anderen Terroristen, die noch immer die israelischen Verteidigungstruppen terrorisieren?

Palästinenser: Mein Rat ist, dass sie den israelischen Verteidigungstruppen ihre Waffen ausliefern sollen. Dort wird ihnen die bestmögliche Behandlung zuteilwerden.

Israeli: Und nun, zum Schluss, Herr Terrorist, möchten Sie Ihrer Familie eine Nachricht zukommen lassen?
Palästinenser: Ich möchte meiner Familie und meinen Freunden mitteilen, dass es mir gut geht. Außerdem möchte ich dem feindlichen Rundfunksender dafür danken, dass er mir die Gelegenheit gegeben hat, dies zu sagen.
Israeli: Sie meinen die »Stimme Israels«?
Palästinenser: Ja, ja, ja, Sir. Vielen Dank, Sir. Ja natürlich, Sir!

SALMAN RUSHDIE: Und das wurde so gesendet?

EDWARD SAID: Ganz genau so. Es wurde von da an täglich gesendet, in Beirut aufgezeichnet und für die Guerilleros abgespielt. Es ist eine äußerst komische und großartige Geschichte.

SALMAN RUSHDIE: Sie erwähnen außerdem einen Fotoartikel in einer Modezeitschrift unter der Überschrift »Terroristenkultur«, in dem behauptet wird, die Palästinenser seien gar keine Palästinenser, weil sie sich einfach arabische Kleidung gestohlen und sie als palästinensisch bezeichnet hätten.

EDWARD SAID: Das tun wir doch dauernd!

SALMAN RUSHDIE: Darüber hinaus behauptet der Artikel, diese angeblich unverwechselbare Kleidung sei die der oberen Mittelschicht, und nicht die des Volkes. Sie beziehen sich auf Sharon Churcher, die amerikanische Verfasserin dieses Artikels, und schreiben: »Im größeren Zusammenhang der Dinge gesehen... ist sie jemand, der eine Lohnarbeit für eine Lohn-Modezeitschrift liefert.« Und dennoch, sagen Sie, haben Sie das Bedürfnis, bis an den Anfang zurückzugehen und die gesamte Geschichte Palästinas zu erklären, nur um Sharon Churchers Lüge aufzudecken und zu beweisen, dass es sich in Wirklichkeit um eine echte, volkstümliche Palästinenserbekleidung handelt. Wird diese Notwendigkeit, immer und immer wieder dieselbe Geschichte abzuspulen, nicht allmählich ermüdend?

EDWARD SAID: Gewiss, aber man tut es dennoch. Es ist wie der Versuch, den magischen Augenblick zu finden, an dem alles angefangen hat – genau wie in den *Mitternachtskindern*. Man kennt die Mitternacht, also kehrt man bis dahin zurück. Aber das ist wirklich sehr schwer, weil man alles untersuchen und eine Menge Fragen in der Tagespresse über sich ergehen lassen muss, die alle auf die eine Frage hinauslaufen, warum die Palästinenser nicht einfach bleiben, wo sie sind, und endlich aufhören, Ärger zu machen. Das hat zur Folge, dass man sich sofort in eine endlose Tirade stürzt, weil man den Leuten erklären muss: »Meine Mutter ist in Nazareth geboren, mein Vater ist in Jerusalem geboren...« Das Interessante daran ist, dass es auf der ganzen Welt nichts zu geben scheint, das diese Story bestätigt: Wenn man sie nicht immer und immer wieder erzählt, wird sie ganz einfach fallen gelassen und verschwindet von der Bildfläche.

SALMAN RUSHDIE: Die Notwendigkeit, ständig zu wiederholen.

EDWARD SAID: Genau. Anderen Erzählungen ist eine Art Permanenz institutioneller Existenz eigen, und man muss einfach versuchen, sich intensiv mit ihnen zu beschäftigen.

SALMAN RUSHDIE: Das ist einer der Punkte, die Sie als Insider des Palästinensertums kritisieren: das Fehlen jeden ernsthaften Versuchs, die Story zu institutionalisieren, ihr eine objektive Existenz zu verschaffen.

EDWARD SAID: Das stimmt. Es ist interessant, dass bis 1948 die meisten Schriften der Palästinenser der Angst Ausdruck verliehen, ihre Heimat zu verlieren. Ihre Schilderungen der Städte und anderer Orte in Palästina wirkten wie eine Art Plädoyer vor einem Tribunal. Nach der Vertreibung der Palästinenser jedoch gab es eine seltsame Phase des Schweigens, bis sich in den 50er- und vor allem den 60er-Jahren eine ganz neue palästinensische Literatur zu entwickeln begann. Angesichts der Größe dieses Erfolges ist es merkwürdig, dass keine Schilderung der palästinensischen Geschichte jemals in einem definitiven Meisterwerk niedergelegt worden ist. Es scheint niemals genügend Zeit dafür zu geben, und man hat ständig den Eindruck, dass der Feind – in diesem Fall die Israelis – versuchen wird, die Archive zu rauben. Der tiefste Eindruck für mich war damals, 1982, als die Israelis die Archive des Palästinischen Forschungszentrums in Beirut nach Tel Aviv verfrachteten.

SALMAN RUSHDIE: Mehr in Zusammenhang mit der Literatur als mit der Geschichte führen Sie an, dass die Unzulänglichkeit der Schilderung auf die Diskontinuität der palästinensischen Existenz zurückzuführen ist. Hat das etwas damit zu tun, dass es so schwierig ist, die Geschichte eines Volkes zu schreiben?

EDWARD SAID: Ja. Es gibt viele verschiedene palästinensische Erfahrungen, die nicht alle in einer einzigen Geschichtsschilderung zusammengefasst werden können. Deswegen müsste man parallele Geschichten der Gemeinden im Libanon, den besetzten Gebieten und so weiter schreiben. Das ist das zentrale Problem. Es ist praktisch unmöglich, sich eine einzige Geschichtsschreibung vorzustellen: Das würde zu jener Art verrückter Geschichte führen, wie sie in den *Mitternachtskindern* entsteht, mit all diesen kleinen Handlungsfäden, die sich ineinander verschlingen.

SALMAN RUSHDIE: Sie haben von *The Pessoptimist* als erster Manifestation des Versuchs gesprochen, in einer Form zu schreiben, die formlos scheint, in Wirklichkeit aber die Instabilität der Situation spiegelt. Könnten Sie ein bisschen mehr darüber sagen?

EDWARD SAID: Das ist vielleicht eine etwas exzentrische Auffassung. Ich selbst habe weder die palästinensische noch die arabische Literatur im Allgemeinen studiert. Aber ich bin fasziniert von dem Eindruck, den zum Beispiel Kanafanis *Männer in der Sonne* hinterlassen hat, ein Roman, der die Schwierigkeit schildert zu bestimmen, ob man über die Vergangenheit redet oder über die Gegenwart. Eine seiner Stories – »Die Rückkehr nach Haifa« heißt sie, glaube ich – handelt von einer Familie, die 1948 ausgewandert ist und sich in Ramallah niedergelassen hat. Sehr viel später kehren sie zurück, um ihr Haus in Haifa zu besuchen und ihren Sohn wiederzusehen, den sie in ihrer Panik zurückgelassen hatten und der dann von einer israelischen Familie adoptiert wurde. Der ganze Roman wird beherrscht von einem starken Gefühl endloser Zeitbewegungen, in denen Vergangenheit, Gegenwart und Zukunft sich ohne festen Mittelpunkt ineinander verschachteln.

SALMAN RUSHDIE: Vielleicht könnten wir nun zu jener langen Diskussion in *After the Last Sky* zurückkehren, die sich mit den ungehörten Stimmen der Palästinenserinnen beschäftigt. Sie schreiben: »Und dennoch erkenne ich in alldem ein grundlegendes Problem – das absolute Fehlen der Frauen. Mit wenigen Ausnahmen scheinen die Frauen wenig mehr als die Rolle von Bindestrich, Überleitung, reinem Zufall gespielt zu haben. Solange wir nicht in der Lage sind, im Zentrum unseres Lebens die Aussagen der Frauen wahrzunehmen – konkret, wachsam, mitfühlend, unendlich treffend, seltsam unverwundbar –, werden wir unser Erlebnis der Enteignung nie ganz verstehen.« Dies veranschaulichen Sie dann vor allem durch den Film *The Fertile Memory* des jungen palästinensischen Regisseurs Michel Khleifi, der von den Erlebnissen zweier Palästinenserinnen handelt.

EDWARD SAID: Ja. Dieser Film hat großen Eindruck auf mich gemacht. Eine der bemerkenswertesten Szenen dreht sich um die ältere Frau, die eigentlich Khleifis Tante ist. Sie besitzt ein Grundstück in Nazareth, auf dem seit vielen Jahren eine jüdische Familie lebt, doch eines Tages kommen ihre Tochter und ihr Schwiegersohn mit der Nachricht, dass diese Familie das Grundstück nunmehr erwerben will. Sie stellt klar, dass sie nicht an einem Verkauf interessiert ist. »Aber was soll das heißen?«, fragen die Kinder. »Die leben doch darauf; es ist ihr Land. Sie wollen dir alles nur leichter machen, indem sie dir Geld für die Besitzurkunde geben.« – »Nein, nein, das werde ich nicht tun«, erwidert sie. Das ist ein absolut irrationaler Standpunkt, und Khleifi erkennt den Ausdruck des Trotzes, der nahezu transzendenten Torheit auf ihrem Gesicht. »Ich nutze das Grundstück jetzt nicht«, erklärt sie. »Aber wer weiß, was noch geschieht? Wir waren zuerst hier. Dann kamen die Juden, und nach ihnen werden andere kommen. Das Grundstück gehört mir, und ich werde sterben, aber es wird dort bleiben – trotz all des Kommens und Gehens der Menschen.«

Dann nehmen die Kinder sie mit und zeigen ihr zum ersten Mal ihr Grundstück – es wurde ihr von ihrem Ehemann hinterlassen, der 1948 in den Libanon ging und dort starb. Khleifi beschreibt die außergewöhnliche Erfahrung, die sie macht, als sie das Grundstück betritt, das ihr gehört und doch nicht ihr gehört, als sie behutsam und vorsichtig die Füße setzt, sich immer wieder rundum dreht. Dann auf einmal verändert sich ihr Ausdruck, als sie die Absurdität des Ganzen erkennt, und sie geht davon. Diese Szene symbolisiert für mich die ständige Gegenwart der Frau im Leben der Palästinenser – und zugleich den Mangel an Anerkennung, die diese Gegenwart zeitigt. Es gibt eine starke frauenfeindliche Strömung in der arabischen Gesellschaft: neben Respekt und Bewunderung auch eine Art Furcht und Abneigung. Ich erinnere mich noch an eine andere Gelegenheit, als ich mit einem Freund das Bild einer ziemlich üppigen, einschüchternden und doch glücklichen Palästinenserin betrachtete, die die Arme über der Brust verschränkt hatte. Dieser Freund fasste die ganze Ambivalenz mit folgender Bemerkung zusammen: »Da hast du die Palästinenserin in all ihrer Kraft... und ihrer Hässlichkeit.« Das Bild dieser Frau, von Jean Mohr, scheint etwas auszusagen, an das zu rühren wir im Grunde noch nicht fähig waren. Dieses Erlebnis möchte ich, als Mann, in diesem palästinensischen Chaos zu artikulieren versuchen.

SALMAN RUSHDIE: In *After the Last Sky* sagen Sie, dass Sie, nachdem Sie lange innerhalb des westlichen Kulturkreises gelebt haben, so gut, wie es einem Nichtjuden nur möglich ist, verstehen gelernt haben, was die Macht des Zionismus für das jüdische Volk bedeutet. Und Sie schildern ihn als ein Programm der allmählichen und steten Akquisition, das effizienter und kompetenter arbeitet als alles, was die Palästinenser dagegenzusetzen haben. Das Problem ist, dass jedem Versuch einer Kritik am Zionismus, vor allem heutzutage, sofort mit dem Vorwurf des verkappten Antisemitismus begegnet wird. Der Widerspruch, man sei nicht antisemitisch, sondern antizionistisch, wird oft quittiert mit einem:

»O ja, diese Ausrede kennen wir.« In diesem Buch nun und in *The Question of Palestine* bieten Sie eine äußerst nützliche, emotional neutrale Kritik am Zionismus als historischem Phänomen. Vielleicht könnten Sie ein paar Worte darüber sagen.

Edward Said: Nach meiner Meinung ist die Zionismusfrage das Kriterium zeitgenössischer politischer Urteilsfähigkeit. Viele Menschen, die munter die Apartheid oder das Eingreifen der USA in Mittelamerika attackiert haben, sind nicht bereit, über den Zionismus zu sprechen und über das, was er den Palästinensern angetan hat. Das Opfer eines Opfers zu sein bereitet ganz außergewöhnliche Schwierigkeiten. Denn wenn man versucht, sich mit dem klassischen Opfer aller Zeiten auseinanderzusetzen – dem Juden und seiner oder ihrer Bewegung –, und wenn man sich dann als Opfer des Juden hinstellt, ist das eine Komödie, die eines Ihrer Romane wert ist. Nun aber gibt es eine neue Dimension, wie wir an der Flut der Bücher und Artikel erkennen, in denen jede Art Kritik an Israel als Tarnung für Antisemitismus behandelt wird. Vor allem wenn man in den Vereinigten Staaten irgendetwas als Araber aus einer Moslemkultur sagt, wird man sofort bezichtigt, sich dem klassischen europäischen oder westlichen Antisemitismus anzuschließen. Daher ist es absolut notwendig geworden, sich jedes Mal, wenn man darüber spricht, was er für die Palästinenser bedeutet, auf die spezielle Geschichte, auf den speziellen Kontext des Zionismus zu konzentrieren.

Salman Rushdie: Das Problem ist also, die Menschen den Zionismus als etwas sehen zu lehren, das genauso ist wie alles andere in der Geschichte, als etwas, das aus einer Quelle entsteht und irgendwohin geht. Glauben Sie, dass der Zionismus in den letzten Jahren seinen Charakter verändert hat, ganz abgesehen mal von der Tatsache, dass er der Kritik unterworfen wurde?

Edward Said: Eines meiner Hauptinteressen ist das Ausmaß, in dem die Menschen nicht in gegnerischen Einstellungen und gegenseitiger Feindseligkeit erstarrt sind. Im Laufe der vergangenen zehn Jahre habe ich zahlreiche Juden kennengelernt, die sich sehr für eine Art Austausch interessieren, und die Ereignisse der 60er-Jahre haben eine beträchtliche Gemeinde von Juden entstehen lassen, denen der absolutistische Charakter des Zionismus Unbehagen bereitet. Die gesamte Idee des Übergangs, des Sichbewegens von einer Identität zur anderen, ist extrem wichtig für mich, nachdem ich – wie wir alle – eine Art Hybride bin.

SALMAN RUSHDIE: Ich möchte Ihnen nun noch einige eher persönliche Fragen stellen. Sie sagen, Palästinenser sein heißt im Grunde aus einer Moslemkultur stammen, dennoch aber sind Sie kein Moslem. Erscheint Ihnen das als ein Problem? Hat es in diesem Zusammenhang in der Vergangenheit Misshelligkeiten gegeben?

EDWARD SAID: Ich kann nur sagen, dass ich keine derartigen Misshelligkeiten erlebt habe. Ich persönlich habe das Gefühl, dass unsere Situation als Palästinenser sich stark von der im Libanon unterscheidet, wo die Konflikte zwischen Sunniten, Schiiten, Maroniten, Orthodoxen und so weiter sehr intensiv historisch empfunden werden. Palästinenser zu sein hat den Vorteil, dass man lernt, die eigene Sonderstellung auf ganz neue Art zu empfinden, nicht als Problem, sondern als eine Art Geschenk. Ob in der arabischen Welt oder anderswo, die Massengesellschaft des 20. Jahrhunderts hat die Identität in so weitgehendem Maß zerstört, dass es viel wert ist, diese Besonderheit lebendig zu erhalten.

SALMAN RUSHDIE: Sie schreiben: »Die große Mehrheit unseres Volkes hat endgültig genug von den Verhängnissen, die uns heimgesucht haben, zum Teil durch unsere eigene Schuld, zum Teil durch die Identität der Enteigner und zum Teil, weil unserer Sache eine einzigartige Unwirksamkeit eigen ist, weil sie weder unsere Freunde ausreichend zu mobilisieren noch unsere Feinde zu überwinden vermag. Andererseits habe ich noch keinen Palästinenser getroffen, der es so satt hatte, Palästinenser zu sein, dass er ganz und gar aufgeben wollte.«

EDWARD SAID: Das ist doch sehr gut formuliert!

SALMAN RUSHDIE: Damit komme ich zu meinem letzten

Punkt, dass sich nämlich *After the Last Sky* wesentlich mehr auf einen inneren Disput oder eine Dialektik im Herzen des Palästinensertums konzentriert als auf den Disput zwischen den östlichen und den westlichen Kulturkreisen. Nach einer Zeit der Extraversion, meinen Sie, erlebten viele Palästinenser selbst eine gewisse Hinwendung nach innen. Warum ist das so? Was haben Sie persönlich in dieser Beziehung erlebt?

EDWARD SAID: Nun, vieles davon hat eindeutig mit Desillusionierung zu tun. Die meisten Menschen meiner Generation – für die anderen kann ich wirklich nicht sprechen – sind in einer Atmosphäre der Verzweiflung aufgewachsen. Aber dann, Ende der 60er- und Anfang der 70er-Jahre, verband sich eine immense Begeisterung und ein ungeheurer romantischer Glamour mit der Auferstehung einer neuen Bewegung aus der Asche. In materiellem Sinn wurde dadurch sehr wenig erreicht: Kein Land wurde während dieser Phase befreit. Überdies war die freudige Erregung des palästinensischen Widerstands, wie das damals genannt wurde, eine ziemlich berauschende Atmosphäre, die Teil des arabischen Nationalismus und sogar – auf ironische und außergewöhnliche Weise – des arabischen Ölbooms war. Nun beginnt das alles vor unseren Augen zu zerfallen und weicht einem Gefühl der Ernüchterung und des Fragens danach, ob es sich überhaupt gelohnt hat und wie es nun weitergehen soll. Daß ich *After the Last Sky* schrieb, war Ausdruck dieser Stimmung. Die Fotos waren wichtig, um zu beweisen, dass wir nicht nur von unserer eigenen, hermetischen Ernüchterung sprechen. Denn die Palästinenser sind zu einer Art Gebrauchsartikel oder öffentlichem Besitz geworden, nützlich, zum Beispiel, um daran das Phänomen des Terrorismus zu erklären. Ich schrieb schließlich vom Standpunkt eines Menschen aus, dem es endlich gelungen ist, den Teil, der Englischprofessor war, mit dem Teil, der in gewisser Hinsicht das Leben eines Palästinensers führte, zu verbinden. Zum Glück hatte Jean Mohr, seit er 1949 für das Rote Kreuz arbeitete, ein umfangreiches Fotoarchiv aufgebaut. Wir kamen unter sehr seltsamen Umständen zusammen: Er hängte ein paar Bilder auf, und ich arbeitete als Berater für die Vereinten Nationen. Da sie uns nicht veröffentlichen lassen wollten, was wir wollten, sagten wir: »Machen wir doch ein Buch, und zwar auf unsere Art und Weise.« Es war ein sehr persönliches Engagement für uns beide.

SALMAN RUSHDIE: Das Foto auf dem Einband ist wirklich sehr außergewöhnlich – ein Mann mit einer Art Sternexplosion auf dem rechten Brillenglas. Wie Sie sagen, war er durch eine Kugel in einem Auge geblendet, aber er hat gelernt, damit zu leben. Die Brille trägt er immer noch ... und er lächelt immer noch.

EDWARD SAID: Jean sagte mir, dass er das Foto gemacht hat, als der alte Mann sich gerade auf dem Weg zu seinem Sohn befand, der zu lebenslänglicher Haft verurteilt worden war.

1986

Siebter Teil

Nadine Gordimer

Rian Malan

Nuruddin Farah

Kapuscinskis Angola

Nadine Gordimer

Eine Stadt der Toten, eine Stadt der Lebenden

Riesige weiße Haie, Killerbienen, Werwölfe, Teufel, Aliens, die aus den Spinden von Filmraumfahrern springen: Die Popkultur unserer angsterfüllten Zeit hat uns mit vielen Variationen der uralten Mythen von »der Bestie« beglückt, dem »Etwas«, das da draußen lauert, das uns jagt und von uns gejagt wird, dass dieses Wesen zu einer bestimmenden Metapher dieses Zeitalters geworden ist. Im Dschungel der Großstädte leben wir inmitten der von uns angehäuften Dinge hinter mit Schlössern und Ketten bestückten Türen, und so fällt es uns nur allzu leicht, uns vor dem unvorhersehbaren, alles vernichtenden Fluch des Ungeheuers zu fürchten – Charles Manson, Ayatollah Khomeini, das Ding aus dem Weltraum. Natürlich sind viele dieser bösen Omina Produkte des Wohlstands und der Macht. Die Besitzenden und die Mächtigen, die sich vor dem Aufstand der Besitzlosen und der Machtlosen fürchten, träumen von ihnen als Ungeheuer.

In der langen Erzählung »Etwas da draußen« streicht ein wildes Tier durch die reichen weißen Vororte von Johannesburg; da aber Mrs Gordimer eine der am wenigsten blutrünstigen Autoren ist, besteht das schlimmste Vergehen des Unwesens in einem Biss in die Schulter einer Frau. Gordimers Stil ist kühl und präzise, und die Auftritte ihres Untiers – vermutlich eines Pavians, wie es heißt – bleiben zumeist gedämpft, ja sogar häuslich: Aus Mariella Chapmans Küche wird eine Rehkeule gestohlen; der 13-jährige Schuljunge Stanley Dobrow fotografiert auf seiner Bar-Mizwa-Feier wilde Bewegungen der Baumwipfel; eine Gestalt, ein Augenpaar werden im Gebüsch am Rand eines exklusiven Golfplatzes gesehen. Und zum Schluss wird die Kreatur höchst prosaisch entmystifiziert: Tot auf einem Fußweg liegt nicht ein nachtalbisches

Ungeheuer, sondern schließlich doch nichts weiter als ein Pavian; kein Orang-Utan, kein Schimpanse – einfach eine einheimische Spezies. Die weißen Südafrikaner brauchen keine Traummonster; es ist die Realität, die sie fürchten, und das Etwas da draußen ist die Zukunft. Die Naas Kloppers, die van Gelders und all die anderen beschränkten, leicht karikierten Heuchler, mit denen Nadine Gordimer ihre Erzählung bevölkert, haben viel Mühe darauf verwandt, sich ausreichend zu schützen, aber der Pavian führt ihnen eine höchst unbehagliche Wahrheit vor Augen: »Das Haus der Bokkie-Scholtz-Familie ist einbruchsicher, mit feinen Drähten vor den Fenstern und Türen, die sofort Alarm auslösen... Sie haben einen Rottweilermischling, der, als der Angriff erfolgte, anscheinend vor der Haustür schlief. Und das beweist wieder einmal – was immer man tut, man kann sich niemals sicher fühlen.«

Dieser Beigeschmack von Subversion, dieser bewusste Gebrauch der Banalität, um zu beunruhigen, ist es, was Mrs Gordimers Version der Ungeheuermythen von den anderen unterscheidet. Schundromane und Schundfilme, die dieses Thema ausschöpfen, bieten gewöhnlich nicht mehr als ein vergnügliches Gruseln, einen hygienischen *frisson;* sie geben zwar vor, uns zu erschrecken, in Wirklichkeit aber beruhigen sie uns. »Etwas da draußen« konzentriert sich dagegen auf die Details der realen Welt. Die Kunst liegt in der Verweigerung jeglicher Übertreibung, jeglichen Überziehens. Dieser Verweigerung entspringt die Aussagekraft der Story, ihre beunruhigende Bedrohlichkeit. »Was immer man tut, man kann sich niemals sicher fühlen.«

Ein zweiter Erzählstrang bildet den Kontrapunkt zu jenem des Pavians. Das andere »Etwas« da draußen, hinter den weißen Vororten, ist eine Zelle von vier Terroristen, zwei schwarzen Männern und einem weißen Paar oder vielmehr einem weißen Mann und einer weißen Frau, die kein Liebespaar mehr sind. Auch hier ist es Nadine Gordimers Absicht, ein Ungeheuer des 20. Jahrhunderts zu entmystifizieren. Die vier Aufständischen, die im Radio antiterroristischer Rhetorik lauschen, »waren daran gewöhnt zu lächeln, wie Menschen es tun, wenn sie einsehen müssen, dass jene, die als Monster bezeichnet werden, eben die menschlichen Wesen sind, die im selben Raum ein Glas Wasser trinken, sich einen Niednagel abschneiden, einen Brief schreiben; sie selbst«.

Während die Terroristen auf den richtigen Augenblick warten, um ein Kraftwerk in die Luft zu jagen, lässt Mrs Gordimer sie in unserer Vorstellungskraft gekonnt lebendig werden – nicht als Bestien, nicht als Orang-Utans oder Schimpansen, nur als einheimische Spezies. Im Grunde liefert sie uns die Porträts von zwei sehr unterschiedlichen, seltsamen Paaren: dem weißen Mann und der weißen Frau, Charles und Joy, die beide den schwarzen Kollegen und einander gegenüber Hemmungen verspüren; sowie den beiden schwarzen Männern, Eddie, dem Extravertierten, der den Auftrag gefährdet, als er sich für eine Nacht von einem Auto in die glitzerndhelle Stadt mitnehmen lässt, und Vusi, dem Kampferfahrenen, dem schweigsamen Mittelpunkt der Gruppe. Die steife, gebrochene Menschlichkeit dieses Quartetts steht gegen die dumpfe Unmenschlichkeit der Bewohner der reichen Vororte. Mr und Mrs Naas Klopper, der Immobilienmakler und seine kuchenbackende Frau, mit ihrem Wohnzimmer über zwei Ebenen, ihrem Arsenal von arbeitssparenden Maschinen und ihren mit Impala-Fell überzogenen Barhockern sind vielleicht die wirklichen Ungeheuer der Story.

Der Stil bleibt bis zum Schluss gedämpft. Der Höhepunkt des Terroristenanschlags findet schließlich – sozusagen – hinter der Bühne statt; das Leben von Charles und Joy, Eddie und Vusi reduziert sich auf Andeutungen, Gerüchte, Lesen zwischen den Zeilen der Nachrichten. Und der Pavian wird, wie wir gesehen haben, ganz einfach erschossen. Doch dann, auf den letzten paar Seiten, nimmt die Geschichte eine wahrhaft brillante Wendung. Über die essenzielle Unerkennbarkeit ihrer Personen (»Niemand weiß wirklich ... wer sie selbst zu sein glaubten«) und auch über deren Unkenntnis der eigenen Vorgeschichte und Genealogie hinaus schreibt die Erzählung sie in einer Art Wutanfall über dieses Übermaß an Nichtwissen mitten auf die Landkarte der Geschichte, schreibt sie fest umrissen in ihre Umgebung, an ihren Platz. Und genau wie Dr. Grahame Fraser-Smith, als er auf dem Golfplatz in die Augen des Pavians blickt, sich vorstellt, »in ein Bewusstsein« zu blicken, »aus dem ein Teil seines eigenen kam'«, also einen Kreis zu schließen, so schließt die Erzählung mit ihrem Ende einen Kreis, indem sie die ferne Vergangenheit mit der bevorstehenden Zukunft verbindet; und alle beide (ein böses Omen für all die Kloppers, die in den sich schließenden Fängen dieses Kreises gefangen sind) sind schwarz.

Es gibt noch neun weitere Erzählungen in dieser Sammlung, aber nicht alle von der hervorragenden Qualität dieser Geschichte. Eine von ihnen wirkt auf mich wie eine absolute Katastrophe. Mrs Gordimer hat sich an die Aufgabe gewagt, im Namen von Hermann Kafka eine Antwort auf den berühmten, nie abgeschickten »Brief an den Vater« seines Sohnes abzufassen. Der »Brief seines Vaters« ist eine einzige, 20 Seiten lange Peinlichkeit voll hausbackener Weisheiten (»Nun, wir mussten hinnehmen, was Gott uns gab«), literarischer Rippenstöße (»Einige behaupten, du seist auch eine Art Prophet«) und gelegentlicher Ausbrüche von Schenkelklopfen (»Ha! Ich weiß, ich bin kein Intellektueller, aber ich verstehe zu leben«). Mag durchaus sein, dass Franz recht unfair zu Papa war, aber ich fürchte, auch Mrs Gordimer hat dem Alten keinen Gefallen getan.

Eine zweite Story, »Trödel«, schafft es nicht, der Falle der Inkonsequenz zu entgehen. Sie beginnt sehr lässig: »Eine Frau namens Beryl Fels kaufte neulich eine alte Blechtruhe in einem Trödelladen...« und bleibt bis zum Schluss zusammenhanglos. In der Blechschachtel findet Beryl ein Bündel Briefe, die sie in eine Liebesgeschichte der 40er-Jahre hineinziehen, eine Affäre zwischen einem bekannten Wissenschaftler und einer ebenso bekannten Schriftstellerin. Die Liebenden fühlen sich verpflichtet, ihre Beziehung geheim zu halten, weil »wir beide Menschen sind, die im Blickpunkt der Öffentlichkeit stehen; das ist der Preis oder

der Lohn – das weiß Gott allein – dessen, was wir beide zufällig sind.« Doch als Beryl Fels ihrer beider Leben erforschen will, findet sie keine Spur von ihnen. Die Schriftstellerin ist unbekannt, kein einziges ihrer Bücher wurde gedruckt; und auch der Wissenschaftler ist aus den Annalen verschwunden. Das soll, wie ich vermute, eine grausame Ironie darstellen; dass die Qual des Geheimhaltens durch den Untergang ihrer öffentlichen Bekanntheit ad absurdum geführt wird. Aber der lässige Ton der Story, ihr Zögern, jeglichen Höhepunkt der Gefühle zuzulassen, verhindert, dass auch der Leser diese Ironie spürt.

Zum Glück sind die übrigen sieben Erzählungen ausgezeichnet. »Sauftour« handelt von Rose, einer alten Familienangestellten mit einer Schwäche für Sauftouren, die plötzlich mit einer ganz anderen Verwirrung als jener der Trunkenheit konfrontiert wird – dem Tod ihres Liebhabers Ephraim. Diese kurze Erzählung ist einfühlsam, bewegend und wunderschön. »Ein Fernkursus« schildert die Freundschaft zwischen einer jungen Frau, Harriet, und einem politischen Häftling, durch Briefe entstanden, die sie einander schreiben. Die wichtigste Person jedoch ist Pat Haberman, die Mutter der jungen Harriet. Während der Mann sicher im Gefängnis sitzt, ermutigt sie ihre Tochter zu der Korrespondenz, ja, prahlt damit vor anderen, um zu beweisen, wie liberal sie ist. Dann aber flieht dieser Mann, kommt zu ihr ins Haus, und in einem außergewöhnlichen Schlussabsatz heißt es: »Heiße Ströme wie die fliegende Hitze, die ihr mit 50 durchs Blut geschossen war, überfielen Pat in ihrem Schlafzimmer. Sie verriegelte die Tür, wollte mit den Fäusten dagegen hämmern, laut wimmern... Um ihre Hände zu beschäftigen, füllte sie am Waschbecken ein Zahnputzglas und goss wie ein Häftling, der seine winzige Grünpflanze pflegt, den Topf mit Usambaraveilchen, für das, was sie getan, was sie ihrer geliebten Tochter angetan, was sie *für sie getan* hatte.« Aus dem Spiel wurde Ernst, und wie wir gesehen haben, ist die Wirklichkeit in Mrs Gordimers Welt etwas, wovor man sich fürchten muss.

Die übrigen Erzählungen kann man als Variationen des Themas Verrat lesen. (Und in der Kafka-Erzählung beschuldigt Mrs Gordimers Hermann seinen Sohn Franz natürlich ebenfalls des Verrats: des Verrats an seiner Familie und seinem Judentum; und Pat Haberman in »Ein Fernkursus« erkennt, dass sie ihre Tochter verraten hat.) In »Sünden des dritten Alters« ist der Verrat sexueller Natur. Die sorgfältig ausgearbeiteten Ruhestandspläne eines älteren Ehepaars, Peter und Mania, werden unwiderruflich zerstört, als Peter eine Affäre hat; und selbst als er beschließt, diese Affäre zu beenden, ist der Schaden nicht mehr zu beheben. Das Paradies ist verloren. »Unteilbar« präsentiert eine andere Version des Verrats zwischen Liebenden. Eine Frau, die an einer unheilbaren Krankheit leidet, verabredet mit ihrem Ehemann, dass er ihren Selbstmord nicht verhindern wird. Sie hinterlässt ihm eine Notiz: »Denk an dein Versprechen. Lass nicht zu, dass man mich wiederbelebt.« Aber er tut es dennoch; und als sie, nachdem sie die Tabletten genommen hat, das »Entsetzen spürt, wieder daraus zu erwachen«, hält der Verräter ihre Hand.

Obligatorisch ist natürlich auch der Verrat in der Politik. In »Eine Stadt der Toten, eine Stadt der Lebenden«, einer Erzählung, in der Mrs Gordimer ausgesprochen treffend das Leben im schwarzen Ghetto beschreibt, geht eine Frau, entnervt von der Tatsache, dass sich ein gesuchter Verbrecher in ihrer winzigen Wohnung versteckt, zur Polizei. Ihr Verrat ist keine Lektion für sie; am liebsten möchte sie allen erklären: »Ich weiß nicht, warum ich es getan habe.« Aber niemand fragt sie danach. Stattdessen spucken die Leute sie an. In »Überzeugungstäter« dagegen sehen wir, dass Verrat auch eine Art Lernprozess sein kann. Die Erzählung handelt von Felterman, einem von der Regierung bezahlten Under-Cover-Agenten, der eine radikale Frau verführt, um ihre Gruppe auszuspionieren. Er spürt eine gewisse Reserve in ihr, als warte sie darauf, dass er irgendein Codewort ausspricht. Schließlich legt er die Karten auf den Tisch. »Ich habe dich ausspioniert«, gesteht er, und sie nimmt seinen Kopf in beide Hände.

»Rendezvous des Sieges« ist ein klassisches Porträt jenes Guerillero-»Generals«, für den sein alter Freund, der jetzige Premierminister der jüngst befreiten Nation, nach dem großen Erfolg seiner Revolution immer weniger Zeit übrig hat. Mrs Gordimers Porträt von Sinclair »General Giant« Zwedu, dem abgehalfterten Helden, der nicht parieren will und daher nur noch stört, ist höchst einfühlsam und gut nachempfunden; und es ist ein Porträt, das viele Figuren aus dem wirklichen Leben spiegelt, von Che Guevara, nach dem gemeinsamen Sieg von Castro auf Distanz gehalten, bis zu den Revolutionskämpfern des heutigen Schwarzafrika. Genau wie die meisten Stories in diesem trotz einiger falscher Töne hervorragenden Erzählband führt diese Geschichte einen Beweis und bewirkt Resonanz nicht durch Übertreibungen oder oberflächliche Glanzlichter, sondern aufgrund der gewissenhaften Schilderung dessen, was alle Leser Nadine Gordimers sofort als die ungeschminkte Wahrheit erkennen werden.

1984

Leben im Interregnum.
Essays zu Politik und Literatur

Wie die meisten ihrer weißen südafrikanischen Zeitgenossen war die junge Nadine Gordimer eine Art Schlafwandlerin: »Ich führte ein nach außen gerichtetes Leben sybaritischer Kargheit, dessen ich mich heute schäme. Damals gab es nichts, was ich von ganzem Herzen wirklich tun wollte... Mein existenzielles Ich atmete zwar, blieb aber passiv.« Dieses somnambule Ich hat sie natürlich längst hinter sich gelassen. »Ich lebe in 6000 Fuß Höhe inmitten einer Gesellschaft, die unter der Gewalt der revolutionären Veränderung wirbelt, stampft, wogt«, sagte sie 1982 im New Yorker Institute of the Humanities und bewies damit, wie ihr Herausgeber und Mitarbeiter Stephen Clingman meint, ihre Erkenntnis, dass die südafrikanische Revolution längst keine vage Möglichkeit mehr war, sondern bereits begonnen hatte. Man könnte *Leben im Interregnum* charakterisieren, indem man es die Story vom Erwachen einer Autorin nennt; vom Erwachen zur Literatur, zu Afrika und zu der ungeheuren, hässlichen Realität der Apartheid.

In seinem Buch *Stein des Anstoßes* schildert uns André Brink, wie sein Erwachen stattfand »auf einer Bank im Jardin du Luxembourg von Paris«, wo ihm plötzlich die Bedeutung des Massakers von Sharpeville kurz zuvor (das war 1960) klar wurde und seine Meinung über sein Land endgültig veränderte. Bei Nadine Gordimer verlief dieser Prozess eher innerlich, literarisch. »Die ›Probleme‹ meines Landes veranlassten mich nicht zum Schreiben; im Gegenteil, es war das Schreibenlernen, das mich stürzen ließ – durch die Oberfläche des ›typisch südafrikanischen Lebens‹.« Dieser Essayband, klug ausgewählt und eingeleitet von Stephen Clingman, ist die Aufzeichnung jenes lebenslangen, kreativen Sturzes. Und wenn ein Teil des frühen Materials zuweilen ein wenig traurig klingt – »Wo ist der Platz der Weißen im Neuen Afrika? *Nirgends,* bin ich versucht zu sagen, wenn ich in einer meiner düsteren und mutloseren Stimmungen bin« –, so ist es dennoch nicht weniger aufrichtig. Nadine Gordimer ist von ihrer Zeit – oder vielmehr von ihrem Versuch, ihre Zeit zu *schreiben* – radikalisiert worden, und es ist faszinierend zu beobachten, wie ihrer Prosa Geschichte widerfährt.

»Nicht umsonst«, erklärt sie uns, »habe ich als Leitwort für meinen Roman *Julys Leute* ein Zitat von Gramsci gewählt: ›Das Alte stirbt, und das Neue kann nicht geboren werden; in diesem Interregnum entstehen die unterschiedlichsten morbiden Symptome.‹« Nun würden viele auch die Tatsache zu diesen Symptomen zählen, dass weiße Erfahrungen der Realität in Südafrika, wie sie von weißen Kunstschaffenden beschworen werden, weiterhin ein Maß an internationaler Aufmerksamkeit erregen, wie sie den schwarzen Schilderungen schwarzer Erfahrungen nur sehr selten zuteilwird. Steve Bikos Geschichte ist im Film der Story von Donald Woods untergeordnet; Chris Menges' schöner, menschlicher neuer Film *A World Apart* wird im *Observer* von John Coleman dafür gelobt, dass er uns »zu einer gewissen Erkenntnis dessen zwingt, wie es sein muss für diese Weißen der Mittelschicht dort, tagein, tagaus mutig genug, um sich gegen das System aufzulehnen«; und während Brink, Gordimer, Breyten Breytenbach, Athol Fugard und J. M. Coetzee weltweit ihre wohlverdiente Bekanntheit erlangten, könnten nur sehr wenige ihrer Bewunderer mehr als (vielleicht) ein oder zwei ihrer schwarzen Pendants nennen.

Nadine Gordimer ist sich der Paradoxien ihrer Situation voll bewusst: zwar eine zentrale Persönlichkeit der Weltliteratur, ist sie nach ihrer eigenen Einschätzung für das politische und sogar kulturelle Leben ihres eigenen Landes nur eine Randfigur und im Hinblick auf die ethische Gültigkeit ihrer Position vom Eingeständnis einiger südafrikanischer Schwarzer abhängig, dass Weiße, die die Apartheid ablehnen, im Kampf um die Freiheit eine authentische Rolle zu spielen haben. Es ist die große Stärke ihrer Arbeit, dass sie diese Schwäche eingesteht und dennoch (oder vielleicht *und deswegen*) mit immenser Selbstsicherheit, Offenheit und einer absolut unromantischen Klarsicht schreiben kann. Sie ist eine Schriftstellerin, die es absurd findet, dass südafrikanische Schriftsteller überall auf der Welt für ihren »Mut« gelobt werden, weil sie weiß, wie auch Camus es wusste, dass Mut nicht eine Tugend der Literatur ist, sondern des Lebens.

Die literarische Tugend dieser Essays entspringt nicht nur ihrer testamentarischen Kraft, sondern ebenso der Breite und Tiefe ihrer Themen. »Warum entschied Bram Fischer sich für das Gefängnis?« (1966) handelt von jenem kommunistischen Führer, um den sie 13 Jahre später ihren ersten Roman, *Burgers Tochter* aufbaute. »Einer, der es durchlebt hat« ist ein bewegendes Porträt des jungen schwarzen Schriftstellers Nat Nakasa, der im Exil in den USA Selbstmord beging. »Brief aus Johannesburg« (1976) ist eine brillante Schilderung der Zeit der Soweto-Aufstände.

Ihre überzeugendsten Arbeiten jedoch sind nicht unmittelbar

oder jedenfalls nicht vorherrschend »politisch«. Der Abschnitt mit der Überschrift »A Writer in Africa«* enthält Gordimers Betrachtungen über, unter anderem, Botswana, Ägypten, Madagaskar und vor allem das Land am Kongo. Die Qualität ihrer Prosa ist ungleichmäßig: Zuweilen handelt es sich um kaum mehr als konventionelle feuilletonistische Reisebeschreibungen, dann wieder kann sie sich unvermittelt zu gloriosen Höhen aufschwingen; zum Beispiel, wenn sie über das wunderschöne Malagasy-Wort *lolo* nachdenkt, das sowohl »Seele« als auch »Schmetterling« bedeuten kann. Hier sagt sie, auf ihre unvergessliche Art, über den Kongo:

> Anfangs ein Fleck im Ozean. 300 Meilen weit draußen auf See, vor der Westküste Afrikas, die Andeutung einer Präsenz, die die unendliche Weite der Meere nicht zu schlucken vermochte... die Farbe von Land; einem massiven Stück Land, einem Kontinent, der einen Fluss hervorbringt und speist, groß genug, um einen Einschnitt ins Meer zu machen.

Diese unendliche Weite ist Gordimers Wahlthema, und sie erweist sich ihm gewachsen. Die Autoren, die sie zitiert und aus denen sie Kraft schöpft – Brecht, Mann, Pasternak, Solschenyzin, Achebe –, haben sie gelehrt, dass es das einzig Wichtige für einen Schriftsteller ist, »weiterhin *die Wahrheit* zu schreiben, *wie er sie sieht*«. Ein entsprechendes Bemühen stellt den Künstler in die Arena der öffentlichen Angelegenheiten, und zwar nicht nur in totalitären Staaten; ebenso wenig schließt ein so leidenschaftliches Engagement für das Leben unbedingt kreative Kompromisse ein. Nadine Gordimer (immer gut, wenn's ums Zitieren geht) lässt Turgenjew sprechen: »Ohne Freiheit im weitesten Sinne des Wortes – im Hinblick auf die eigene Person... ja, auf das eigene Volk und die

---

* Dieser Beitrag ist in *Leben im Interregnum* nicht enthalten. Anm. d. Red.

eigene Geschichte – ist ein wahrer Künstler unvorstellbar; ohne diese Luft kann er nicht atmen.«

Dem fügt sie noch ihr eigenes, unbestreitbares letztes Wort hinzu: »In dieser Luft allein werden Engagement und kreative Freiheit eins.«

1990

Rian Malan

Los Angeles 1979. Rian Malan, ein junger Südafrikaner, der aus Südafrika geflohen ist, weil »ich keine Waffen für die Apartheid tragen wollte und weil ich keine Waffen gegen sie tragen wollte«, bekommt einen Job als Verfasser von Rock-'n'-Roll-Rezensionen für eine kleine Musikzeitschrift. Da er illegal in den Vereinigten Staaten lebt, benutzt er vorsichtshalber ein Pseudonym. Dieses Pseudonym lautet »Nelson Mandela«. Niemand erkennt es. »Die ES-Tianer, denen die Zeitschrift gehört, hielten das Wort irrtümlich für *Mandala*«, berichtet Malan uns. Das ist eine der wenigen wahrhaft komischen Stellen in einem sonst zornigen, unbarmherzigen (und großartigen) Buch, und wie alle hervorragenden Komödien enthält sie eine Wahrheit. Während seiner Haft und mehr noch sogar seit seiner Entlassung ist Nelson Mandela auf die Ebene eines spirituellen Symbols gehoben worden. Jetzt ist er wirklich Nelson Mandala.

Die bange Frage, ob dies eine so absolut wunderbare Sache sei, soll durchaus nicht von Mr Mandelas Qualitäten als Mensch und Führer ablenken. Aber Nelson Mandela ist als Politiker in einen der grausamsten Kämpfe der heutigen Zeit verwickelt. Die verständliche Wembley-Euphorie sollte uns nicht für die unvermeidlichen moralischen Zwiespältigkeiten eines derartigen Kampfes blind machen. Diese herzzerreißenden moralischen Zwiespältigkeiten, sowohl schwarz-südafrikanische als auch weiß-afrikanische Zwiespältigkeiten, sind das Thema von Rian Malans *Mein Verräterherz*.

Mr Malan ist das schwarze Schaf einer der weißesten Familien des weißen Stammes der Afrikaander. Sein Vorfahr D. F. Malan, der 1948 an die Macht kam, war der erste Architekt der Apartheid. Und noch weiter zurück in der Vergangenheit führte Dawid Malan, sein Vorfahr aus dem 18. Jahrhundert, ein Leben, das, wie wir hören, eine zutreffende Metapher für das heutige Südafrika bleibt. Dawid Malan verliebte sich in eine Schwarze, gab alles für sie auf und floh mit seiner Sara über den Great Fish River ins Xhosa-Gebiet. Jahre später taucht er abermals in der Geschichte auf – ohne Sara und als Anhänger der weißen Vorherrschaft, mit weißer Ehefrau und weißen Söhnen, »bereit, lieber zu sterben, als den Schwarzen die Gleichheit vor dem Gesetz zuzugestehen«. Er war nunmehr einer der Anführer eines Burenaufstands gegen die Briten, die »deren Recht beschnitten hatten, die dunkelhäutigen Heiden so zu bestrafen und abzuschlachten, wie sie es für notwendig erachteten«. Das ist der Moment, meint Rian Malan, in dem die Buren zu Afrikaandern wurden, »arrogant, fremdenfeindlich und voller Blut, wie die Zulus von Tyrannen sagen«. Und er fügt hinzu, dass sich nichts verändert hat, dass »uns das alles letztlich zu Dawid Malan und einem Gesetz zurückführt, vor 200 Jahren an den Ufern des Great Fish River formuliert: Du musst den Schwarzen niederwerfen, ihm den Fuß in den Nacken setzen und ihn für immer dort unten halten, damit er nicht aufspringt und dir die Kehle durchschneidet.«

Das Buch, das Rian Malan schreiben wollte, war weitaus konventioneller als jenes, das er geschrieben hat. Es sollte eine Geschichte der großen und verhassten Familie Malan werden, erzählt von ihrem *kafferboetie*-(das heißt »Bruder der Schwarzen« oder »Niggerfreund«)Renegaten. Während der Arbeit aber stieß er auf die Wahrheit, wurde mit der Wahrheit konfrontiert, die der Inhalt seines Buches ist – dass er nämlich, trotz seiner linken Niggerfreund-Einstellung, trotz seiner langen Haare und seines tagelangen *zol*-(Rauschgift-)Rauchens auf den Hügeln in der mystischen, an Tolkien erinnernden Gesellschaft »weiser, alter Afs« und obwohl er proschwarze Parolen an die Mauern von Johannesburgs nördlichen Vororten pinselte, wo kaum ein Schwarzer sie jemals zu sehen bekam, dass er *noch immer ein Malan war;* dass er nur über die Ungeheuerlichkeit Südafrikas schreiben konnte, wenn er die Ungeheuerlichkeit in seinem eigenen, verräterischen Herzen erkannte.

Die Quelle all dessen ist Angst. *Damit er nicht aufspringt und dir die Kehle durchschneidet.* Selbst für einen radikalen Journalisten wie Rian Malan kann es Furcht einflößend sein, bei Nacht in Soweto umherzuwandern. *Wenn der Tag kommt, wirst du noch immer ein Weißer sein.* Und zusammen mit der Angst kommt das Unverständnis: für die Halskragen-Morde, für das Verbrennen bei lebendigem Leib von 32 schwarzen »Hexen« durch schwarze Brüder in Sekhukuniland, für die Dinge, zu denen menschliche Wesen, schwarze und weiße, fähig sind. Malan äußert sich exzellent und unnachsichtig über die Naivitäten und Heucheleien der weißen Linken, wie er einer ist. »Wenn die Würfel gefallen waren... und das Morden begann, gab es keine Weißen auf der schwarzen Seite der Barrikaden. Nicht einen einzigen. Nie.«

So klarsichtig und wahrheitsgetreu Rian Malan jedoch ist – sein Testament ist nicht ganz frei von ungelösten Problemen. »Wir Weißen konnten gar nicht richtig mit den Afrikanern sprechen«, schreibt er. »Denn sie lebten auf der anderen Seite der Sprachen- und-Kultur-Barriere, und wenn man ihnen ins Herz blicken wollte, sah man nichts als Finsternis. Wer kann wissen, was in dieser Finsternis lauert? Wir fürchteten das Schlimmste.« Eine der Stärken von *Mein Verräterherz* ist eben dieses Porträt Südafrikas als Ort gegenseitigen Unverstehens, einander bekämpfender Sprachen. Doch wenn man erkennt, dass das Problem im Grunde ein linguistisches ist – könnte man dann nicht wenigstens versuchen, *schwarze Sprachen zu lernen*? Wenn Rian Malan jemals auf eine solche Idee gekommen ist, lässt sich das aus diesen Seiten nicht erkennen; das ist rätselhaft und einer der wenigen falschen Töne des Buches. (Und die wiederholte Beteuerung, »Schwarze zu lieben«, klingt, jedenfalls in meinen Ohren, wie ein weiterer.)

Auf jeden Fall vermögen ein paar raue Kanten die immense Kraft des Buches kaum zu untergraben. Vielleicht ist diese Rauheit, dieses Gefühl eines *cri de cœur*, zu schmerzhaft, um ganz unterdrückt zu werden, die wahre Quelle der Kraft des Schriftstellers. Und tatsächlich ist einer der größten Triumphe des Buches linguistischer Natur. Hier vernimmt man so, wie ich es noch niemals zuvor erlebt habe, die demotische Stimme des Südafrikas der Schwarzen und der Afrikaander. In Malans Text gehen Schwarze und Weiße *jolling* (»ein sehr wichtiger südafrikanischer Begriff mit der Bedeutung von Kamikaze-Orgien«), stürzen sich in *drank, dagga, dobbel en vok* – »Alkohol, Rauschgift, Würfelspiel und Sex«. Sie sprechen das Straßen-Patois *tsotsi-taal:* Wenn man bei einem schwarzen Dealer Rauschgift kaufen will, *gooi* (gibt) man das zweigehörnte Teufelshandzeichen und *charf* (sagt): »*Level with the gravel, ek se.*« Ein englischer Südafrikaner ist ein *soutpiel,* ein »Salzschwanz«, weil er mit einem Fuß in Südafrika und mit dem anderen in England steht, »ein Spagat, so breit, dass sein Schwanz im Meer baumelt«. Am anschaulichsten sind aber wohl die Ausdrücke für die beiden rivalisierenden Schwarzenlager: die ANC/UDF-Anhänger, die »Mandela sagen«; und der Rest der Black-Consciousness-Bewegung, die Leute also, die »Biko sagen«. Die Biko-Leute werden »Zim-zims« genannt, weil sie den Kopf voller ›ismen‹ haben – Sozialismus, Rassismus, Kapitalismus, Kolonialismus. Die Mandela-Männer sind die »Wararas«, nach dem Afrikaans-Wort *waar-waar* (»wo-wo«), weil die UDF-Doktrin des Non-Racialism von ihren Gegnern für wirr gehalten wird: »Auf der Suche nach dem wahren Feind tappten sie im Dunkeln umher und riefen: ›Wo? Wo?‹«

Malan ist großartig, wenn er über den noch immer nicht beendeten Krieg zwischen den Zim-zims und den Wararas schreibt; aber das Hauptanliegen seines Buches ist der Versuch, ins Herz der südafrikanischen Tragödie vorzustoßen, indem er »Berichte über ganz gewöhnliche Morde« untersucht. Mord ist anders in Südafrika, behauptet Malan. In den meisten Teilen der Welt ist Mord ein persönliches Verbrechen, das heißt, Mörder und Opfer kennen einander gewöhnlich sehr gut. In Südafrika ist Mord eine Beziehung zwischen Fremden, herbeigeführt durch Rasse, Ideologie oder dunklere, grausamere Motive (die Hexenverbrennungen von Sekhukuniland), für die jede Erklärung unzureichend ist.

Der mittlere Teil von *Mein Verräterherz* ist angefüllt mit solchen Berichten. Zwei davon ragen heraus. Ein Schwarzer, Dennis Mosheshwe, wird brutal erschlagen von einem armen Weißen, Augie de Koker. Malan bezeichnet das als »einen ganz und gar traditionellen südafrikanischen Tod. Dafür gibt es sogar ein traditionelles Wort auf Afrikaans: *kafferpak,* das heißt ein ›Kaffer im Versteck‹.«

Und dann gibt es die Story von Simon dem Hammermann, dem Massenmörder von Empangeni, der Entsetzen unter den Weißen verbreitete, bis er sich schließlich ganz einfach stellte. Rian Malans Untersuchung des Hammermann-Falles ist hervorragend. Zunächst erzählt er von Simons Zeit im Gefängnissteinbruch, wo Simon beobachtete, wie Mitgefangene bewusst zu Tode geprügelt wurden, »nicht lange mehr, dann sind die Steine der Kopf des weißen Mannes«. Aber damit lässt Malan es nicht genug sein. »Irgendetwas verbirgt sich in dieser Story.« Und er entdeckt die grausamere Wahrheit. Simon der Hammermann war das Kind einer inzestuösen Vereinigung, ein Ausgestoßener, eine Quelle des Grauens bei seinem eigenen Zulu-Volk, weil Inzest »schreckliche Turbulenzen in der Geisterwelt« auslöst. Seine grässlichen Verbrechen waren ebenso sehr die Reaktion auf seine Erfahrungen des Zurückgestoßenwerdens durch Schwarze wie die der Misshandlung durch Weiße. Zwiespältigkeit: die Art von Wahrheit, die über die Politik hinausgeht, die schwer auszusprechen ist, weil die Menschen sie nicht hören wollen. *Mein Verräterherz* ist angefüllt mit solchen unbezahlbaren, unbequemen, unverhohlenen Wahrheiten.

Der letzte Teil, in dem Rian Malan zu Füßen einer alten Weißen sitzt, die in einem fernen Winkel des Landes bei den Zulus lebt, ist am wenigsten erfolgreich, weil Malan sich hier um jene metaphorische Resonanz zu bemühen scheint, die in seinem Buch an anderer Stelle ganz natürlich aus seinem Material hervorgeht. Creina Alcok, die alte Frau, erklärt Rian Malan: »Liebe ist nichts wert, bis sie an ihrer eigenen Niederlage gemessen wird… Liebe muss dich befähigen, die Niederlage zu überwinden.« *Mein Verräterherz*, das uns von der Niederlage der Illusionen seines Autors erzählt, von seinen Idealen, seinem Gefühl des eigenen Gutseins, seiner Courage und seiner Fähigkeit, seine südafrikanischen Landsleute zu verstehen, wenn sie ihre Totentänze tanzen, ein Buch voll Bitterkeit, Zynismus, Zorn und Stürmen, ist ein triumphales Beispiel für diese Art besiegter Liebe.

1990

Nuruddin Farah

Hier ein verhungerndes Kind, dort ein tollwütiger Hund; Essen für sie, Bomben für ihn… Informationen über Afrika erreichen uns zumeist durch eine Reihe von Filtern, die uns, indem sie den riesigen Kontinent auf ein Bündel gefühlsbeladener Schlagworte reduzieren, jegliches Gefühl von Komplexität, Kontext, Wahrheit rauben. Aber, erinnert uns Nuruddin Farah in seinem neuen Roman (dem sechsten), der Westen ist schon immer mit den Bezeichnungen, die er Afrika verlieh, recht willkürlich umgegangen: Nigeria hieß ursprünglich die Mätresse eines Kaisers, Äthiopien entstand mundfaul aus dem griechischen Wort für »Person mit schwarzem Gesicht«.

Seit vielen Jahren bringt uns Farah, einer der besten zeitgenössischen Romanciers in Afrika, eine völlig andere Welt nahe. Sein Afrika, vor allem seine Heimat Somalia, wehrt sich gegen die lange Hegemonie der Kartografen und Namensgeber. Somali zu sein bedeutet, einem Volk anzugehören, das durch eine Sprache vereinigt, durch Landkarten jedoch geteilt wird. *Maps* ist ein Buch über derartige politische Teilungen und die Kriege, die sie auslösen (der Konflikt im Ogaden ist Mittelpunkt der Story); zu einem wahren, reichen Kunstwerk aber wird es durch Farahs Bewusstsein, dass die tiefgehendste Teilung jene zwischen Männern und Frauen und das eigene gespaltene Wesen ist. *Maps* verzeichnet die Abgründe der Seele.

Askar, ein Somali-Waisenkind, wird im Ogaden-Dorf Kallefo von Misra, einer nichtsomalischen Frau, gefunden und großgezogen. Der erste Satz des Buches ist – ein musikalischer Begriff scheint hier angebracht – eine Meditation über das Verhältnis der beiden zueinander. Er ist ein außergewöhnlich kluges Kind, und die Zeit seines Heranwachsens verläuft zugleich mythisch und sinnlich, durchsetzt von so seltsamen Bildern wie der Entdeckung, dass ein Mann eine Henne vergewaltigt. Die Leidenschaft und Intimität, die sich zwischen Askar und Misra entwickelt, kulminiert in einem surrealen Blutritus, als der Junge – ein einziges Mal nur – unerklärlicherweise menstruiert.

Später, als junger Mann, begegnet er in Mogadischu (der einheimische Name *Xamar,* die »rote Stadt«, spiegelt und unterstreicht die Bedeutung des Blutes in diesem Roman) Misra noch einmal. Nun ist sie eine Frau unter einer dunklen Wolke, beschuldigt eines Verrats, aufgrund dessen 600 Menschen in Kallefo von den Äthiopiern hingerichtet wurden. Askar, der in das Leben eines Somali-Revolutionärs getrieben wird, kämpft mit sich selbst: Wird er sie schuldig finden oder nicht? Sie leugnet den Verrat; und, wie Askars Onkel erklärt, »während der gesamten Geschichte haben die Männer den Frauen die Schuld an dem Unheil gegeben, das sie sich selber zuzuschreiben haben«. Askars innerer Kampf ist genau dieser uralte Zwist, ist aber auch ein Echo des »echten« Krieges sowie seiner eigenen Gespaltenheiten und Zweifel. Die Lösung ist doppeldeutig, aber Askar gelangt zu einer relativen Gewissheit, einer Charakterisierung des Lebens als Opfer, als Blut.

Um diese zentrale Erzählung herum webt Farah ein Netz der Leitmotive aus Volkserzählungen und Träumen; und zum Schluss ist es dieses Netz, in dem die Stärke des Romans liegt, denn darin verknüpft sich die Bedeutung von Namen, die Neuerschaffung der Geschichte, mit Albträumen und Mythen, und alle zusammen bilden die Basis einer neuen Beschreibung der Welt, ein Netz, das uns anstelle der alten neue Landkarten anbietet.

1986

Kapuscinskis Angola

Was für ein Leben soll man hier, Ende des 20. Jahrhunderts, als »normal« bezeichnen? Was ist »normal« in diesen anomalen Zeiten? Für viele von uns würde jede Definition des Alltags noch immer Vorstellungen von Frieden und Stabilität enthalten. Wir würden unser Leben vermutlich immer noch gern rhythmisch sehen, gegründet auf festgelegte und sich wiederholende Sozialschemata. Ryszard Kapuscinskis Werk scheint sich jedoch auf die Erkenntnis zu stützen, dass solche konventionellen Beschreibungen der Aktualität heute nur noch so begrenzt anwendbar sind, dass sie in gewisser Weise zu Fiktionen geworden sind.

Da ist diese »muntere alte Dame«, die Kapuscinski während des Bürgerkriegs von 1975 mitten in der öden Weite von Luanda, Angola, trifft. Sie ist besorgt, weil die weiße Rasse in »ihre Endphase eintritt. Nur knapp zwei Prozent (der Erdbewohner) werden noch blondes Haar haben. Blonde Menschen... eine absolute Seltenheit.« Man könnte wohl sagen, dass auch monotone, berechenbare Lebensläufe nicht weniger anomal werden wie diese Blondchen.

Kapuscinskis eigenes Leben war alles andere als langweilig. In 55 Jahren hat er 27 Revolutionen erlebt, und das dürfte wirklich Weltrekord sein. Doch diese Statistik verrät mehr als nur die Grundzüge seiner Arbeit. Sie verrät, dass die Revolution, dieses Geschehen aus Gerüchten und unterbrochenen Rhythmen, amorph, blutig, krampfhaft, inzwischen zu einem der normativen Prozesse des menschlichen Lebens geworden ist. Wenn der Friede anomal wird, werden Kampfanzüge, Automatikwaffen, Raketen, Geiseln, Hunger und Angst zu Bausteinen einer neuen, höchst unbehaglichen Definition der Realität.

In einer so schönen neuen Welt überrascht es nicht, dass der Auslandskorrespondent zu einem Mythos geworden ist. Denn schließlich geht er da hinaus, nicht wahr, und schickt uns sehr böse Nachrichten von dort. Und wenn wir genug haben von der Realität, blättern wir weiter, wechseln wir den Kanal, einmal muss doch endlich Schluss sein damit.

Leider scheinen unsere unerschrockenen Korrespondenten gegen eine Wand anzurennen. Die Situation ist zu verwirrt, sie bringen nichts mehr in Erfahrung, und es wird Zeit, endlich eine Story einzureichen. In diesen Stories vermag Ryszard Kapuscinski »die Fülle der menschlichen Phantasie« zu bewundern. Der Weltpresse zufolge waren 100 000 Kubaner in Angola, während in Wirklichkeit die gesamte Streitmacht der linken MPLA etwa 30 000 Soldaten betrug, »von denen ungefähr zwei Drittel Angolaner waren«. Die kubanischen Verbündeten der MPLA hatten eine Menge zusätzlicher Uniformen mitgebracht, weil kubanische Uniformen den rechten FNLA- und UNITA-Truppen Heidenangst einjagten.

Wenn nun aber Kriegsberichterstattung so häufig Augenwischerei ist – von wem sollen wir dann verlässliche Berichte über die entsetzlich veränderte Realität unseres Zeitalters erhalten? Diese Frage beantworten heißt, die profunde Bedeutung von Kapuscinskis Arbeit begreifen. Es besteht ein Unterschied zwischen Erfindung und Phantasie, und Kapuscinski besitzt die Gabe des wahrhaft phantasievollen Schriftstellers in überreichem Maße.

In seinen Büchern über Haile Selassie und den Schah, und nun wieder in *Another Day of Life,* bewirken seine Schilderungen – nein, seine *Reaktionen* – das, was sonst nur Kunst bewirken kann: Sie beflügeln unsere eigene Vorstellungskraft. Ein Kapuscinski wiegt 1000 ergraute Journophantasten auf; und dank seiner erstaunlichen Mischung von Reportage und Kunst gelangen wir so dicht an das heran, was er als nicht vermittelbares Bild des Krieges bezeichnet, wie es uns sonst nur selten durch Lektüre gelingen wird.

Another Day of Life handelt von den Geburtswehen des unabhängigen Angola. Darüber hinaus ist es ein brillantes, lebendiges Stück Prosa mit vielen jener eindringlich-surrealen Visionen, die zu Kapuscinskis Markenzeichen geworden sind.

Am Anfang leert sich Luanda, die Hauptstadt, im Eiltempo, weil die Einwohner überzeugt sind, dass Holden Robertos FNLA-Truppen, unterstützt von Zaire und dem Westen, die City verwüsten werden. »Alle«, notiert Kapuscinski, »waren damit beschäftigt, Kisten zu zimmern.« Nach diesem prosaischen Beginn stürzt er sich in eine rhapsodische Schilderung dessen, wie sich die Steingebäude der Stadt in die Holzkisten entleeren. »Allmählich... verlor die Steinstadt ihre Werte, während die Holzstadt an Werten zunahm... Nirgendwo sonst auf der Welt hatte ich eine solche Stadt gesehen... Und später dann segelte (sie) auf dem Meer davon... Ich weiß nicht, ob es jemals so etwas gegeben hat, dass eine ganze Stadt übers Meer segelt, aber genau das ist es, was hier geschah. Die Stadt segelte in die Welt hinaus, auf der Suche nach ihren Einwohnern.«

Die seefahrende Kistenstadt gehörte den Portugiesen, die aus Angola flohen. Kapuscinski verfolgt die Spur der Kisten schließlich bis zu ihren Zielen: Rio, Kapstadt, Lissabon. Seine Ode an das hölzerne Luanda ist vielleicht eine Spur zu lang, ist aber dennoch genial. Von all den vielen, die über Luanda schrieben, sah nur Kapuscinski die hölzerne Stadt. Sie lag allen vor der Nase, aber sie brauchten eben Augen, um sie sehen zu können.

In diesem Angola benutzen die Kämpfer bei einer Straßensperre einen »deckenhohen Kleiderschrank in Form eines riesigen Triptychons mit einem beweglichen Kristallspiegel auf dem mittleren Teil. Indem sie diesen Spiegel bewegten... sodass er die Sonne reflektierte, blendeten sie die Autofahrer.« An solchen Straßensperren ist der Tod niemals sehr weit. Er kann zuschlagen, wenn man die Wachposten mit dem Wort *camarada* begrüßt, weil man nicht weiß, dass diese Truppe das Grußwort *irmao* benutzt.

Nach einer Reise über Angolas zahlreiche riskante Straßen, am Russischen Roulette der Straßensperren und der ständigen Gefahr eines Hinterhalts vorbei, murmelt Kapuscinskis Begleiter Nelson: »Ein weiterer Tag im Leben.« Er feiert das Überleben, *gut, also leben wir wenigstens noch bis morgen.* Kapuscinski jedoch erkennt, dass dieser Satz noch eine zweite Bedeutung hat: So ist das Leben heute, so ist es nun mal, so ist das Leben geworden: eine tagtägliche Flucht vor dem Tod, bis zu dem Tag, an dem sie einmal nicht gelingt. Kapuscinski kontrapunktiert seine Schilderungen dieser wandelbaren, unsicheren, verängstigten Welt mit seinen Telexberichten nach Hause, kreiert eine gewisse Spannung zwischen der reichen, zwiespältigen Wahrheit des Lebens im kriegsgeschüttelten Angola und der Forderung der Zeitungen nach Fakten. Zumeist scheint seine Schilderung des Albtraums im Buch weit wichtiger zu sein als das, was »wirklich« vorgehen mag. Im letzten Satz des Buches jedoch beginnen die Fakten aufzutauchen. Die Geschichte gerät in den Mittelpunkt, die MPLA kommt an die Macht, der Dichter Neto wird Präsident, eine Seite wird umgeblättert, ein Lebenstag endet.

Dieser abschließende, wenn auch vorübergehende Sieg der Fakten über die Ungewissheit zeigt uns, dass Kapuscinski nicht zu den rein »literarischen« Autoren gehört, die sich möglicherweise mit einer unabgeschlossenen, ungelösten Schilderung des Lebens als Chaos zufriedengeben, ausgeschmückt mit zahlreichen brillanten Metaphern des Unwissens. Die Wahrheit mag schwer zu definieren sein, aber sie muss immer noch definiert werden.

»In Übersee wissen sie gar nichts«, schreibt Kapuscinski, er aber weiß recht oft eine Menge. Er weiß, dass der ganze Krieg von zwei Männern abhing: dem Piloten Ruiz, der Munition in belagerte Grenzstädte flog, und dem Ingenieur Alberto Ribeiro, der es schaffte, Luandas Wasserversorgung intakt zu halten. Ohne diese beiden hätte die Stadt vor den von Südafrika unterstützten feindlichen Truppen kapitulieren müssen.

Einzelheiten wie die der Holzkistenstadt beweisen, dass Kapuscinski ein überaus scharfes Auge besitzt. Aber auch hören kann er gut. Von einem MPLA-Kommissar sagt er: »Ju-Jus Kommuniqués sind kurz und gelassen, wenn alles gut läuft... Aber wenn etwas schiefgeht, werden [sie] weitschweifig und unklar, Adjektive überwiegen, und Eigenlob sowie Kraftausdrücke, die den Feind beleidigen, nehmen überhand.« Unser Jahrhundert ist das rätselhafteste von allen, es ist ein sehr dunkles Geheimnis. Ryszard Kapuscinski ist ein Codeknacker, wie wir ihn brauchen.

1987

Achter Teil

John Berger

Graham Greene

John Le Carré

Über das Abenteuer

Auf dem Festival von Adelaide

Reisen mit Chatwin

Chatwins Reisen

Julian Barnes

Kazuo Ishiguro

John Berger

Der junge John Berger wurde einmal von Stephen Spender höchst eindrucksvoll als »Nebelhorn im Nebel« beschrieben. Die Bemerkung war herabsetzend gedacht – in jenen Tagen rümpften eine Menge Leute ihre vornehme Nase über Bergers Kunstkritik im *New Statesman* –, aber Berger schrieb einen Brief an Spender und bedankte sich für das Kompliment. »Was könnte im Nebel nützlicher sein als ein Nebelhorn?«, fragte er rhetorisch.

Über 30 Jahre später ist der Nebel dichter denn je, und das Nebelhorn funktioniert noch immer. Bergers größte Gabe war von jeher die Fähigkeit, uns erkennen zu lehren, dass alles, was wir sehen, manipuliert werden kann. Am Ende der einflussreichen ersten Sendung von *Sehen* sagte er: »Ich kontrolliere und nutze die für diese Sendungen benötigten Techniken der Wiedergabe für meine persönlichen Zwecke. Ich hoffe, Sie werden über das, was ich anbiete, nachdenken – *aber mit Skepsis*.«

Ways of Telling von Geoff Dyer ist die erste als Buch erschienene Studie über Bergers Arbeit, und ihr Autor, der sie als »die ausführliche Reaktion eines interessierten und dankbaren Lesers« bezeichnet, feiert in seiner Schrift vor allem Bergers scharfes, aber skeptisches Auge. Warum auch nicht? »All seine Arbeiten«, erklärt Dyer zutreffend, »sind Kritik in dem von Barthes vermerkten Sinn des ›Zu-einer-Krise-Führens‹, und die intellektuelle Stimulation einer solchen Auffassung erinnert mich an eine ganz andere Art der Kritik, nämlich der von Kenneth Tynan, weil sie sich, wie alle Künstler und nur sehr wenige andere Kritiker, beide exponieren, also einer Gefahr aussetzen.«

Berger ist natürlich nicht nur Kritiker, sondern auch kreativer Künstler (wenn auch von umstrittener Qualität). Seine Romane *G.*, dessen »auffallend filmische« Struktur von Geoff Dyer besonders gelobt wird, und *Sau Erde*, erster Teil einer Trilogie, in der

Berger sich nichts Geringeres vornimmt, als »den komplizierten Weg von der bäuerlichen Gesellschaft zur Großstadtwelt« zu untersuchen, sind Beweis für seine Phantasiebegabung. Für mich aber und für eine ganze Generation der Linken haben seine Ideen mehr bedeutet als seine Träume.

E. P. Thompson hat uns daran erinnert, dass politische Abhandlungen in diesem Land nicht immer so engstirnig und dogmatisch waren wie heute, sondern Überlegungen über die Moral, über die Art der Welt, in der wir leben wollten. Für John Berger bleibt die Politik, genau wie die Kunst, eine Frage der Ethik. Er ist ein herausragender Protagonist in einer der entscheidendsten Auseinandersetzungen unserer Zeit: der Auseinandersetzung über das Wesen der Realität.

Walter Benjamin und Bertolt Brecht haben vor langer Zeit schon begriffen, dass »Realismus« kein ästhetisches Konzept ist. Er ist kein Regelwerk, nach dem man schreiben oder malen kann, sondern vielmehr der Versuch, so weit wie möglich auf die Gegebenheiten der Welt, in der der Künstler arbeitet, zu reagieren. Realismus, sagt Berger, hängt ab »von den Schlussfolgerungen, die aus dem Thema gezogen werden«, und nicht von irgendeiner Technik. Mimetischer Naturalismus, den Berger als »gedankenloses, oberflächliches Begaffen von Erscheinungen« bezeichnet, sei etwas ganz anderes. Die technologischen Albträume eines J. G. Ballard sind, wenigstens in meinen Augen, weit realistischer als die kühlen, ausgeglichenen Welten einer Anita Brookner.

Die Migration und die Situation des Emigranten als Arbeiter und Künstler sind ein weiteres von Bergers althergebrachten Themen. In seinem Roman *A Painter of Our Time* und später in *Arbeitsemigranten*, der Studie europäischer Migrantenarbeit, ausgeführt in Zusammenarbeit mit dem Fotografen Jean Mohr, betrachtete er die Bourgeois- und die Arbeitervariante dieses Phänomens. In beiden Büchern läuft die Erfahrung kultureller Vertreibung auf Variationen der Erniedrigung hinaus. Der Maler im Roman fühlt sich, durch seinen Emigrantenstatus behindert, nur noch zu »einer äußerst begrenzten Kunst« fähig; die Arbeiter in *A Seventh Man* sind »heimatlos« und »namenlos«, und in ihren Augen sehen wir die Folgen einer jahrhundertelangen »infernalischen« Vergangenheit.

Man kann das Mitgefühl von Bergers Vision zu schätzen wissen, die brillante Originalität von *A Seventh Man* bewundern und sich dennoch wünschen, über eine so offensichtliche Schicksalsergebenheit hinausgehen zu können. Auswanderung bedeutet ganz zweifellos den Verlust von Sprache und Heimat, bedeutet, von anderen definiert zu werden, unsichtbar oder, noch schlimmer, zur Zielscheibe zu werden; Auswanderung heißt, tiefgreifende Veränderungen und seelische Schmerzen zu erfahren. Aber der Migrant wird durch seine Auswanderung nicht einfach nur verändert, sondern er verändert auch seine neue Welt. Migranten mögen durchaus zu Mutanten werden, aber gerade aus dieser Hybridation kann Neues entstehen.

Ways of Telling ist eine gute, solide Arbeit. Geoff Dyer ist kein Hagiograf; er ist durchaus in der Lage, auf die absolute Humorlosigkeit in Bergers Werk hinzuweisen und die Axt an die erfolglosen frühen Romane zu legen. Er nimmt uns mit auf eine zum größten Teil sehr geschickt geführte Reise rund um John Berger, die zugleich lesbar und lehrreich ist.

Besonders scharf geht er mit Berger ins Gericht, wenn er von dessen gegenwärtiger Sicht seiner selbst als Geschichtenerzähler spricht, einer Rolle, die Berger als Abtauchen des Ego empfindet: »Geschichtenerzähler verlieren die eigene Identität und sind offen für das Leben anderer Menschen.« Dyer bemerkt scharfsinnig, dass Berger nicht dazu geschaffen ist, nichts weiter als Zeuge zu sein, und meint, es gebe »etwas so Begieriges in Bergers Zeugenrolle, dass sie sich in eine übertrieben teilnehmende Aktivität verwandelt ... Berger ist einfach zu selbstbewusst, um als neutraler Beobachter zu schreiben«.

Ein paar kleine Unterlassungen schleichen sich ein. In der Passage über *The Foot of Clive,* jenen langweiligen, von Hunden wimmelnden Roman, wartete ich vergeblich auf einen Vergleich mit Günter Grass' majestätischen *Hundejahren,* veröffentlicht nahezu zur gleichen Zeit wie das Berger-Buch. Und wenn Dyer über den Misserfolg von *Corker's Freedom* und Bergers Versuch spricht, darin über Menschen zu schreiben, denen »es an der Fähigkeit mangelt, das, was sie wissen, in Gedanken zu übersetzen, die sie auch denken können«, ist es schon außergewöhnlich, dass Harold Pinter, der Meister der Artikulationsunfähigkeit, unerwähnt bleibt.

Außerdem ist Dyer viel zu sehr mit der Meinung des hervorragenden Auberon Waugh und des Graham Lord beschäftigt. John Berger kommt auch ohne deren Lob aus. Das Buch liest sich stellenweise wie eine Bitte um Bergers Aufnahme in eben jenes Establishment, das er, obwohl Dyer das abstreitet, zeit seines Lebens bekämpft hat. Wie ich glaube, kommt das daher, dass Dyer, genau wie Berger, schreckliche Probleme mit Wörtern wie »Größe«, »Genie« und »Meisterwerk« hat.

Berger selbst hat zugegeben, dass sein Unvermögen, mit dem Begriff des Genies umzugehen, die »ungeheure theoretische Schwäche« von *Sehen* ist. Er benutzt und verwendet zwar immer noch derartige Bezeichnungen der Außergewöhnlichkeit, hat sich aber, wie Dyer sagt, »niemals darangemacht, eine systematische Theorie der Ästhetik zu entwickeln«.

Wie der Lehrer, so der Schüler. Was bedeutet »Meisterwerk«, wenn man es folgendermaßen benutzen kann: »Bouchers Bildnis ist eines der großen ›Wie der Butler es sah‹-Meisterwerke der Malerei«? Welche, so fragt man sich, sind die anderen?

Wenn unsere Vorstellung von Qualität, ja sogar von Transzendenz so verschwommen ist, beginnt man sich Sorgen über den Beifall des »literarischen Establishments« zu machen. Da gibt es noch eine Menge zu tun, denn derartige Sorgen sind ein wenig absurd. Das Nebelhorn kann auf die Zustimmung des Nebels verzichten.

1987

Graham Greene

The Captain and the Enemy

Graham Greenes neuer Roman beginnt damit, dass ein zwölfjähriger Junge, Victor Baxter – »Baxter Three« – vor seinen Feinden quer über den Hof seiner Schule flieht. Baxter ist einer der »Amalekiter« der Natur, ein Außenseiter, der Bibel zufolge zum Erschlagen geboren. Als dann der geheimnisvolle, einem Seeräuber ähnelnde »Captain« mit einer Nachricht vom Vater des Jungen und dessen Erlaubnis, ihn mitzunehmen, erscheint, sieht der junge Baxter in ihm einen Retter – eine Meinung, von der ihn anscheinend nichts abbringen kann, denn es ist der Captain, der es ihm ermöglicht, endgültig kein Amalekiter mehr zu sein, indem er ihn wegbringt und damit sein Leben völlig verändert.

»Bist du sicher, dass du das Gute vom Bösen unterscheiden kannst, den Captain vom Feind?«, lautet das Epigraph des Romans, und innerhalb von ein oder zwei Seiten hat Greene uns in ebendiesem moralischen Fallstrick gefangen: Waren die Schulkameraden des Jungen wirklich seine Feinde? Steht der Entführer tatsächlich auf der Seite der Guten? Hat der Captain Baxter Three wirklich beim Backgammon von dessen Vater gewonnen? Oder war es, wie der Vater später behauptet, vielmehr Schach? Kann es sein, dass der Vater wirklich das ist, als was er das ganze Buch hindurch bezeichnet wird: nämlich »der Teufel«? Und tut der Captain recht daran, d. h., ist es richtig, dass er den Jungen angeblich aus Liebe zu einer Frau entführt, einer gewissen Liza, die sich nach einem Kind sehnt – vor allem, da Liza sich, als der Captain sie kennenlernte, gerade von einer Abtreibung erholte, die ihrerseits die Folge einer Liaison mit dem älteren Baxter war, dem Teufel persönlich?

79 Seiten lang schreibt Greene, während er derartige Fragen mit

einer wunderbaren, humorvollen Leichtigkeit untersucht, traumhaft gut. Es kann kaum eine unwahrscheinlichere fiktive Familie geben als die hilflose Liza und ihr Gauner von einem Beau, die das Kind des Teufels suchen, doch ihre Story ist ein reines Vergnügen. Der Captain – alias Colonel Claridge, der Major, der Sergeant, Señor Smith und Mr Brown – verpasst Baxter Three eine Lektion über die Hinfälligkeit und Wandelbarkeit aller Dinge. Bald schon wird aus dem Jungen »Jim«, während der Namensliste des Captains ein »Victor« hinzugefügt wird. Unter der Anleitung des Captains wird die Geografie zum Kinderspiel. Aber auch Ökonomie lehrt er ihn: »Wenn du mal ein bisschen knapp bist... trink niemals etwas an der Bar, ohne vorher ein Zimmer gebucht zu haben, denn sonst verlangen sie das Geld bar auf die Hand.« Während man, sobald man ein Zimmer gebucht habe, eine herzhafte Abendmahlzeit einnehmen und sich sodann verabschieden könne – unter Hinterlassung eines billigen Koffers mit zwei dicken Backsteinen.

Am problematischsten sind jedoch die Lektionen des Captains über die Liebe. Er geht mit ihm in den Film *King Kong,* und der Junge ist verwirrt. »›Warum lässt er sie nicht fallen?‹ fragte ich ihn. Vermutlich hielt der Captain die Frage für herzlos, denn er erwiderte schroff: ›Weil er sie liebt, Junge. Kannst du das nicht verstehen? Er liebt sie!‹ Aber das konnte ich natürlich nicht verstehen.« *Natürlich,* denn es ist Jims Tragödie, dass er kein menschliches Wesen lieben kann. (Noch verwirrender für ihn ist die Behauptung des Captains, die Tatsache, dass die Frau nach Kong tritt, bedeute nicht, dass sie ihn nicht möge. »So sind die Frauen nun mal.«)

Das liebesunfähige Kind, die blasse, bedürftige Frau und der Billig-Korsar, der sie braucht, sind ein so faszinierendes (und, muss ich wohl sagen, »heruntergekommenes«) Trio, wie Greene es seit Langem nicht mehr geschaffen hat. Und während wir alles durch die kalten Augen des zwölfjährigen Jim sehen, nimmt der Roman an Spannung zu. Dann machen wir einen Sprung von zehn

Jahren. Jim ist inzwischen 22, Liza stirbt einen Unfalltod, während der Captain in Panama weilt, und der Bann ist gebrochen.

Ein Teil des Problems ist technischer Natur. Greene hat geschildert, wie launenhaft und wechselvoll die 13 Jahre lange Arbeit an diesem Roman verlief, und die Erzählweise seines fiktiven Jim nimmt mittlerweile ebenfalls diese *Stop-and-go*-Methode an. Jim wird ein unsicherer Erzähler, der seinen Text immer wieder revidiert und auf den neuesten Stand bringt; bis er das Ganze schließlich in den Papierkorb wirft, wo es von einem Colonel Martinez gefunden wird, einem Kumpan des Captains, der erwägt, es für einen kubanischen Literaturpreis einzureichen. Nach der leichten Schreibweise der ersten Seiten des Romans wirkt dies eher ungeschickt.

Die größte Enttäuschung jedoch ist das Nachlassen der emotionalen Spannung als Folge von Lizas Tod. Nachdem die Frau verschwunden ist, wird das Buch so etwas Ähnliches wie eine Schnulze, in der das alte, männliche, ziemlich ausgelaugte Thema vom Verrat des (falschen) Sohnes am (falschen) Vater schwerfällig in den Mittelpunkt rückt.

Jim, den es nach Abenteuern dürstet, hat beschlossen, zum Captain nach Panama zu reisen, wo dieser, wie sich herausstellt, damit beschäftigt ist, Waffen für die Sandinisten einzufliegen (das Ganze spielt sich vor der 1979er Revolution in Nicaragua ab). Die Geografie ist wieder mal ein Kriegsspiel, aber Jim hat keine Ahnung von Lateinamerika. (»Wo ist Estli? Von welchem Land redest du?« Und ein wenig später: »Welcher Kanalvertrag?«) Er belügt den Captain, weil er es nicht wagt, ihm zu sagen, dass Liza tot ist; und verrät nach einem erbitterten Streit die Sache mit dem geheimen Flugzeug seines Vizevaters an Mr Quigley, einen Engländer mit leicht amerikanischem Akzent, der den Finanzkorrespondenten spielt, in Wirklichkeit jedoch der Geist zahlreicher anderer, längst vergangener Spukgestalten aus Greene-Land ist, Pisco Sour trinkt und veranlasst, dass der Captain erschossen wird.

Der Captain entpuppt sich schließlich doch noch als King

Kong. Jahrelang hat er die Erinnerung an Liza bewahrt, ihr jeden Tag geschrieben, und als sie seinem Zugriff entkommen ist, sind es die Flugzeuge, die ihn zur Strecke bringen. (Aber im Grunde doch nicht die Flugzeuge, wie wir durch den berühmten letzten Satz des Films wissen: »Es war die Schöne, die das Biest umbrachte.«)

Und Jim, der hartherzige Jim, entpuppt sich schließlich doch noch als Amalekiter: als Feind, geboren, um erschlagen zu werden.

Gute Nachrichten also aus Greene-Land. Nach dem feuchten Kehricht von *Dr. Fischer aus Genf oder die Bombenparty* und der Don-Camillo-ähnlichen Plattheit von *Monsignore Quijote* ist ein halber Roman vom besten Greene nicht zu verachten. Wir sollten dankbar sein für den anfänglichen Champagner und das, was folgt, mit Toleranz betrachten, selbst wenn ein großer Teil davon schlichter panamesischer Rachenputzer ist.

1988

Yours Etc.: Briefe an die Presse 1945–1989

Wirft man einen Blick auf das Inhaltsverzeichnis dieses spritzigen Bandes, der auf überaus unterhaltsame Weise Graham Greenes weniger bekannte Karriere als eifriger Autor von Leserbriefen an Zeitungsredaktionen feiert, so wird man unbestreitbare Beweise für seine absolute Sucht nach allem finden, was mit seiner Zeit zusammenhängt, von den bedeutendsten Tagesfragen bis zur allerbescheidensten Banalität. Unter »E« findet man in enger Nachbarschaft die Stichworte El Salvador, Eliot, T. S., Elizabeth II., Queen, und Eltham Laundry Supplies, Ltd. Der Buchstabe G bietet die nicht weniger bemerkenswerte Sequenz: Gott, Geschlecht von, Goddard, Lord Rayner, Gonzi, Erzbischof, und Gorbatschow, Michail; während bei den Ms Matisse sich neben dem Mau-Mau-Aufstand und Maudling findet und *My Fair Lady* (Musical) von

My Lai (Massaker) gefolgt wird. Dies ist der Beweis für eine äußerst unenglische Eigenschaft, nämlich ein eklektisches und grenzenloses Engagement für die ganze Welt; ein Engagement nicht in dem engen Sinne offener politischer Bildung, sondern im weiteren Sinne eines ungeheuren, überwältigenden Bedürfnisses, über die Realität des realen Lebens zu berichten.

Greene hat stets unter der Voraussetzung gehandelt, dass ein Schriftsteller ebenso gut eine öffentliche Rolle spielen könne wie eine rein literarische; dass es außerhalb der Grenzen seiner Kunst eine Menge gebe, was ein Künstler legitim kommentieren könne. Seine Briefe sind ein kontinuierlicher Kommentar zu einer ganzen Anzahl von Themen; herausragend dabei seine Stellungnahmen zur sandinistischen Regierung in Nicaragua und ihren Gegnern, den Contra-Rebellen mitsamt ihren Drahtziehern in den Vereinigten Staaten; der idiotischen Beteiligung der NATO am atomaren »Erstschlag«; und, etwas weniger hoch angesiedelt, zum Postdienst selbst (es gibt Briefe über faire Bezahlung der Postangestellten und Briefe mit scheinbar widersprüchlichen Plänen, die Post ganz und gar in den Bankrott zu treiben).

Die unvermeidliche Folge einer derartigen Einmischung ist, dass Greene regelmäßig in den öffentlichen Druckmedien geschmäht, der Blasphemie, Bizarrerie, des Kommunismus, des Jansenismus und anderer Kapitalverbrechen bezichtigt wird. Einer der bemerkenswertesten Aspekte dieser Sammlung ist es, dass sie Greenes absoluten Gleichmut und seine gut gelaunte Hartnäckigkeit angesichts einer solchen Opposition demonstriert. Als er wegen seiner Freundschaft mit Nicaraguas Tomás Borge von Alexander Chancellor beschuldigt wird, »im Alter zunehmend links« zu werden, erwidert Greene: »Ich bin – und ich hoffe, darin stimmen wir überein – ein Freund von Alexander Chancellor. Bedeutet dies, dass ich die Welt nur noch in konservativem Blau sehe?« Oder: Als der rechts stehende William F. Buckley ernsthaft gegen Greenes frivole Erklärung protestierte, es sei »ebenso zutreffend wie falsch«, die Regierung von Nicaragua als katholisch bzw. kommunistisch zu bezeichnen, gab Greene zurück: »Ach ja, diese englischen Witze! Ich muss versuchen, sie zu vermeiden.«

Journalisten im Allgemeinen scheinen die einzigen Menschen zu sein, für die Graham Greene nur wenig Zeit oder Respekt aufbringt. »Ein kleiner Grund, warum Romanciers immer häufiger versuchen, Abstand von Journalisten zu halten, ist es vielleicht, dass Romanciers die Wahrheit zu schreiben bemüht sind und Journalisten Fiktion zu schreiben versuchen«, erklärt er bissig, bevor er einen gewissen Stephen Pile auseinandernimmt. Andere »Journos«, die in diesem Band abgehandelt werden, sind Bernard Levin, Penelope Gilliatt, Nicholas Wapshott, Marina Warner und wiederum Bernard Levin. Weniger oft, wie zum Beispiel bei der bekannten Meinungsverschiedenheit mit Anthony Burgess, streitet er sich auch mit Romancierkollegen, obwohl man Burgess' Angewohnheit, Interviewern zu erklären, Greene lebe »mit einer Frau zusammen, deren Ehemann in der Nacht vorbeigeht und laut zum Fenster ›*Crapaud! Salaud!*‹ hinaufruft«, als ausreichende Provokation empfinden kann. (Typischerweise erhebt Greene nur gegen das Rufen Einwände. »Aber ich wohne im vierten Stock. Und bei diesen vielen Autos – wie kann ihr Ehemann da herkommen und zum Fenster hineinrufen?«)

Andere Vendetten verlaufen freundschaftlicher. Auch der verbale Schlagabtausch zwischen Greene und Evelyn Waugh wird in diesem Buch behandelt. Als eine amerikanische Bühnenbearbeitung von *Das Herz aller Dinge* durchfiel, schrieb Waugh: »Ich möchte unbedingt einen Bericht über Deine Bostoner Katastrophe hören.« Greene wiederum bringt es fertig, einen Teil von Waughs Korrespondenz als »kleinen kastrierten Brief« zu bezeichnen. Aber die Freundschaft zwischen den beiden war tief, und als Waugh starb, verteidigte Greene ihn heftig gegen eine Attacke von Beverley Nichols im *Spectator*. Er vergleicht Nichols mit der »ältesten ledigen Frau«, die bei einem ungenannten westafrikanischen Stamm dazu bestimmt wird, auf das Grab eines toten Häuptlings zu spucken. »Evelyn hat nie gewartet, bis ein Mann tot war, um sein Gift zu verspritzen«, stellt Greene schließlich fest. »Er hätte dem Mann lieber ins Gesicht gespuckt statt aufs Grab.«

Yours Etc., bei dem der außerordentlich geistreiche Christopher Hawtree die Überleitungen zu Greenes Briefen schrieb (einmal bemerkt er in echt greenescher Journalistenhass-Manier, dass »ein Schellfisch niemals sehr begeistert aussieht, wenn er in ein Foto von Paul Johnson gewickelt wird«), ist ein Buch voll kleiner Glanzstücke. Man erfährt von Greenes Vorliebe für dumme Streiche, für die Gründung satirischer Gesellschaften und für die Preisausschreiben im *New Statesman* und im *Spectator,* vor allem jene, die Parodien von Graham Greene verlangen. Einige seiner Bücher, darunter der jüngste Roman *The Captain and the Enemy,* hatten ihren Ursprung in derartigen Wettbewerbseinsendungen. Auch findet man hier die Briefe, in denen Greene für Charlie Chaplin eintritt, die Lage in Indochina analysiert, Nabokovs *Lolita* verteidigt, wegen des Vietnamkriegs aus der American Academy austritt und gegen die empörende Entscheidung der britischen Regierung wettert, während des Falklandkrieges aus Argentinien importierte Bücher und Musik zu beschlagnahmen und zu verbrennen. Empfängnisverhütung, Papst, Befreiungstheologie und Voodoo sind ebenfalls vorzugsweise vertreten. Ein langes Leben, und ein streitsüchtiges; und während es jene gab, die sich, wie Kingsley Martin Greene 1958 während einer Diskussion informierte, fragten, »wie jemand, der so erfolgreich und kreativ ist wie Sie, so ›bitter, grob und übel gelaunt‹ geworden sein kann«, werden die meisten Leser sicher mit mir übereinstimmen, dass Greene zwar durchaus zur Grobheit fähig ist, aber niemals bitter wird und ein höchst beneidenswert gut gelaunter Mensch zu sein scheint. Gutgelauntheit ist daher auch das glückliche Schicksal seiner Leser.

1989

John Le Carré

Wenn die handelnden Personen sich, um ihren Lebensunterhalt zu verdienen, hinter Fassaden verbergen müssen, kann die Welt eines Romans sehr leicht eher wie eine billige Bühnendekoration aussehen denn wie die Wirklichkeit. Aber die Leser lesen Spionageromane, um sich überzeugen zu lassen, dass sie einen authentischen Einblick in die geschlossene Welt hinter dem Spiegel erhalten. Dieses Problem (Wie kreiert man ein genügend abgerundetes Bild von Flatland? Wie gibt man den notwendigerweise gesichtslosen Menschen Gesichter?) ist es, das die Spionageromanschreiber lösen müssen, wenn sie wollen, dass ihr Werk über das Genre hinauswächst und als ernsthafte Literatur behandelt wird.

John Le Carré, der wahrhaftig sehr ernst genommen werden will, hat sich bisher an zwei Lösungen dessen versucht, was man als das Problem des »menschlichen Faktors« bezeichnen könnte. *Dame, König, As, Spion,* sein bestes Buch, war ein brillant ersonnener Verfahrensthriller, in dem gezeigt wurde, dass die Geheimdienstwelt nicht flach ist, sondern verschiedene Dimensionen besitzt. Hier war Charakter nicht mehr Bestimmung, sondern wurde durch Täuschung und Macht ersetzt. Dies war ein Theater der Masken, deren Spukwelt, mit zerfallender Wirtschaft und Moral, zur perfekten Metapher für Großbritannien als Ganzes wurde. Vorher, in *Der Spion, der aus der Kälte kam,* benutzte Le Carré eine andere Technik. In dieser Variation fand sich ein mit Resten menschlicher Werte (Liebe, Ethik usw.) belasteter Agent im Streit mit der Antiethik der »Spiokraten«. Die »runde« Welt der Emotionen wehrte sich gegen die »flache« Welt der Macht. Das nun ist die Methode, zu der *Das Russland-Haus* zurückkehrt.

Bei Le Carré waren Liebe und Krieg lange Zeit unvereinbar. Seine tüchtigsten kalten Krieger, wie George Smiley, haben allesamt ein Gefühlsleben, das alles andere als großartig ist, während jene, die sich menschliche Bindungen erlauben, jene, die aus der Kälte kommen, dazu neigen, Opfer dieses liebeleeren, endlosen Krieges der Schatten zu werden, dem sie im Grunde nie ganz entfliehen können. Um es einfacher zu sagen: Frauen bedeuten gewöhnlich Probleme. Mr Palfrey, Anwalt von Spionen und vorgeblicher Erzähler im *Russland-Haus,* ist auf Smileysche Manier unglücklich verliebt; während im Mittelpunkt des Romans eine Liebesgeschichte steht – eine Liebesgeschichte zwischen Barley Blair, einem englischen Verleger und dem wohl ungewöhnlichsten Spion von allen ehrenwerten Schoolboys Le Carrés, und Katya Orlova, einer Russin. Aus dieser Liebesgeschichte ergeben sich sodann alle möglichen Probleme.

Ein großer Teil dieser Probleme ist leider literarischer Natur. Es ist etwas unvermeidlich Strichmännchenhaftes an Le Carrés Charakterisierungsversuchen. Da ist zum Beispiel Katyas Einführung in die Story: »Sie war ernst. Sie war intelligent. Sie war entschlossen. Sie hatte Angst, obwohl in ihren dunklen Augen Humor schimmerte. Und sie besaß jene seltene Eigenschaft, die Landau mit seiner blumigen Ausdrucksweise gern als ›Klasse, wie nur die Natur sie schenken kann‹ bezeichnete. Mit anderen Worten, sie besaß sowohl ›Klasse als auch Kraft‹.« Das grenzt fast schon an *schlockbusterese,* aber die männlichen Personen des Romans kommen nicht viel besser davon. All dieses Public-School-Geschwätz, all diese unerträglichen Amerikaner und poetischen/leidgeprüften/betrunkenen Russen! Und wenn man einen voll ausgewachsenen Mann auf die gefährlichen Wege der unmenschlichen Welt der Geheimdienste schickt, sollte man in der Lage sein, seine Liebeserklärung ein wenig überzeugender zu gestalten als »Es ist eine reife, selbstlose, absolute, aufregende Liebe« oder »Meine Liebe zu dir ist so tief, dass ich mich schäme, sie in Worte zu fassen ... Ich sehe dich an, und ekle mich vor der eigenen Stimme.« Woraufhin Katya jene »Klasse, wie nur die Natur sie schenken kann« an den Tag legt und sich küssen lässt.

Die Wahrheit ist, dass tiefgründige Charakterzeichnungen nicht zu Le Carrés Stärken gehören. Am besten ist er, wenn er eine fantastische, verwirrende Geschichte erzählt, gespickt mit jenem ganz speziellen Wortschatz, den er uns allen beigebracht hat und der zu seinen größten Geschenken für uns zählen mag – *mole, lamplighter, tradecraft*. Der menschliche Faktor bringt das zum Vorschein, was an seiner Prosa am naivsten und sentimentalsten ist. Und das größte Problem beim *Russland-Haus* ist, dass die Liebesgeschichte so weit in den Vordergrund gerückt wird, dass die Spionagestory dagegen nahezu oberflächlich simpel erscheint: Ein russischer Wissenschaftler möchte seine Arbeit im Westen veröffentlichen lassen; wie sich herausstellt, enthält sie sensationelle Informationen über die beschränkte Quantität der russischen Waffen; die Briten werben den von dem Russen auserwählten Verleger, den oben erwähnten Barley Blair, an, um noch mehr aus der Quelle herauszuholen; die Amerikaner übernehmen; Barley verliebt sich, und allmählich geht fast alles schief… Für Bewunderer der Myriaden subtiler Verschlingungen von Le Carrés Plotting in seiner besten Form ist dies ein enttäuschend platter Ersatz.

Jene, denen *Das Russland-Haus* gefällt – und es hat inzwischen zahlreiche anspruchsvolle Bewunderer, darunter auch russische –, loben den Roman vor allem für seine Schilderung der UdSSR im dritten Sommer der Perestroika, für seine Bemühungen, die Regeln der Spionage an die Anforderungen dessen anzupassen, was eine der Personen als »Glasnostik« bezeichnet. Und es besteht kein Zweifel, dass der Roman vor Informationen über die Sowjetunion nur so strotzt, vom Preis der Notizbücher bis zu dem komplizierten Ritual des Tauschens, durch das die Menschen sich alles besorgen, was sie brauchen; und Glasnostiker gibt es in diesem Buch in jeder erdenklichen Spielart, vom überzeugten Gläubigen bis zum ungewendeten kalten Krieger, für den sich im Grunde nichts verändert hat. Das Wissen aber, das dieser Roman vermittelt, ist Kopfwissen; den Geist erleuchtet hier nicht viel. Eine Seite, ein einziger Abschnitt aus einem Buch von Tatjana Tolstaja vermittelt dem Leser mehr von Russland als fast 500 Seiten von Le

Carré. Welch eine Schande, dass Le Carrés westliche Leser den Lesern von Tolstajas bösartiger, magischer Sammlung von Erzählungen, *On the Golden Porch*, zahlenmäßig um mehrere Tausend zu eins überlegen sind.

Die Schattenwelt ist offensichtlich weitaus faszinierender als jene, in der die meisten Menschen leben. Unglücklicherweise haben es nur wenig ernsthafte Schriftsteller geschafft, in sie einzudringen; Graham Greene bildet die große zeitgenössische Ausnahme. Le Carré kommt einem ernsthaften Schriftsteller so nahe, wie die Spionageliteratur es jemals ermöglicht hat. Nahe, aber doch – jedenfalls diesmal – haarscharf daneben.

1989

Über das Abenteuer

»Der wahre Abenteurer«, schrieb O. Henry in *Hinter der grünen Tür*, »schreitet ziellos und ohne Berechnung fort, um dem unbekannten Schicksal zu begegnen und es zu begrüßen. Ein schönes Beispiel dafür war der verlorene Sohn – als er sich auf den Heimweg machte.«

Zu den bemerkenswertesten Qualitäten der Wörter *Abenteuer* und *Abenteurer* gehört Launenhaftigkeit. Eine Idee, die für den verlorenen Sohn ebenso gilt wie für Indiana Jones, die Gemeinsamkeiten zwischen der Reise der Pilgerväter nach Amerika und der Reise der Darlings mit Peter Pan zum Neverland schafft, die eine Verbindung zwischen Alice' Schritt durch den Spiegel und Crick und Watsons Entdeckung der Doppelhelix der DNS herstellt, ist zweifellos einer der weitreichendsten Begriffe der Kultur. Wir empfinden das Abenteuer häufig als Metapher für das Leben selbst, und nicht nur für das Leben: »Das Sterben«, sinniert Peter Pan, »wird ein furchtbar großes Abenteuer werden.«

Eng verbunden mit dieser Version der Idee Abenteuer sind Vorstellungen von Gefahr, von einer Reise, vom Unbekannten. Und natürlich von Heldentum: Wer die Reise in die geheimnisvolle Nacht hinein wagt, wer über den Rand der Erde hinaustritt, nur weil dieser Rand da ist, muss eindeutig aus dem rechten Holz geschnitzt sein. Sam Shepard als Chuck Yeager ist wohl ein moderner Archetypus dieses Mythos; Huck Finn ist seine Antithese, der Antiheld des Abenteuers. Das heldenhafte Abenteuer ist – typischerweise – eine individuelle Angelegenheit. Es gibt natürlich Abenteuerhelden, die in Gruppen gereist sind – die Argonauten, die Mount-Everest-Besteiger, die Glorreichen Sieben –, aber weit häufiger scheint der Mythos die existentialistische Reinheit eines einzelnen Menschen zu erfordern, der gegen die unendlichen Weiten des Universums kämpft; den einsamen Segler, der in seiner Nussschale die nassen Anden von Kap Hoorn umschifft, scheint sie jedem Gruppenunternehmen vorzuziehen, den einsamen Gunman (Clint Eastwood in den meisten seiner Westernrollen) über The Wild Bunch zu stellen.

Reisende der zeitgenössischen Literatur scheinen es, da wir in einem Anti-Helden-Zeitalter leben, mehr mit Huck als mit Chuck zu halten. Ihre wahren Vorfahren sind vermutlich nicht so sehr die umherziehenden Helden des klassischen Zeitalters (Jason, Odysseus, der unaussprechlich fromme Aeneas), sondern die *picaros* des Romans. Viele der gefälligsten Werke der »Reiseliteratur« des 20. Jahrhunderts lesen sich ganz ähnlich wie abenteuerliche Schelmenromane, schildern uns den Begriff des Abenteuers als Suche eines Verrückten. Selbst Italo Calvinos fiktiver Marco Polo in *Die unsichtbaren Städte* hat eine ganze Reihe derartiger Suchfahrten im Sinn: Er reist durch seine wunderbaren Städte und sucht seine Vergangenheit, seine Zukunft, Venedig, die Erinnerung und noch weit seltsamere Dinge: »Dieses ist das Ziel meiner Erforschungen: die Spuren des Glücks zu untersuchen, die noch zu erkennen sind. Ich schätze, sie sind selten geworden.« Solche Vorstellungen, sensibel und komisch, lassen Parodien des uralten Mythos des Heiligen Grals vermuten.

Den Gral zitieren heißt erkennen, dass das Abenteuer, wie man es heute versteht, eine gewisse hochgemute Größe verloren hat, und dass dieser Verlust in den Bereich der Zielsetzung fällt. Früher einmal war die Reise, die Suche, das Abenteuer nicht so sehr ein privates oder idiosynkratisches oder verrücktes Unternehmen als vielmehr spirituelle Schwerstarbeit. Die Ritter der Tafelrunde suchten den Heiligen Gral im Namen Gottes. *Pilgerreise aus dieser Welt* ist, genau wie sein islamisches Gegenstück, Fariduddin Attars *Vogelgespräche,* ein Abenteuer der Katharsis, des Vorstoßens zum Göttlichen. Die Reisen Sindbads des Seefahrers wurden in religiös-mystischem Zusammenhang interpretiert. Wie der Blick in einer gotischen Kathedrale wird der abenteuernde Geist vorwärts-aufwärts in Richtung Gott gelenkt. Dieses allegorische, transzendente Abenteuern ist heutzutage mehr oder weniger ausgestorben.

Es gibt gute Gründe, Erleichterung darüber zu empfinden, dass das Abenteuer in unserer Zeit die Domäne der Entschlossenen, der Neugierigen und der Idiosynkratischen ist. Jener Abenteuergeist, der von Glauben oder Ideologien beherrscht wurde, war keine unbedingt gute Sache. Das bezeugt das Verhalten der Kreuzritter, der spanischen Conquistadores und anderer. Wie alle bedeutenden Ideen hat auch das Abenteuer neben der hellen ebenso eine dunkle Seite. Für jeden Christoph Kolumbus gibt es einen Captain Hook, für jeden Lampen-Dschinn gibt es einen bösen Geist.

In der Welt der Abenteurer gibt es mindestens ebenso viele Söldner und Glücksritter wie idealistische fahrende Ritter, und für jeden Vasco da Gama gibt es einen *Aguirre oder der Zorn Gottes*. Wenn sich der Geist des Abenteuers in den historischen Prozess einschleicht – wenn Staaten, ihre Führer oder ihre Repräsentanten abenteuern gehen –, ist das Ergebnis gewöhnlich katastrophal. Von Dschingis Khan bis Napoleon und Mussolini wimmelt es in der Geschichte von Beispielen für das, was geschieht, wenn Abenteurer an die Macht gelangen: Katastrophen, Plünderungen, Feuer und Schwert, jede Menge Missetaten. Abenteuer und Politik sollten möglichst weit auseinandergehalten werden, fast so gewissenhaft wie Uran und Plutonium.

Insgesamt ist das Candide/Quijote-Modell des Abenteuers also wohl den älteren Versionen vorzuziehen. In unserer zunehmend von Projektionen beherrschten Kultur sind Abenteurer die Menschen, die in unserem Namen Wunder vollbringen. Indem sie ihren eigenen Wurzeln, dem Gefängnis der alltäglichen Realität, entfliehen, ermöglichen sie es uns, wenn auch aus zweiter Hand, ein wenig vom Glücksgefühl des erfolgreichen Ausbrechers nachzuvollziehen. Wenn die urbane Gesellschaft eine stählerne Kette ist, dann sind die Abenteurer unsere unentbehrlichen Houdinis, die uns erinnern, dass Veränderung, Differenz, Fremdartigkeit,

Neuheit, Risiko und Erfolg tatsächlich noch existieren und, wenn wir nur wollen, greifbar sind.

Diese Art Abenteuer ist, jedenfalls scheint es mir so, weitgehend ein westliches Phänomen geworden. Früher stand ein Ibn-Battuta gegen Marco Polo, und selbst ein islamisches Imperium konnte den christlichen Reichen gleichgesetzt werden. Aber es fällt schwer, sich einen, sagen wir indischen Paul Theroux vorzustellen, der sich für die Eisenbahnen der Vereinigten Staaten engagiert, oder eine schwarzafrikanische Karen Blixen auf dem Weg nach Skandinavien. Ich neige zu der Theorie, dass das Abenteuern heutzutage im Großen und Ganzen eine Bewegung ist, die ihren Ursprung in den reichen Teilen der Erde hat und sich die armen zum Ziel setzt. Oder eine Reise von den überfüllten Städten in die leeren Weiten, was ungefähr dasselbe bedeutet. Vor Kurzem sah ich einen TV-Dokumentarfilm, in dem eine Gruppe britischer Jugendlicher auf Honda-Motorrädern quer über die perfekten Formationen der Saharadünen donnerte und stolz damit prahlte, noch niemals zuvor sei der Erg mit »motorisierten Verkehrsmitteln« durchquert worden. Ich konnte die verwirrten, höflichen Mienen der Einheimischen nicht vergessen, denen sie begegneten und von denen viele die Wüste vermutlich auf eindeutig nicht motorisierten Kamelen durchquert hatten; und ich machte mir Gedanken über die ethnozentrische Engstirnigkeit einiger von denen, die in den exotischen Süden vorstoßen. Denn schließlich ist die Reise für einen Saharanomaden Zweck und formende Tatsache des Lebens; an irgendeinem imaginären Ziel anzukommen – »die Wüste zu erobern« – ist eine Art Fiktion, also die Illusion eines Zwecks. Abenteuer sind gewöhnlich lineare Erzählungen, im Leben jedoch ist das, genau wie in der Literatur, nicht die einzige Möglichkeit, die Dinge zu sehen.

Wie alle Schriftsteller wissen, muss man nicht unbedingt sein Zuhause verlassen, um zu einem Abenteuer aufzubrechen. Der Dichter Basho in Edward Bonds Theaterstück *Schmaler Weg in den tiefen Norden*, heimgekehrt von seiner gefährlichen Pilgerfahrt nach Norden, wo er Erleuchtung suchte, behauptete, gefunden zu haben, was er suchte. Und was war diese Erleuchtung? »Ich sah, dass es im tiefen Norden nichts zu lernen gab... Erleuchtung gewinnt man dort, wo man ist.« Viele der größten Abenteurer unseres Zeitalters, Marie Curie, Freud, Marx, Einstein, Proust, Kafka, Emily Dickinson und alle anderen, sind kaum jemals weiter gereist als in ein Labor, eine Bibliothek, ein Sprechzimmer. Das Abenteuer mag eine Menge mit dem Hinausschieben von Grenzen zu tun haben, aber nur wenige topografische Grenzen können sich mit denen des Geistes messen.

Selbst im Fall der Reiseabenteuer sind die besten von allen jene, denen eine innere Reise, ein Abenteuer im eigenen Ich zugrunde liegt. *Peter Pan* wäre nicht derselbe, wenn Wendy und die Lost Boys nicht entdeckt hätten, dass sie erwachsen werden wollten, dass das Paradies verloren gehen muss. Die eigentliche Handlung von *Moby Dick* findet in Ahab selber statt; alles andere ist eine Angeltour. Und selbst Don Quijote, der verrückteste aller *picaros*, erkennt sich selbst schließlich als lächerlich: »Denn in den Nestern vom letzten Jahr gibt es in diesem Jahr keine Vögel. Ich war verrückt, doch jetzt bin ich vernünftig.«

So stellt es sich also heraus, dass Basho recht und unrecht hat; dass der reisende Abenteurer letztlich doch Wissen erlangen kann, das anderswo nicht zu erlangen ist, um uns anschließend, indem er uns von seiner Reise erzählt, dieses Wissen weiterzugeben. Erkenntnis ist gewiss auch zu Hause zu erlangen, aber es lohnt sich dennoch, trotz Stürme und Piraten, die lange, mühselige Reise in die fernen Weiten des tiefen Nordens zu wagen.

1985

Auf dem Festival von Adelaide

Als ich zum ersten Mal an einem internationalen Literaturfestival teilnahm, wurde ich dazu überredet, Centre-Forward für die »Welt« und gegen Finnland (unser Gastland) in einem Football-Match zu spielen, das um Mitternacht im Schein der Mitternachtssonne begann, das heißt also, im Halbdunkeln. Die finnischen Schriftsteller nahmen das Spiel todernst, probten *wall passes* und *bicycle kicks* und warnten uns ganz nebenbei, ihr Torhüter sei der härteste Literaturkritiker des Landes, also solle man ihn lieber nicht verärgern. Mittlerweile konzentrierte sich die »Welt«, deren Vertreter nicht einmal eine Sprache gemeinsam hatten, auf den Versuch, den Ball in dieser, wie Flann O'Brien es genannt hätte, Zusammenballung schwarzer Luft zu orten. Meine persönlichen Probleme verstärkten sich noch durch meinen absoluten Mangel an Football-Talent, durch meinen Entschluss, keine Brille zu tragen, damit sie nicht zerbrach, und durch D. M. Thomas, der einem einfältigen Reporter glaubhaft versicherte, ich hätte früher einmal im Football für Indien eine Olympiamedaille gewonnen. Das Endergebnis lautete – ohne Verdienst des Olympiastars der »Welt« – eins zu sechs für die »Welt«, und das verziehen uns die Finnen nie. Solche internationalen Begegnungen können riskant werden.

Auf einem literarischen Festival kann es vorkommen, dass man J. P. Donleavy über den heutigen Mangel an Frauen klagen hört, die sowohl kochen als auch nähen können. Dass man von Ted Hughes in der Anwendung von Vitaminen unterrichtet wird. Dass skandinavische Romanciers aus Übersetzungen von Romanen über Vater-Tochter-Inzest oder aus Science-Fiction-Erzählungen lesen, in denen acht Schweden 50 Jahre lang auf einer Raumstation festsitzen. Auf einem literarischen Festival gibt es zu trinken und für Schriftsteller die seltene Gelegenheit, sich wichtig zu fühlen. Es kann endlose Ansprachen des russischen Delegierten darüber geben, dass Kunst sehr viel mit Leidenschaft zu tun hat und weder rationalistisch noch objektiv ist. Eine ernsthafte Jugoslawin mag das Wort ergreifen, um ihren Kollegen zu erklären, sie seien allesamt Opfer des Positivismus, woraufhin ein allgemeines leises, polyglottes Gewirr der Autorenstimmen anheben wird, die sich auf Holländisch, Arabisch und Kikuyu erkundigen, ob irgendjemand weiß, was Positivismus überhaupt *ist*. Auf einem literarischen Festival ist es wichtig, sich nicht zu einem Pokerspiel mit Al Alvarez überreden zu lassen, es sei denn, man spielt annähernd so gut wie Steve McQueen in *Cincinnati Kid*.

Das Wertvolle an diesen eher merkwürdigen Veranstaltungen ist für die Zuhörer – für die Leser –, die das aus irgendeinem Grund interessant finden, dass sie die Autoren, deren Bücher sie lesen, hier sehen und ihnen zuhören können. Am wertvollsten für die Schriftsteller ist, glaube ich, das zwanglose Gespräch, ist alles, was hinter den Kulissen vorgeht. Da die Schriftsteller wissen, dass sie sich vermutlich nicht oft begegnen werden, kommen sie, wenn sie sich treffen, sofort zur Sache und reden gewöhnlich eine Menge. Dieser Aspekt literarischer Zusammenkünfte erinnert mich an das, was an meinem ersten Abend an der Universität der Provost meines Colleges sagte. »Der wertvollste Teil Ihres Studiums«, erklärte er uns *freshmen* in seiner Rede nach dem Dinner, »wird das sein, was Sie tun, wenn Sie des Abends privat auf Ihren Zimmern zusammensitzen und sich gegenseitig Anregungen geben.«

Auf der Suche nach solchen Anregungen reiste ich in diesem Jahr 10 000 Meilen weit zur Schriftstellerwoche des Festivals von Adelaide. Als ich eintraf, wusste ich sehr wenig von Adelaide: Hauptstadt von Südaustralien, in der Nähe des Barossa Valley, wo deutsche Einwanderer viele ausgezeichnete Weingärten angelegt haben; verfügt über einen der schönsten Kricketplätze der Welt. Darüber hinaus kaum etwas, höchstens, dass sowohl David Hare, dessen Theaterstück *A Map of the World* auf einem früheren Adelaide-Festival prämiiert wurde, als auch der Schauspieler Roshan Seth, der die Hauptrolle darin spielte, die Stadt in den höchsten Tönen gelobt hatten. Wenige Stunden nach meiner Ankunft jedoch wurde mir von einem meiner Gastgeber eine bemerkenswerte Zusammenfassung über die Stadt geliefert. »Adelaide wird die Stadt der Kirchen genannt«, erklärte er. »Doch eine dieser Kirchen ist heute eine Diskothek, und zwar die erste Disko von Australien, in der Pornofilme gezeigt werden.«

Das war ein wertvoller Hinweis, ein Anhaltspunkt dafür, dass Adelaide mehr zu bieten hatte, als der erste Eindruck versprach. Der erste Eindruck war konservativ, weitläufig, hübsch und ein bisschen nichtssagend. Adelaide war 1836 von Colonel William Light, Südaustraliens erstem Surveyor-General, am Reißbrett erbaut worden. Lights Vorstellung war die eines über einen Garten gelegten Rasters, und genauso wirkt die Stadt heute noch. Trotz all ihrer Parks und breiten Avenuen jedoch herrscht immer noch ein gewisser Eindruck des Unverwurzelten oder Unlogischen, wie er wohl allen aus dem Nichts geplanten Städten eigen ist. Adelaide ist recht attraktiv mit seinem vielen Grün und dem »Adelaide Lace«-Filigran der schmiedeeisernen Verzierungen an zahlreichen Veranden und Balkons, aber es ist nichtssagend. Die Form der Stadt beinhaltet weder ihre Geschichte noch verrät sie etwas vom Wesen ihrer Bewohner. Sie ist eine Art Tarnung.

Zuweilen überfielen mich während meines Aufenthalts dort seltsame Gefühle von Desorientiertheit. Es kam mir vor, als mache etwas meinen Blick verschwommen oder verhindere, dass meine Augen sich scharf einstellten. Bestimmt hatten auch Zeitverschiebung und Grippe etwas damit zu tun. Aber es war nicht nur das: Ich glaubte immer wieder, irgendwo in Nordamerika zu sein. Diese Illusion wurde von der Ausstattung der Straßen hervorgerufen: das Neon, die Plakatkunst, die Verkehrsampeln sind alle amerikanischen, nicht europäischen Modellen nachempfunden. Und dann ist Adelaide eine neue Stadt, eine City ohne viel Vergangenheit, nichts dort ist älter als 150 Jahre, und das ist eindeutig amerikanisch. Aber es hat auch etwas mit der Wahl zu tun, die von den weißen Australiern getroffen wurde. Sie reißen zwar ständig antiamerikanische Witze, haben sich aber entschieden, den Blick weg von der alten auf die Neue Welt zu richten. Es ist etwas Irreales, etwas *Aufgepfropftes* an Adelaide. Es ist Amerika mit Linksverkehr. Aber es gibt – wie dieser Vergleich andeutet – noch immer einen starken englischen und europäischen Einfluss. Kein Wunder also, dass Besucher gelegentlich unter Doppelsichtigkeit leiden.

Adelaide war mir ein Rätsel, und in mir wuchs das Interesse, den Code zu knacken. Inzwischen schritt die Schriftstellerwoche recht fruchtbar voran. Der hervorragende südafrikanische Romancier André Brink traf ein; er hatte während des ganzen Fluges von Afrika herüber neben einem australischen Farmer gesessen, der ihm versicherte, es werde ihm in Australien gefallen, »weil wir unsere Schwarzen gut unter Kontrolle haben. Können Sie mir folgen, *sport*?« Brinks Zusammentreffen mit der ausgewiesenen schwarzen, südafrikanischen Schriftstellerin Bessie Head wurde jedenfalls zur bewegendsten Begegnung der ganzen Woche. Bessie, eine harte Frau mit einer winzigen, singenden Stimme, die aus einem ausladenden Körper kommt, erklärte, es habe sich allein schon gelohnt, von Botswana bis nach Adelaide zu kommen, weil sie dort André kennengelernt habe, »denn in ihm habe ich zum ersten Mal im Leben einen guten Südafrikaner kennengelernt«.

Die Schriftstellerwoche findet rund um eine große Markise (bzw. darunter) statt, die man auf einer hübschen, palmengesäumten Rasenfläche gegenüber dem Hauptzentrum als Festival aufstellt. Halb Establishment, halb Randgeschehen, hat diese Veranstaltung in der Vergangenheit einige der großspurigeren Autoren durch ihre Zwanglosigkeit irritiert. Aber das schien mir gerade ihr hauptsächlicher Pluspunkt zu sein. Die ganze Woche kamen und gingen Schriftsteller und Leser unter der Markise, schlenderten über den Rasen, besuchten das Buchzelt und machten sogar von Zeit zu Zeit an der Bar halt, um ein *tinnie* Swan zu trinken.

Das Publikum ist zumeist freundlich, manchmal aber gibt es auch Zwischenrufe: Barbara Hanrahan, selbst aus Adelaide, musste sich von einem gut abgefüllten Gentleman wiederholt den Rat gefallen lassen, den Mund zu halten und andere auch mal zu Wort kommen zu lassen.

Keine Zwischenrufer jedoch, als Morris West, Australiens Bestsellerautor, eine Stunde lang, ohne einmal von diesem spannenden Thema abzuweichen, über sein extrem hohes Einkommen dozierte.

Wo man hinsah, hervorragende australische Schriftsteller. Elizabeth Jolley, irreführend zart wirkend, mit einem Profil, das unheimlich an Virginia Woolf erinnerte, las etwas, das sie als ein paar Tänze bezeichnete. »Ich selbst tanze eigentlich überhaupt nicht«, erklärte sie ihren Zuhörern, »meine Personen jedoch aus irgendeinem Grund sehr oft.« Die Tänze waren subtil, elegant, graziös. Etwas später in der Woche las Rodney Hall aus seinem großartigen Roman *Just Relations,* mit dem er den Miles-Franklin-Preis gewann: Er war so gut, dass man wünschte, ihn selber geschrieben zu haben. Und dann war da Blanche d'Alpuget, die kluge, vernünftige Biografin von Bob Hawke, dem Premierminister mit den 78 Beliebtheitsprozenten, einem Labour-Führer, der sich keine Gelegenheit entgehen lässt, die Linke aufzurütteln. »Seine körperliche Anziehungskraft ist immens«, berichtete mir Blanche d'Alpuget. »Männer schreiben ihm, sie trügen sein Foto in der Brieftasche, und das verleihe ihnen Stärke.« Was bewirkt das in einem Mann, fragte ich mich, diese Lobhudelei? Wenn er zu Rockkonzerten geht und durch die Menge schreitet, erheben sich die Menschen vor ihm. »Bob, es ist Bob! Tag, Bob, alles Gute, Bob.« Sie wirkte beunruhigend auf mich, diese Führeranbetung.

»Aber gewiss doch«, sagte Blanche. »Was sie da mit ihm machen, ist ganz einfach korrumpierend.«

Jolley, Hall, d'Alpuget; Thomas Keneally, der alle anstrahlte und ihnen Drinks spendierte; und Patrick White, David Malouf, Peter Carey und Murray Bail waren nicht einmal anwesend ... Die australische Literatur schien in äußerst guter Verfassung zu sein. Ich schämte mich, bei meiner Ankunft so wenig gewusst zu haben; als ich abreiste, wusste ich ein wenig mehr; es war eine gute Woche.

»Finden Sie nicht«, sagte Angela Carter eines Abends, »dass die Ortsnamen hier in der Gegend alle ein bisschen nach Erschöpfung klingen? Ich meine, Mount Lofty, Windy Point.« Ein anderes Mal sagte Bruce Chatwin etwas ganz Ähnliches: »Es ist ein müdes Land, alles andere als jung. Es ermüdet seine Bewohner. Es ist zu alt, zu uralt.«

Ich suchte nach den Schlüsseln zu Adelaide. Und allmählich stiegen unter dieser glatten, soliden Oberfläche gewisse Dinge auf. Bei einem Ausflug in die Adelaide Hills erfuhr ich, dass die Region regelmäßig durch Brände verwüstet wird. Ich hörte von der berühmten Feuersbrunst am Aschermittwoch. Immer wieder war es zu unberechenbaren Wendungen gekommen – als die Flammen zum Beispiel quer über eine Straße schlugen, an der zwei Benzinpumpen standen, von denen die eine explodierte, die andere heil blieb. Und schließlich, fast nebenbei, hörte ich Andeutungen über Brandstiftung. Was für Menschen müssen das sein, die eine Landschaft niederbrennen? Es gibt eine Menge Befremdliches dort.

Die Hindley Street in Adelaide wirkt höchst lebendig, wenn man sie zum ersten Mal entlanggeht. Junge Menschen, Nachtlokale, Restaurants, Straßenleben. Dann erst entdeckt man die Bordelle und die *winos*. Und eines Abends eine Blutspur auf dem Pflaster. Schuhabdrücke in Blut, die dahinstolperten und in einem finsteren Hauseingang endeten. Ein weiterer Hinweis. Und ein paar Tage hörte ich von Jugendlichen, die verschwanden. 16-jährige Jungen und Mädchen, spurlos verschwunden. Die Polizei unternimmt nichts, zuckt nur die Achseln; Teenager laufen immer wieder von zu Hause fort. Aber sie tauchen nie wieder auf. Ich höre, dass Eltern solcher Kinder, die sich in Luft aufgelöst zu haben scheinen, eine eigene Suchorganisation aufgebaut haben. Mit jeder Minute wirkt Adelaide unheimlicher.

An meinem letzten Abend in der Stadt besuchen viele von uns eine Party, die Jim gibt, ein einheimischer Schafzuchtkönig. Es ist eine Hauseinweihung: Sein letztes Haus wurde mitsamt seiner unbezahlbaren Kunstsammlung durch den Aschermittwochbrand vernichtet. Das neue Haus liegt im vornehmen North Adelaide. Eine fabelhafte Party, und Jim ist ein ebenso großzügiger wie gebildeter Gastgeber. Dann jedoch packt mich jemand beim Wickel, der sich in Erinnerungen an seine englische Public School ergehen will, und wieder beginnt das Doppelsehen. Später am Abend erzählt mir eine schöne Frau von den unheimlichen Morden. »Dafür ist Adelaide berühmt«, erklärt sie mir aufgeregt. »Schwules Paar erschlägt junge Mädchen. Eltern ermorden Kinder mit der Axt und vergraben sie unterm Rasen. Und so weiter. Sie wissen schon.«

Auf einmal beginne ich Adelaide zu verstehen. Adelaide ist die ideale Kulisse für einen Stephen-King-Roman, einen Horrorfilm. Wissen Sie, warum diese Filme und Bücher immer in verschlafenen, konservativen Kleinstädten angesiedelt sind? Weil verschlafene, konservative Kleinstädte die Orte sind, an denen solche Dinge geschehen. Exorzismus, Omina, Shinings, Poltergeister. Adelaide ist Amityville oder Salem, und bei Nacht geschieht dort Schreckliches.

Mit Bruce Chatwin flog ich im Anschluss an die Schriftstellerwoche nach Alice Springs. Rasch wurden die Grünanlagen Adelaides von öder Wüste verdrängt. Die riesige, rote Endlosigkeit dieser Furcht einflößenden Mondlandschaft rückte die vorangegangene Woche in den richtigen Zusammenhang. Diese Wüste, harte, pure Wüste, war die Realität, war Australien, war die Wahrheit; die Stadt, die ich verließ, entpuppte sich als Fata Morgana, als fremdartig, als Ort verdrehter Tatsachen. Ich lehnte mich im Sitz zurück und freute mich auf Alice Springs.

1984

1991: Postskriptum. Als dieser Essay veröffentlicht wurde, empörten sich einige Einwohner von Adelaide über die Erwähnung der »unheimlichen Morde«, obwohl mir mehr als einmal Einwohner der Stadt von solchen Verbrechen erzählt hatten. Ein paar Tage nachdem der Bürgermeister mich in der Lokalzeitung angegriffen hatte, kletterte jedoch eine Gruppe unbekannter Wahnsinniger bei Nacht in den Zoo von Adelaide und ermordete mutwillig und systematisch so gut wie alle Tiere dort...

Reisen mit Chatwin

Ein paar Erinnerungen an meine Reisen mit Bruce in Zentralaustralien Anfang 1984: Wir fahren eine breite Straße aus roter Erde entlang, als aus dem Nichts plötzlich ein Dingo auftaucht, am Straßenrand stehen bleibt und uns anstarrt. Wir halten den Wagen an und starren zurück. Der Dingo rührt sich nicht. Bruce fängt an, idiotische Dingo-Witze zu erzählen. »Was ist ein Baby im Kinderwagen neben einem Dingo? – Essen auf Rädern.« Angewidert trottet der Dingo davon. (Später erfahre ich, dass idiotische Dingo-Witze auf die Besucher von Alice Springs ansteckend wirken. Die Produzenten des kürzlich angelaufenen Films über den Lindy-Chamberlain-Fall schienen keinen Titel für den Film finden zu können. Zu den Titeln, die in Erwägung gezogen wurden, gehörten »Foetal Attraction« und »Full Matinée Jacket«.)

Die Idee der Traumpfade, der *dreaming tracks* oder *songlines*, fesselt mich ebenso sehr wie Bruce. Ein Schriftsteller muss sich doch ganz einfach in eine Welt verlieben, die von Erzählungen kartografiert wurde! Ich selbst stelle fest, dass ich ihn um sein Thema beneide. Er redet ununterbrochen davon, und wir stürzen uns in lange, geheimnisvolle Dispute über unsere Hypothesen. Was geschieht, wenn sich zwei Songlines kreuzen? Erhalten die Songs gemeinsame Linien? Oder geht die eine unter die Erde, während die andere drüber »fliegt«? Die Karte der Londoner Underground erscheint vor meinem inneren Auge. Immer wieder rätsele ich an der Vorstellung von Kreuzungen herum: den Piccadilly Circuses und King's Crosses dieser seltsamen, wandernden Gedichte. Aber es sind so viele Songlines verloren gegangen, so viele ihrer Völker wurden von weißen Siedlern ausgelöscht, dass es unmöglich ist, die ganze Karte wiedererstehen zu lassen.

Jeder Stammesangehörige der Aborigines »besitzt« ein Stück des ortseigenen Songs. Bruce und ich stecken wieder einmal in einer ergebnislosen Diskussion: Was kam zuerst, der Trieb zu erzählen, oder der Trieb zu besitzen? Phantasie oder Besitz? Ei oder Henne? Ich höre zu, Bruce redet. Ich selbst bin ebenfalls ein recht geschwätziger Mensch, aber in Bruce' Gesellschaft gelingt es mir höchstens, hier und da ein paar Worte einzuwerfen. Allmählich werde ich sogar darauf sehr stolz.

Bruce redet über alles unter der Sonne. Ich erinnere mich an einen langen Vortrag über den Schriftsteller Eça de Queiroz. Ich erinnere mich an viele etymologische Fragmente. »Das Wort *bugger* stammt ursprünglich von dem pejorativen französischen Verb *bougrir* ab – Liebe machen wie ein Bulgare.«

In diesem Stadium meint Bruce, sein Buch werde wohl *Arkady* heißen und die schlichte Form eines platonischen Dialogs annehmen. Zwei Männer, die in Alice Springs unter einem Baum sitzen, lassen ihre Gespräche weit über Zeit und Raum dahinplätschern. In unserem allradgetriebenen Toyota sitzend, benutzt er mich, wie ich erkenne, um zu einer Art Rohfassung dieser Gespräche zu finden.

Später, nachdem das Buch erschienen ist, erzählt Bruce jemandem, dass ich »natürlich« Arkady sei. Das ist nicht wahr. Ich kenne einen Menschen in Alice Springs, genau wie Arkady Australier russischer Abstammung und ebenfalls reich bewandert in der Aborigines-Religion, der ein weitaus naheliegenderes Modell dafür wäre. Außerdem erkenne ich keine einzige Zeile unserer Unterhaltung in *Traumpfade* wieder. In Wirklichkeit ist »natürlich« Bruce sowohl Arkady als auch die Person, die er Bruce nennt. Beide Teilnehmer des Dialogs sind er selbst.

Eine Tatsache, die beeindruckt. Bruce hat von verschiedenen Motels aus sehr viele Telefongespräche geführt. In seinen berühmten Moleskin-Notizbüchern scheint er die Telefonnummern fast eines jeden Menschen auf diesem Planeten zu haben. Wenn er jemanden anruft, sagt er unweigerlich ganz einfach: »Hier ist Bruce.« Erstaunlich, dass ich in diesem Land, in dem es von Bruces wimmelt, niemals gehört habe, dass jemand fragte: »Welcher Bruce?« Kein anderer Bruce klang jemals genauso wie Bruce.

Bruce nimmt mich mit zu einem lutherischen Pastor, der wie ein Cowboy aussieht: wettergegerbtes Gesicht, Fältchen um die Augenwinkel. Der Mann bietet uns Tee und Kekse an und plaudert mit liebenswürdiger Verschrobenheit über die genetischen Unterschiede, die bewirken, dass die Aborigines keinen Alkohol vertragen. »Sie haben andere Organe als wir.« Weiße Australier werden anscheinend niemals betrunken. Bruce behandelt den Mann wie einen alten Freund. Als wir gehen, frage ich ihn, warum. »Er weiß so ungeheuer viel.« Später entdecke ich, dass viele von den jungen weißen Radikalen, die ich in Alice Springs kennenlerne, Menschen, die als Anwälte für die Land-Rights-Bewegung oder mit den verschiedenen Stämmen *out bush* arbeiten, Bruce wegen seiner politisch eindeutig konservativen Einstellung und seiner »anthropologischen« Neigungen misstrauen. Bruce kümmert sich nicht darum, sondern marschiert gelassen durchs Minenfeld der schwarzaustralischen Politik. (Als ich *Traumpfade* las, sagte ich: »Ist Ihnen klar, dass viele von der Sorte Menschen, von denen Sie geschrieben haben, ziemlich verärgert über einiges davon sein werden?« Er antwortete, das sei ihm klar, aber was könne er tun? Man müsse alles so erzählen, wie man es sehe.)

In Glen Helen hören wir die Geschichte jenes Gauners von Pubbesitzer, der die hohlen Rohre des Dachgepäckträgers auf seinem Wagen mit süßem Sherry füllte und ein Vermögen dadurch verdiente, dass er im Busch herumfuhr und den *boongs* das Zeug verkaufte. Und wieder tauchen die Stories von der genetischen Minderwertigkeit auf.

In Hermannsburg, einer lutherischen Missionssiedlung für Aborigines, wandern wir über die Ortsgrenzen hinaus, um uns mit einem Mann zu treffen, der mit seinem Team von eingeborenen Arbeitern eine Autowerkstatt betreibt. Hier draußen werden Autos bis zum Letzten ausgeschlachtet, um andere, ebenso alte Autos wieder auf die Räder zu bringen. Als der Mechaniker uns kommen sieht, ruft er: »Seht mal! Da kommen die *bookies*!« Wir haben Exemplare unserer Bücher als Geschenke mitgebracht. Als wir sie seiner Frau anbieten, macht sie große Augen, streichelt ehrfürchtig die Picador-Paperbacks und fragt: »Heißt das, wir dürfen sie uns ein wenig ansehen?« – »Nein«, antwortet Bruce, »behalten Sie sie bitte, wir schenken sie Ihnen.« Sie wagt es kaum zu glauben, wickelt *In Patagonien* und *Mitternachtskinder* gleich darauf, als handele es sich um heilige Gegenstände, in ein Stück Stoff und legt sie auf ein hohes Regal.

Im Inland Motel in der Nähe von Ayers Rock hören wir von dem Truckdriver Douglas Crabbe, der, als er eines Abends aus dem Pub geworfen wurde, in seinen Truck stieg, rückwärts in die Bar fuhr und dabei mehrere Menschen tötete bzw. verletzte. Die Einheimischen bauten das Pub wieder auf, obwohl sie wussten, dass das ganze Motel ein Jahr später ohnehin abgerissen werden sollte.

Später, in Alice Springs, hören wir, dass Crabbes Gerichtsverhandlung begonnen hat und er selbst im Zeugenstand steht. Bruce und ich nehmen unsere Notizblöcke und machen uns auf, um Gerichtsreporter zu spielen. Crabbe ist ein stiller, adretter Mann mit einem kleinen braunen Schnurrbart, blauem Buttondown-Hemd und dunkelblauer Krawatte. Seine Aussage macht er mit niedergeschlagenen Augen. Er behauptet, nicht gewusst zu haben, was er tat, kann sich an nichts erinnern: Vermutlich will er auf vorübergehende Unzurechnungsfähigkeit plädieren. Wiederholt erklärt er, dass er kein Mensch ist, der so ein Verbrechen begeht. Näher darüber befragt, antwortet er: »Ich fahre jetzt schon seit viereinhalb Jahren Trucks und behandle sie, als wären sie meine eigenen.« (»Kinder« hinzuzusetzen verkneift er sich.) »Es wäre also ganz gegen meine Art, einen Truck halb zu zerstören.« Ich mustere die Geschworenen und sehe, wie sie alle zu zischeln und mit den Zähnen zu knirschen beginnen und sich offenbar vornehmen, ihn in den Knast zu schicken und den Schlüssel wegzuwerfen. Später sage ich zu Bruce: »War das nicht ein erstaunlicher Versuch zur Selbstzerstörung?« Bruce ist aufrichtig verwirrt, verrät eine unerwartete Naivität. »Ich verstehe nicht, was daran falsch sein soll. Er hat doch die Wahrheit über sich selbst gesagt. Er war ehrlich.«

Allmählich sehe ich Bruce' ungeschriebenes Buch als eine Bürde, die er sein ganzes Schriftstellerleben lang mit sich herumschleppt. Sobald er es geschrieben hat, wird er, glaube ich, frei sein, wird er in der Lage sein, sich in alle möglichen Richtungen davonzumachen.

An *Utz* finde ich am traurigsten, dass Bruce darin tatsächlich in eine neue, hochgemute Phase des Fluges einzutreten scheint. *Utz* ist alles, was uns geblieben ist von dem, wozu er fähig gewesen wäre, sobald ihm seine australische Odyssee geholfen hätte, jene Ideen auszudrücken, die er seit so vielen Jahren mit sich herumtrug.

Im Zentrum von Alice Springs gibt es eine tapfere Frau, die eine richtige literarische Buchhandlung zu führen versucht. Nachdem ich Bruce in Alice Springs zurückgelassen hatte, überredete diese Lady ihn zu einer Signierstunde in der Lunchpause. In Alice Springs gebe es eine Menge seiner Fans, sie werde die Reklametrommel rühren und so weiter. Aus Freundschaft und Bewunderung für sie stimmte Bruce zu. Die Werbung erschien unter den Kleinanzeigen der Zeitung, unmittelbar neben Anzeigen für Tierfutter und Kamelzucht. Mit seinem Mont-Blanc-Füller erschien Bruce zur festgesetzten Zeit in der Buchhandlung.

Kein einziger Kunde tauchte auf.

Was in Australien geschah? Bruce und ich wurden Freunde. Wenn man so viel Zeit damit verbringt, eingeschlossen in einem Toyota-Kombi oder einer endlosen Folge von Motelzimmern mit einem anderen Menschen zu reden, erfährt ein jeder eine ganze Menge über den anderen. Am Ende einer solchen Reise hasst man einander entweder leidenschaftlich oder man entdeckt, dass man sich liebt.

Was mich angeht, so habe ich ihn geliebt.

1989

Chatwins Reisen

Zusammen mit Bruce Chatwin fuhr ich mit einem allradgetriebenen Kombiwagen in Zentralaustralien herum, einem Vehikel, das, wie uns verschiedentlich versichert wurde, »Toyotas Antwort auf den Little Subaru« sein musste. Bruce brütete über diesem skurrilen Ausdruck und versuchte eine Mythologie zu erfinden, mit der er zu erklären war. Der Little Subaru war eindeutig eine Art legendärer Vorfahre, aber wenn unser Auto die »Antwort« war, was mochte dann, verlangte Bruce (wie Gertrude Stein) zu wissen, die Frage gewesen sein?

Mit Bruce Chatwin zusammen sein bedeutete gewöhnlich, sein willfähriges Publikum zu sein. Das Gespräch stieg bis in die Höhen des Mount Everest empor (wir befanden uns auf halber Höhe des Ayers Rock, ich war halb tot vor Erschöpfung und lief bereits bläulich an, als er erwähnte, er habe es neulich bis zum Everest-Basislager geschafft) und stürzte ebenso schnell wieder in die Tiefe zu einer Diskussion über die Krankheiten, die man sich bei den diversen europäischen und afrikanischen Huren holen konnte. Er war ein prachtvoller Erzähler, unermüdlich wie Scheherezade, ein unübertrefflicher *name-dropper,* ein gieriger Leser esoterischer Bücher, ein zigeunernder Gelehrter, ein Parodist – seine Mrs Gandhi war perfekt – und Kicherer von internationaler Klasse. Er war ebenso gesprächig wie neugierig, und neugierig war er auf überhaupt alles, von den Ursprüngen des Bösen bis zu der vom Little Subaru gestellten Frage. Seine Worte über den Exgroßkämmerer König Zogs von Albanien treffen eher noch auf ihn selber zu: »Menschen seiner Art wird es nie wieder geben. Welch eine Stimme, die wir verloren, als er verstummte! Wie viel er immer noch zu sagen hatte!«

Was mache ich hier (ist es möglich, dass der pingelige Chatwin tatsächlich dem Weglassen des Fragezeichens zugestimmt hat?)

ist seine Hinterlassenschaft. Sein letztes Buch, eine »persönliche Auswahl« von Essays, Porträts, Meditationen, Reisebeschreibungen und anderen, unklassifizierbaren Chatwin-Formen der Prosa, wurde während seines letzten, furchtbaren Jahres des Dahinsiechens zusammengestellt, daher ist es natürlich – verständlicherweise – stellenweise ein bisschen Flickwerk; ein Hauptvergnügen für den Leser besteht jedoch darin, dass es so viele von des Autors besten Anekdoten enthält, einige seiner köstlichsten Elaborate.

Da ist Bruce' »Schlangenstory«, wie sie ihm von der Putzfrau aus Palermo erzählt wurde, aber Assuntas Monolog ist in Wirklichkeit Bruce, der die Assunta mit wedelnden Armen und blitzenden Augen »gibt«, eine Figur nicht aus dem Leben, sondern aus einer komischen Oper. Da ist Bruce' Begegnung mit den Spuren des Yeti und Bruce' Besuch bei einer Mansonesken Hippiefamilie in Boston. Auch eine Campererzählung gibt es da: eine herrliche Kostprobe von Diana Vreeland, und meine persönliche Lieblings-Chatwin-Story, die über seine Begegnung mit Noël Coward, der zu ihm sagte: »Es hat mich sehr gefreut, Sie kennenzulernen, aber leider werden wir uns nie wieder begegnen, weil ich in Kürze sterben werde. Aber *wenn* Sie einen letzten Rat von mir wollen: ›Lassen Sie sich niemals von etwas Künstlerischem behindern.‹« Es sind, das sollte unbedingt erwähnt werden, noch viele andere Genüsse in diesem Buch zu finden. Bruce Chatwin war oft am besten, wenn er am weitesten abschweifte, und *Was mache ich hier* enthält zahlreiche hervorragende Beiträge aus Russland: die Episode von einer unvergesslichen Nadeschda Mandelstam, die gedankenlos eine vorwitzige Brust in ihre Bluse zurückstopft; einen präzisen, brillanten Bericht über den Niedergang der linken Bewegung in der postrevolutionären russischen Kunst und ihrer Ausgrabung und Erhaltung durch den Sammler George Costakis; die Beschreibung seiner Fahrt die Wolga hinab, die ein Klassiker der »Reiseliteratur« ist. Bruce plante einen umfangreichen russischen Roman, als er starb; er hätte sich als eine Art umgekehrter Nabokov erweisen können. Wir werden es nie erfahren.

Afrika, in dem der Homo sapiens, diese »Wüsten-Mutation«, der Nomade, der Wanderer, sich zuerst entwickelte, ist der Schauplatz einiger ebenso großartiger Fragmente: der Bericht über den Coup, in den Chatwin in Benin geriet, als er Recherchen für *Der Vizekönig von Ouidah* anstellte, und der völlig andere (komische, statt beängstigende) Bericht darüber, wie Werner Herzog und Klaus Kinski einige Jahre später in Ghana mit den Dreharbeiten zum *Vizekönig* (später in *Cobra Verde* umbenannt) begannen. In diesem letzten Essay hat Bruce sich völlig uncharakteristisch (und gutmütig) selbst zensiert und zweifellos verleumderische Berichte über sexuelle Ausschweifungen am Drehort ebenso ausgelassen wie seine alles andere als schmeichelhafte Ansicht über den fertigen Film, welche er freilich beide genussvoll in der mündlichen Version der Erzählung zum Besten gab.

Bruce' Verhalten konnte, um es höflich auszudrücken, ein bisschen naiv sein. Er konnte lospoltern und behaupten, dass sich die Lage in Südafrika enorm verbessere, und er vermochte nicht zu begreifen, warum Nadine Gordimer sich darüber ärgerte, dass er darauf bestand, Namibia als »Südwestafrika« zu bezeichnen. Aber er konnte die Dinge auch wunderbar zutreffend formulieren, und der in dieser Sammlung enthaltene Essay mit dem Titel »Die überaus traurige Geschichte von Salah Bougrine«, in dem er einen gemischtrassischen Mordfall in Marseille als Möglichkeit benutzt, das widerliche Thema des »französischen Kolonialismus« in Nordafrika anzuschneiden, ist eine der lebendigsten Schilderungen, die jemals über dieses schwierige Thema geschrieben wurden.

Bruce fühlte sich immer wieder von beeindruckenden Damen eines gewissen Alters angezogen, auf die er aber auch seinerseits attraktiv wirkte. In diesem Band wird uns eine ganze Galerie von ihnen geboten: die zuvor schon erwähnten Nadeschda Mandelstam und Diana Vreeland, aber auch Madeleine Vionnet, die »Architektin der Couture«, die ihre Roben auf einer Kleiderpuppe entwarf, weil sie ihrem Vater nicht das wahre Ausmaß ihres Geschäfts zu offenbaren wagte (dieser hielt sie infolgedessen für zurückgeblieben); und Maria Reiche, die ihr Leben lang das Geheimnis der Linien und Muster auf der peruanischen Pampa zu enträtseln versuchte. Auch seine Arbeit über Mrs Gandhi wirkt geschrieben genauso wunderbar wie laut erzählt. ›»Wie sehr wünscht sich diese Frau, PM zu werden!‹, sagt da Mrs G. von Mrs Thatcher. ›Am liebsten hätte ich zu ihr gesagt, wenn Sie so wild darauf sind, PM zu sein, werden Sie's niemals schaffen.‹« Was beweist, dass sogar Mutter Indira sich irren konnte.

Was mache ich hier ist tatsächlich, wie es der Waschzettel andeutet, eine Art Autobiografie, aber eine Autobiografie des Geistes. In diesem Buch macht Bruce Chatwin, genau wie im Leben, ein Geheimnis aus den Regungen seines Herzens. Ich wünschte, es wäre nicht so, denn er war ein Mensch mit einem großen Herzen und tiefen Gefühlen, die er aber kaum jemals in seine Prosa einfließen ließ. Ausnahmen bilden hier eine bewegende Vignette seines Vaters; und eine Elegie für das Afghanistan, das Robert Byron kannte und das von sowjetischen Truppen verheert wurde – eine Elegie, die sich für Bruce Chatwins zahlreiche Bewunderer wie eine Klage um das liest, was wir durch seinen viel zu frühen Tod verloren haben:

> Wir werden nicht im Nomadenzelt schlafen oder das Minarett von Jam erklimmen. Und uns wird der Geschmack verloren gehen – des heißen, groben, bitteren Brotes; des grünen, mit Zimt gewürzten Tees... Auch den Duft der Bohnenfelder werden wir nicht zurückgewinnen... genau wie die Witterung eines Schneeleoparden in 14 000 Fuß Höhe.

Julian Barnes

Eine Geschichte der Welt in 10½ Kapiteln von Julian Barnes ist kein Geschichtsbuch, sondern ein Roman über die Frage, wie die Weltgeschichte aussehen könnte: »... nichts als Stimmen, im Dunkeln widerhallend; Bilder, die einige Jahrhunderte brennen und dann verblassen; Geschichten, uralte Geschichten, die sich manchmal zu überschneiden scheinen; befremdliche Verbindungen, unlogische Konnexionen.« Einander überschneidende Geschichten, befremdlich miteinander verbunden – das ist es, was uns geboten wird: eine postmoderne, postchristliche Reihe von Variationen über das Thema Arche Noah. Barnes in seinem *Flauberts Papagei-Modus,* nur intensiver. In dieser Stimmung gleicht er einer weltlichen, säkularen Reinkarnation eines mittelalterlichen Schreibers von Glossaren zu heiligen Texten, und was er uns bietet, ist der Roman als Fußnote zur Weltgeschichte, als Subversion des Gegebenen, als brillantes, verschlungenes Gekritzel rings um den Rand dessen, was wir von dem halten, das wir zu wissen glauben. Hier handelt es sich um Fiktion als Kritik, und das ist ihre Schwäche wie auch ihre Stärke, denn trotz ihrer hohen Intelligenz und formalen Eleganz entspringt sie (bis auf einen kurzen, alles rettenden Einschub) mehr dem Verstand als dem Herzen.

Dennoch kann man ihr den Erfindungsreichtum nicht abstreiten, und da, wo Barnes' *Geschichte der Welt* am besten ist, bietet sie darüber hinaus viel spritzige und auch ein wenig platte Komik. Die Qualität der frühen Episoden lässt auf eine köstliche Fülle von Erfindungsreichtum hoffen. Da gibt es die Geschichte der Arche aus der Sicht eines Holzwurms, mit einem betrunkenen Noah, der in seiner Menagerie eine »schwimmende Cafeteria« sieht und zahlreiche Spezies per Fresserei zum Aussterben verurteilt, sowie einen Gott, als »oppressives Rollenmodell« beschrieben, der den armen Noah in den Suff treibt. Die fröhliche Respektlosigkeit dieses Kapitels würde für einige religiöse Eiferer von heute eine lehrreiche und ganz zweifellos schockierende Lektüre sein. (Entschuldige, Julian.) Die Holzwürmer haben einen zweiten Auftritt bei der umwerfend komischen Verhandlung vor einem französischen Gericht des Mittelalters; diesmal sind sie die Angeklagten in einem surrealen Prozess und werden beschuldigt, so lange an einer Kirche herumgeknabbert zu haben, bis diese einstürzte.

Eine Kirche ist, als Schiff für die Seelen, auch eine Art Arche. Selbst die *Titanic* war eine Arche, und für Jonas war der Wal ebenso sehr Arche wie das von Géricault gemalte Floß für die Überlebenden der *Medusa*. Genau wie Noah seine Tiere verspeiste, so wurden die Überlebenden der *Medusa* zu Kannibalen; und im Rahmen des Géricault-Gemäldes wüten bereits, wie angedeutet wird, die Holzwürmer... Die Geschichten wuchern und verzweigen sich, und Noahs Pott wird immer mehr zu einem proteischen Bild. Wir sind, so scheint es, allesamt Passagiere in Barnes' verlorener Arche.

Aber nicht alle Geschichten überzeugen. Vor allem »Stromaufwärts!«, der briefliche Bericht über die Dreharbeiten für einen Film ähnlich wie *Mission,* erzählt von einem notorisch egozentrischen Schauspieler mit einer notorisch hemmungslosen, nur für Insider witzigen Anspielung auf Redmond O'Hanlon, den Kumpel des Autors, ist ein ausgesprochener Flop. Verschiedentlich stellen auch die Überleitungen zwischen den Erzählungen keine Bereicherung dar, sondern sind nichts weiter als Verbindungen. Im sechsten Kapitel stirbt Amanda Fergusson, eine religiöse Fanatikerin, im Jahre 1839 auf dem Berg Ararat; im neunten Kapitel reist ein anderer religiöser Fanatiker, ein Astronaut, der glaubt, dass Gott mit ihm gesprochen hat, als er auf dem Mond war, zum Ararat, um Noahs Arche zu suchen, und behauptet, als er Amandas Skelett findet, den alten Noah persönlich entdeckt zu haben. Man versteht, was er sagt, aber nicht, was er sagen will.

Der Schlüssel zu diesem seltsamen, ehrgeizigen Roman liegt in dem von mir erwähnten »Einschub«, dem ½ von den 10 ½ Kapiteln. Hier starrt uns der Autor direkt ins Gesicht, wie El Greco auf seinem Meisterwerk *Die Grablegung des Grafen Orgaz,* und spricht zu uns von Liebe. Es ist letztendlich Barnes' Auffassung von der Weltgeschichte (widerhallende Stimmen im Dunkeln usw.: fast an Sinnlosigkeit grenzend, der wir einen Sinn aufzupfropfen suchen), die dieses Buch im Stich lässt, denn sie ist zu dünn, um das gesamte Gerüst zu tragen; seine Auffassung von Liebe jedoch kann den Tag beinah noch einmal retten. Seine wunderschöne Idee dabei ist, dass Geschichte »ohne Liebe lächerlich« ist; dass »die Liebe uns lehrt, der Geschichte entgegenzutreten«, ihre stupiden, kriegerischen Formeln zurückzuweisen. Auch die Liebe ist eine Art Arche, sagt er, auf die sich zwei Menschen möglicherweise mit knapper Not zu retten vermögen. Ich weiß nicht, ob er recht hat, ob das *wahr* ist, wahrer als Audens »Wir müssen einander lieben oder sterben«, wahrer als die Weltgeschichte, aber die Idee, dass *Liebe das Gegenteil von Geschichte sei,* ist es wert, dass man sich an sie klammert wie an einen Rettungsring, ein Floß.

Aber selbst hier wünscht man, dass Barnes, der Essayist, doch Barnes, dem Vollblutromancier, gewichen wäre; dass er uns statt eines Diskurses über die Liebe die Sache selbst geliefert hätte. »Sprich nicht von Liebe«, singt Eliza Doolittle, »zeig sie mir.« Julian Barnes hat ein Buch geschrieben, das oft brillant, komisch, nachdenklich, phantasievoll, mutig, ikonoklastisch, originell und ein reines Lesevergnügen ist. Was wollt ihr mehr, könnte er uns mit Recht fragen.

Und ich kann darauf nur antworten, dass die einzelnen Teile von *Die Geschichte der Welt in 10 ½ Kapiteln* für mich nicht ganz stimmig sind, dass sie, obwohl sie die hochliterarische Tugend der Leichtigkeit in reichem Maße besitzen, insgesamt doch nicht genügend Gewicht anzunehmen vermögen: Denn es ist ein Paradoxon der Literatur, dass man auf dieser Reise beides braucht,

Gewicht und Leichtigkeit, und dass man es sich, wie bei den Liebenden und den Tieren, nicht leisten kann, die eine Hälfte dieses Paars draußen zurückzulassen.

1989

Kazuo Ishiguro

An der Oberfläche von Kazuo Ishiguros Roman *Was vom Tage übrigblieb* ist es beinah vollkommen still. Stevens, ein Butler, der seine Blütezeit weit hinter sich hat, befindet sich mit dem Auto auf einer einwöchigen Urlaubsreise im West Country. Er kutschiert in der Gegend umher, besichtigt Sehenswürdigkeiten und begegnet einer Reihe von naiv-freundlichen Landbewohnern, die aus einem jener englischen Filme der 50er-Jahre zu stammen scheinen, in denen das niedere Volk die Mütze zieht und dem Landedelmann mit der akkuraten Bügelfalte in der Hose und den zerquetschten Vokalen ehrerbietig Respekt erweist. Man schreibt Juli 1956; doch auch andere, zeitlose Welten, die Welt von Jeeves und Bertie Wooster, die Eaton-Place-Welt von Hudson, Mrs Bridges und den Bellamys, liegen in der Luft.

Viel geschieht nicht. Der Höhepunkt von Mrs Stevens' kleinem Ausflug ist ein Besuch bei Miss Kenton, der ehemaligen Haushälterin von Darlington Hall, dem großen Herrenhaus, an dem Stevens noch immer als »festes Inventar« hängt, obwohl der Besitz von Lord Darlington in die Hände eines jovialen Amerikaners namens Farraday übergegangen ist, der eine beunruhigende Freude an Späßen hat. Stevens möchte Miss Kenton überreden, nach Darlington Hall zurückzukehren. Seine Hoffnung erfüllt sich nicht. Er macht sich auf den Heimweg. Kaum erwähnenswerte Begebenheiten; aber warum findet man den alternden Diener dann gegen Ende seines Urlaubs weinend neben einem völlig Fremden an der Pier von Weymouth? Warum fällt es Stevens, als der Fremde von ihm verlangt, er solle sich zusammenreißen und seinen Lebensabend genießen, so schwer, diesen durchaus vernünftigen, wenn auch banalen Ratschlag anzunehmen? Was hat ihm den Rest des Tages verdorben?

Direkt unterhalb der Oberfläche dieses von Understatement geprägten Romans liegt eine Turbulenz verborgen, die ebenso heftig wie träge ist; denn *Was vom Tage übrigblieb* ist in Wirklichkeit eine brillante Umkehrung jener Fiktionsmodi, denen der Roman anfangs zu entstammen scheint. Tod, Veränderung, Schmerz und Böses dringen in die Wodehouse-Welt ein; die altehrwürdigen Bande zwischen Herr und Diener sowie die Kodizes, nach denen beide leben, sind keine zuverlässigen Absoluta mehr, sondern Quellen verderblicher Selbsttäuschungen; selbst die fröhlichen Bauerntölpel entpuppen sich als Vertreter der Nachkriegswerte von Demokratie, Persönlichkeits- und Kollektivrechten, die Stevens und Leute seines Schlages in tragikomische Anachronismen verwandelt haben. »Wenn man ein Sklave ist, kann man keine Würde besitzen«, erfährt der Butler in seinem Cottage in Devon; aber für Stevens war Würde immer gleichbedeutend mit Unterwerfung des Ego unter den Dienst, des eigenen Schicksals unter das seines Herrn. Wie sieht also unser wahres Verhältnis zur Macht aus? Sind wir ihre Diener oder ihre Herren? In seinem Roman ist es Ishiguro mit seltener Meisterschaft gelungen, große Fragen (Was ist Englischsein? Was ist Größe? Was ist Würde?) mit einem Takt und einem Humor zu stellen, die die Härte darunter nicht verbergen.

Die eigentliche Geschichte hier handelt von einem Mann, der von den Vorstellungen zerstört wird, auf die er sein Leben aufgebaut hat. Stevens ist völlig von der Idee der »Größe« in Anspruch genommen, die für ihn so etwas Ähnliches wie Zurückhaltung bedeutet. (Die Größe der englischen Landschaft liegt, wie er meint, in ihrem Mangel an der »ungehörigen Dramatik« afrikanischer und amerikanischer Szenerien.) Es war sein Vater, ebenfalls Butler, der diese Idee von der Größe vertrat; und dennoch löste ebendiese Idee, die zwischen Vater und Sohn stand, tiefe Ressentiments aus und bewirkte eine Unfähigkeit, Gefühle auszudrücken, die ihrer beider Liebe zerstörte.

Nach Stevens' Ansicht hat Größe bei einem Butler »wesentlich mit der Fähigkeit des Butlers zu tun, niemals das professionelle Wesen zu verlassen, dem er innewohnt.« Das ist eng mit dem Englischsein verbunden: Europäer vom Kontinent und Kelten sind keine guten Butler, weil sie bei der kleinsten Provokation dazu neigen, »laut schreiend loszulaufen«. Dennoch war es Stevens' Sehnsucht nach dieser »Größe«, die ihm die einzige Gelegenheit verdarb, eine romantische Liebe zu finden: Weil er sich hinter seiner Rolle versteckte, trieb er vor langer Zeit Miss Kenton in die Arme eines anderen Mannes. »Warum, warum, warum müssen Sie sich nur immer *verstellen*?«, fragte sie ihn verzweifelt. Und seine »Größe« wird entlarvt als Maske, Feigheit, Lüge.

Seine bitterste Niederlage jedoch wurde durch die eigene, tiefe Überzeugung herbeigeführt, dass sein Herr für das Wohl der Menschheit arbeite und dass es ruhmvoll für ihn sei, ihm zu dienen. Aber Lord Darlington beendete seine Tage in Schande als Nazi-Kollaborateur und Betrogener; Stevens, ein Petrus-Verschnitt, verleugnete ihn mindestens zweimal, fühlte sich durch den Sturz seines Herrn jedoch auf ewig gebrandmarkt. Denn Darlington wurde, genau wie Stevens, durch seinen eigenen Ehrenkodex zerstört; dem Schicksal als Kollaborateur wurde er durch seine Missbilligung des harten, wenig gentlemanliken Versailler Vertrages zugeführt. Ideale können genauso gründlich korrumpieren wie Zynismus.

Aber Lord Darlington hat seinen Weg wenigstens selbst gewählt. »Nicht einmal das kann ich von mir behaupten«, klagt Stevens. »Verstehen Sie, ich habe vertraut... Ich kann nicht einmal sagen, dass ich meine eigenen Fehler gemacht habe. Man muss sich wirklich fragen, worin liegt da die Würde?« Sein ganzes Leben war ein törichter Fehler; die einzige Verteidigung gegen diese Erkenntnis ist dieselbe Veranlagung zur Selbsttäuschung, die auch sein Unglück war. Das ist das grausame und zugleich schöne Ende einer schönen und zugleich grausamen Geschichte.

Ishiguros erster Roman, *Damals in Nagasaki,* spielte im Nachkriegs-Nagasaki, erwähnte aber mit keinem Wort die Bombe; sein neues Buch spielt in dem Monat, in dem Nasser den Suezkanal nationalisierte, erwähnt diese Krise aber mit keinem Wort, obwohl das Suez-Debakel das Ende eines Großbritanniens kennzeichnete, dessen Dahinscheiden ein Thema des Romans ist. Ishiguros zweiter »japanischer« Roman, *Der Maler der fließenden Welt,* handelte ebenfalls von den Themen Kollaboration, Selbsttäuschung, Selbstverrat und von gewissen Vorstellungen von Förmlichkeit und Würde, die hier auch in Erscheinung treten. Offenbar sind sich England und Japan unter ihrer recht unterschiedlichen, unergründlichen Oberfläche doch nicht so ganz und gar unähnlich.

1989

Neunter Teil

Michel Tournier

Italo Calvino

Stephen Hawking

Andrej Sacharow

Umberto Eco

Günter Grass

Heinrich Böll

Siegfried Lenz

Peter Schneider

Christoph Ransmayr

Maurice Sendak und Wilhelm Grimm

Michel Tournier

In einem der Schlüsseltexte des Surrealismus, *Paris Peasant*, spricht Louis Aragon von seinem »Gefühl dieses so herrlich erfüllenden Alltagslebens«. Die Realität als »scheinbares Nichtvorhandensein von Widerspruch« definierend, erklärt er: »Das Wundervolle ist der Ausbruch von Widerspruch innerhalb des Wirklichen.« Die Aufgabe des Surrealisten, diese Widersprüche aufzudecken – wortwörtlich »Gegen-Sprechen« oder Leugnen dessen, was gemeinhin für Tatsache gehalten wird –, erfordere eine nie nachlassende Konzentration des Sehens, gespeist durch eine von Natur aus ikonoplastische Form intellektueller Energie. Und diese Aufgabe ist es, die Michel Tournier sich in *Zwillingssterne* gesetzt hat. Aragons 55 Jahre alte These wiederholend, lässt Tournier eine seiner Personen überlegen, dass »die Welt unter ihrer scheinbaren Banalität eindeutig voll kaum verborgener Wunder steckt – genau wie Ali Babas Höhle«. Auf dem gewaltigen Webstuhl von *Zwillingssterne* verwebt Tournier Banalitäten zu Wundern: Müllkippen, Bandwürmer, Hochzeitsreisen nach Venedig, sogar das Wetter werden hier zu dem Stoff verarbeitet, aus dem die Wunder sind. (Das ist keine zufällige Metapher: Fast im Zentrum von Tourniers Symbolgewebe steht eine hohe, alte Jacquard-Maschine.)

Zwillingssterne handelt von eineiigen Zwillingsbrüdern, gemeinsam kurz Jean-Paul genannt. Das ist etwa so, als behaupte man, *Ulysses* handle von einem Mann, der in Dublin spazieren geht. Denn Tournier benutzt das Thema Zwillinge, um eine nahezu unendliche Zahl von Paarigkeiten zu untersuchen: Heterosexualität und Homosexualität, Großstadt und Dorf, Himmel und Hölle. Hier entdecken wir den profunden Gegensatz von Chronologie und Meteorologie: auf der einen Seite der festgelegte, regulierte Marsch der Stunden, auf der anderen die ungezügelten, unberechenbaren Fluktuationen der Jahreszeiten; und in einer Passage von verblüffender metaphysischer Originalität erfahren wir, dass »*Christus abgelöst werden muss*« – nicht durch einen manichäischen Satan, sondern von einem Geist, vom Heiligen Geist.

Es ist wohl klar geworden, dass Zwillingssterne kein leichter Lesestoff ist; und dennoch ist die elektrische Spannung von Tourniers Intelligenz so ungeheuer, webt er sein schimmerndes Gewebe so geschickt, dass der Leser während des größten Teils dieses Mammutbuchs vom schieren Wagnis dieser Konzeption und der Kühnheit, mit der der Autor sie durchführt, gebannt ist. Im letzten Drittel verblasst die Magie, bis dahin aber ist das Momentum, das sich aufgebaut hat, so stark, dass es uns bis zum Finale trägt.

Zwillingssterne beginnt in einer kleinen Ortschaft an der bretonischen Küste. Zunächst folgt – bezeichnenderweise – eine Beschreibung der Wetterbedingungen. Ursprünglich hieß das Buch *Les Météores*, und Tournier besteht darauf, die eigentliche Bedeutung dieses Wortes wiederaufleben zu lassen: Wie die Meteorologen wissen, bezieht es sich auf alle atmosphärischen Phänomene überhaupt. Das interessanteste Element bei Tournier ist die Luft. In *Zwillingssterne* ist sie buchstäblich überall. Ein Sturmwind ist es, der den jungen homosexuellen Daniel in den Tod in einem widerlichen Rattenloch treibt; und »Wind, Sturm, Hauch« sind für den Priester Thomas die irdischen Manifestationen des Heiligen Geistes. Nicht mal eine Brise regt sich in diesem Buch rein zufällig, sei ihre Wirkung nun positiv oder negativ. In Les Pierres Sonnantes – den »Klingenden Steinen« – leben die Zwillinge Jean und Paul, die so beunruhigend identisch sind, dass nicht mal die Eltern sie auseinanderhalten können; und einmal, als ihr Vater Édouard die Fotos der beiden durcheinanderbringt, vermag sogar Jean selbst sich nicht von seiner anderen Hälfte zu unterscheiden. Die beiden sind ein vollkommener Organismus: Sie sprechen ihre eigene Sprache, »Aeolisch« (nach Aeolus, dem Gott der Winde); ihr ständiges Interesse gilt ihrem geheimen Spiel Bep; oft schmiegen sie sich Kopf an Fuß zur »Zwillingsvereinigung« aneinander, ein Anklang an ihre Lage im Mutterleib, ergänzt durch einen Samenritus. Für Paul, den dominanten Zwilling, für den Zwillinge der »normalen« Menschheit ohne Frage überlegen sind, ist sein zweigeteiltes Leben ein Schatz, der um jeden Preis bewahrt werden muss. »Jede Schwangere trägt zwei Kinder in ihrem Leib«, stellt er sich vor. »Aber das stärkere duldet keinen Bruder neben sich... Es erwürgt ihn, und dann verschlingt es ihn... Die Menschheit besteht aus lauter Menschenfressern... Wir allein, weißt du, sind unschuldig. Wir kamen Hand in Hand auf diese Welt, auf den Lippen das Lächeln der Bruderschaft.«

Aber Jean, der andere Zwilling, rebelliert. Für ihn gleicht das Leben als Zwilling einem Käfig. Seine anfänglichen Versuche, sich die Unabhängigkeit zu bewahren, schlagen oft fehl: Nachdem er durchgesetzt hat, dass er allein Kleider einkaufen gehen darf, entdeckt er, als er nach Hause kommt, dass die Kleider, die er gewählt hat, bis ins kleinste Detail den Kleidern gleichen, die sein Bruder gekauft hat. Später versucht er es mit der Ehe; aber Paul vertreibt Sophie, indem er sie erst verführt und dann schockiert, als ihr klar wird, dass Jean, ihr Verlobter, direkt aus dem Bett seines Bruders zu ihr gekommen ist. Doch Jean bricht aus, und dieser Bruch kennzeichnet einen Moment der Verwandlung für den Roman selbst.

Zuvor jedoch haben wir eine geraume Zeit fern von den Zwillingen, von ihrem schwachen Vater Édouard und ihrer Erdmutter Maria-Barbara verbracht; und fern von den geistig behinderten Kindern von St. Brigitte gleich nebenan – Kindern, deren zwangsweise Abgeschlossenheit in einer solipsistischen Welt ein völlig unsentimentales Echo zur Selbstversunkenheit der Zwillinge bildet.

Diese Zeitspanne verbringen wir in Gesellschaft des schockierenden Onkels der Zwillinge, Alexandre, der aus seiner Homosexualität ein Totem macht, welches sich als fast ebenso machtvoll erweist wie Pauls Theorie des Zwillingsstatus. (Als der Zweite Weltkrieg beginnt, ist er für Alexandre eine heterosexuelle Angelegenheit, die ihn nichts angeht – bis auf die Tatsache natürlich, dass Hitler Menschen seiner Art ausrottet.) Die erste Hälfte des Buches bezieht einen großen Teil ihres Temperaments und Schwungs aus Alexandres Überschwang; er lebt gefährlich, wandert mit seinem treuen Stockdegen »Fleurette« auf der Suche nach konventionell orientierten Männern durch die Straßen: »Heterosexuelle sind meine Frauen«, behauptet er. Alexandre ist Manager einer Müllfirma namens TURDCO (The Urban Refuse Disposal Company), und in den von ihm erzählten Abschnitten des Buchs verwandelt er diese »Mondlandschaft« aus Müll in eine Welt der Offenbarungen, deren Wahrheit die Gesellschaft zu kaschieren sucht, die sie vor ihren Müllmännern aber nicht verstecken kann. Gerade in diesen Passagen zum Lobe der Fäkalien wird Tournier von der Muse geküsst; in ihnen vollbringt er das schwindelerregend schwierige Kunststück, die übelsten Dinge dieser Welt mit einer Art Strahlen und Bedeutung zu erfüllen. (Kein Wunder, dass Jean Genet so viel von diesem Buch hält.) Zur Müllkippe von Saint-Escobille außerhalb von Paris bringt der Zug aus Paris während des Krieges, in den Augen Alexandres, seltsame, anrührende Symbole der Zeit; Hunde zum Beispiel. »Hunderttausende von toten Hunden! 35 Waggonladungen!« Weil die fliehenden Pariser ihre Lieblinge zurückgelassen haben, ließen die Nazis sie abschlachten.

Alexandre wird in gewisser Weise von den Zwillingen umgebracht. Er sieht sie in Casablanca; ohne zu wissen, dass es zwei von ihnen gibt, ohne in ihnen seine Neffen zu erkennen, verliebt er sich in diesen »allgegenwärtigen Knaben«, wie ein Aschenbach der Scheiße; und als er zufällig dazukommt, während die beiden ihren Ritus der Vereinigung vollziehen, erkennt er, dass er keine Chance gegen eine solche Vollkommenheit hat, begibt sich bei Nacht bewusst in die gefährliche Dockregion und wird ermordet. Als Homosexueller ist er schließlich ein gefälschter Zwilling: »Er nimmt einen Zustand für sich in Anspruch, der ihm nicht zukommt.«

Alexandre stirbt. Maria-Barbara wird nach Buchenwald geschickt. Édouard überlebt sie nur um kurze Zeit. Sophie wird davongejagt, doch diese Tat trennt die Zwillinge endgültig. Jean begibt sich auf eine lange Odyssee rund um die Welt, »wirft sich«, um Paul zu entkommen, »in die Arme eines jeden, der ihm über den Weg läuft«. Paul verfolgt ihn natürlich. Und das Buch verändert sich. Spiegelbildlich zum Ausbrechen seiner Personen aus dem Ei zwillingshafter Vollkommenheit und ihrer globalen Suche wird der Roman linear, folgerichtig, episodisch – und weit weniger packend. Intellektuell bleibt er rigoros und zufriedenstellend, zeigt er, wie sich das, was als Verfolgung begann, für Paul in den festen Entschluss verwandelt, alle Erlebnisse Jeans nachzuvollziehen, um so zu verhindern, dass sie sich auseinanderleben. Doch dann, als er zu akzeptieren beginnt, dass er Jean möglicherweise nie wiederfinden wird, verwandelt sich seine Reise – die von Venedig nach Nordafrika, Japan und Vancouver führt, bis die lineare Suche, als sie über Kanada in Richtung Heimat geht, kreisförmig wird, ein zweidimensionales Spiegelbild des Zwillingseis – in den physischen Ausdruck dessen, was Alexandres Freund Thomas, der Priester, als »universale Didymie« bezeichnet: »Der unpaarige Zwilling starb, und an seiner Statt wurde ein Bruder aller Menschen geboren.« Die Suche enthält zahlreiche packende Bilder: eine ganze Serie von Gärten, zum Beispiel, repräsentiert Jeans Suche nach Eden, und die Amputation von Pauls linken Gliedern bei einem Unfall unter der Berliner Mauer (selbst das Symbol verlorener Einheit, die Stadt als geteiltes Ei) ist der physische Ausdruck des Verlustes seines Status als Zwilling.

Was dieser Abschnitt vermissen lässt, das sind die traditionelleren romanhaften Befriedigungen. Die Weltreise klingt unfreiwillig wie ein Reisebericht; die Personen in diesem Teil sind allesamt unbedeutend, kaum überzeugend und in einem Fall – des weisen Gärtners Shonin in Japan – ein prätentiöses Echo jenes Mönchs, der David Carradine (»Grünschnabel«) in der Fernsehserie *Kung Fu* den Sinn des Lebens lehrt.

Gleichwohl lohnt es sich, bis zum Ende – in dem Paul den Verlust seiner Glieder durch eine Art übernatürlicher Willensanstrengung überwindet – durchzuhalten; und dass dieses Buch eine seltene Intelligenz, Originalität und jene Intensität des Sehens besitzt, in der Aragon ebenfalls Meister war, daran besteht kein Zweifel. Tournier und Aragon sind jedoch weit davon entfernt, Zwillinge zu sein: *Zwillingssterne* ist letztlich ein von Theologie durchzogener Roman, und von Gott sagte Aragon, er halte ihn für »eine ekelhafte, vulgäre Idee«.

1981

Italo Calvino

Am Anfang von Italo Calvinos erstem Buch nach sechs Jahren kauft eine ganz und gar fiktive Person namens Sie, der Leser, einen Roman in der Überzeugung, dass es der neue Calvino ist, und lässt sich mit ihm zum Lesen nieder. »Gleich wirst du den unverwechselbaren Ton dieses Autors wiedererkennen. Nein. Nein, du erkennst ihn nicht wieder. Aber wer sagt denn auch, wenn man's recht bedenkt, dass dieser Autor einen unverwechselbaren Ton hätte? Im Gegenteil, man weiß doch, dass er sich von Buch zu Buch sehr verändert.« Einer der Gründe, warum es so schwierig ist, über Calvino zu schreiben, besteht darin, dass er selbst bereits so gut wie alles über sich gesagt hat, was es zu sagen gibt.

Wenn ein Reisender in einer Winternacht komprimiert in einem einzigen Band das, was wohl die beherrschende Eigenart sämtlicher Arbeiten Calvinos ist: seine proteische, metamorphe Begabung, niemals zweimal dasselbe zu tun. Auf 303 Seiten wird uns der Anfang von nicht weniger als zehn Romanen geboten, von denen jeder ein abgewandelter Avatar des vorhergehenden ist; überdies gibt es eine mehr oder weniger voll entwickelte Liebesgeschichte zwischen dem oben erwähnten Sie und Ludmilla, der anderen Leserin; plus, obendrein, einen Verschwörungstheorieroman über eine Geheimorganisation, bekannt als die Organisation der Apokryphen Macht, unter der Leitung eines boshaften Übersetzers namens Ermes Marana, dessen Ziel die Vernichtung der Fiktion selbst sein mag oder auch nicht. Die OAP erinnert entfernt an Thomas Pynchons Untergrundpostdienst, das Tristero-System, und hat mit Sicherheit heimliche Verbindungen mit Buñuels Revolutionsarmee des Kindes Jesus, der einzigen komischen Terroristenorganisation in der Geschichte des Kinos. (Buñuels Film *Das Phantom der Freiheit*, mit seiner fast endlosen Sequenz von Handlungen, die den Film eine nach der anderen mit überraschender

Selbstverständlichkeit in Beschlag nehmen und dann selbst wiederum mit komischer Selbstverständlichkeit ersetzt werden, ist das Werk, das am unmittelbarsten an *Wenn ein Reisender...* erinnert.)

Es ist durchaus möglich, dass Calvino gar kein Mensch ist, sondern ein Planet, etwa wie der Planet Solaris aus Stanislaw Lems großartigem Roman. Wie Solaris besitzt auch Calvino die Macht, den Menschen bis in die tiefsten Tiefen ihrer Seele hinabzublicken und dann ihre Träume zum Leben erwachen zu lassen. Liest man Calvino, hat man ständig das Gefühl, er habe nur aufgeschrieben, was man selbst schon immer gewusst, woran man bisher nur noch niemals gedacht hat.

Die erste Botschaft vom Planeten Calvino erhielt die Erde bereits anno 1947. Das war *Wo Spinnen ihre Nester bauen,* die von Ernest Hemingway aus dem italienischen neorealistischen Film heraus inspirierte Geschichte eines Schusterlehrlings, der sich den Partisanen anschließt und schließlich den Freund findet, nach dem er sich immer gesehnt hat. Trotz seines wundervollen Titels ist der Roman kaum mehr als verdienstvoll, und der letzte Satz scheint mit den Füßen im Morast zu stehen: »Und sie gehen davon, der große Mann und das Kind, umgeben von Glühwürmchen, Hand in Hand in die Nacht hinein.«

Ich habe diese Zeilen wörtlich zitiert, weil sie das letzte belegte Beispiel eines schlechten Satzes von Italo Calvino sind. Nach den *Spinnen* erzählt er uns: »Statt mich zu zwingen, dieses Buch zu schreiben, hätte ich wirklich jenen [»neorealistischen«] Roman schreiben sollen, der von mir erwartet wurde, ich habe mir das Buch ausgedacht, das ich selbst gern gelesen hätte, ein Buch von einem unbekannten Schriftsteller, aus einem anderen Zeitalter und einem anderen Land, auf einem alten Dachboden entdeckt.«

Unvermittelte Metamorphose, Raupe wird zum Schmetterling, Samsa zum Riesenkäfer. Im Jahre 1952 veröffentlichte er *Der geteilte Visconte,* das er, zusammen mit den darauf folgenden *Der Baron auf den Bäumen* und *Der Ritter, den es nicht gab,* jetzt in einem Band mit dem Titel *Unsere Vorfahren* zusammengefasst hat.

Der geteilte Visconte handelt von einem gespaltenen Visconte, der im mittelalterlichen Böhmen durch eine Kanonenkugel senkrecht halbiert wird. Die beiden Hälften leben weiter, die eine teuflisch böse, die andere übermenschlich gut. Beide Hälften sind unerträglich. Am Ende fechten sie einen Zweikampf aus; der Böse und der Gute reißen jeder dem anderen die Schnittflächen der alten Wunden auf und werden durch die freundlichste Person der ganzen Geschichte wieder zusammengeflickt, deren Name eine Verbeugung vor Calvinos Lieblingsschriftstellerin, R. L. Stevenson, ist: Dr. Trelawney heißt der Mann, der die Operation ausführt. Das ist ein glückliches Ende, für den jungen Erzähler der Story ist es jedoch zugleich das Ende der Kindheit; Dr. Trelawney, der süffelnde Arzt, verschwindet auf einem englischen Schiff, »rittlings auf einem Fass *cancarone*-Wein sitzend an Bord gehievt, und ich blieb zurück, in dieser unserer Welt voll Verantwortlichkeiten und Täuschungen«.

Der Baron auf den Bäumen ist die Geschichte des Cosimo Piovasco di Rondo, der sich weigert, die widerliche Schneckensuppe zu essen, die seine Schwester Battista gekocht hat (die außerdem belegte Brote, die wirklich köstlich schmeckten, mit Mäuseleber ... und dazu »Heuschreckenbeine ... die mosaikartig auf einer Torte verteilt waren, und Schweineschwänzchen, die sie wie Brezeln geröstet hatte.«). Er wird vom bärbeißigen Vater des Tisches verwiesen, klettert mit seinen zwölf Jahren auf einen Baum und setzt sein Leben lang keinen Fuß mehr auf den Boden. Seine Affäre mit der kapriziösen Viola, seine Abenteuer mit den einheimischen Banditen, sein Kampf mit einer Gruppe exilierter spanischer Grandes und seine präzisen Strategien für ein erfolgreiches Leben auf den Bäumen winden und verschlingen sich zu dichten Wäldern wundervoller Ideen und machen den *Baron auf den Bäumen* zu einem der faszinierendsten Bilder von Rebellion, vom Neinsagen, das es in der Literatur dieses rebellischen Jahrhunderts gibt.

Im *Baron* und im dritten Band der Trilogie, *Der Ritter, den es nicht gab,* interessiert sich Calvino auch für die Erzählung als Prozess. Um mit meinen Zitaten der letzten Sätze fortzufahren, hier ist jener des *Barons:*

> Ombrosa ist nicht mehr... vielleicht war es... ein Stickmuster... dem Tintenfaden gleichend, den ich über Seiten und Seiten laufen ließ, beladen mit Korrekturen, Strichen, nervösen Klecksen, Flecken, Lücken – diesem Faden, der sich zuweilen zu dicken, lichten Beeren ausweitet, zuweilen sich, wie zu punktförmigen Samen, zu winzigen Zeichen verdichtet, bald in sich selbst zurückschlingt, bald sich gabelt, bald Satzklümpchen mit Blätter- oder Wolkengirlanden verbindet und sodann stockt und sich abermals zu verschlingen beginnt und läuft und läuft und läuft und sich in einer letzten närrischen Traube von Worten, Ideen, Träumen abspult und verwickelt und damit zu Ende ist.

Der Ritter, den es nicht gab, die Geschichte einer leeren Rüstung, die sich für einen Ritter Kaiser Karls des Großen hält und sich durch pure Willenskraft, Disziplin und Pflichtbewusstsein aufrechterhält, ist ebenfalls eine stark »erzählende« Geschichte und wird geschildert von Schwester Theodora, einer Nonne im Kloster, die, wie sie selbst weiß, keinerlei Erfahrungen mit den Szenen des Ritterlebens haben kann, die sie zu Papier bringen soll. Wie sie sagt: »Abgesehen von den religiösen Pflichten, den Triduen und Novenen, von Feldarbeiten, vom Dreschen, vom Weinlesen, Stäupen der Knechte, Blutschande, Feuersbrünsten, Exekutionen am Galgen, Einbrüchen fremder Heere, Plünderungen, Vergewaltigungen, Pestilenzen... was kann schon eine arme Klosterfrau von der Welt wissen?«

Dennoch schreibt sie heroisch weiter, erfindet das Unbekannte, gestaltet es so, dass es wahrer wirkt als die Wahrheit, und versorgt Calvino mit einer wundervollen Metapher für sich selbst. Diese zunehmende Konzentration auf »das Buch« im Gegensatz zu »der

Welt« wird später ihre schönsten Früchte in *Wenn ein Reisender in einer Winternacht...* tragen.

»Verwirrung herrschte zu jener Zeit, da unsere Geschichte spielt, noch in den Dingen dieser Welt«, schreibt Theodora/Calvino. »Damals konnte man nicht selten Namen, Gedanken, Formen und Institutionen finden, denen keine Wirklichkeit entsprach. Umgekehrt wimmelte es in der Welt von Gegenständen und Möglichkeiten und Personen, die weder einen Namen trugen noch sich sonst vom Rest unterschieden. Es war dies eine Epoche, in welcher der Wille und die beharrliche Bemühung, da zu sein, eine Spur zu hinterlassen... noch nicht mit ganzer Kraft eingesetzt wurden.« Sechs Jahre später veröffentlichte Calvino jedoch einen Band Erzählungen über eine noch fließendere Zeit. Die zwölf *Cosmicomics* haben nicht mehr und nicht weniger als die Schöpfung des Universums zum bescheidenen Thema, erzählt von einem polymorphen, unsterblichen Wesen, das sich hinter dem dumpfen, unaussprechlichen Namen Qfwfq verbirgt. In den *Cosmicomics* entdecken wir, dass der Mond tatsächlich aus Käse bestand: »Die Mondmilch war sehr dick, wie eine Art Quarkmasse. Sie bestand aus Fermenten der verschiedenen irdischen Körper und Stoffe, die von den Weiden und Wäldern und Lagunen hinaufgeflogen waren, welche der Trabant überquerte. Sie bestand vornehmlich aus Pflanzensäften, Kaulquappen, Bitumen, Linsen, Bienenhonig, Stärkekristallen, Störlaich, Schimmel, Blütenstaub, gallertartigen Substanzen, Würmern, Harzen, Pfeffer, Mineralsalzen, Brennmaterial.« (Wie alle Fabulierer, liebt Calvino Aufzählungen.) Wir sehen, wie sich die Galaxien bilden, wir sehen, wie aus den Wassern der Erde das Leben kriecht; aber das Wunder dieser Erzählungen ist, dass Calvino dem Ganzen ein saftig-komisches, menschliches Format verleiht. In *Der aquatische Onkel*, zum Beispiel, sind Qfwfq und seine Familie soeben erst »dem Wasser entstiegen, um nunmehr an Land zu leben«, und Qfwfq hat sich in ein anderes Landwesen verliebt. Aber: »Jawohl, wir hatten einen Fisch zum

Großonkel, und zwar von meiner Großmutter väterlicherseits, aus dem Geschlecht der Celacanthen des Devons«; und dieser Onkel N'ba N'ga weigert sich hartnäckig, sein Leben im Wasser aufzugeben. Mehr noch, als der verlegene Qfwfq von seiner Geliebten gezwungen wird, sie seinem hartnäckig primitiven Verwandten vorzustellen, verführt sie der Onkel aus dem Wasser dazu, ins Wasser zurückzukehren.

Was tut man, wenn man soeben die Welt neu erfunden hat? Calvino wandte sich Marco Polo zu und begann in dessen Welt zu reisen. *Die unsichtbaren Städte* ist nicht eigentlich ein Roman, sondern eine Art Fuge über das Wesen der Stadt. Polo und Kublai Khan sind nur Versuche zu »Personen« in diesem Buch; der wahre Star aber ist Calvinos anschauliche Prosa. Gore Vidal hat sie einmal Calvinos »schönstes Werk« genannt, und das ist sie.

Hier mag der Leser Octavia entdecken, eine Stadt, die wie ein Spinnennetz zwischen zwei Berggipfeln hängt: »Das Leben der Bewohner Octavias ist weniger unsicher als in anderen Städten. Sie wissen, dass ihr Netz nicht mehr als ein Bestimmtes trägt.« Und Aria, die »Erde statt Luft hat«. Und Thekla, die ewig unfertige Stadt, deren Bauplan der sternenbesetzte Himmel ist und deren Vollendung ins Unendliche verzögert wird, »damit ihre Zerstörung nicht beginnen kann«.

Anschließend richtete Calvino seine Aufmerksamkeit auf zwei Spiele Tarotkarten und benutzte sie als Grundlage für die Geschichten in *Das Schloss, darin sich die Schicksale kreuzen,* das einzige seiner Bücher, das es tatsächlich schafft, so clever zu sein, dass man es nicht mag. Im ersten Teil begegnen Reisende einander zufällig in einem Schloss, im zweiten in einer Schenke, und werden wunderbarerweise taubstumm, sodass sie gezwungen sind, ihre Reiseerlebnisse durch Auslegen von Tarotkarten zu erzählen. Calvino benutzt diese Kartensequenzen als Text, den er uns dann interpretiert, um uns die Geschichten zu erzählen, die in den Karten geschrieben stehen mögen oder auch nicht: wie ich vermute, eine Art mystischer Strukturalismus.

Wenn ein Reisender in einer Winternacht... dagegen ist ein Buch, dem man ohne Wenn und Aber Lob zollen darf. Dies ist Calvino, losgelassen in einer Welt von Büchern, Calvino, wie er fröhlich mit den Möglichkeiten der Fiktion jongliert, des Geschichtenerzählens, das letztlich auch ein Kinderstuben-Euphemismus für Lügen ist; Sie, der Leser, sind eine Art verbissener Lemmy Caution und versuchen Ihren Weg durch die literarischen Labyrinthe von Calvinos Stadt der Wörter zu finden, sein Alphabetaville.

Sie erstehen »den neuen Calvino«. Sie beginnen die Geschichte zu lesen, die sich *Wenn ein Reisender in einer Winternacht...* nennt. Die Story ist ein Thriller, der auf einem Bahnhof spielt. Auf einmal aber können Sie nicht mehr weiterlesen: Ihr Exemplar ist fehlerhaft gebunden. Sie bringen es in die Buchhandlung zurück und stellen fest, dass die Erzählung, die Sie zu lesen begonnen haben, nichts mit dem neuen Calvino zu tun hat. Die falschen Seiten, erklärt Ihnen der Verkäufer, wurden in die falschen Deckel gefügt. Das, was Sie zu lesen begonnen haben (und nun gern zu Ende lesen möchten), war *Vor dem Weichbild von Malbork* von einem gewissen Tazio Bazakbal. Sie und Ihre neue Freundin Ludmilla, die dasselbe Problem mit ihrem Calvino-Exemplar hatte, gehen davon, um dieses zweite Buch zu lesen. Wie sich jedoch herausstellt, handelt es sich um eine völlig andere Story, irgendeinen ländlichen Roman, und dann wird, gerade als Ihr Interesse geweckt wurde, ein weiterer Fehler beim Buchbinden entdeckt: Irrtümlich wurden leere Seiten gebunden. Sie rufen Ludmilla an, sprechen zunächst mit ihrer Schwester Lotaria und schließlich mit diesem jungen Mädchen, für das Sie sich inzwischen schon wirklich sehr stark interessieren. Sie entdecken, dass das, was Sie für *Vor dem Weichbild von Malbork* hielten, in Wirklichkeit (abermals eine Pfuscherei des Verlags) Teil eines alten Buches ist, das auf Kimmerisch geschrieben wurde, der Sprache einer ausgestorbenen osteuropäischen Kultur. Sie suchen Professor Uzzi-Tuzii in der Universität auf, und der erklärt Ihnen, das Original trage den Titel *Über den Steilhang gebeugt.* Mühsam beginnt er es für Sie zu übersetzen. Als die Erzählung ihn dann in ihren Bann zieht, liest er immer flüssiger. Es handelt sich natürlich um eine völlig andere Geschichte, die nichts mit Malbork zu tun hat, sondern mit einem jungen, übersensiblen Mann, der in einen Fluchtplan aus dem Gefängnis verwickelt wird. Plötzlich verstummt Uzzi-Tuzii. Und erklärt Ihnen, der Autor, Ukko Ahti, habe Selbstmord begangen, nachdem er mit seiner Geschichte hier angelangt war. Doch nun erscheint Lotaria mit einem gewissen Galligani, Professor für herulo-attaische Sprachen. Galligani, ein Feind Uzzi-Tuziis, behauptet, *Über den Steilhang gebeugt* sei in Wirklichkeit der Ableger eines kimbrischen Originals, *Ohne Furcht vor Schwindel und Wind*, von Vorts Viljandi.

Ohne Furcht... entpuppt sich als ein wiederum völlig anderes Werk über Spionage und Gegenspionage in einer Stadt, die in den Wehen eines Staatsstreiches gefangen ist. Wiederum bleibt nur ein Fragment, weil Lotaria den größten Teil der Seiten verschenkt hat. Hier müssen nun schleunigst zwei Dinge erklärt werden: erstens, dass alle Fragmente wundervoll zu lesen sind und irgendwie überhaupt nicht fragmentarisch wirken; und zweitens, dass Sie, der Leser, immer weniger peripher werden und Ihre Beziehung zu Ludmilla und Lotaria immer wichtiger wird.

An diesem Punkt hören Sie plötzlich auf, nichts als ein passiver Leser zu sein. Sie handeln. Sie begeben sich persönlich zum Verleger, fest entschlossen, ein Exemplar von *Ohne Furcht vor Schwindel und Wind* aufzutreiben, denn das ist es, was Sie nun weiterlesen wollen. Dort lernen Sie Mr Cavedagna kennen, der zum ersten Mal den ominösen Namen Ermes Marana, Übersetzer, erwähnt, welcher offenbar als polnisch, kimmerisch oder kimbrisch ausgegeben hat, was in Wirklichkeit ein belgischer Roman von Bertrand Vandervelde ist, betitelt *Schaut in die Tiefe, wo sich das Dunkel verdichtet*. Sie beginnen dieses neue Buch zu lesen, das natürlich nichts mit irgendeinem der anderen Fragmente zu tun hat, aber so spannend ist, dass das keine Rolle spielt. *Schaut in die Tiefe...* ist eine Art Film-noir-Betrug über einen Gauner und sein Liebchen, die eine Leiche im Plastiksack loswerden wollen. Sie (diesmal der echte Leser) werden vermutlich Ihnen (nicht der echte Leser) und Ludmilla zustimmen, dass dies das Packendste ist, was Sie jemals gelesen haben. Aber auch dieser Roman reißt ab ... Cavedagna hat Ihnen nicht das ganze Manuskript gegeben. Sie suchen ihn noch einmal auf. »Ach«, sagt er zu Ihnen, »der Himmel weiß, wo das geblieben ist.« Nunmehr verzweifelt, zeigt Cavedagna Ihnen die Unterlagen über Ermes Marana, dem es gelungen ist, sämtliche Angelegenheiten seines Verlags ins Chaos zu stürzen ... und weil ich Ihnen nicht alles verraten will, werde ich mich damit begnügen, Ihnen mitzuteilen, dass es noch fünf weitere Auszüge aus Erzählungen gibt und dass die Geschichte von Ihnen, Ludmilla und Lotaria tief in die Fiktionen verstrickt wird, die Sie zu lesen versuchen.

Wenn ein Reisender in einer Winternacht... ist wohl das komplizierteste Buch, das Sie (und Sie, der Leser) jemals lesen werden. Aber Calvinos Zaubertrick funktioniert, weil er die Komplikationen so komisch gestaltet und Sie (wenn auch nicht Sie, den Leser) an dem Spaß teilhaben lässt. Die zehn Transformationen der immer wieder neu beginnenden Story werden mit einer Erfindungsgabe fortgeführt, die niemals ermüdend wirkt; das allmähliche Verweben von Texten und Lesern ist nichts weniger als – um einen passend archaischen Ausdruck zu wählen – Zauberei. Calvino lässt Stevenson weit hinter sich; er hat es vermieden, wie eine Imitation von Borges zu klingen, was ihm durchaus passieren kann, wenn er nicht in Topform ist; und seine große Begabung, die Fähigkeit, den extravagantesten Phantasien Glaubwürdigkeit zu verleihen, ist niemals besser ausgespielt worden als hier. In *Wenn ein Reisender...*, der unverschämtesten Fiktion über Fiktion, die es jemals gegeben hat, stolpern wir in jedem Abschnitt über Kostbarkeiten von harter, krassester Wahrheit:

>»Nirgendwo wird heutzutage das geschriebene Wort so hochgeschätzt wie in Polizeiregimen«, sagt Arkadian Porphyritsch.

»Gibt es ein besseres Kriterium zur Unterscheidung der Nationen, in denen die Literatur eine wirkliche Achtung genießt, als das der zu ihrer Kontrolle und Repression bereitgestellten Summen?«

Warum, schließlich, sollten wir uns mit Calvino abgeben, einem Wortjongleur, einem Phantasten? Was bedeutet es, über Ritter zu schreiben, die es nicht gibt, über die Konsistenz des Mondes oder über einen Leser, der liest, während Washington der Neutronenbombe grünes Licht gibt und die Stationierung von B-Waffen in Europa geplant wird? Das ist kein Eskapismus, denn obwohl der Leser von Italo Calvino weiter über sich selbst hinausgeführt wird als die meisten anderen Leser, wird er entdecken, dass dieses Erlebnis keine Flucht vor dem Ich, sondern eine Bereicherung seiner selbst ist. Nein, der Grund, warum Calvino ein Schriftsteller ist, auf den man nicht verzichten sollte, liegt eben in der Art, wie er uns fröhlich und ein wenig mutwillig erzählt, dass es auf der Welt Dinge gibt, die es verdienen, sowohl geliebt als auch gehasst zu werden; und dass auch in den Menschen derartige Dinge existieren. Ich könnte mir keinen Schriftsteller vorstellen, den ich lieber an meiner Seite haben würde als ihn, wenn Großbritannien brennt und die ganze Welt untergeht.

1981

Stephen Hawking

Die netteste Schilderung des Big Bang, des Urknalls, die ich jemals gelesen habe, stammt aus Italo Calvinos köstlichen *Cosmicomics*. Am Anfang, erfahren wir von Calvinos Erzähler, dem Protowesen Qfwfq, »fiel jeder Punkt von uns mit jedem Punkt der anderen auf einen einzigen Punkt zusammen, und da waren wir alle ... nicht unbedingt eine Situation, die Geselligkeit fördert«. Dann rief eine gewisse Mrs Ph(i)Nko: »Ach, wenn ich doch nur ein bisschen Raum hätte, wie gerne würd' ich Nudeln für euch kochen, Jungens!« Und sofort – rrrummms! – war alles da: Raumzeit, der Kosmos. *Raum.*

Die Vorstellung, das Weltall könne von einem ersten, wahrhaft großzügigen Impuls in Bewegung gesetzt worden sein, dem ersten Ausdruck der Liebe, ist wunderschön, aber leider unwissenschaftlich, und heutzutage ist die Erschaffung der Welt vor allem das Werk wissenschaftlicher, anstatt literarischer oder theologischer Vorstellungskraft. Es ist eine heiße Story, und Professor Hawkings Buch *Eine kurze Geschichte der Zeit* ist nur das letzte einer ganzen Reihe von leicht verständlichen Bestsellern über dieses Thema – faszinierende Bücher, angefüllt mit Ausrufezeichen.

Liest man dieses sich rapide ausdehnende Universum von Büchern, lernt man die Physiker als einen äußerst ausrufefreudigen Menschenschlag kennen, der sich vor allem nach dem Augenblick sehnt, in dem er »Heureka!« rufen darf. Man ist versucht, eine Variante des anthropischen Prinzips anzuwenden (die Welt ist das, was sie ist, weil wir, wäre es anders, nicht da wären, um festzustellen, dass es so ist) und zu erklären, es sei keineswegs überraschend, dass solche Menschen einen Kosmos geschaffen haben könnten, der mit dem größten Ausrufezeichen von allen beginnt.

Hier wollen wir aber ganz schnell einschieben, dass es viele erstaunliche Entdeckungen, viele echte Heureka-Gelegenheiten gegeben hat, seit Einsteins Relativitätstheorie die Welt veränderte. Professor Hawking, eine exquisite Balance haltend zwischen der Notwendigkeit, vor Nichtwissenschaftlern zu sprechen, und der Gefahr herablassender Übervereinfachung, führt uns im Leichtgalopp durch dieses Territorium. Hier haben wir die Relativitätstheorie selbst, zusammen mit Hubbles Entdeckung des expandierenden Universums; da drüben die Widerlegung der Steady-state-Theorie durch die »Urknaller«; dort rechts (oder auch links) Heisenbergs Unschärferelation; und direkt vor uns die großen Reisen ins Herz des Atoms und weit hinaus zu den Schwarzen Löchern.

Hawkings fast schon legendärer Status verleiht dem Text eine immense Autorität. Nicht nur ist er der Mann, der bewiesen hat, dass Schwarze Löcher strahlen, sondern seine Arbeit von 1980 war es auch, die »bewies«, das das Universum als *Singularität* begonnen haben muss, dass heißt so ähnlich wie Calvinos einer, einziger Punkt. Der Grund aber, warum dieses Buch desto spannender wird, je mehr es sich dem Kern der Sache nähert, liegt darin, dass der Herr Professor, wie sich herausstellt, in der Frage der Genesis seine Meinung geändert hat. Nachdem er den Begriff der Quantenmechanik – das Studium der häufig irrationalen Welt unendlich kleiner Dinge – auf den Zustand des Universums vor dem Big Bang angewandt hatte, entschied er, dass die Singularität, deren Existenz er 1970 »bewiesen« hat, ganz und gar nicht unbedingt existiert haben muss.

Nun meint er, dass es statt eines »Anfangs« das gegeben hat, was Richard Feynman eine »Aufsummierung von Möglichkeiten« nannte – eine Situation, in der die Zeitrichtung nicht von den Richtungen des Raums zu unterscheiden war, und macht damit das Konzept von etwas aus dem Nichts, von vorher und nachher überflüssig. Wenn das so wäre, erklärt er uns, »wäre das Universum ... weder erschaffen noch zerstörbar. Es würde einfach SEIN«. Ein verblüffendes Argument, das auf den Verzicht auf Gott selbst hinausläuft: »Wo wäre dann noch Raum für einen Schöpfer?« Der

Mensch plant, Gott wird verplant; und Hawking entwirft, wie er eindeutig klarmacht, nicht mehr als einen Plan, einen Vorschlag, eine Theorie über eine Theorie, die, wie er glaubt, bald ausgearbeitet werden wird.

Er ist jedoch bereit, aus seiner Einschätzung der Lage eine erstaunliche Schlussfolgerung zu ziehen. Er meint, dass wir uns tatsächlich nahe dem Ende der »intellektuellen Bemühungen der Menschheit befinden, das Universum zu begreifen«. Offensichtlich besteht eine gute Chance, dass »einige von uns noch eine vollständige, einheitliche Theorie erleben werden – immer vorausgesetzt, dass wir uns nicht vorher in die Luft jagen«.

Das klingt, fürchte ich, wie ein besonders schlimmer Fall von vorzeitiger Heurekitis. Für jeden, der Professor Hawking bei seinen Sinneswandlungen gefolgt ist, der durch ihn die Implikationen der Unschärferelation gelernt hat (»natürlich kann man zukünftige Ereignisse nicht präzise voraussagen, wenn man nicht einmal den gegenwärtigen Zustand des Universums präzise messen kann«) oder auch nur die rudimentärste Ahnung von der Geschichte des menschlichen Wissens besitzt, wird diese letzte Wahrheit ein harter Brocken sein, der schwer zu schlucken ist. Und überhaupt besteht für uns alle, die wir keine Naturwissenschaftler sind – die wir Laienleser oder sogar -schriftsteller sind –, der wahre Wert der Ideen der neuen Physik und der Quantenmechanik haargenau in jedem der Calvino-Geschichten: dass sie es uns nämlich ermöglichen, neue Träume zu träumen – von uns selbst wie auch vom Universum.

Es ist jedoch schlechthin unmöglich, die großartige, donquichottische Überzeugung, die in Stephen Hawkings Suche nach dem Ende allen Wissens liegt, nicht zu bewundern, während wir weiterhin daran glauben, dass die einzig dauerhaften Entdeckungen jene der Phantasie bleiben. Alle Theorien schwinden irgendwann einmal dahin und werden durch neue ersetzt; nur Mrs Ph(i)Nko bleibt ewig.

1988

Andrej Sacharow

Angesichts der Macht eines Staates, vor allem eines so grausamen Staates, wie die Sowjetunion es während des größten Teils dieses Jahrhunderts war, fällt es leicht, sich den Einzelnen als lächerlich schwache, ja sogar hilflose Entität vorzustellen. Selbst wenn das fragliche Individuum ein so herausragender und einflussreicher Naturwissenschaftler ist wie Andrej Sacharow, kann er, wie es das KGB mit Sacharow tat, nachdem er den Einmarsch der Sowjets in Afghanistan kritisiert hatte, aus seinem Leben gerissen und auf den Müllhaufen der Geschichte geworfen werden, in diesem Fall die abgelegene Stadt Gorki.

Dennoch bedeutet ein Leben wie das von Sacharow, dass individuelle Schwäche, wenn man genügend Willenskraft und Zivilcourage besitzt, in Stärke verwandelt werden kann. Nun, da die Macht des Sowjetkommunismus zerfällt, während die Ideen und Prinzipien, denen Sacharow seine Zeit widmete, das Angesicht Europas verändern, verleiht der Durchhaltewille des großen Physikers und seine Weigerung, sich zerbrechen zu lassen, seiner Autobiografie den Status eines vorbildlichen Lebens.

Der erste Band von Sacharows Memoiren erzählt die Geschichte bis zu seiner Entlassung aus dem inländischen Exil durch Präsident Gorbatschow im Jahre 1986; ein zweiter Band, der sich detailliert mit seinen letzten Jahren befasst, darunter seine häufigen Zusammenstöße mit Gorbatschow im Kongress der Volksdeputierten, ist zugesichert. Ausschnitte aus dem Manuskript wurden viermal beschlagnahmt (einmal verlor er 1400 Seiten seiner Arbeit). Dass sie überhaupt existiert, ist Beweis für die Entschlossenheit, mit der sie der Autor weiterführte.

Es ist nicht leicht, ein symbolhaftes, ja sogar ikonisches Leben zu führen; und darüber zu schreiben ist ebenfalls recht schwer. Andrej Sacharows relativ nüchterner Stil ist stellenweise schwer zu lesen. Seine Bemühungen, als Zeitzeuge zu schreiben, nahezu jeden Dissidentenfall, an dem er beteiligt war, jeden Kampf, den er ausfocht, detailliert zu schildern, münden in zahlreichen bombastischen (wenn auch stets noblen) Passagen. Es ist ihm eindeutig schwergefallen, über persönliche Dinge zu schreiben, und auch diese Zurückhaltung kann ebenso frustrierend sein wie das Gegenteil, die verständlicherweise idealisierende Überschwänglichkeit, die ihn zuweilen überkommt, wenn er von seiner heißgeliebten zweiten Frau »Lusia« schreibt, der beeindruckenden Jelena Bonner. An einer Stelle spricht er in diesen Memoiren davon, wie sehr er Bücher hasst, die dick genug sind, um als Türstopper zu dienen. Der vorliegende extrem dicke Türstopper wäre ein lebendigeres Selbstporträt, wenn auch ein weniger vollständiges Testament, wenn es nur halb so lang wäre. So, wie es ist, haben wir einen Bericht »für die Unterlagen«, die eingehende, häufig schwerfällige Schilderung eines großartigen Lebens.

Der Sacharow, der aus diesen Seiten ersteht, ist ein Junge, der Science-Fiction-Romane liebte, Onkel Toms Hütte und Mark Twain, der ein etwas unbeholfener Mensch war und wenige Freunde hatte. Als er heranwuchs, wurde der Junge, wie viele Naturwissenschaftler, besser mit seiner Arbeit fertig als mit seinem Privatleben. In einer der relativ seltenen persönlichen Passagen seines Buches gesteht er das ein: »In meinem Privatleben, in meiner Beziehung zu Klavna [seiner ersten Frau] und, nach ihrem Tod, zu den Kindern neigte ich immer dazu, Konfrontationen zu vermeiden, weil ich mich psychisch nicht in der Lage fühlte, sie zu bewältigen ... In aller Aufrichtigkeit, ich habe niemals genug Zeit oder physische Kraft dafür aufgebracht. Später musste ich dann leiden. Fühlte mich schuldig und machte neue Fehler, weil Schuldbewusstsein die Urteilsfähigkeit nicht gerade stärkt.« Nach Klavnas Tod waren es sein zunehmendes Engagement für die Menschenrechte und seine neue Liebe zu Lusia, die ihn veranlassten, sich nach außen, der Welt zu zu wenden, und ihn ausfüllten. Die Schilderung, wie er sich verliebte, fällt jedoch – charakteristisch für ihn – eher lakonisch aus. »Seit Monaten waren Lusia und ich uns nahegekommen, und es fiel uns immer schwerer, unsere Gefühle zu verbergen. Schließlich ... gestanden wir uns unsere Liebe.« Das ist alles.

Alexander Solschenizyn hat, wie andere auch, angedeutet, dass Sacharow ein naiver, weltfremder Mensch gewesen sei, der von der grimmig sprachgewandten und hoch motivierten Jelena Bonner manipuliert wurde, doch Sacharow verteidigt sie wiederholt gegen diese Vorwürfe. Die Wahrheit liegt vermutlich irgendwo in der Mitte. Man kann diese Memoiren nicht lesen, ohne den Eindruck zu gewinnen, dass Sacharow ganz genau wusste, was er tat, als er sich für die Menschenrechte in der UdSSR einsetzte; aber man gewinnt auch eindeutig den Eindruck einer zurückhaltenden, in sich gekehrten Persönlichkeit, eines Mannes, der eine Frau brauchte – oder zu brauchen glaubte –, um ihm bei seinen öffentlichen Verlautbarungen zu helfen.

Es war Jelena Bonner, die behauptete: »Mein Mann ist Physiker, nicht Dissident«, aber natürlich war er beides. Seine Memoiren lassen sich grob in zwei Hälften teilen, das Buch des Physikers und das Buch des Dissidenten, und jede Hälfte bedürfte eigentlich eines eigenen Rezensenten. Als Naturwissenschaftler stand Sacharow im selben Lager wie Stephen Hawking, als Schriftsteller machte er jedoch weit weniger Konzessionen an den Laienleser. Infolgedessen können seine langen, wichtigen Schilderungen des Atomwaffenprogramms der Sowjets wie auch seiner theoretischen Arbeiten verwirrend selbst auf jene Nichtnaturwissenschaftler wirken, die sich stark für derartige Dinge interessieren. Dennoch sind diese Kapitel in vieler Hinsicht die informativsten Teile des Buches insofern, als sie uns eine Welt eröffnen, von der wir so gut wie gar nichts wussten – zum Beispiel von der geheimen Stadt, »der Installation«, wo die sowjetische Wasserstoffbombe gebaut wurde. Außerdem ist klar, dass die Theorien, die Sacharow im Zusammenhang mit dem Begriff der »Baryon-Asymmetrie« entwickelte – grob gesagt, dem Verhältnis zwischen Materie und

Antimaterie – die Grand Unified Theories der 70er-Jahre vorwegnahmen. (Sacharow bedauerte offen, nicht in die GUTs einbezogen worden zu sein.)

Sacharow war in gewissem Sinne eine russische Version von J. Robert Oppenheimer. Als »Vater der russischen Wasserstoffbombe« wandte er sich leidenschaftlich gegen das Testen und die Produktion dieser Waffen. Was ihn so faszinierend macht, ist die Tatsache, dass ein Teil von ihm auch eine russische Version von Edward Teller war, Oppenheimers Falken-Kollegen und -Gegner, der Ende der 40er- und in den 50er-Jahren fest daran glaubte, dass »nur die amerikanische Militärmacht das sozialistische Lager an einer Expansion zu hindern vermöge, die ... einen dritten Weltkrieg auslösen könne«. In seiner Bewunderung für die theoretische Schönheit thermonuklearer Explosionen wird Sacharow fast lyrisch. Für ihn hieß die Teilnahme an einer solchen Arbeit, im Mikrokosmos die Entfesselung jener Kräfte erleben zu dürfen, die das Universum geschaffen haben. Das grausame Paradoxon, dass dies auch dieselben Kräfte sein konnten, durch die das Leben vernichtet wurde, war ihm klar; aber die Zwiespältigkeit seiner Position ermöglicht uns ein weitgehenderes Verständnis für Fragen der Kernkraft als jede simple Falken-Tauben-Antithese. Sacharow war beides, Falke und Taube.

Aber noch sehr viel mehr wertvolle Informationen, sowohl wissenschaftlicher als auch politischer Natur, sind in diesen Seiten enthalten: Sacharows Attacke gegen die absurden, von Stalin geförderten Theorien des Trofim Lyssenko, der überzeugt war, dass »modifizierte« Pflanzen und Tiere ihre neu erworbenen Eigenschaften an die folgenden Generationen weitergeben und so einen »*quick fix*« für die Sowjetlandwirtschaft bieten könnten; seine Kampagne zur Rettung des Baikalsees vor der Verschmutzung; seine Porträts von Berija, Chruschtschow und anderen Sowjetführern; und ein bemerkenswert unsentimentaler Bericht über die Dissidentenbewegung, vor allem über das Auftauchen einer Klasse von »Profidissidenten«, mit denen Sacharow, wie er offenbar meinte, kaum etwas gemeinsam hatte. Bei seiner Auseinandersetzung mit Solschenizyn, in deren Verlauf er die extremistisch-religiösen Ideen des Schriftstellers ablehnt und sich von Solschenizyns Verachtung für die westlichen Werte distanziert, liegen wenigstens die Sympathien des Kritikers eindeutig auf Sacharows Seite.

Letztlich jedoch ist dieses Buch ein Monument für den Triumph des menschlichen Geistes über alle Misshelligkeiten des Lebens. Aber Sacharows Sieg war nicht vollkommen (vielleicht sind individuelle Siege das niemals). Heutzutage gibt es viele Russen, die Präsident Gorbatschow die Schuld am Tod des Naturwissenschaftlers im Dezember letzten Jahres zuschreiben. Sie behaupten, dass Gorbatschow Sacharows langes Exil in Gorki hätte beenden können, dass er dann aber das Hinscheiden des großen Mannes durch seine harte und demütigende öffentliche Kritik an Sacharow vor dem Kongress der Volksdeputierten beschleunigt habe. Wir werden auf den zweiten Band dieser Memoiren warten müssen, um zu erfahren, wie Sacharow Gorbatschows Verhalten beurteilte. Ob aber diese Story wahr ist oder nicht – die Tatsache, dass die Menschen sie glauben, unterstreicht das weitverbreitete Misstrauen der Russen gegen Gorbatschow ebenso wie das Ausmaß der öffentlichen Sympathie für den Eliteakademiker, der der bekannteste Dissident des Sowjetsystems wurde, den Jungen, der nur sehr zögernd Freundschaften schloss, als Erwachsener aber, wie die estnische Abgeordnete Marju Lauristin bei der Trauerfeier über ihn sagte, »die Inkarnation intellektuellen Mutes und Gewissens« gewesen sei, »des echten, wahren russischen Geistes«.

1990

Umberto Eco

Vor ungefähr 20 Jahren boten die Buchhandlungen Unmengen von Büchern an mit Titeln wie *Illuminatus,* in denen angedeutet wurde, die Welt werde von dieser oder jener okkulten Verschwörung gelenkt. Im Kielwasser der Kennedy-Morde war die Auffassung, die »sichtbare Geschichte« sei eine von den Mächtigen geschaffene Fiktion und diese »unsichtbare« oder unterirdische Entwicklungsgeschichte enthalte die »wahren« Wahrheiten des Zeitalters, weithin recht plausibel geworden. Der einzige Schriftsteller, dem es je gelungen ist, das unedle Metall des Illuminatus-Romans in Kunst zu verwandeln, war Thomas Pynchon, der die notwendigen Verbindungen zwischen der okkulten und der politischen Welt herzustellen vermochte und ein reiches, metaphorisches Gerüst konstruierte, in dem zwei gegnerische Ideengruppen um die textliche und globale Übermacht kämpften: einerseits die Entropie (die Vorstellung, dass alles auseinanderbricht, die wir als »Pessimismus« bezeichnen können, die bei Pynchon aber auch mit dem weltlichen demokratischen Geist verbunden ist); und in der gegnerischen Ecke die Paranoia (die Vorstellung, dass alles einen Sinn hat, einen Plan, nur dass wir nicht wissen, was das ist ... die wir wegen ihrer Opposition zur Sinnlosigkeit als »Optimismus« bezeichnen können; die aber auch mit dem religiösen, ja sogar totalitaristischen Geist verbunden ist, weil der Sinn, bei Pynchon, in den Händen der heimlichen Adepten liegt).

Was Pynchon allen anderen kabbalistischen Schwätzern überlegen machte, war die Tatsache, dass er komisch war, dass er lebendige, explodierende, vergnüglich entspannte Charaktere erschaffen konnte (Benny Profane, Tyrone Slothrop), und dass sein Wissen über eindeutig von der Geschichtsschreibung verschwiegene Vorgänge – den Völkermord an den Hereros in Südafrika, zum Beispiel, oder die Zusammenarbeit von US- und Nazi-Industriellen im Zweiten Weltkrieg – seine Behandlung selbst der verrücktesten fiktiven Verschwörungen mit Leben erfüllt.

Pynchon schrieb einmal eine Kurzgeschichte mit dem Titel »Under the Rose«, eine »Einenglischung« des lateinischen *sub rosam*. *Das Foucaultsche Pendel,* dieser dicke, neue Wälzer von Umberto Eco, ist ein Illuminatus-Roman für das Ende der 80er, eine postmoderne Verschwörungsfiktion über, wie ich vermute, die Welt unter dem Namen der Rose. Er ist, wie ich leider berichten muss, ein äußerst schwaches Ec(h)o jener alten Pynchonschen Lustbarkeiten. Er ist humorlos, bar jeglicher Charakterisierung, absolut frei von jedem auch nur annähernd glaubwürdigen gesprochenen Wort und angefüllt mit geisttötendem Schwulst aller erdenklichen Provenienz. Lieber Leser: Ich hasse ihn.

Die Handlung des *Foucaultschen Pendels* ist erstaunlich simpel. Drei verrückte Lektoren, Belbo (nach der Schriftart benannt), Diotallevi und Casaubon (»War der nicht eine Romanfigur in *Middlemarch?*«), sind Angestellte eines doppelgesichtigen Verlags namens Garamond/Manutius, dessen sichtbares Garamond-Gesicht eine anständige, aufsteigende Firma, dessen wahre Manutius-Natur aber eine Vanity Press für selbst finanzierende Autoren ist (»SFAs«). Unser Trio, das den nie abreißenden Strom verschrobener Manuskripte über Templer, Rosenkreuzler und so weiter gründlich satthat, beschließt, die finale Verschwörungstheorie, ihre ganz persönliche Totalisierung okkulten Wissens zu fabrizieren. »Wenn der Plan existiert, muss er alles umfassen«, entscheiden sie. Ihre Erfindung, die schlechte Fiktion innerhalb dieser Fiktion, wird in einen Computer gefüttert, der nach einem mittelalterlichen jüdischen Kabbalisten Abulafia heißt. Schließlich beginnt der Plan in einem lächerlich melodramatischen Finale, in dem nicht nur das eponymische Pendel (nicht verwandt übrigens mit dem Philosophen), sondern auch massenhaft Horden verrückter Mystiker vorkommen, Wirklichkeit zu werden... Edgar Allan Poe gehört zwar zu den Myriaden von Referenzen dieses Buches, ist aber keine Hilfe. Dieses Pendel *ist* die Grube.

Es könnte möglich sein, dass im Innern des Wals ein erfreulich kleiner Fisch versucht, ans Licht zu kommen. Die skrupellose Welt der Vanity Press und die Ausbeutung der schwächlichen Autoren werden mit einiger Verve geschildert, und es gibt Augenblicke, da die schwerfällige Erzählung ein Fünkchen Leben erhält. Aber der Funke wird sofort durch Seite um Seite voll höherem Blödsinn gelöscht. Hier eine ganz typische Passage:

»Das also wären die Messalianer, die manche auch Stratiotiker und Phibioniten genannt haben, andere Barbeliten, bestehend aus Nasseanern und Phemioniten. Für wieder andere Kirchenväter waren die Barbeliten jedoch verspätete Gnostiker ... und ihre Eingeweihten bezeichneten als Borborianische die Hyliker, das heißt die Kinder der schmierigen Materie, im Unterschied zu den Psychikern, die schon besser waren, und zu den Pneumatikern, die das kleine Häuflein der echten Auserwählten waren ... Aber vielleicht waren die Stratiotiker auch nur die Hyliker der Mithraisten.«
»Ist das nicht alles ein bisschen konfus?«, fragte Belbo.

Folgendes soll ein Dialog sein: »Willst du behaupten, ich sei oberflächlich?« – »Nein ... was andere Profundität nennen«, ist nur ein Tesserakt, ein vierdimensionaler Würfel.« Und das nun Folgende ist, das schwöre ich, eine Liebesszene:

»Amparo, die Sonne geht auf.«
»Wir müssen verrückt sein.«
»Die rosenfingrige Morgenröte streichelt sanft die Wellen ...«
»Ja, nur weiter. Das ist Yemanjà. Horch. Sie kommt.«
»O Tintinnabulum!«
»Du bist meine Atalanta Fugiens ...«
»O Turris Babel ...«

Keine weiteren Fragen.

Eco, der vollendete Postmodernist, ist sich jeder eventuellen Kritik an seinem Text voll bewusst und lässt uns wissen, dass er das weiß. »Wir reden hier in Klischees«, bemerkt eine seiner Personen scharfsinnig. Und: »Vielleicht vermittelt uns nur billige Fiktion den Maßstab für die Realität«, sinniert Belbo; das ist Eco, der andeutet, dass er bewusst mit der Form der Hintertreppenromane zu spielen gedenkt. Und da er in ausreichendem Maß ein Intellektueller ist, weiß er, dass Unsinn Unsinn ist, und hat keinen »naiven« Illuminatus-Roman der Endsechziger geschrieben, sondern eine »bewusste« Version, eine Fiktion über die Entstehung eines Schundromans, die sich dann bewusst in ebendiesen Schundroman verwandelt. *Das Foucaultsche Pendel* ist kein Roman, sondern ein Computerspiel.

Man kann es spielen, indem man die Referenzen ausfindig macht. Abgesehen von Pynchon, *Middlemarch* und Poe gibt es Anklänge an *Der Malteser Falke, Jäger des verlorenen Schatzes, Ghostbusters, Herr der Ringe* (Belbo/Bilbo), *Vom Winde verweht, Teuflische Spiele, Agent 007* sowie eine SF-Story mit dem Titel »The Nine Billion Names of God«. Und ganz zum Schluss gibt es in Casaubons Schlussfolgerung (»Ich habe alles begriffen. Und die Gewissheit, dass es nichts zu begreifen gibt, müsste meine Zufriedenheit und mein Triumph sein«) mehr als einen Hinweis auf den alten japanischen Dichter Basho, der in den tiefen Norden zum Sitz der Weisheit reiste, nur um zu erfahren, dass es im tiefen Norden nichts zu erfahren gab.

Leider ist die Reise zu dieser Wahrheit so schwülstig ausgefallen, dass man sich unmöglich Gedanken über das Erreichen des Ziels machen kann. Dies ist Spielbergerei ohne Action oder Ochsenziemer, und wenn dies, wie Anthony Burgess auf dem Schutzumschlag androht, »der Weg ist, den der europäische Roman einschlägt«, sollten wir alle so schnell wie möglich den Bus in die entgegengesetzte Richtung nehmen.

1989

Günter Grass

Das Treffen in Telgte

Als der Dreißigjährige Krieg endete, genügte ein einziges Wort, um ganz Deutschland zu beschreiben: Trümmer. Und auch in unserem eigenen Jahrhundert war nach einem Krieg, der sein Werk mit nahezu sechsfacher Geschwindigkeit tat, wieder einmal nichts weiter zu sehen als Trümmer. »Gestern wird sein, was morgen gewesen ist«, lautet der erste Satz von Günter Grass' neuem Roman.

Grass beschäftigt sich darin mit der Frage, wie deutsche Schriftsteller auf die Zerstörung reagierten; wie deutsche Federn nach Hitler die Genesis umschrieben, sodass sie lautete: Nach dem Ende war das Wort; wie sie ihre Sprache auseinandernahmen und sie von Neuem aufbauten; wie sie Wörter benutzten, um anzugreifen, zu brandmarken, anzunehmen, einzuschließen und zu regenerieren; wie der Phönix seinen Schnabel aus dem Feuer reckte. Die Trümmer nach dem Zweiten Weltkrieg gebaren das, was anfangs abwertend »Trümmerliteratur« genannt wurde. Heinrich Böll, der diese Bücher von Krieg und Heimkehr verteidigte, schrieb: »Wir haben keinen Grund, uns dieser Bezeichnung zu schämen... wir sehen die Dinge so, wie sie sind, mit einem menschlichen Auge, das nicht ganz trocken und nicht ganz nass ist, sondern feucht, denn lasst uns nicht vergessen, dass das lateinische Wort für Feuchtigkeit *humor* ist.« Und nun hat Günter Grass die Geschichte von einer Gruppe Schriftsteller genommen, die sich daranmachten, scharf, jedoch mit einem gewissen *Humor* zu sehen, und sie 300 Jahre in der Zeit zurückversetzt; was es ihm, da Grass nun einmal Grass ist, ermöglichte, die Geschichte humorvoller zu erzählen.

Auf dem Umschlag seines Buches, von Grass selbst gezeichnet, reckt sich eine Hand mit einem Gänsekiel triumphierend aus einem Haufen Steine empor... bewaffnet sich sozusagen gegen dieses Meer von Trümmern.

Im Jahre 1947 fand tatsächlich ein derartiges Autorentreffen statt: als Hans Werner Richter zum ersten Mal die berühmte Gruppe 47 um sich versammelte. Das Gegenstück dieses Treffens, jenes, das Günter Grass beschreibt, hat niemals stattgefunden – weder in Telgte noch anderswo, höchstens in seiner eigenen, krösusreichen Phantasie; und dennoch wirkt es kein bisschen weniger aktuell.

Es versammeln sich also im Brückenhof von Telgte, einer Kleinstadt im Zentrum der Friedensverhandlungen von 1647, diverse Schriftsteller, Verleger und sogar Musiker, »um dem zuletzt verbliebenen Band, der deutschen Hauptsprache, neuen Wert zu geben... Wo alles wüst lag, glänzten einzig die Wörter.« Tatsächlich sind jedoch sogar die Wörter selbst ein wenig blind geworden. Der große Komponist Schütz erklärt der Versammlung: »Wo das Vaterland darniederliegt, kann die Poeterei kaum in Blüte stehen.« Und in einer der Komischen Oper ähnlichen Parallele zur Verschandelung Deutschlands im 20. Jahrhundert durch die furchtbare, tote Sprache des Nazitums finden wir auch die Sprache des 17. Jahrhunderts verschandelt: Alle möglichen Heere, die quer durch das Land marschieren und eine babylonische Sprachverwirrung stiften, haben ihren Stiefelabdruck auf der Volkssprache hinterlassen – so gründlich, das Libuschka, die Wirtin aus dem *Treffen in Telgte,* einmal die versammelten Poeten fragt, »ob die *signores* einen *boccolino* vom *rouge* wünschen«.

Der Name Brückenhof ist natürlich symbolisch gemeint; Grass, die Schnecke, der Sozialdemokrat, der »Ireniker«, war immer schon für Brücken. Und als das Wirtshaus niederbrennt, scheint diese Zerstörung die Nichterfüllung aller Hoffnungen der Dichter zu symbolisieren. Bis zu dem Brand jedoch erhalten wir die wunderbar glaubwürdige Schilderung einer Gruppe von schimpfenden, pedantischen, frommen, unzüchtigen, depressiven und naiven Männern, die aus der fehlerhaften Struktur ihres Verstandes eine neue Welt zu bauen versuchen.

Im Mittelpunkt des Buches steht Christoffel Gelnhausen, eine Version des Schriftstellers Grimmelshausen, dessen Roman *Simplicissimus* der wilde, ikonoklastische Vorläufer der *Blechtrommel* war; aber der aufrührerische, autodidaktische, amoralische Stoffel ist außerdem Grass persönlich in grünem Wams und Federbuschhut. Im *Butt* gab Grass sich selbst die Rolle des Stars und tauchte, als alle möglichen Menschen getarnt, während der ganzen Geschichte Deutschlands auf; im *Treffen,* einer Art Ableger des mächtigen Fisches, ist er abermals die eigene Hauptfigur. Stoffel lügt, betrügt, stiehlt, pflanzt Frauen seine Faust aufs Auge; er räumt den Brückenhof, um für die Dichter Platz zu schaffen, indem er den Bewohnern erklärt, die Skribenten seien von der Beulenpest befallen, die »den Reichtum nicht schone«. Nach dem großen Hauptakt jedoch, einem von Gelnhausen besorgten Festmahl, das sich als Ergebnis eines Beutezuges entpuppt, verteidigt er sich gegen die Wut der Reimer, indem er darauf hinweist, dass im Grunde auch sie korrupt seien, und zwar eben, weil sie den Reichtum zu sehr schonten: »Mit seinen Reitern und Musketieren habe er zeitgemäß gehandelt, wie die hier versammelten Herren gezwungen seien, zeitgemäß zu handeln, indem sie mit ihren Huldigungspoemen Fürsten zu loben hätten, denen die Mordbrennerei geläufig wie das tägliche Ave sei.« Was die Dichter an Stoffel besonders in Wut versetzt, sind weder seine Lügen noch seine Beutezüge, sondern sein Entschluss, sich mit ihnen im Schreiben zu messen.

Als Gegengewicht zu Gelnhausen haben wir die Wirtin Libuschka oder Courage, Veteranin unzähliger Schlachten, Geberin und Nehmerin der Pocken (das deutsche *Courasche* ist ein alter Mundartausdruck für Syphilis), buchstäbliche Alleswisserin und Lieferantin weitaus kargerer Mahlzeiten, als wir es von Grassschen Romanen gewohnt sind. (Stoffel beklagt sich bitterlich über das Essen.) Diese Courage ist überdies eine Besucherin aus dem Werk von Grimmelshausen; vor Grass hat Brecht sie sich ausgeliehen. Die explosive Beziehung zwischen Courage und Stoffel (»was sie zusammenführte, war ein Übermaß an Liebe, oder nennt es Hass«) ist das, was diesem sonst erstaunlich zurückhaltenden Buch echtes, Grasssches Leben einhaucht.

Weil *Telgte* Günter Grass im zweiten Gang ist. Das Buch wurde zu Ehren von Hans Werner Richters 70. Geburtstag geschrieben; *Der Butt* war sein Geschenk zum eigenen 50. Geburtstag. Vielleicht ist es an der Zeit, dass all diese Feierlichkeiten aufhören; Grass läuft – unvorstellbar! – Gefahr, ein winziges bisschen gemütlich zu klingen. Aber nun genug des Krittelns; selbst in gemäßigtem Ton ist er noch immer einer der wenigen existierenden Großen und hat ein faszinierendes, unterhaltsames Buch geschrieben. Vielleicht überlegen Sie mal, wenn Sie es lesen, warum die Trümmer der deutschen Städte Schriftsteller wie Grass, Böll und Lenz hervorgebracht haben, während aus britischen Trümmerfeldern nur Parkplätze entstanden.

1981

Essays, Reden, Briefe, Kommentare

Im Sommer 1967, als der Westen sich – vielleicht zum letzten Mal – in den Fängen der Krankheit Optimismus befand, als der mikroskopisch kleine Bazillus des Optimismus die jungen Menschen zu dem Glauben verführte, dass *»they will overcome some day«*, als die Arbeitslosigkeit eine *quantité négligeable* war und die Zukunft noch existierte, kurzum, als ich 20 Jahre alt war, erstand ich in einer Buchhandlung von Cambridge, England, die Paperback-Ausgabe von Ralph Manheims englischer Übersetzung der *Blechtrommel*. In jenen Tagen hatte jedermann Besseres zu tun, als zu lesen. Es gab die Musik, es gab die Kinos, und es gab auch – nicht zu vergessen – die Welt, die verbessert werden musste. Wie viele meiner Zeitgenossen verbrachte ich meine Studentenzeit im Bann von Buñuel, Godard, Ray, Wajda, Welles, Bergman, Kurosawa, Jancsó, Antonioni, Dylan, Lennon, Jagger, Laing, Marcuse und, unvermeidlicherweise, diesem zweiköpfigen Burschen, der Grass-Lesern als Marxengels bekannt war. Trotz all dieser Ablenkungen jedoch verfiel ich völlig der Autobiografie des Oskar Matzerath und blieb ihr die ganze Zeit, von Großmutter Anna Koljaiczeks weitem Rock über Brausepulver und Pferdeschädel voller Aale bis zu Annas dunkler Gegenspielerin, der bösen Schwarzen Hexe, verfallen.

Es gibt Bücher, die ihren Lesern Tore öffnen, Tore im Kopf, Tore, von deren Existenz sie bis dahin nichts geahnt haben. Und dann gibt es Leser, die davon träumen, Schriftsteller zu werden; die suchen nach dem seltsamsten Tor von allen, ersinnen Möglichkeiten, durch die Seiten zu reisen, um ganz nach innen und auch hinter den Text zu gelangen, zwischen den Zeilen zu verweilen, während andere Leser wiederum Bücher nehmen und zu träumen anfangen. Für diese Alices, diese Möchtegernwanderer von der Welt ins Buch gibt es (wenn sie Glück haben) Bücher, die ihnen sozusagen die Genehmigung zum Reisen erteilen, die Genehmigung, jene Art von Schriftsteller zu werden, die in ihnen verborgen liegt. Ein Buch ist eine Art Reisepass, und zu den Pässen, den Werken, die mir die benötigten Genehmigungen erteilten, gehört *The Film Sense* von Sergej Eisenstein, die *Crow*-Gedichte von Ted Hughes, *Fiktionen* von Borges, *Tristram Shandy* von Sterne, Ionescos Theaterstück *Die Nashörner* – und, in jenem Sommer 1967, *Die Blechtrommel*.

Mit seinem Trommelschlag sagte mir der große Roman von Günter Grass: Setze alles auf eine Karte. Versuch immer, mehr zu tun, als du kannst. Verzichte auf die Sicherheitsnetze. Hol tief Luft, bevor du anfängst zu reden. Greif nach den Sternen. Immer nur lächeln. Sei grausam. Streite mit der Welt. Und vergiss nie, dass Schreiben uns die Möglichkeit gibt, Tausende von Dingen festzuhalten – Kindheit, Gewissheiten, Städte, Zweifel, Träume, Augenblicke, Sätze, Eltern, Lieben –, die uns wie Sand durch die Finger zu rinnen drohen. Ich habe versucht, die Lektionen des Zwergtrommlers zu lernen. Und außerdem eine, die ich aus seinem anderen großen Werk, *Hundejahre,* habe: Wenn du es einmal geschafft hast, fang noch mal von vorn an und mach es besser. Günter Grass, Danzigs berühmtester Sohn (Lech Wałęsa, der einzig andere Anwärter auf diesen Titel, wohnt – darauf sollte man unbedingt achten – nicht in Danzig, sondern in Gdansk), der heutzutage teils in Berlin lebt, einer Großstadt, die selbst in eine neue, ödere Umgebung umgesiedelt zu sein scheint, und teils in einer norddeutschen Landschaft, die ihn an die weiten, eingedeichten Panoramen seiner Schriften und seiner Jugend erinnert, ist von zentraler Bedeutung für die Literatur der Migration, und der Migrant ist wohl die zentrale oder bestimmende Figur des 20. Jahrhunderts. Wie viele Migranten, wie viele Menschen, die eine Stadt verloren haben, hat er sie in seinem Gepäck gefunden, verstaut in einer alten Blechschachtel. Kunderas Prag, Joyce' Dublin, Grass' Danzig: Die Exilanten, Flüchtlinge, Migranten haben in diesem Jahrhundert der Wanderschaften zahlreiche Städte in ihrem Gepäck mitgeführt. Und niemand darf die Hartnäckigkeit dieser Schriftsteller unterschätzen; sie werden kein »Gdatisken« ihrer Vergangenheit dulden. In Grass' mitgeführter Stadt ist der Labesweg noch immer der Labesweg, und die Werft, die Geburtsstätte der Solidarität, heißt bei ihm nicht Lenin, sondern Schichau. (Auch hier empfinde ich wieder eine kleine Affinität. Ich bin in der Warden Road, Bombay, aufgewachsen; heute heißt sie Bhulabhai Desai Road. Ich bin beim Florabrunnen zur Schule gegangen; heute liegt die Schule beim Hutatma Chowk. Selbstverständlich zeugen die neuen, entkolonisierten Namen von einem selbstbewussten, aggressiven Geist des unabhängigen Staates; doch der Verlust vergangener Bindungen bleibt immer ein Verlust. Was tun? Achselzucken. Und Konservieren der Vergangenheit in Büchern.)

In gewisser Hinsicht ist Grass nur fast ein halber Migrant. Ein vollgültiger Migrant erleidet traditionell einen dreifachen Bruch: Er verliert seine Heimat, gelangt in einen fremden Sprachraum und sieht sich von Menschen umgeben, deren Sozialverhalten und

Sozialcodes völlig anders als und manchmal sogar beleidigend für seine eigenen sind. Und das macht die Migranten so ungeheuer wichtig: weil Wurzeln, Sprache und Sozialnormen drei der wichtigsten Bestandteile der Definition dessen sind, was es heißt, ein menschliches Wesen zu sein. Der Migrant, der alle drei verliert, ist gezwungen, neue Möglichkeiten zu suchen, um sich zu definieren, neue Möglichkeiten, ein menschliches Wesen zu sein.

Nun, Grass hat eindeutig seine Heimat verloren (und, wie ich schon andeutete, entdeckt, dass er sie mitgebracht hat). Man könnte behaupten, dass er einen Teil seiner Sprache verloren hat, die kaschubischen Dialekte seiner Jugend, die er in seiner Literatur zu bewahren sucht; doch hier bewege ich mich auf dünnem Eis, denn meine Deutschkenntnisse sind vermutlich so groß wie Grass' Urdu-Kenntnisse. Wie dem auch sei, von den Dialekten abgesehen, kann man schwerlich behaupten, Grass sei ein Schriftsteller, der seine Muttersprache verloren hat, und mit Sicherheit ist er in den Grenzen einer Gesellschaft geblieben, deren Sozialverhalten ihm bekannt ist. Tatsächlich beweisen seine Essays, dass er sich der Idee einer deutschen Kultur, die West- und Ostdeutschland vereint und die ihren wahren Ausdruck in der deutschen Sprache findet, voll und ganz verschrieben hat. Daher könnte man mit Fug und Recht fragen, wie sinnvoll die Vorstellung eines Halbemigranten oder vielleicht sogar nur eines Drittelemigranten Grass wirklich ist.

Ich halte sie für sinnvoll, weil es andere Aspekte gibt, unter denen Grass mir sehr viel mehr zu sein scheint als nur das Fragment oder der Prozentsatz eines Migrantenschriftstellers. Migration über nationale Grenzen hinweg ist durchaus nicht die einzige Form dieses Phänomens. In Anbetracht der internationalen und zugleich zunehmend homogenen Natur der Metropolenkultur ist die Reise vom, zum Beispiel, ländlichen Amerika nach New York City in vielerlei Hinsicht eine extremere Migration als der Umzug von, sagen wir, Bombay dorthin. Aber ich möchte über derart literalistische Diskussionen hinausgehen; weil die Migration uns überdies eine der großartigsten Metaphern unseres Zeitalters bietet. Das Wort *Metapher* allein, mit seinen Wurzeln, die in dem griechischen Wort für »übertragen« stecken, beschreibt schon eine Art Migration, die Migration von Ideen in Bilder. Migranten – »hinübergetragene« Menschen – sind in ihrer absoluten Substanz metaphorische Wesen; und Migration, als Metapher gesehen, ist überall um uns. Wir alle überschreiten Grenzen; in diesem Sinne sind wir alle Migrantenvölker.

Günter Grass ist ein Migrant aus der eigenen Vergangenheit, und ich spreche jetzt nicht mehr von Danzig. Er wuchs auf, wie er berichtet, in einem Haus und einem Milieu, in dem die Nazi-Weltanschauung ganz einfach als objektive Realität betrachtet wurde. Erst als bei Kriegsende die Amerikaner kamen und der junge Grass erfuhr, was wirklich in Deutschland vor sich gegangen war, begriff er, dass die Lügen und Verdrehungen der Nazis nicht die reine Wahrheit waren. Welch eine Erfahrung: zu entdecken, dass das ganze eigene Weltbild falsch ist, und nicht nur falsch, sondern auf einer Monstrosität gegründet! Welch eine Aufgabe für einen einzelnen Menschen: der Wiederaufbau der Realität aus Trümmern!

Ich meine, dass wir in diesem Prozess eine Migration sehen können, eine Migration vom Alten zum Neuen Ich. Dass das Ende des Zweiten Weltkriegs für Grass, genau wie für Deutschland, eine Grenze sein musste, die zu überschreiten unvorstellbar schwer und herzzerreißend war. Und wenn wir Grass als einen Migranten dieser Art bezeichnen, entdecken wir schnell, dass die klassische dreifache Enteignung, unter der Migranten leiden, auch auf den Fall des Migranten Grass zutrifft, den Mann, der quer durch die Geschichte wanderte. Die erste Enteignung ist, wie wir uns erinnern, der Verlust der Wurzeln. Und Grass hat nicht nur Danzig verloren, sondern auch das Gefühl der Heimat als sicheren, »guten« Ort verloren – muss es verloren haben. Wie konnte er sich dieses Gefühl im Lichte dessen bewahren, was er bei Kriegsende erfuhr? Die zweite Enteignung ist sprachlicher Natur. Und wir wissen – Grass hat oft und wortgewaltig darüber geschrieben – von den Auswirkungen der Nazi-Ära auf die deutsche Sprache, von der Notwendigkeit, die Sprache, Steinchen um Steinchen, aus den Trümmern wiederaufzubauen; weil eine Sprache, in der das Böse so eloquent Ausdruck findet, eine gefährliche Sprache ist. Die Praktizierenden der Trümmerliteratur – von denen Grass einer der prominentesten ist – übernahmen die Herkulesarbeit, die deutsche Sprache neu zu erfinden, sie zu zerlegen, die vergifteten Teile auszumerzen und das, was übrigblieb, wieder zusammenzusetzen.

Die dritte Enteignung schließlich ist die soziale. Wieder einmal könnte man sagen, dass die Veränderung in der deutschen Gesellschaft oder vielmehr in jenem Deutschland, das der heranwachsende Grass kannte und erlebte, von derselben Art gewesen sei wie die Veränderung der sozialen Codes, die ein Migrant von einem Land in ein anderes erfährt: dass Nazi-Deutschland in gewisser Weise ein anderes Land gewesen sei. Grass muss jenes Land, jene Vorstellung von der Gesellschaft vergessen und etwas völlig Neues lernen.

Ich sehe in Grass daher einen doppelten Migranten: einen Überschreiter der Grenzen in sich selbst und in der Zeit. Und die Vision, die seinen Schriften – Fiction wie Non-fiction – innewohnt, ist meiner Ansicht nach in vieler Hinsicht die Vision eines Migranten.

Folgendes lehrt die dreifache Enteignung die Migranten: dass die Realität ein Artefakt ist; dass sie erst existiert, wenn sie produziert wird; dass sie, genau wie die anderen Artefakte, gut oder schlecht produziert und natürlich auch umgestoßen werden kann. Was Grass aus seiner Reise quer über die Grenzen der Geschichte lernte, war der Zweifel. Heute misstraut er all jenen, die behaupten, absolute Formen des Wissens zu besitzen; er misstraut allumfassenden Erklärungen, allen Gedankensystemen, die vollkommen zu sein behaupten. Unter den großen Schriftstellern der Welt ist er im Wesentlichen der Künstler der Ungewissheit, dessen

Symbol das Fragezeichen sein könnte, wäre er nicht die Schnecke. Die Migranten in irgendeiner Form erleben heißt, eine Lektion darüber zu erhalten, wie wichtig es ist, andere Meinungen gelten zu lassen. Man könnte fast sagen, die Migration müsste zum wesentlichen Bestandteil der Ausbildung aller Möchtegerndemokraten gehören.

Nun zur Schnecke. Dieser sozialdemokratische Mollusk, dessen spiralförmiges Haus die Ideen der langsamen Eile, der Vorsicht, der Umsicht und des Gradualismus beherbergt, hat Grass gute Dienste geleistet und ihm ein gut Teil bissige Kritiken von jenen eingetragen, die für eine schnellere Fortbewegungsart plädieren. Ich möchte hier auf diese Diskussion nicht eingehen, sondern nur anmerken, dass es Zeiten gab – zum Beispiel während seines Engagements für die Abrüstung –, da Grass selbst alles andere als schneckenlangsam wirkte. Aber ich möchte die Schnecke als Beweis dafür anführen, dass Grass besser mit Bildern umgehen kann als mit Orten. Auch das ist ein Charakteristikum des Migranten. Schließlich ist er ein metaphorisches Wesen.

Der Intellekt der Migranten wurzelt in sich selbst, in der eigenen Fähigkeit, sich die Welt auszumalen und in Gedanken zu verändern. Das kann zu Problemen führen: Ist die Tatsache, dass die Vereinigten Staaten eine Migrantenkultur sind, der Grund dafür, dass ihre Bürger zuweilen (bei Wahlkampagnen, zum Beispiel) das Image der Substanz vorziehen? Aber die Liebe zu den Bildern birgt ein großes Potenzial. Wenn man die Welt durch Ideen sieht, durch Metaphern, wird sie ein viel reicherer Ort. Wenn Grass die Tschechoslowakei durch Kafkas Schriften sieht oder die gegenwärtigen japanischen Massenstädte durch die Bilder Alfred Döblins, hilft er uns, mehr zu sehen, und deutlicher.

Ein Schriftsteller, der die künstliche Natur der Realität begreift, ist mehr oder weniger gezwungen, an dem Prozess, sie zu produzieren, teilzunehmen. Vielleicht hat Grass aus diesem Grund so entschlossen eine Rolle in der Öffentlichkeit angestrebt, seinen großen Ruhm als Romancier als Plattform benutzt, um über zahlreiche Themen zu sprechen – die Atombombe, die Verletzung unserer Privatsphäre durch die Datenbanken, das Verhältnis zwischen den Nationen des reichen Nordens und des armen Südens –, die ihn berühren. Und da eine Diskussion über die Realität sowohl kreativ als auch politisch sein muss, verwundert es nicht, dass Grass, wenn er über Literatur schreibt, unwillkürlich auch über Politik schreibt, und dass sich, wenn er politische Fragen diskutiert, immer wieder die spitzfindigen Perspektiven der Literatur einschleichen.

In seinem Essay »Die Vernichtung der Menschheit hat begonnen« führt Grass an, dass die Schriftsteller zum ersten Mal in der Geschichte der Menschheit nicht mehr die Existenz der Nachwelt als sicher voraussetzen können. Infolgedessen sagt er: »Doch weiß ich, dass jenes Buch, das zu schreiben ich vorhabe, nicht mehr so tun kann, als sei ihm Zukunft sicher. Der Abschied von den beschädigten Dingen, von der verletzten Kreatur, von uns und unseren Köpfen, die sich alles und auch das Ende all dessen ausgedacht haben, müsste mit geschrieben werden.« Das Komponieren von Elegien ist in der Tat die passende Reaktion eines Schriftstellers, wenn die Nacht hereinbricht. Außerhalb seiner Fiktion jedoch, in seinen politischen Aktivitäten und Schriften, zeigt Grass darüber hinaus eine zweite und ebenso passende Reaktion. Dieses Werk sagt: Wir sind noch nicht tot. Wir mögen zwar tief im Schlamassel stecken, aber noch ist es nicht aus mit uns. Und wo es Leben gibt, da muss es Analyse, Kampf, Überreden, Streit, Polemik, Umdenken und all die anderen schlauen Wörter geben, die sich auf ein einziges, sehr kurzes Wort reduzieren lassen: Hoffnung.

1984

Heinrich Böll

An Mut hat es Heinrich Böll niemals gefehlt. Als die meisten guten deutschen Bürger auf die Namen »Baader–Meinhof« reagierten, als seien es die Namen fürchterlichster Höllendämonen, versuchte Böll schwarz auf weiß zu erklären, warum einige von Deutschlands brillantesten Köpfen sich für den linken Weg des Terrorismus entschieden hatten. Und da Verurteilen immer leichter ist als Verstehen, geriet Böll stark unter Beschuss, weil er die Rolle des Advocatus diaboli übernahm (obwohl er nie eine Entschuldigung für die Gewalttätigkeit der Baader-Meinhof-Gruppe – oder irgendeines anderen – vorgebracht hat). Andreas Baader, Ulrike Meinhof, Gudrun Ensslin, Holger Meins und die anderen hatten der herrschenden Klasse in Deutschland den seit Jahren größten Schrecken eingejagt; die Bürger ließen sich nur ungern sagen, dass unverständliche Handlungen sich aus verständlichen, ja sogar vernünftigen Motivationen ergeben können.

Fürsorgliche Belagerung handelt von den Auswirkungen dieser Angst auf die Verängstigten. Baader und Meinhof kommen darin vor, kaum getarnt als »Heinrich Bewerloh« und »Veronica Tolm«, lauern jedoch, bis zum schauerlich organisierten, thrillerähnlichen Höhepunkt, wie kreisende Furien hoch über der Handlung und warten auf den Augenblick zum Zuschlagen. (Fritz Tolm, die Hauptperson, erwägt sogar die Möglichkeit, von einer als Vogel getarnten Luftbombe getötet zu werden.) Der Vordergrund wird von mehr oder weniger »angesehenen« Menschen und jenen Sicherheitsbeamten eingenommen – der »Belagerung« des Titels –, die diese schützen müssen; und Bölls Botschaft – denn hier handelt es sich eindeutig um ein Buch mit Botschaft – lautet, dass dieses Sicherheitssystem eine ebenso destruktive Kraft ist wie die Terroristen, die es abzuwehren versucht. Wenn Bewerloh und

Veronica die Scylla in diesem Roman sind, ist die Sicherheitspolizei die Charybdis.

Der Inhalt ist relativ simpel, sogar schematisch. Tolm, ein Zeitungsverleger, wird zum Präsidenten des »Verbandes« gewählt und somit zum Hauptziel der Attentäter. Er ist gezwungen, sich dem Schutz der Sicherheitspolizei anzuvertrauen, obwohl er überzeugt ist, dass es keine absolute Sicherheit gibt und dass die Mörder ihn mit Sicherheit erwischen werden. Die fürsorgliche Belagerung gilt seiner gesamten Familie, Telefone werden angezapft, die Privatsphäre wird verletzt, man misstraut jedem, verwandelt die trivialsten Ereignisse in eine Art Kampf gegen einen unsichtbaren Feind – ein Besuch in einer Kunstgalerie wird vom Sicherheitschef als »Madonnafront« bezeichnet. Das Leben aller unter dieser Belagerung stehenden Menschen wird tiefgreifend und subtil geschädigt.

Inzwischen weiß Tolm, dass sein Zeitungsimperium binnen Kurzem von seinem Rivalen Zummerling (einer Axel-Springer-Figur) geschluckt werden wird, dass die Maschinen des Braunkohletagebaus, die bereits am Horizont auftauchen, sein Haus und seinen Grundbesitz vernichten werden – dass es also sein Schicksal ist, Opfer derselben omnipotenten Gewalt, des Geldes, zu werden, das eben jene Entität ist, gegen welche die Terroristen kämpfen. Das ist eine der finstersten Ironien dieses Romans.

Zum Schluss natürlich haben die Terroristen... aber es wäre falsch, einen so packenden Höhepunkt vorher zu verraten. Dieser gute, präzise Roman zeigt Böll in seiner eindrucksvollsten Nachdenklichkeit. Es war von jeher seine Methode, Menschen, Einzelheiten, Orte immer wieder zu drehen und zu wenden, bis sie auch das letzte Restchen Bedeutung hergaben. Die Familie Tolm ist vielleicht ein etwas zu repräsentativer Querschnitt der deutschen Mittelschicht: Tolm selbst ist ein müder, von »Kapitalistenmelancholie« geplagter Mann; dann ist da seine »ultrakapitalistische« Tochter Sabine; sein reformierter radikaler Sohn Rolf und dessen kommunistische Ehefrau; und sogar einen Hippiesohn

Herbert gibt es, in der Liste der Personen eher kurios beschrieben als »einer von den ›Alternativen‹«. Aber Böll macht sich so verräterisch viel Sorgen um alle, dass man die allzu programmatische Struktur des Buches verzeihen kann.

»Wir leben in einer Zeit der netten Ungeheuer, Käthe«, erklärt Tolm seiner Frau, »und wir selbst müssen uns dazuzählen.« Tatsächlich ist hier so ungefähr jedermann beunruhigend nett. Die Sicherheitsbeamten sind nett. (Als Sabine mit einem von ihnen eine Affäre hat, gibt Böll sich große Mühe, ihn als anständigen, ernsten Burschen zu schildern. In seiner Fairness weist er darauf hin, dass auch die Beamten durch die ihnen zugewiesene Rolle geschädigt werden.) Bleibl, der Exnazi und Zeitungsmann, zeigt letztlich, dass er eine menschliche Seite hat. Nur Zummerling, der Medienzar, und Amplanger, seine Kreatur, sind nicht nett. Selbst Bewerloh und Veronica wirken nett, besonders Veronica, die immer wieder anruft und vor den Aktivitäten ihrer eigenen Gruppe warnt. Viel zu viel Nettigkeit, mag man denken; aber das gibt Böll die Möglichkeit, mitfühlend eine sehr breite Palette von Anschauungen zu präsentieren. Die *Fürsorgliche Belagerung* ist eine Art inneres Panorama: Ihr Hauptziel ist es nicht zu verurteilen, sondern zu verstehen.

Aber es gibt eine Verurteilung. »Es ist Bewerlohs Zeit und Amplangers Zeit... er rechnet und rechnet und rechnet«, sagt Tolm, und man spürt, dass Böll ihm zustimmt; dass die größte Tragödie für Böll die Verdrängung der alten Freundlichkeiten, der menschlichen Werte durch die skrupellose, amoralische Welt der Technologen ist. Presse, Polizei und Bombenleger sind allesamt Aspekte (oder Opfer) dieser Krankheit; und darin, dass er uns diese Anschauung nahebringt, liegt das eigentliche Verdienst dieses tapferen, schmerzlichen Romans.

1982

Siegfried Lenz

»Wie bitte? Ein schlimmes Wort? Ein belastetes Wort?... Ich gebe zu, dass dieses Wort in Verruf gekommen ist, dass es missbraucht wurde, so schwerwiegend missbraucht, dass man es heute kaum ohne Risiko aussprechen kann... aber wenn es schon so ist: was spricht denn gegen den Versuch, dieses Wort von seinen Belastungen zu befreien? Ihm seine Unbescholtenheit zurückzugeben?«

Das Wort heißt Heimat, und der Sprecher ist Zygmunt Rogalla, Teppichweber und Erzähler von Siegfried Lenz' Epos *Heimatmuseum,* dessen Thema die Entstehung eines breiten Abgrunds zwischen Deutschlands Vergangenheit und Gegenwart ist: ein Abgrund, geschaffen durch die skrupellose Verwendung des Gefühls für Heimat, Herkunft und Geschichte zur Rechtfertigung und Legitimation von Fremdenhass, Tyrannei und die schreckliche Syntax ethnischer Reinheit. Die Nazis haben zahlreiche Wörter beschmutzt, doch Siegfried Lenz ist fest entschlossen, es nicht dabei bewenden zu lassen. *Heimatmuseum* ist unter vielem anderen der Versuch, die Vergangenheit vor ihren Ausbeutern zu retten: eine Fabel der Rückforderung, die zu schreiben allein schon eine Art Heldenmut erfordert und die Lenz als weitaus optimistischer entlarvt, als es sein Erzähler ist. Denn der Roman beginnt damit, dass Rogalla absichtlich das unersetzliche Museum niederbrennt, in dem er während des größten Teils seines Lebens die Reste der Vergangenheit seiner Heimat gehegt hat, um, wie wir schließlich erfahren, »die gesammelten Zeugnisse... in Sicherheit zu bringen... aus der sie nie wieder hervorkommen würden, aber wo sie auch nie wieder für diese oder jene Sache ausgebeutet werden konnten«. Das scheint eine zutiefst pessimistische Schlussfolgerung zu sein; aber wiederum »führen die Dinge in unserer Erinnerung eine reinere Existenz«, und durch Rogallas Tat der absoluten Rückbesinnung wird uns die verlorene Heimat in der Tat wiedergegeben, weder sentimentalisiert noch verzerrt, weder malerisch noch lächerlich; dem Erbe wird seine Unbescholtenheit zurückgegeben.

Siegfried Lenz' Roman ist in jeder Hinsicht eine enorme Leistung. Er enthält eine scheinbar endlose Reihe eindrucksvoller Bilder, lebendiger Details und Charaktere, die gerade deshalb mythisch und überlebensgroß wirken, weil sie so wunderschön in der Wirklichkeit wurzeln. Wir lernen Jan Rogalla kennen, Zygmunts Vater, den Tränkemischer, der sich wie ein deutscher Arcadio Buendia in seinem Labor einschließt und davon träumt, ein Allheilmittel zu erfinden, während er seine Familie mit seinen Dampfwolken halb erstickt und der russischen Armee einen Trank zu verkaufen sucht, der Angst auf dem Schlachtfeld verhindern soll; Eugen Lawrenz, den Knastbruder, der für jeden der 92 Seen seiner Heimat eine Geschichte weiß; Zygmunts Blutsbruder Conny Karrasch, der als Kind gern historische Theaterstücke sabotierte; und Zygmunts Onkel Adam, der in den örtlichen Torfmooren nach Altertümern grub und in dem Glauben aufwuchs, die Heimatidee sei »nichts als eine Zuflucht der Arroganz« – wobei Adams Verwandlung nach dem Krieg in einen höchst unwahrscheinlichen Rekruten für die Heere der Nostalgie einer der wenigen nicht überzeugenden Töne des Romans ist. (Ein anderer ist das allzu zufällige Kapitel, in dem Conny die nicht arisch reine Vergangenheit eines einheimischen Nazis entdeckt, als er auf einem Pferdemarkt seinem lange verloren geglaubten Bruder über den Weg läuft.)

Die Heimat des *Heimatmuseums* ist Masuren, und es wird uns in diesem Buch genauso lebendig vor Augen geführt wie Günter Grass' Kaschubien. Gute Nachrichten, übrigens, für alle Fans dieser herrlichen Trinität heidnischer Götter, Perkunos, Pikollos und Potrimpos: Nachdem sie über die hinreißende Komik von Grass' Danzig-Romanen gewacht haben, tauchen sie nunmehr wieder in Lenz' Schriften auf, um über Hochzeitsrituale zu wachen, bei denen die Schuhe der Leute versteckt, dafür aber Unmengen von Hüten hervorgeholt und ausgebreitet werden, bei denen Zugladungen polnischer Gänse in ein Bombardement durch die Luftwaffe geraten und eine Weste aus den Haaren eines Hundes namens Hoggo ihren Träger vor bevorstehenden Gefahren warnen kann, weil alle Haare sich plötzlich sträuben. Es muss jedoch gesagt werden, dass die Grundstimmung in *Heimatmuseum* düsterer ist, als Grass in seinen Werken jemals war. Was nicht etwa heißt, dass sie weniger bemerkenswert wäre: Ich behaupte, dass niemand, der die Schilderung von Lucknow während der letzten, dunklen Tage des Zweiten Weltkriegs liest, sie jemals vergessen wird: »Die Pferde bockten und versanken knietief in den Schneewehen ... Ein Wagen nach dem anderen rutschte von der Straße ... Menschen lagen darunter, Ladungen landeten im Schnee ... Das Knallen der Peitschen wurde von den Rufen übertönt ... Ach, all die Verluste, diese lange Spur von Ruinen und verlorenen Besitztümern! Man konnte das Schicksal der Flüchtlinge an den Dingen ablesen, die sie zurückließen.«

Wie ich sehe, wurde die englischsprachige Ausgabe »unter Mitarbeit des Autors gekürzt«; vielleicht ist das der Grund für gelegentliche Sprunghaftigkeiten im Fluss der Erzählung und für gewisse ungelöste Rätsel, zum Beispiel, warum Zygmunt Conny »den großen Konrad Karrasch« nennt, ohne jemals den Grund dafür anzugeben. Ich finde es schandbar, die Schere an dieses Buch gesetzt zu haben; es ist fast, als befinde man sich in einem Museum, aus dem bestimmte Exponate willkürlich entfernt worden sind.

Das Buch hat diese chirurgischen Eingriffe jedoch überlebt. Es bleibt eine wahrhaft fabelhafte Erzählung, ein weiterer Beweis für die Tatsache, dass der große epische Roman heute die zentrale, die lebendigste Form der westlichen Literatur ist; und sie sollte von jedem gelesen werden, der Freude daran hat, in eine so schöne, so vollkommen dargestellte Welt einzutreten, dass sie trotz ihrer scheinbaren Fremdheit sehr schnell auch die unsere wird.

1981

Peter Schneider

In Berlin werden Mauern sogar im Museum ausgestellt. Im Ostberliner Pergamon-Museum steht der verwunderte Besucher vor riesigen römischen Triumphbogen und einem immensen Segment der Mauern von Babylon mit dem blau-gold gekachelten Ischtar-Tor. Mauern und Tore: Antike, die gegenwärtige Teilung der Stadt vorwegnehmend. Berlin trägt deutsche Geschichte in Gestalt einer Narbe aus Beton und Eisen, »außer der Chinesischen Mauer das einzige Bauwerk der Welt«, wie Peter Schneider sagt, »das man mit bloßem Auge vom Mond aus erkennen kann«.

In Westberlin hörte ich die Story von dem Ehepaar, das sich scheiden ließ und beschloss, statt das gemeinsame Eigenheim zu verkaufen und jeder für sich allein umzuziehen, eine Mauer zu bauen. Das Haus wurde vom Dach bis zum Keller geteilt, und das geschiedene Paar lebt heute noch darin, jeder auf seiner Seite der neuen Trennmauer und jeder den anderen mehr oder weniger ignorierend. Berliner lieben es anscheinend, Parabeln über ihre Stadt zu erzählen und zu schwören, dass diese Geschichten wahr sind. Peter Schneiders Buch *Der Mauerspringer* ist voll von Wahrheiten dieser Art.

Der Mauerspringer wird auf der Titelseite als Roman bezeichnet. Wenn das Buch ein Roman ist, gibt es sich allerdings große Mühe, nicht so zu wirken. Es gibt vor, der Bericht eines Westberliner Schriftstellers zu sein, eines anonymen Ichs, das mit Peter Schneider zu identifizieren man nicht umhinkann, ein Bericht über seine Versuche, einen Roman über die Berliner Mauer zu schreiben, über sein Verhältnis zu und seine Vision der geteilten Stadt, in der er seit 20 Jahren lebt; und über seine Freundschaft mit drei Ostberlinern, von denen zwei, Robert und Lena, inzwischen im Westen leben, während Pommerer, der dritte, noch immer im Osten wohnt. Es ist ein Buch sowohl über unsichtbare

Mauern als auch über sichtbare: »Die Mauer im Kopf einzureißen wird länger dauern«, schreibt Schneider, »als irgendein Abrissunternehmen für die sichtbare Mauer braucht.«

Robert und Pommerer erzählen dem namenlosen Berichterstatter eine Anzahl »Mauergeschichten«. Über Kabe, der fünfzehnmal über die Mauer ging, und zwar anscheinend aus keinem anderen Grund als dem, dass sie, genau wie der Mount Everest, eben da war: »Wenn es so still in der Wohnung ist und draußen so grau und neblig, und gar nichts los, da denke ich: ›Ach, springste mal wieder über die Mauer.‹« Über die drei Kinogänger, Lutz und die beiden Willys, die über die Mauer sprangen, um im Westen Filme zu sehen, und nach der Vorstellung wieder zurücksprangen. Über Michael Gartenschläger, der eine Möglichkeit fand, die Robotminen zu demontieren, die er seine »22000 Kameraden« nannte. Diese Geschichten sind wunderbar, ausgewogen zwischen dem Mythischen und dem Plausiblen, Grenzgängergeschichten, die mit nur wenigen Worten die Irrealität der Realität Berlins schildern. Schneider versteht es ausgezeichnet, auch »die Mauer in unseren Köpfen« zu beschreiben. Für Ostberliner, selbst für jene, die in den Westen gegangen sind wie Robert und Lena, wirkt alles auf beiden Seiten der Mauer »vorprogrammiert, überwacht, kontrolliert«. Eine Straßendemonstration, ein Eishockeyspiel zwischen den USA und der Sowjetunion, Nachrichten über Afghanistan – das alles sind Beweise für diese Behauptung. Auch Ironie ist Lena verhasst. Sie hält sie für eine Art Trick.

Schneider selbst gibt sich jedoch absolut unparteiisch und analysiert die eigene »Selbsttäuschung« genauso wie die seiner Freunde. Sein westlicher Glaube an Spontaneität, Eigeninitiative, freie Wahl ist, wie er weiß, nicht mehr und nicht weniger real als das, woran Robert und Lena glauben. Diese Unparteilichkeit ist lebenswichtig; nur sie verhindert, dass *Der Mauerspringer* nichts weiter wird als ein Traktat.

Das Beste an dem Buch sind wohl Schneiders zahlreiche kritische Einblicke in das Leben der Stadt. Über die drangvolle Enge in Berlin, einer Insel in einem Meer aus Land: »Die Berliner fahren wie Mörder. Es ist, als mache sich in der Innenstadt ein Bewegungstrieb Luft, den westdeutsche Autofahrer auf ihren Landstraßen und Autobahnen austoben.« Über Stadtpläne: Er weist darauf hin, dass die Mauer auf den westlichen Plänen nur durch einen zartrosa gepunkteten Streifen angedeutet wird; dagegen hört »auf dem Ostberliner Stadtplan... die Welt an der Mauer auf... und unbewohntes Gelände beginnt«. Über die Mauer als Sprache: Er berichtet, dass Pommerers erster englischer Satz »Ami [Yankee] go home« lautete. Der des Erzählers hieß: »Have you chewinggum?« Es gibt da einen schönen Moment, als Lena ihre Familie im Osten besucht und dem Erzähler, der sie begleitet, sofort klar wird, dass »die Familie zu Lenas Heimat geworden ist« – deren Verlust sie niemals verwunden hat. Und für die Familie ist Lenas Ratlosigkeit während ihres Besuchs der Beweis dafür, dass »sie mit leeren Händen von der Mauer zurückgekehrt war«.

Das Problem beim *Mauerspringer* ist, dass Peter Schneider den Roman nicht abheben lässt. Er kann schildern, er kann analysieren, er kann Orte entstehen lassen, aber er lässt kaum jemals zu, dass die Fiktion wirklich mitreißt. Das Ergebnis ist ein Buch zum Verrücktwerden: zum Verrücktwerden wegen der in ihm enthaltenen Hinweise auf das Buch, das es hätte werden können. Einmal berichtet uns der Erzähler, er glaube, die Story gefunden zu haben, nach der er gesucht hat, die Geschichte eines Grenzgängers, eines »Mannes, der sich nur auf der Grenze zu Hause fühlt«. Und weiter sagt er: »Wenn der Philosoph recht hat, dass ein Witz stets Epitaph für ein Gefühl ist, das gestorben ist, muss die Geschichte des Grenzgängers zu einer Komödie werden.« Ich wünschte, wir hätten diese Geschichte. Im *Mauerspringer* gibt es nur wenig Komödiantisches, obwohl gelegentlich ein erstaunlich guter, trauriger Witz erzählt wird. (»Kennst du die russische Mischung für Beton? Ein Drittel Zement, ein Drittel Sand, ein Drittel Mikrofone.«) Die Grenzgängergeschichte jedoch bekommen wir nie so richtig zu hören.

Also bleibt *Der Mauerspringer* trotz alles Guten, das er enthält, letztlich doch unbefriedigend. Der zwanglose, lässige Ton, das Misstrauen in der Erzählung unterminieren die Intelligenz, das Bilderschildern, die bezeichnenden Anekdoten. Es hat mich jedoch gefreut zu erfahren, dass der menschliche Impuls, sich Herausforderungen zu stellen, selbst nachdem die ostdeutschen Behörden alle Sportarten verboten hatten, die zu einer Grenzüberschreitung führen könnten – Sporttauchen, Ballonfahren usw. –, zur Herstellung ganz ausgezeichnet improvisierter, selbstgebastelter Tauchermasken geführt hat.

1983

Christoph Ransmayr

Von all den ideellen Gegensatzpaaren, mit deren Hilfe die Menschen sich selbst zu verstehen versuchen, ist das älteste und am tiefsten verwurzelte wohl das der ewig widerstreitenden Mythen von Stase und Metamorphose. Die Stase, der Traum von der Ewigkeit, von einer festen Ordnung der menschlichen Dinge, ist der bevorzugte Mythos der Tyrannen; die Metamorphose, das Wissen, dass *keinem seine Gestalt bleibt,* ist die treibende Kraft der Kunst.

Wir wissen nicht, warum Kaiser Augustus Ovid auf Lebenszeit ins bittere Exil von Tomis an der Küste des Schwarzen Meeres verbannte, doch die Vernichtung des großen Autors der *Metamorphosen* durch den Gottkaiser kann man als eine Schlacht im Krieg der Mythen betrachten, für die sie standen. Es ist eine der großen Paradoxien dieses Krieges, dass das Schwert fast alle Schlachten gewinnt, die Feder letztlich aber all diese Siege zu Niederlagen umschreibt. Was natürlich kein großer Trost ist für den Autor, der vor den Trümmern seines Lebens steht; nicht einmal, wenn er, wie Ovid, stolz und trotzig genug ist, um sein Meisterwerk mit den Worten zu beenden:

> Aber durch dieses Werk
> werde ich fortdauern und mich
> hoch über die Sterne emporschwingen,
> und mein Name
> wird unzerstörbar sein.

Christoph Ransmayrs *Die letzte Welt* ist eine Neuerfindung der Vernichtung Ovids, eine Parabel über die Fähigkeit der Kunst, den Untergang des Künstlers zu überdauern. Sie spielt in einer hybriden Zeit, in der das Imperium der Caesaren über eine rostige Eisenstadt herrscht, besucht von reisenden Filmvorführern und gelegentlich einem klapprigen Bus. Der Name der Stadt, entlatinisiert, hat sich von Tomis in Tomi gewandelt, und ihre Bewohner sind bettelarme, häufig brutale Bauern, die ein beschränktes, gewalttätiges Leben führen. Aber sie sind außerdem Gestalten aus den Legenden, um die herum Ovid seine *Metamorphosen* spann. Arachne und Echo gibt es dort; Tereus ist der Schlachter, und die blutige Geschichte, wie er seine Schwägerin Philomela vergewaltigt und verstümmelt, wiederholt sich in den gefährlichen Straßen von Tomi. Dass Ransmayr die Zeiten so durcheinanderwirbelt, mag einigen Lesern allzu vertrackt erscheinen, aber es ist nichts anderes als die literarische Version des allgemein üblichen Theaterbrauchs, die Klassiker in modernem Gewand aufzuführen. Ransmayr deutet an, dass wir in einer verdorbenen, faulenden, rostenden Zeit leben (möglicherweise einer Zeit nach dem Hinscheiden der Kunst); in einer Zeit, in der die einzigen Möglichkeiten, die uns bleiben, diese krass unpoetischen Bruchstücke unserer Vergangenheit sind. Selbst unsere Geschichten können nur krude Nachahmungen der großen Werke aus alten Zeiten sein.

Cotta, ein junger Römer, kommt auf der Suche nach Ovid nach Tomi. In Ransmayrs Version wird der Dichter verbannt, weil er, vor einem »Strauß schimmernder Mikrofone« stehend, den verbalen Kniefall vor dem Imperator unterließ und nur sagte: »Bürger von Rom.« Dieser Ovid ist ein zufälliger Demokrat, der auf seine Verbannung reagiert, indem er sein Meisterwerk, die *Metamorphosen,* verbrennt. (Der »echte« Ovid verbrannte sein Buch vermutlich ebenfalls, aber es war bestimmt nicht das einzige Exemplar.) Ransmayr nennt ihn immer nur bei seinem Zunamen Naso; er deutet an, dass es sich dabei um einen Spitznamen wegen der großen Nase handle, und stellt ihn damit in die lange Tradition großnasiger tragischer (und komischer) Helden, zu denen auch Cyrano und Pinocchio zählen. Aber der Dichter bleibt, bis auf einen einzigen, kurzen, phantomhaften Auftritt, während des ganzen Romans hinter der Bühne. Cotta findet nur seine Spuren, die er in der steinharten, kargen Welt des Exils und der Niederlage hinterlassen hat.

Cotta ist ein junger Dissident – einer von vielen, die als *Staatsflüchtige* bekannt waren –, der die *Metamorphosen* wiederzufinden hofft, die für ihn *das* Dissidentenwerk sind. Er findet zwar kein Buch, entdeckt dessen Spuren aber bei jedem, den er kennenlernt. Einer von Tomis Bewohnern erinnert sich an alle Geschichten Nasos über die Verwandlung von Lebewesen in Steine; ein anderer erinnert sich nur an seine Vision des Fliegens, an Menschen, die sich in Vögel verwandeln. Der Vorführer des Wanderkinos zeigt Filme, in denen weitere Ovid-Geschichten erzählt werden. Und sogar das Leben der Menschen ist von dem großen Buch beeinflusst worden. Die Fama dieser Story ist nicht die Ovidsche Göttin der Gerüchte, sondern eine pausenlos plappernde Klatschbase, und ihr Sohn Battus verwandelt sich eines Tages in Stein – genau wie der Schäfer desselben Namens in den *Metamorphosen*, der Merkurs Geheimnisse nicht bewahren konnte.

Ransmayrs Buch hebt sich hervor durch die lyrische Sprache, mit der es die Hässlichkeit der Welt erforscht, und dennoch schleichen sich Unzufriedenheiten ein. Das Problem bei seiner Methode ist, dass der Leser lange vor der Hauptperson Cotta erkennt, was vor sich geht; sodass man sich, wenn Cotta endlich begreift, dass Naso diese »kahle Steilküste ... zu *seiner* Küste und zu *seinen* Gestalten jene Barbaren« gemacht und sich so die Unsterblichkeit gesichert hätte, unwillkürlich darüber ärgert, dass er so lange gebraucht hat, um mit so wenig aufzuwarten.

Hinter der *Letzten Welt* steht ein weit größeres Werk der Literatur; hinter Christoph Ransmayr, einem guten Romancier, steht eine der bedeutendsten Gestalten der gesamten Literatur. Zu viel von der Kraft dieses Romans ist geliehen; zu viel beruht auf dem engmaschig geknüpften Netz von Andeutungen und Hinweisen, die diese beiden Werke verbinden. (Im Anhang des Buches findet sich ein 25 Seiten langes »Ovidisches Repertoire« für jene Leser, die keine Kenntnis der Klassik haben.) Dieses Gestrick wird zur Falle; es hält die Personen nieder und verhindert, dass sie voll zum Leben erwachen. Es ist ein brillantes, cleveres Kunstwerk, erfüllt vom Schmerz verkannter Kunst, aber es ist mehr Stein als Vogel.

Was nun Ransmayrs Vision der Kunst betrifft, die über die Niederlage triumphiert, indem sie die Welt nach ihrem eigenen Bild wiedererschafft, so kann man diesen Optimismus bewundern, während man sich weit intensiver um Publius Ovidius Nase sorgt, der, vom eigenen Volk verbannt, an fremder Küste in einem unbekannten Grabe ruht. Die Kunst kann für sich selber sorgen. Die Künstler, auch die größten und besten, können durch die Laune irgendeines alten Tyrannen vernichtet werden.

1990

Maurice Sendak und Wilhelm Grimm

Im Jahre 1816 schrieb Wilhelm Grimm einen äußerst ungewöhnlichen Kondolenzbrief, gerichtet an ein kleines Mädchen, dessen Mutter gestorben war. Er beginnt mit einer sehr romantischen Passage, in der er dem Kind erklärt, dass es für die Blumen, die den Bach hinuntertreiben, leichter ist, sich zu »küssen«, dass es für die Vögel leichter ist, über die Berge zu fliegen und einander zu treffen, als es für die Menschen ist zusammenzukommen. »Aber das Herz der Menschen, das kommt doch auch zu einem anderen Herzen und kümmert sich um nichts, was dazwischenliegt; und so kommt jetzt auch mein Herz zu dir ... und glaubt, es säße neben dir, und du sprächst: ›Jetzt erzähl mir etwas.‹ – ›Ja, liebe Mili‹, antwortet es, ›hör nur zu.‹« Nun mag die Sentimentalität, die darin liegt, in so einem Brief durchaus angebracht und tröstend gewesen sein, in Buchform wirkt sie übertrieben. Was dann folgt, ist aber eine genauso schöne Erzählung wie jene aus Wilhelm und Jakobs großartiger Sammlung der *Kinder- und Hausmärchen*.

Das Thema des Märchens ist der Tod: der Tod als ewig präsenter Teil des Lebens. Von den beiden Hauptpersonen, mit denen wir gleich anfangs bekannt gemacht werden, ist eine, die Mutter, eine Witwe, während die andere, die Tochter, das einzig überlebende von vielen Kindern ist, das – wie die Mutter glaubt – nur überlebt hat, weil es einen Schutzengel hatte. Die beiden leben – wo sonst? – in einem Dorf am Waldesrand; und der Tod nähert sich ihnen in Gestalt eines Krieges: Rauchwolken, Kanonendonner, wildes Volk. Die Mutter, die nicht weiß, wie sie die Tochter schützen soll, schickt sie mit einem Stück Kuchen in den Wald. »Warte drei Tage, dann komm wieder, der liebe Gott wird dir den Weg schon weisen.« Aber der liebe Gott scheint nicht zu wollen, und das kleine Mädchen verirrt sich im Wald.

Schließlich gelangt die Kleine jedoch an ein kleines Haus, in dem sich der heilige Joseph und ihr Schutzengel um sie kümmern, der genauso ein kleines Mädchen ist wie sie, nur eben mit blonden Haaren. Nach drei Tagen geleitet der Schutzengel die Kleine durch den Wald zu ihrer Mutter zurück, doch vorher hat der heilige Joseph ihr noch eine Rosenknospe geschenkt und ihr versprochen: »Wenn die Rose aufblüht, wirst du wieder bei mir sein.« Die Kleine findet das Dorf sehr verändert, und auch die Mutter ist alt geworden; denn in der Welt außerhalb des Waldes sind in diesen drei Tagen, seit sie in den Wald (ihren »Tod«) gegangen ist und ihrer Rückkehr (oder »Auferstehung«), 30 Jahre vergangen. In dieser Nacht sterben Mutter und Tochter zusammen im Schlaf, »und zwischen ihnen lag die Rose des heiligen Joseph und war ganz aufgeblüht«. Es gehört zu dem kleinen Wunder dieses Märchens, dass der Tod zu einem glücklichen Ende wird, zu einem Akt oder Pakt der Liebe.

Ein faszinierendes Märchen, zweifellos dazu gedacht, einem kleinen Mädchen ins Dunkel seines Verlassenseins blicken zu helfen, damit es mehr darin findet als nur Leere. Man weiß nicht, ob Wilhelm Grimm sich die Geschichte ausgedacht oder ob er sie gefunden hat wie einen Pilz im Wald, als er mit seinem Bruder Märchen sammeln ging. Unwichtig; sie ist ein kleines Juwel, über das man sich freut. Aber vielleicht würden wir sie doch nicht unbedingt haben wollen, vielleicht nicht in Buchform (als *Liebe Mili*), gewiss nicht in einer Auflage von 200 000, wäre da nicht Maurice Sendlak. Die Menschen werden sich durch die Kunst und den Ruf des Illustrators zu diesem Buch hingezogen fühlen; und dennoch dürften die Worte meiner Ansicht nach länger in der Erinnerung nachhallen als Mr Sendaks Illustrationen.

Das soll nicht heißen, dass Mr Sendak etwas von seiner außerordentlichen Begabung verloren hat; die Manier dieser Bilder wird allen Bewunderern des brillanten *Outside Over There* vertraut sein, des seltsamsten aller Sendak-Märchen, mit seinen Explorationen von Liebe und Hass, die zwischen Geschwistern herrschen, seiner Welt der Zwergenkinder und eines weiteren, nicht vorhandenen Vaters. Tatsächlich hat Sendak erklärt, dass das Mädchen in *Liebe Mili* für ihn kein anderes ist als Idas herangewachsene Schwester und Ida eins der verstorbenen Kinder. Das Mädchen besitzt tatsächlich ein wenig von Idas klugem, altjungem Ausdruck.

Ringsum sind die vertrauten Motive der Kunst Sendaks zu finden: »Hunde und Mozart«, um den Künstler selbst zu zitieren. Und auch das ist eins der Probleme: Es gibt hier einfach zu vieles, das vertraut ist, das schon einmal da gewesen, sogar ein bisschen abgestanden ist. Es gibt keine Überraschungen in den Zeichnungen, keine Babys aus Eis; nur Sendak, der gefährlich nahe daran ist, sich selbst zu kopieren.

Die größte Enttäuschung ist jedoch, dass Sendak es nicht vermocht hat, einen Märchenwald von wahrhaft magischer Zauberkraft zu kreieren, der dazu noch wahrhaft furchterregend wirkt. Die Kinderheldin der Geschichte ist schließlich genauso verängstigt wie Hänsel und Gretel: »Wenn die Dornen sein Kleidchen packten, da fuhr es zusammen und meinte, die wilden Tiere hielten es mit ihren Zähnen und wollten es zerreißen ... bei jedem Schritt stachen es die spitzen Steine in seine Füßchen. Da ward es so beklommen, und je weiter es ging, desto schwerer ward ihm das Herz.« Trotzdem bleibt das Kleidchen auf Sendaks Bildern heil und sauber; sie verliert ihre Schuhe, aber ihre Füße bluten nicht; und statt *zu Tode* erschrocken zu sein, wirkt sie nur mürrisch, während wir auf einem Doppelseitenbild aus einem unerfindlichen Grund hinter ihr, inmitten von Bäumen, die sich knorrig winden und dennoch nicht finster wirken, zwergenähnliche, mit Stöcken bewaffnete Gestalten eine Holzbrücke überqueren sehen (hat sie sich in Schneewittchen verwandelt?). Dieser Wald ist einfach zu hübsch, und obwohl Sendak von den »Schatten« in seinen Zeichnungen spricht, ist es gerade die Dunkelheit, die hier fehlt.

»Ich habe das Gefühl, dass dieses Buch mir gehört. Ich werde *Liebe Mili* mit Wilhelm teilen, aber ich schwöre, dass ich in seine Haut geschlüpft bin«, versichert Sendak, und abermals: »Grimm kommt dem sehr nahe, was ich wünschte, selber geschrieben zu haben.« Das mag nicht mehr sein als verzeihliche Begeisterung, aber die harte Wahrheit ist, dass Sendak nicht in Wilhelms Haut »geschlüpft« ist, sondern dass er – mit Ausnahme der allerletzten Zeichnung, auf der das Kind zu seiner gealterten Mutter zurückkehrt – nur sehr wenig von der düster glühenden Atmosphäre des Märchens eingefangen hat und dass es vermutlich Zeit für ihn wird, Mozart und Hunde aufzugeben.

1988

Zehnter Teil

Gabriel García Márquez

Mario Vargas Llosa

Gabriel García Márquez

Chronik eines angekündigten Todes

»Wir argwöhnten schon sehr lange, dass dieser Mann, Gabriel, Wunder vollbringen könne, daher nickten wir, als sich das Wunder der Druckmaschinen ereignete, nur vielsagend mit dem Kopf, aber das Wissen von seiner Hexerei erlöste uns nicht aus ihrer Macht, und so erhoben wir uns unter dem Bann dieser nostalgischen Zauberkraft von den Holzbänken und Gartenschaukeln und liefen, ohne auch nur einmal Atem zu holen, zu dem Platz, wo die wahnsinnig gewordenen Druckpressen schneller Bücher erzeugten als Fruchtfliegen Eier, und die Bücher sprangen uns in die Hand, ohne dass wir auch nur die Arme auszustrecken brauchten, die Bücherflut quoll aus der Druckerei hervor und warf die zuerst an den Druckmaschinen Angekommenen um, die sich in ihrem Wahn dieser schrecklichen Sintflut von Prosa überließen, die Straßen und Gehsteige überschwemmte und in den Erdgeschossräumen aller Häuser im Umkreis von Meilen bis in Hüfthöhe stieg, sodass es keinen gab, der vor dieser Geschichte zu fliehen vermochte, es half auch nichts, wenn man blind war oder die Augen schloss, denn es gab überall Stimmen, die in Hörweite laut vorlasen, wir waren alle wie bereitwillige Jungfrauen notgezüchtigt worden von dieser Erzählung, welche die Eigenschaft besaß, jeden Leser davon zu überzeugen, dass dies seine persönliche Autobiografie sei, und dann füllte das Buch unser ganzes Land und nahm Kurs aufs Meer, und wir begriffen, dass das Phänomen nicht aufhören würde, bis die gesamte Oberfläche des Erdballs bedeckt war, bis Meere, Berge, Untergrundbahnen und Wüsten vollständig mit diesen endlosen Exemplaren vollgestopft waren, die aus der verhexten Druckmaschine quollen.«

Es ist nun fünfzehn Jahre her, dass Gabriel García Márquez

sein Buch *Hundert Jahre Einsamkeit* veröffentlichte. Während dieses Zeitraums hat er über vier Millionen Exemplare allein in spanischer Sprache verkauft, und ich weiß nicht wie viele Millionen mehr in Übersetzungen. Die Nachricht von einem neuen Márquez-Buch beherrscht die Titelblätter der lateinamerikanischen Tagespresse. Jungen mit Schubkarren verhökern das Buch auf den Straßen. Kritiker begehen Selbstmord, weil ihnen unverbrauchte Superlative fehlen. Die *Chronik eines angekündigten Todes,* sein jüngstes Buch, kam auf Spanisch in einer Erstauflage von wesentlich mehr als einer Million Exemplaren heraus. Und es ist nicht der geringste aller außerordentlichen Aspekte des Werkes von »Erzengel Gabriel«, dass die reale Welt in genau der unmöglichen, übertriebenen Art einer Márquez-Story reagiert.

Wie es scheint, ist der wichtigste Antriebsfaktor für die Phantasie des Autors die Erinnerung an seine Großmutter. Man hat auf zahlreiche formale Vorläufer seiner Kunst geschlossen: Er selbst hat Faulkners Einfluss zugegeben, und die Welt seines legendären Macondo ist wenigstens zum Teil die in den kolumbischen Dschungel verpflanzte Yoknapatawpha County. Dann ist da Borges, und hinter Borges die *fons* und *origo* von allem, Machado da Assis, Autor von drei großartigen Romanen, *Epitaph of a Small Winner, Quincas Borba* und *Dom Casmurro,* die, ihrer Zeit (ersch. 1880, 1892 und 1900) weit voraus, mit leichtem Strich gezeichnet und eindeutig das Produkt einer protomárquezianischen Phantasie waren (siehe zum Beispiel den Gebrauch, den Machado in *Epitaph* von einem »Anti-Melancholie-Pflaster« macht). Und Márquez' geniale Begabung für die unvergessliche Art der visuellen Übertreibung – die Amerikaner zum Beispiel, die einen Latino-Diktator in *Der Herbst des Patriarchen* zwingen, ihnen zum Ausgleich seiner Schulden das Meer zu übereignen: »…nahmen sie im April die Karibik mit, Botschafter Ewings Marineingenieure trugen sie in nummerierten Teilen davon, um sie fern von den Hurrikanen in die blutroten Sonnenuntergänge Arizonas zu verpflanzen« – könnte sehr wohl durch die Jahre geschärft worden sein, in denen er für den Film geschrieben hat. Aber die Großmutter ist wichtiger als all dieses.

In einem Interview mit Luis Harss und Barbara Dohmann rechnet er ihr seine Sprache als Verdienst an. »Sie sprach so... Sie war eine großartige Geschichtenerzählerin.« Anita Desai hat über die indischen Familien geschrieben, die Frauen seien die Hüterinnen der Geschichten. Das scheint ebenso auf Südamerika zuzutreffen. Márquez wurde von seinen Großeltern großgezogen; die Mutter lernte er erst kennen, als er sieben oder acht Jahre alt war. Seiner Bemerkung, vom Alter von acht Jahren an habe er nichts Interessantes mehr erlebt, muss daher eine ganz besondere Bedeutung beigemessen werden. Über seine Großeltern sagte Márquez zu Harss und Dohmann: »Sie besaßen ein riesiges Haus voller Geister. Sie waren sehr abergläubisch und leicht zu beeindrucken. In jeder Ecke gab es Skelette und Erinnerungen, und nach sechs Uhr abends wagte man sein Zimmer nicht mehr zu verlassen. Es war eine Welt phantastischen Terrors.« Aus der Erinnerung an dieses Haus und mit der Erzählerstimme der Großmutter als eigene linguistische Fundgrube begann Márquez Macondo zu bauen.

Aber es steckt natürlich noch mehr in ihm als seine Großmutter. Er verließ Aracataca, das Dorf seiner Kinderzeit, als er noch sehr jung war, und befand sich auf einmal in einer urbanen Welt, deren Definitionen der Realität sich so von denen des Dschungels unterschieden, dass sie buchstäblich nicht miteinander vereinbar waren. In *Hundert Jahre Einsamkeit* wird die Himmelfahrt der schönen Remedios, des hübschesten Mädchens der ganzen Welt, als völlig normales Ereignis aufgefasst; das Eintreffen des ersten Eisenbahnzuges in Macondo jedoch bewirkt, dass eine Frau laut schreiend durch die Hauptstraße läuft. »Es kommt!«, ruft sie. »Etwas ganz Furchtbares, wie eine Küche, die ein Dorf hinter sich her zieht!« Unnötig zu erwähnen, dass die Reaktion von Städtern auf diese beiden Ereignisse genau umgekehrt ausgefallen wäre. Márquez beschloss, die Weltanschauung des Dorfes hoch über der städtischen anzusiedeln; das ist die Quelle seiner Fabulierkunst.

Der Schaden, der der Realität in Südamerika zugefügt wird, ist mindestens ebenso sehr politischer wie kultureller Natur. Nach Márquez' Erfahrung wird die Wahrheit so weit kontrolliert, dass es nicht mehr möglich ist zu erkennen, was die Wahrheit ist. Die einzige Wahrheit ist, dass man ständig belogen wird. Márquez war schon immer sehr intensiv politisch; doch seine Bücher haben bloß indirekt mit Politik zu tun, befassen sich mit politischen Angelegenheiten nur in Gestalt von großartigen Metaphern wie Colonel Aureliano Buendías militärischer Laufbahn oder der grotesk aufgeblähten Person des Patriarchen, der einen seiner Rivalen bei einem Bankett als Hauptgang auftischen lässt und, nachdem er eines Tages verschlafen hat, dekretiert, der Nachmittag sei eigentlich der Morgen, sodass bei Nacht vor seinen Fenstern Leute stehen müssen, die Plakate mit ausgeschnittenen Pappsonnen emporhalten.

El realismo magical, der magische Realismus – jedenfalls wie er von Márquez praktiziert wird –, ist eine Entwicklung aus dem Surrealismus, die ein echtes »Drittwelt«-Bewusstsein ausdrückt. Er beschäftigt sich mit dem, was Naipaul als »halbfertige« Gesellschaften bezeichnet hat, in denen das unvorstellbare Alte gegen das abschreckende Neue kämpft, in denen die öffentliche Korruption und die privaten Qualen irgendwie weit greller und extremer sind, als sie jemals im sogenannten Norden sein können, wo Jahrhunderte von Reichtum und Macht in dicken Schichten das überlagern, was wirklich geschieht. In den Arbeiten von Márquez wie in der Welt, die er beschreibt, geschehen ständig unvorstellbare Dinge, und zwar völlig plausibel, am helllichten Tag. Es wäre falsch, sich Márquez' literarisches Universum als ein erfundenes, selbstbezogenes, geschlossenes System vorzustellen. Er schreibt nicht über die »Mittelerde«, die zwischen Himmel und Hölle liegt, sondern über jene, die wir alle bewohnen. Macondo existiert. Das ist seine Magie.

Gelegentlich jedoch hat es den Anschein, als sei Márquez bewusst bestrebt, einen Mythos »Garcíaland« zu pflegen. Vergleichen Sie den ersten Satz von *Hundert Jahre Einsamkeit* mit dem ersten Satz der *Chronik eines angekündigten Todes*: »Viele Jahre später sollte der Oberst Aureliano Buendía sich vor dem Erschießungskommando an jenen fernen Nachmittag erinnern, an dem sein Vater ihn mitnahm, um das Eis kennenzulernen« *(Hundert Jahre)*. Und: »An dem Tag, an dem sie Santiago Nasar töten wollten, stand er um fünf Uhr 30 morgens auf, um auf den Dampfer zu warten, mit dem der Bischof kam« *(Chronik)*. Beide Bücher weisen zunächst auf einen zukünftigen gewaltsamen Tod hin, um gleich anschließend von einem früheren, außergewöhnlichen Geschehen zu sprechen. Auch *Der Herbst des Patriarchen* beginnt mit einem Tod und schlägt sodann einen Bogen rückwärts rings um ein Leben. Es ist, als fordere uns Márquez auf, die Bücher miteinander zu verbinden, jedes im Licht der anderen zu betrachten. Diese Auffassung wird dadurch noch unterstrichen, dass er gewisse Standardtypen benutzt: den alten Soldaten, die leichtfertige Frau, die Matriarchin, den kompromittierten Priester, den besorgten Arzt. Der Inhalt von *Die böse Stunde,* in der eine Stadt es zulässt, dass ein Mensch zum Sündenbock für etwas wird, das in Wirklichkeit ein von vielen Händen begangenes Verbrechen ist – das Anschlagen von satirischen Schmähschriften bei Nacht –, wiederholt sich in der *Chronik eines angekündigten Todes,* in der es die Bürger einer anderen Stadt, in den Klauen einer schrecklichen, ungläubigen Trägheit gefangen, wieder einmal unterlassen, einen Mord zu verhindern, obwohl er viele Male »angekündigt« oder »vorhergesagt« wurde. Diese Ähnlichkeiten im Márquez-Œuvre sind so ausgeprägt, dass man leicht die beträchtlichen bewussten Unterschiede in Absicht und Ausführung seiner Bücher übersieht.

Denn nicht nur ist Márquez größer als seine Großmutter; er ist auch größer als Macondo. Die frühen Schriften wirken rückblickend wie Vorbereitungen auf den großen Flug in *Hundert Jahre Einsamkeit,* aber selbst damals schrieb Márquez über zwei

Städte: über Macondo und eine andere, namenlose, die mehr ist als nur eine Art Nicht-Macondo, aber weit weniger mythologisiert, eine »naturalistischere« Stadt, soweit jedenfalls bei Márquez überhaupt etwas naturalistisch ist. Dies ist die Stadt von *Das Leichenbegängnis der Großen Mama*, und viele Erzählungen in dieser Sammlung, mit Ausnahme der Titelstory, in der der Papst zur Beerdigung kommt, sind, was das Gefühl betrifft, dem frühen Hemingway näher als dem späten Márquez. Seit seinem großen Buch hat Márquez sich viel Mühe gegeben, Abstand von seiner mesmerisierenden Dschungelsiedlung zu gewinnen und weiterzugehen.

Im *Herbst des Patriarchen* sind die endlosen Sätze der formale Ausdruck der endlosen Tyrannei, die das Thema des Buches ist; einer Diktatur, so grausam, dass jede Veränderung, jede Möglichkeit zur Entwicklung, unterdrückt wird. Die Macht des Patriarchen lässt die Zeit stillstehen, und der Text wirbelt und strömt um die Geschichten seiner Regierung, die mit ihrer nichtlinearen Form eine exakte Analogie zum Gefühl der endlosen Stase schaffen. Während er in der *Chronik eines angekündigten Todes*, die auf den ersten Blick wie eine Rückkehr zur Manier seiner Anfangstage wirkt, in Wirklichkeit wieder innovativ ist.

In der *Chronik* geht es um Ehre und ihr Gegenteil, das heißt Unehre, Schande. Die Ehe von Bayardo San Román und Angela Vicario endet in der Hochzeitsnacht, als sie Santiago Nasar, den jungen Araber, als ihren vorhergehenden Liebhaber bezeichnet. Sie wird ins Haus ihrer Eltern zurückgebracht, und ihre Brüder, die Zwillinge Pedro und Pablo Vicario, sind nunmehr verpflichtet, Santiago zu töten, um den guten Ruf ihrer Familie zu retten. Man verrät nichts Entscheidendes, wenn man mitteilt, dass dieser Mord tatsächlich stattfindet. Doch diese unvergessliche kurze Fabel bezieht ihre Eigenart und Qualität aus der Tatsache, dass die Zwillinge zögern zu tun, was doch getan werden muss. Ständig prahlen sie mit ihren Absichten, sodass man sich fragt, warum Santiago Nasar nichts davon erfährt; aber das Schweigen des Dorfes zwingt die Zwillinge endlich doch noch, ihre grässliche Tat auszuführen. Bayardo San Román, dessen Ehre es erfordert, die Frau zurückzustoßen, in die er vernarrt war, erlebt einen schrecklichen Abstieg, nachdem er eben das getan hat; »Ehre ist Liebe«, sagt eine der handelnden Personen, bei Bayardo ist das jedoch nicht der Fall. Angela Vicario, die an allem schuld ist, scheint die Tragödie mit größerer Gelassenheit zu ertragen als die meisten anderen.

Die Manier, in der diese Geschichte erzählt wird, ist neu für Márquez. Er benutzt einen namenlosen, schemenhaften Erzähler, der viele Jahre später den Schauplatz der Morde besucht und die Vergangenheit zu untersuchen beginnt. Dieser Erzähler ist, wie der Text durchblicken lässt, García Márquez selbst – auf jeden Fall hat er eine Tante mit jenem Nachnamen. Und das Dorf birgt zahlreiche Echos von Macondo: Gerineldo Márquez spielt dort eine Gastrolle, und eine der Personen trägt den für Freunde des früheren Buches bekannten Namen Cotes. Aber Macondo oder nicht, Márquez schreibt auf diesen Seiten aus einer größeren Distanz von seinem Material als je zuvor. Das Buch und sein Erzähler tasten sich langsam, mühselig durch die Nebel halb zutreffender Erinnerungen, Verdrehungen, einander widersprechender Versionen und versuchen festzustellen, was sich abgespielt hat und warum; und sie gelangen nur zu vorläufigen Ergebnissen. Das Ergebnis dieser retrospektiven Methode macht die *Chronik* seltsam elegisch im Tonfall, als spüre Márquez, dass er sich von seinen Wurzeln gelöst hat und nun nur noch durch Schleier formaler Probleme über sie zu schreiben vermag. Während all seine vorhergehenden Bücher eine Atmosphäre absoluter Beherrschung des Materials ausstrahlen, spürt man hier den Zweifel. Und der Triumph des Buches liegt darin, dass dieses neue Zögern, dieser Verzicht auf den Olymp, sich ganz ausgezeichnet bewährt und zu einer neuen Kraftquelle wird; die *Chronik eines angekündigten Todes* ist mit ihren Ungewissheiten, mit ihrem Fallbeschreibungsformat genauso faszinierend und wahr wie alles andere, was Márquez bis dahin geschrieben hat.

Sie ist aber auch didaktischer. Früher hat Márquez in seinen Romanen nur Partei ergriffen, wenn es um Staatsangelegenheiten ging: In seinen Erzählungen gibt es keinen guten Chef der Bananengesellschaft, und die Idee der Massen, »des Volkes«, wird gelegentlich – zum Beispiel auf den letzten Seiten im *Herbst des Patriarchen* – romantisiert. Schrieb er jedoch über das Leben »des Volkes«, hat er sich bisher jeglichen Urteils enthalten. In der *Chronik* dagegen macht diese Distanziertheit klar, dass Márquez eine Attacke gegen die Macho-Ethik reitet, gegen eine engstirnige Gesellschaft, in der entsetzliche Dinge mit der Unerbittlichkeit von Träumen geschehen. Niemals zuvor hat er so missbilligend geschrieben.

Die *Chronik eines angekündigten Todes* ist Sprache nach langem Schweigen. Eine Zeit lang hatte Márquez der Fiktion abgeschworen; wir können nur dankbar sein, dass er wieder da ist, dass sein Genie von der Pause nicht beeinträchtigt wurde. In diesem Jahr wird in England kein besseres Buch veröffentlicht werden.

1982

Das Abenteuer des Miguel Littín

Die wahre Lebensgeschichte eines Mannes hat García Márquez zum ersten Mal im *Bericht eines Schiffbrüchigen* beschrieben. Jener Mann, anfangs ein Nationalheld, verlor seinen guten Ruf, und die Zeitung, in der die Story veröffentlicht worden war, wurde geschlossen.

Der Mann, der zustimmte, García Márquez' zweites nichtfiktives Thema zu sein, musste daher sehr mutig sein. Man kann nur ahnen, das Miguel Littín nach all den Gefahren, denen er während seines Abenteuers in Chile ausgesetzt war, dieses literarische Risiko nicht für besonders groß hielt.

»Heimat ist dort, wo man geboren ist«, hat Littín einmal gesagt, »aber sie ist auch der Ort, an dem man mit seiner Kunst etwas beizutragen vermag.« Nach zwölf Jahren Verbannung aus Pinochets Chile beschloss dieser hervorragende Filmregisseur, einen außergewöhnlichen künstlerischen Beitrag für seine verbotene Heimat zu leisten. »Hauptsache ist«, hatten ihm seine Kinder erklärt, »dass du Pinochet einen dicken, langen Eselsschwanz anheftest.« Er versprach ihnen, genau das zu tun, und dass der Schwanz 20 000 Fuß lang sein werde. Er unterschätzte seine Fähigkeiten. Der Schwanz wurde 105 000 Fuß lang.

Das war natürlich ein Film, ein unzensiertes Porträt Chiles nach mehr als einem Jahrzehnt der Tyrannei, heimlich von einem Mann gedreht, für den Entdeckung den Tod bedeutet hätte. Um den Film zu drehen, musste er seine äußere Erscheinung vollkommen verändern und vor allem niemals lachen (das Lachen zu unterdrücken ist ihm allerdings, wie er gesteht, einfach nicht gelungen). Sechs Wochen lang arbeitete Littín in Chile, unterstützt sowohl von Widerstandsgruppen als auch von Freunden, und schaffte es sogar, in Pinochets Privatbüro zu drehen, seinen Zelluloidschwanz sozusagen dem Sitz der Macht höchstselbst anzuheften.

Man kann sich leicht vorstellen, dass dieses überdimensionale Drama von Littíns Geschichte, der Geschichte hinter dem Film, García Márquez, einen Schriftsteller, der die Übertreibung zu einer Kunstform erhoben hat, faszinierte. *Das Abenteuer des Miguel Littín* wurde jedoch nicht, wie der Waschzettel behauptet, »mit der Stimme geschrieben, die wir aus seinen Romanen kennen«. (Man kann dem Waschzettelschreiber allerdings keine großen Vorwürfe machen; der Autor hat etwas ähnlich Lautendes im Vorwort geäußert.) Das Buch ist García Márquez in seiner am wenigsten barocken, dafür aber zurückhaltendsten Form; um diese Geschichte zu verstehen, ist keinerlei magisch-realistische Ausschmückung vonnöten; er berichtet sie schlicht, in Form einer persönlichen Erzählung Littíns. Das heißt: Er agiert als Littíns

Geist. Ein bisschen seltsam ist es schon, dass Littín nicht einmal als Koautor seines illustren Schattens genannt wird, aber so ist es.

Wie dem auch sei, García Márquez' Zurückhaltung erweist sich als überaus wirksam. Littíns Geschichte kommt mit verblüffender Direktheit und Kraft herüber. Littín, zu einem uruguayanischen Geschäftsmann oder *momio* verfremdet – »ein Mensch, so widerstandsfähig gegen Veränderungen, dass er ebenso gut tot sein könnte ... eine Mumie« –, trifft zufällig auf seine Schwiegermutter und später auf seine Mutter, aber die Damen erkennen ihn beide nicht. Zum Ärger seiner im Widerstand arbeitenden »Ehefrau« Elena und unter missbilligender Duldung des chilenischen Untergrunds rebelliert er ständig gegen die Sicherheitsanforderungen. Und vollendet seinen Film.

Dieses kurze, intensive Buch bietet eine ganze Folge außerordentlicher, filmreifer Szenen. Da ist die Geschichte von dem Mann, der sich verbrennt, um seine Kinder vor den Folterknechten der Regierung zu retten. Da ist ein kurzer, aber starker Bericht über den Kult, der nach wie vor mit Allende und Neruda getrieben wird. So lautete ein Plakat, das Allende im Rahmen einer Demonstration präsentiert wurde: »Wir haben eine beschissene Regierung, aber es ist unsere Regierung.« Allende applaudierte und ging hinunter, um dem Protestler die Hand zu schütteln, und selbst jetzt noch, in Nerudas Haus auf der Isla Negra, mahnen die Graffiti: »Generäle: Die Liebe stirbt nie. Allende und Neruda leben. Eine Minute Dunkelheit macht uns nicht blind.« Und es gibt tatsächlich ein paar Szenen, in denen wir den klassischen García Márquez erkennen, zum Beispiel, als Littín seiner Mutter überraschend einen Besuch abstattet und feststellen muss, dass sie, ohne zu wissen, warum, ein großes Festessen vorbereitet hat; oder als Littín in Santiago, ehemals »eine Stadt sehr privat gehaltener Gefühle«, jede Menge demonstrativ turtelnder Liebespaare vorfindet. »Ich musste an etwas denken, das ich vor nicht langer Zeit in Madrid gehört hatte: ›In den Zeiten der Cholera blüht die Liebe.‹«

Einmal schwor García Márquez, keinen Roman mehr zu veröffentlichen, bis Pinochet gestürzt sei. Seitdem hat er *Chronik eines angekündigten Todes, Die Liebe in den Zeiten der Cholera* und ein neues Werk, *Der General in seinem Labyrinth,* über Simón Bolívar veröffentlicht. Der gebrochene Schwur wird dieses Buch ganz zweifellos noch interessanter gemacht haben; auch er musste dem Esel einen Schwanz anhängen. Und es hatte ganz eindeutig die gewünschte Wirkung. »Am 28. November 1986«, erfahren wir, »beschlagnahmten und verbrannten die chilenischen Behörden in Valparaiso 15 000 Exemplare dieses Buches.«

Das Buch existiert jedoch weiterhin, während Pinochet endlich auf seinem Piedestal wackelt. Ein Buch verbrennen heißt nicht, es zu zerstören. Eine Minute Dunkelheit macht uns nicht blind.

1989

Mario Vargas Llosa

Der Krieg am Ende der Welt

Mario Vargas Llosa, Perus bedeutendster lebender Romancier, hat viele Jahre lang eine wichtige Rolle in der Politik seines Landes gespielt. In dieser Hinsicht unterscheidet er sich wie zahlreiche andere Schriftsteller des Südens von der großen Mehrheit seiner nördlichen Kollegen. Er ist zum Beispiel möglicherweise der einzige Romancier der Welt, dem man jemals das Amt eines Premierministers angeboten und der es abgelehnt hat – die Anzahl solcher Schriftsteller muss auf jeden Fall unendlich klein sein –, bleibt aber einer der einflussreichsten Unterstützer von Perus Präsidenten Belaúnde Terry. Wegen seiner Unterstützung Belaúndes hat Vargas Llosa einen gewissen Anteil kritischer Stimmen einstecken müssen, zum Beispiel von linken Gruppen und Schriftstellern, die gegen seine Kritik an den Guerilleros des Leuchtenden Pfads in den Bergen protestierten. Er wiederum wandte ein, die Welt scheine ja beinah zu erwarten, dass die Geschichte Südamerikas ganz und gar von gewalttätigen Revolutionen und repressiven Diktaturen beherrscht sei, während er einer weniger spektakulären Methode zur Regulierung menschlicher Angelegenheiten zuneige – das heißt, einer ortsspezifisch angepassten Variante der alten, mit Makeln behafteten, geschundenen Idee der Demokratie, wohl immer noch der einzigen Idee, durch die der tödliche Kreislauf von Schlag und Gegenschlag durchbrochen werden könne. Ganz zweifellos ein höchst überzeugender Standpunkt.

In seinem lautstark begrüßten Roman *Der Krieg am Ende der Welt* legt Vargas Llosa mit erschreckender und wilder Klarheit seine Vision der tragischen Folgen nieder, die der Millenarismus jeglicher Art für die Normalbürger bringt. In seinem Roman *Captain Pantoja and the Special Service* hat er schon einmal vom

Auftauchen einer asketischen Gestalt in entlegenen ländlichen Gebieten geschrieben, die in einem militaristischen Staat eine zentrale Figur des Widerstands wird; das aber war hauptsächlich ein komischer Roman, während dieses neue Buch so grausam ist wie vergossenes Blut. Und während es höchst eindrucksvoll als historischer Roman aufgemacht ist – der, wie wir erfahren, auf einer »wirklichen« Episode der brasilianischen Geschichte basiert –, ist sein Inhalt ganz und gar zeitgenössisch. In einem Zeitalter wie dem unsrigen, heimgesucht von blutdürstigen Armeen und ebenso gewalttätigen Göttern, kann der Bericht über einen Kampf bis zum bittern Ende zwischen Gott und Mammon gar nichts anderes sein als zeitgenössisch, obwohl Vargas Llosa seinen Krieg in einer der entferntesten Ecken – dem »Ende« – der Welt stattfinden lässt, das heißt, dem nordöstlichen Teil von Brasilien im 19. Jahrhundert. Sein imaginärer Messias, der Counselor, nimmt – um nur ein Beispiel aus der jüngsten Zeit zu nennen – den Sikhführer Sant Jarnail Singh Bhindranwale voraus, erschossen von der indischen Armee in Amritsars berühmtem Goldenen Tempel, selbst eine dem wirklichen Leben angehörende Version von Vargas Llosas fiktivem christlichem Canudos.

Der Counselor – Antonio Conselheiro – ist ein hagerer, Ehrfurcht gebietender frommer Mann, der etwa im letzten Jahrzehnt des 19. Jahrhunderts durch das Hinterland der Provinz Bahía wandert und den Peones mit klaren, verständlichen Worten ihre spirituellen Pflichten erklärt, sie auffordert, ihm beim Wiederaufbau der vielen zerfallenen, priesterlosen Kirchen dieser Region zu helfen, allmählich einen Kreis von Aposteln um sich schart und wortgewaltig vor der fürchterlichen Apokalypse warnt, die mit dem Millennium kommen wird:

Im Jahre 1900 würde die Quelle des Lichts ausgelöscht, und die Sterne würden herabregnen. Zuvor jedoch würden sich außergewöhnliche Dinge ereignen... Im Jahre 1896... würde das Meer ins Hinterland kommen, und das Hinterland ins Meer...

Im Jahre 1898 würden die Hüte an Größe zunehmen und die Köpfe kleiner werden, und im Jahre 1899 würden die Flüsse rot werden, und ein neuer Planet würde durch das Weltall kreisen. Es sei daher notwendig, vorbereitet zu sein.

Der Punkt ohne Wiederkehr kommt jedoch, bevor auch nur eine dieser Erscheinungen sich manifestieren kann. Einzig in Bahía, wo zwar die Sklaverei noch nicht sehr lange abgeschafft worden ist, die Stadt aber im doppelten Würgegriff der autokratischen, feudalen Grundbesitzer und der extremen Ignoranz der Außenwelt blieb, beginnt man von unheilvollen Entwicklungen zu hören. Eine Republik wurde ausgerufen, man beabsichtigt, eine Volkszählung zu veranstalten und, schlimmer noch, Steuern zu erheben. Das sind für die Bevölkerung des Hinterlands die Tropfen, die das Fass zum Überlaufen bringen. Wozu will die Republik jedermann zählen und beschreiben, wenn nicht, um die Sklaverei wieder einzuführen? Und wiederum »ließen animalischer Instinkt, gesunder Menschenverstand und jahrhundertelange Erfahrung die Dorfbewohner sofort erkennen... dass die Steuereintreiber habgieriger sein würden als die Geier und die Banditen«. Der Counselor verleiht seinen schlimmsten Befürchtungen Ausdruck. Er verkündet, dass »der Antichrist in der Welt umgehe, und sein Name sei Republik«. Anschließend zieht er sich, zusammen mit allen, die ihm folgen wollen, in die Festung Canudos zurück, Teil der Liegenschaften des Barons de Canabrava, des größten aller feudalen Grundbesitzer und Chef der Autonomistischen Partei Bahías, die ironischerweise der neuen Republik genauso feindselig gegenübersteht, wenn auch aus dem absolut profanen Grund des Eigeninteresses.

In Canudos macht sich der Counselor an den Wiederaufbau und die Befestigung von »Belo Monte«, einer Stadt und Kirche, eines neuen Jerusalem, gegen das der Antichrist seine Armeen aufmarschieren lassen muss. Es wird vier Feuersbrünste geben, erklärt der Counselor seiner Herde (die auf dem Höhepunkt

30 000 Seelen zählt), und er wird drei davon löschen, der vierten aber erlauben, sie alle zu verschlingen. So werden die vier Schlachten des Krieges von Canudos vorhergesagt. Was dann folgt, besitzt die unerbittliche, bedrohliche Unausweichlichkeit einer griechischen Tragödie – allerdings einer, die im Dschungel spielt –, und unser Wissen um das Ende dient nur dazu, unsere Qualen noch zu steigern.

Die Schriftstellerkunst Vargas Llosas hat in gewisser Weise während seiner gesamten, bemerkenswerten Karriere auf dieses Buch hingearbeitet; der Stil ist schlichter geworden, die Gestaltung klarer. Es ist ein langer Weg von den strukturellen Verwicklungen und der zuweilen absichtlich wirkenden Komplexität seiner sehr bemerkenswerten frühen Romane *The Time of the Hero* und *Das grüne Haus* über die komische Zugänglichkeit, ja Albernheit von *Captain Pantoja* und *Tante Julia und der Kunstschreiber* bis zu den handwerklich solideren, traditionellen Vorzügen des gegenwärtigen Romans. Man darf jedoch nicht annehmen, dass dieser eine Art Abstieg in den Popularismus darstellt; vielmehr scheint Vargas Llosa sich allmählich von einer Form der Komplexität auf eine andere zubewegt zu haben. Oder, um genau zu sein, von der Komplexität der Form zu jener der Ideen. *Der Krieg am Ende der Welt* bietet zweifelsohne zahlreiche konventionelle Befriedigungen des langen, gewissenhaft geschriebenen historischen Romans – die Wiedererschaffung einer verlorenen Welt, eine gemächliche, gut terminierte Exposition; ein Gefühl von Ellbogenfreiheit; und das Gefühl, in sicheren Händen zu sein –, aber er offeriert uns auch ein fiktives Universum voll intellektueller Diskussionen, eines, dessen Bewohner durchaus willens und fähig sind, sowohl politische als auch spirituelle Fragen des Langen und Breiten und mit beträchtlichem Elan zu diskutieren.

Die hervorragendsten Qualitäten dieses ausgezeichneten Romans sind jedoch meiner Meinung nach weder das unerbittliche, klassisch-griechische Fortschreiten auf das Abschlachten der Unschuldigen zu, das die Klimax bildet, noch seine intellektuelle

Strenge. Vielmehr ist es die Weigerung, jemals die menschliche Dimension in einer Story aufzugeben, die so leicht hätte grandios werden können; sowie ein Gefühl der Zwiespältigkeit, das es Vargas Llosa ermöglicht, seine Personen dreidimensional bleiben zu lassen und nicht nur Repräsentanten von Gut und Böse oder anderen Abstraktionen in ihnen zu sehen; und schließlich eine profunde Bewusstheit der tragischen Ironie, die Zehntausende ganz normaler Frauen und Männer im Kampf gegen die Republik sterben lässt, welche theoretisch dafür geschaffen wurde, ebendiesen Menschen zu dienen und sie gegen die Raubgier ihrer früheren feudalen Overlords zu schützen.

Ein großer Teil der Story wird aus der Sicht einer Personengruppe um die Bauersfrau Jurema erzählt. Sie ist die Ehefrau des Fährtensuchers Rufino, eines Leibeigenen des Barons de Canabrava, und als sie von dem naiven Revolutionär Galileo Gall vergewaltigt und mit ihm zusammen von einer Zirkustruppe mitgenommen wird, ist Rufino aufgrund des Ehrenkodex verpflichtet, Galileo zu folgen und ihn zu töten. Nachdem die beiden Männer einander fast umgebracht haben, trifft Jurema in Begleitung eines Zwerges, des Märchenerzählers und einzigen Überlebenden der Zirkustruppe, in Canudos ein; sowie eines Mannes, der stets nur als »kurzsichtiger Journalist« bezeichnet wird und dessen Entwicklung von kindlicher Unschuld zu schmerzhafter Reife den emotionalen Kern des Romans bildet. Jurema wird also von je einem Vertreter sowohl der mündlich erzählten als auch der geschriebenen Literatur begleitet, und beide scheitern an Canudos. Kein Mensch will den Zwerg für seine Geschichten bezahlen, während der Journalist seine Brille zerbricht und die großen Ereignisse nur mehr als eine Reihe von Schatten und schließlich Scherben sieht, weil er sich aus den zerbrochenen Gläsern ein Monokel zusammenbastelt. Ein seiner Augen beraubter Augenzeuge ist ein trauriges Bild, und tatsächlich ist dieser Journalist eine rührende Figur. Es ist Jurema, die diese Ritter des Wortes am Leben erhält – zum Teil, weil einer der Chefs von Canudos, der ehemalige Bandit Pajeú, sich in sie verliebt. Gewiss, ihr Platz in der Erzählung ist ein wenig künstlich zentralisiert; gegen Ende hört der Baron de Canabrava, als er durch den Journalisten die Story vom Fall Canudos' erfährt, voll Staunen, dass der Mann Rufinos Ehefrau geheiratet hat (die beiden gehören zu der Handvoll jener, die das Massaker überlebt haben):

All diese Begebenheiten, Zufälle, schicksalhaften Begegnungen... [Der Baron] hatte plötzlich das absurde Gefühl, die ehemalige Magd von Calumbí sei die einzige Frau im *sertão,* ein weibliches Wesen, in dessen schicksalhaften Bann alle Männer, die irgendeine Verbindung zu Canudos hatten, früher oder später unwillkürlich gerieten.

Ein bisschen ist es wohl so; aber vielleicht gerade weil Jurema ein so unwahrscheinlicher, ja sogar banaler Mittelpunkt ist, stört dieser Kunstgriff nicht allzu sehr. Und die positiven Seiten des Romans sind, wenn wir das Leben der einzelnen Personen im Auge behalten, beträchtlich.

Was nun die Zwiespältigkeit betrifft: Es war ein guter Einfall, die engsten Jünger des Counselors als in mancher Hinsicht mit so vielen Fehlern behaftet darzustellen. Einige von ihnen – der narbengesichtige Pajeú, Pedrão, Abt João – sind ehemalige Banditen und Massenmörder; selbst die heilige María Quadrano, die »Mutter der Menschen«, entpuppt sich als niemand anders als die ehemals notorische Filicide aus Salvador; und der ihm nahestehendste Jünger von allen, der Petrus seiner Bande, bekannt als der Kleine Gesegnete, verrät (wie Petrus) schließlich seinen Christus, indem er den feierlichen Eid bricht, den er selbst allen abnahm, den Eid, dass sie niemals die Grabstätte des toten Counselors verraten würden. Diese Fehler bewirken mehr, als aus den Aposteln glaubhafte Charaktere zu machen: Sie führen den wichtigen Beweis, dass die Führer dieses seltsamen Aufstands in keiner Hinsicht »besser« sind als ihre Anhänger; und indem sie in vielerlei Hinsicht »schlechter« sind, werden sie nicht zu Repositorien der Moral. Diese Rolle bleibt der Masse der Gläubigen als Ganzes überlassen.

Eine Zwiespältigkeit ist allerdings weniger erfreulich. Die Ehefrau des Barons de Canabrava, Estela, wird verrückt, als die Rebellen ihr geliebtes Heim Calumbí niederbrennen, und vorübergehend scheinen die stürzenden Feudalherren nahezu sympathische Menschen zu sein. Dann verspielt der Baron jedoch die Sympathie der Leser (und, ehrlich gesagt, bei diesem Leser fast auch der Schöpfer des Barons), als er die Magd seiner Frau vergewaltigt, um seiner lieben Estela wieder nahe zu sein. »Ich habe sie immer mit dir teilen wollen, mein Liebling«, ›stammelt‹ er, und die verrückte Estela erhebt keinen Einwand. Sebastiana, die Magd, wird nicht um ihre Meinung gebeten. Das ist ein hässlicher Moment in einem Buch, das größtenteils auch in den brutalsten Zeiten auf Rohheiten verzichtet.

Die politische Einsicht von *Der Krieg am Ende der Welt* ist trostlos, und man könnte über diese absolute Trostlosigkeit diskutieren. Doch es ist schwer für einen Schriftsteller in diesen letzten Jahren eines grausamen Jahrhunderts, das Leben nicht als Tragödie zu sehen, und Mario Vargas Llosa hat eine moderne Tragödie geschrieben – in grandiosem Umfang, wenn auch zum Glück nicht in grandioser Manier. Am Ende der 725 Seiten beherrschen zwei Bilder dieses brodelnde Panorama von Tod, Verderben und Glauben. Eines davon ist das des Spurensuchers Rufino und des Anarchisten Galileo Gall, die einander, jeder ein etwas verschrobener Diener einer Idee, langsam zu Tode hacken; dieses Bild dürfte Vargas Llosas politische Einstellung spiegeln. Das zweite ist erlösender Natur. In Canudos sterben 30 000 Menschen, und man könnte leicht meinen, ein Gott, der solche Opfer fordert, sei ein Gott, den man meiden müsse wie die Pest. Vargas Llosa jedoch ist mit jener Großzügigkeit des Geistes, die den ganzen Roman durchzieht, durchaus bereit, jemandem das letzte Wort zu lassen, der anerkennt, dass die Katastrophe auch eine Art Triumph war.

Als die siegreichen Soldaten nach der Einebnung von Canudos aufräumen, wollen sie unbedingt das Schicksal eines Anführers klären, dessen Leichnam nicht gefunden wurde. Eine alte Frau fragt Oberst Macedo, ob er wissen möchte, was mit Abt João geschehen sei, und der Oberst nickt daraufhin begierig.

»Die Erzengel haben ihn in den Himmel hinaufgetragen«, erklärt sie und schnalzt mit der Zunge. »Ich habe sie mit eigenen Augen gesehen.«

1984

Maytas Geschichte

Für einen politisch »Gemäßigten« hat Mario Vargas Llosa in letzter Zeit einige ziemlich maßlose Bemerkungen losgelassen. Gabriel García Márquez als »Castros Kurtisane« zu bezeichnen kann man nicht unbedingt zurückhaltend nennen. Und als Günter Grass dieser Bezeichnung widersprach, wurde auch er mit den extremen Linken in einen Topf geworfen, die einen immer größeren Raum in Vargas Llosas persönlicher Dämonologie einnehmen. Dass Vargas Llosa Grass, diesen Erzgradualisten, diese politische Schnecke, für so extrem hält, ist ein Beweis dafür, wie weit das Zentrum in der Vorstellung dieses großen peruanischen Romanciers nach rechts abgedriftet ist.

Dennoch ist er wirklich ein großartiger Romancier. Seine letzten beiden Bücher, *Tante Julia und der Kunstschreiber* und *Der Krieg am Ende der Welt* waren je ein komisches und ein tragisches Meisterwerk. Darüber hinaus ist er ein bekannter Romancier jenes Typs, den ich seit Langem bewundere, für den nämlich die Literatur eine Auseinandersetzung mit und über die Welt ist. Als ich *Maytas Geschichte zu* lesen begann, war ich darauf vorbereitet, all jenen in Spanien und Mittelamerika zu widersprechen, die mir bedrückt berichtet hatten, Vargas Llosa habe sein erstes offen rechts gerichtetes Werk geschrieben. Nach dem Lesen kann ich ihnen ganz und gar nicht mehr widersprechen. In vielerlei Hinsicht aber sind die literarischen Schwächen des Romans weitaus enttäuschender als die politische Tendenz.

Maytas Geschichte spielt in einem Peru der nahen Zukunft, in dem eine apokalyptische Konfrontation zwischen einer von Kuba geförderten Revolution und einer durch US-Marines unterstützten Regierung unmittelbar bevorsteht. Vargas Llosa hat sich große, ja sogar übermäßige Mühe gegeben, dabei unparteiisch zu wirken. Die Luftwaffe der Regierung bewirft das Bergdorf Chunán mit Napalm, die Guerilleros richten ein Blutbad unter den Dorfbewohnern des nahen Ricrán an. So wird eine Art Gleichgewicht des Bösen angedeutet.

Vor diesem gewalttätigen Hintergrund bemüht sich ein anonymer Erzähler, ein Schriftsteller, über den wir ziemlich wenig erfahren, höchstens noch, dass man – so prominent ist er – eine Gefängnisbibliothek nach ihm benannt hat, eine Story über einen armseligen und katastrophal verlaufenen früheren Revolutionsversuch in den 50er-Jahren zusammenzubasteln, den sein ehemaliger Mitschüler Alejandro Mayta unternommen hat. Der Roman bewegt sich nahtlos zwischen Recherchen und Rückblenden hin und her, wobei der Bruch manchmal mitten im Satz stattfindet und nur durch den Wechsel vom Präsens zum Perfekt gekennzeichnet ist.

Mindestens bis zur Hälfte des Romans ist ihm dies glänzend gelungen; der Leser wird nicht verwirrt, und während Erinnerung und Neuerschaffung sich vermischen, wird Vargas Llosas Behauptung über die Unmöglichkeit, zu einem »wirklichen Leben« zu gelangen, perfekt durch seine Form demonstriert. Alle Versionen von Maytas Leben sind suspekt; die Erzählungen der Zeugen sind so unzuverlässig wie die Geschichte selbst in einem Zeitalter, in dem Fälschung die Norm ist. Der Erzähler erklärt sich selbst zum Lügner, sein Ziel ist es, lieber einen fiktiven Mayta zu erfinden, als Biograf des »wirklichen« zu sein (eine Unterscheidung, die dadurch, dass wir wissen, es *gibt* keinen wirklichen, nur noch komplizierter gemacht wird).

Innerhalb dieser Struktur rückblickender Recherchen à la *Citizen Kane* wird ein weiterer Balanceakt vollführt. Jene Zeugen, die Mayta am bösartigsten verleumden, müssen erleben, dass auch ihre Motive infrage gestellt werden: Der Senator, der behauptet, der alte Trot sei ein Regierungsspitzel und stehe auf der Lohnliste der CIA, entpuppt sich als der damals junge Anatolio, den Mayta einst gelehrt hat, »zu vögeln wie ein Mann«, und der ihn jetzt verrät, obwohl sie einmal ein Liebespaar waren. Widersprüchliche Schilderungen der Vergangenheit kämpfen im Text gegeneinander an; und das erzählende Ich gibt sie wie eine Kamera völlig neutral wieder.

Alejandro Mayta, der alternde Trotzkist, wird nicht ohne Mitgefühl gezeichnet. Als völlig unbedeutender Mensch wird sein Schicksal durch die rein zufällige Begegnung mit einem gewissen Vallejos besiegelt, einem begeisterten Unterleutnant der Armee, der in dem Bergdorf Jauja insgeheim einen Aufstand plant. Für Mayta repräsentiert Vallejos die einzige Chance für echte Aktivität, nachdem er sein Leben mit hilflosen theoretischen Diskussionen in gemieteten Garagen und mit dem kräftezehrenden Parteiengezänk der extrem linken Gruppierungen von Peru verbracht hat. Unnötig zu erwähnen, dass ihre Pläne hoffnungslos, ja auf lächerliche Weise fehlschlagen und Mayta als zerbrochener, verratener Mann endet, der Eiscreme verkauft und vergessen zu haben vorgibt.

Vargas Llosa besitzt eine beachtliche Begabung für den Realismus der nichtmagischen Art, eine Begabung, die an Stendhal erinnern kann. Als Mayta zum größten Ereignis seines Lebens in den Bergen eintrifft, ist er durch die »Höhenkrankheit« so gut wie kampfunfähig geworden – ein wunderbares, ironisches Detail. Die Schilderungen von Stadt und Landschaft sind immer exakt, die Machenschaften der RWP(r), dieser winzigen, sieben Mann starken Trotzkistenzelle, zu der Mayta gehört, klingen glaubhaft. *Maytas Geschichte* müsste ein hervorragender Roman sein. Er ist es nicht.

Dieser Fehlschlag hat ganz zweifellos zum Teil einen polemischen Hintergrund. Dass Vargas Llosas Linke ohne Ausnahme Fanatiker sind, schwach, unheilbar romantisch, Ackergäule der Partei, engstirnige Ideologen, dumm oder opportunistisch, gehört dazu. Dass er den revolutionären Impuls als unweigerlich weit entfernt vom wirklichen Leben (wenn ich diesen Ausdruck gebrauchen darf) der Menschen darstellt, ist schlichtweg unhistorisch. Mit welcher politischen Richtung man es auch halten mag, man kann sich kaum mit der Geschichte Lateinamerikas im 20. Jahrhundert beschäftigen und zu einer solchen Schlussfolgerung gelangen.

Für einen Roman über das Wesen der Geschichte hat *Maytas Geschichte* nicht viel historisches Gefühl aufzuweisen. Warum steht in diesem fiktiven Peru die Apokalypse unmittelbar bevor? Welche großen Mächte stoßen aufeinander? Nur blinde Ideologien. Das reicht nicht. In *Der Krieg am Ende der Welt* hat Vargas Llosa uns eine echte historische Tragödie geboten, in der die ökonomische und militärische Macht eines Staates mit der religiösen Begeisterung der unterdrückten Armen zusammenstößt und sie schließlich zerschlägt. *Ende der Welt* wirkte real; *Maytas* Müllhaufen Peru ist ein Comicstrip.

Nein, schlimmer. Weil Vargas Llosa die Schuld an der Apokalypse eindeutig seinem glücklosen Antihelden auflädt. Sein kraftloser Aufstand »legte jenen Prozess fest, der zu dem geführt hat, was wir alle heute erleben«. Also sind die Revolutionäre der Grund, warum der Staat die Marines zu Hilfe rufen muss. Als Geschichtsklitterung nicht schlecht.

Aber derartige Dispute sind nebensächlich. Maytas ungeschicktes Abenteuer ist nicht komisch genug, nicht traurig genug oder ganz einfach nicht aufregend genug, um unser Interesse zu fesseln. Während der Roman fortschreitet, scheint Vargas Llosa sich über die Unzulänglichkeit seines Materials klar zu werden, und die Erzählung wird immer hektischer. Der Zeugen werden immer mehr, bis fast jeder neue Abschnitt von einer anderen Stimme erzählt wird; der Unterschied zwischen Vergangenheit und Gegenwart verschwimmt, sodass das Ich mal der Erzähler und mal, höchst verwirrend, Mayta persönlich ist. Das ist *Kane* ohne Kane (Mayta ist letztlich ein eher hohler Mittelpunkt), und – obwohl der »wirkliche« Mayta bei seinem Zusammentreffen mit dem Erzähler im letzten Kapitel ein lange gehegtes Geheimnis lüftet, das unvermeidlicherweise zeigt, dass die Trots des Romans noch weit widerlicher sind, als wir bis dato vermutet hatten – auch das ohne Rosebud.

Die letzte Begegnung zwischen dem Rechercheur und dem Recherchierten offenbart den für mich schlimmsten Fehler des Romans. Die Veränderung des spanischen *Historia de Mayta* für die englische Ausgabe in ein *Real Life of Alejandro Mayta* (und wer war übrigens dafür verantwortlich?, der Übersetzer wird nicht genannt) lädt ein zu einem Vergleich mit einem ganz ähnlichen Roman unter einem ganz ähnlichen Titel, Nabokovs *Das wahre Leben des Sebastian Knight*. Auch Nabokovs Erzähler verfolgt eine höchst schwer zu fassende Person, der er niemals begegnet. Auch er versucht seine Identität vor dem Leser geheimzuhalten. Aber Nabokovs Genie enttarnt ihn dennoch und zeigt schließlich, wie seine Identität in dem Verfolgten aufgeht. (»Ich bin Sebastian, oder Sebastian ist ich, oder vielleicht sind wir beide jemand, den keiner von uns kennt.«) Hauptsache ist, *dass mit dem Erzähler etwas geschieht*. Vargas Llosas Erzähler, der nie die Maske objektiver Neutralität fallen lässt, während sein Schöpfer die Würfel fälscht, stellt Maytas Hohlheit die eigene Leere gegenüber. Statt Nabokovs verschmolzener Identitäten haben wir nur zwei schlecht gekreuzte Ichs.

1986

Elfter Teil

Die Sprache der Karten

Debrett Goes to Hollywood

E. L. Doctorow

Michael Herr: Ein Interview

Richard Ford

Raymond Carver

Isaac Bashevis Singer

Philip Roth

Saul Bellow

Thomas Pynchon

Kurt Vonnegut

Grace Paley

Der mit dem goldenen Esel reist

Der göttliche Supermarkt

Die Sprache der Karten

Wohl einem jeden, der sich des Abends schon mal zu einem anregenden Spielchen an den Tisch gesetzt hat, ist bekannt, dass in einem Kartenpäckchen ein Wortschatz steckt, der kaum weniger vielseitig ist als ein Diktionär; dass die Gespräche einer kleinen Poker- oder Rommé-Runde daher nicht weniger interessant sind als eine hitzige Diskussion über die brennenden Probleme des Tages; und dass der Spieler aus derartigen Gesprächen eine Menge über die verborgensten Eigenschaften seiner Mitspieler und über sich selbst erfahren kann, zum Beispiel aufschlussreiche Informationen über die Frage, wer der Leichtsinnigste der Runde ist und wer der Vorsichtigste, wer echte Welterfahrung zu besitzen scheint und wer, obwohl geschniegelt und gebügelt, im Grunde nicht mehr ist als ein Bauerntölpel. Und was die dabei gebräuchliche Sprache betrifft, so ist diese in einem Aspekt allen anderen lebenden Sprachen insofern überlegen, als derjenige, der sie am besten spricht, der die größte Mundfertigkeit an den Tag legt und die phantasievollsten Nebensätze einzuflechten weiß, höchstwahrscheinlich mit einer dicken Brieftasche nach Hause geht, es sei denn, seine weniger sprachgewandten Kollegen folgen ihm bis zu einem finsteren Gässchen, prügeln ihn windelweich und rauben ihn aus.

Es ist also nur natürlich, dass die Sprache der Karten sich auch in unsere Alltagssprache einschleicht; so erwähnen wir, wenn wir einen Schwatz halten zum Beispiel, eine bestimmte Eigenschaft, etwa die Ehrlichkeit, sei nicht unbedingt dieses oder jenes Menschen *long suit,* das heißt »lange Farbe« oder Spezialität; oder wir bezeichnen eine Person von unberechenbarem Charakter als »Joker im Spiel«. Sogar Menschen, die niemals spielen, werden sofort verstehen, was es heißt, schlechte Karten im Spiel des Lebens, oder wenn ein Zukunftsplan danebengeht, einen »geplatzten Flush« zu haben. Der Uneingeweihte mag zwar nicht wissen, dass Asse und Achten als »Dead Man's Hand« – Totenkarten – bezeichnet werden, weil das die Karten waren, die Wild Bill Hickock in der Hand hielt, als er von zahllosen Kugeln durchsiebt wurde, ist aber durchaus vertraut mit Ausdrücken wie »den Einsatz erhöhen« oder sogar »impassieren« im Sinne von »mit List bewerkstelligen« (bei Bridge oder Whist), und wenn er »fein dasteht« (sitting pretty), weiß er, dass er alle Asse in der Hand hat oder auch mit Trümpfen rauskommt.

Weitaus erstaunlicher ist – falls man sich immer wieder vom Leben überraschen lässt, das heißt also vermutlich kein Kartenspieler ist –, dass eine Tätigkeit, in der Zufall, Geschicklichkeit, dramatische Zuspitzungen, Intrigen, Betrug, Verbrechen, Gewalttätigkeit, Geld und wildeste Berg-und-Tal-Fahrten des Glücks so dicht beieinanderliegen, eine Tätigkeit, die realistisch, symbolisch und sogar allegorisch ist, so relativ selten in der Literatur dargestellt wird. Gewiss, es gibt *Der Lockenraub*, es gibt *Alice im Wunderland*, und es gibt Frankie Machine, den rauschgiftsüchtigen Kartenspieler in Nelson Algrens *Der Mann mit dem goldenen Arm*. Es gibt Italo Calvinos *Das Schloss, darin sich die Schicksale kreuzen*, in dem Tarotkarten benutzt werden, um Geschichten zu erzählen, und da ist Vladimir Nabokovs *König, Dame, Bube*. Danach jedoch muss man sich schon auf die Suche machen. Es gibt eine Erzählung von Puschkin, an deren Titel ich mich nicht erinnere. Im Kino gibt es *Cincinnati Kid*, aber *The Joker is Wild* ist ein Film, der trotz seines Titels nicht von Spielkarten handelt, genau wie *One-Eyed Jacks* und *Aces High*.

Glücksspiel im Allgemeinen taucht immer wieder einmal auf, bei Dostojewski und sogar im *Mahabharata*, in dem Fürst Yudhisthira wegen seiner Liebe im Würfelspiel sein ganzes Königreich an seinen Erzfeind verliert. Aber Karten? Die sind dünn gesät. Es ist, als seien diese beiden Sprachen, die Sprache der Karten und der Literatur, miteinander unvereinbar und als sei es schwieriger, die eine in die andere zu übersetzen, als man glaubt.

Der Grund dafür mag darin liegen, dass das wahrhaft Interessante am Kartenspiel das *Mogeln* ist. Damon Runyon (dessen Stil den Anfang dieser Abhandlungen ein wenig beeinflusst hat, obwohl ich das künftig vermeiden werde) schrieb wohl die beiden großartigsten Erzählungen über Kartenspieler, und in beiden ist das Mogeln von zentraler Bedeutung. In »The Lacework Kid« muss Kid, der dem Roman den Namen gab und ein Genie in allen Kartenspielen bis auf Rommé ist, während des Krieges in einem Kriegsgefangenenlager mit dem deutschen Lagerkommandanten Rommé spielen. Kid gewinnt, der Deutsche wird mit einer Kugel im Kopf aufgefunden, und Kid benutzt seinen Gewinn, um die Wachen zu bestechen, die daraufhin alle Gefangenen fliehen lassen. Jahre später stellt sich heraus, dass Kid seine magischen Geberfinger auf eine alles andere als ehrliche Art eingesetzt hat. »In Wirklichkeit«, erzählt sein alter Mentor Kidneyfoot, »war Lacework Kid ein absoluter Trottel beim Rommé, bis ich ihm einen Trick beigebracht habe, der dem Spieler einen enormen Vorteil verschafft: absichtlich ›zufällig‹ eine Karte zu Boden fallen zu lassen.« Mogeln beim Kartenspiel, besagt diese Geschichte, kann durchaus als kreative Handlung gesehen werden. Man erreicht sein Ziel, indem man aus dem Rahmen heraustritt. Was durchaus in Ordnung ist, solange man nicht dabei erwischt wird.

Eine weitere großartige Erzählung über Karten und Glücksspiel, Runyons »The Idyll of Miss Sarah Brown« – die Vorlage zu *In Mindy's Restaurant* –, enthält die unvergesslichste Warnung vor dem Falschspielen, die jemals geschrieben wurde. Kein Wunder, dass sie von Anthony Holden in *Big Deal,* seinem unterhaltsamen Bericht über ein Jahr, das er als Profipokerspieler zubrachte, gleich zweimal ausführlich zitiert wird:

»Junge«, sagt der Alte [Sky Mastersons Vater], »du ziehst jetzt hinaus in die große, weite Welt, um auf eigene Faust dein Glück zu suchen, und es ist gut, dass du das tust, denn da gibt es weit mehr Möglichkeiten für dich als in diesem Nest. Es tut mir nur leid«, sagt er, »dass ich dir nicht mit einem dicken Bankkonto zu einem fliegenden Start verhelfen kann, aber«, sagt er, »da ich dir keine Mäuse mitgeben kann, werde ich dir mit einem äußerst wertvollen Rat unter die Arme greifen... Junge«, sagt der Alte, »ganz egal, wohin du gehst oder wie neunmalklug du wirst, eines darfst du niemals vergessen: Eines Tages und irgendwo«, sagt er, »wird ein Kerl zu dir kommen und dir ein schönes, nagelneues Spiel Karten zeigen, das noch versiegelt ist, und dieser Kerl wird mit dir wetten wollen, dass der Pikbube aus diesem Kartenspiel herausspringen und dir Most ins Ohr spritzen wird. Aber, Junge« sagt der Alte, »wette lieber nicht mit ihm, denn auf eines kannst du dich verlassen: Du wirst das ganze Ohr voll Most haben.«

The Oxford Guide to Card Games von David Parlett erzählt uns jedoch enttäuschend wenig über das Mogeln. Er verweist uns zwar auf Girolamo Cardanos *Liber de ludo aleae* (»Buch über die Glücksspiele«), geschrieben im Jahre 1564, das anscheinend eine detaillierte Untersuchung über die »unerbittliche Logik« des Mogelns enthält, zitiert aber leider nicht daraus. Er berichtet uns, dass Whist im 17. Jahrhundert angesehen wurde als »Spiel der niederen Klassen... sündhaft wegen der Verbindung mit Betrug«, und zitiert Charles Cotton (1674): »Sie verstehen es, ihren Partnern mitzuteilen, welche Honneurs sie haben; zum Beispiel durch Zwinkern mit einem Auge... das heißt ein Honneur; schließt man beide Augen, zwei; drei oder vier Finger auf den Tisch gelegt, bedeuten drei oder vier Honneurs.« In einer späteren (1734) Ausgabe Cottons fügte Seymour, der Herausgeber, einige etwas geschicktere Variationen hinzu: das »Pfeifen«, eine Methode, die Honneurs durch die Position der Finger des Betrügers auf seiner Pfeife beim Rauchen anzuzeigen, aber auch verbalen Betrug. »›In der Tat‹ bedeutet Karo; ›wahrhaftig‹ Herz; ›auf mein Wort‹ Kreuz; ›ich versichere Ihnen‹ Pik.«

Trotz der relativen Zurückhaltung bei diesem Thema ist *The*

Oxford Guide ein handliches und lehrreiches Buch. Parlett hat die Arbeiten seiner großen Vorläufer, ob alt oder modern, von Hoyle bis zu Dummett studiert und etwas geschrieben, das weder ein Regelwerk noch eine Anleitung zur Verbesserung der Spielkunst ist, sondern so etwas wie eine interessierte Meditation über die gesamte Palette des Kartenspiels. In Geschichte ist er ganz ausgezeichnet, beweist etwa, dass die Spielkarten nicht, wie so oft angenommen, aus China nach Europa kamen – etwa in Marco Polos Gepäck –, weil der Handel mit China »schon lange eingestellt worden war, als John von Rheinfelden 1377 (das Kartenspiel) als etwas Neues bezeichnete«; auch wurden sie nicht von den Kreuzfahrern aus dem Nahen Osten mitgebracht. In Wirklichkeit liegt ihr Ursprung, wie durch Herkunft und Datierung eines heute im Topkapi-Museum von Istanbul aufbewahrten Kartenspiels aus dem 12. oder 13. Jahrhundert bewiesen, im Ägypten der Mamelucken.

Parlett ist stark im Poker, flüchtig im Bridge und faszinierend in einer großen Zahl kleinerer Spiele, die er in technische Kategorien einteilt – »Glückliche Familien«, »Wetteifern und Angeben«, »Knobeln und Abkupfern«. Um eine detaillierte Beschreibung der Kartenspiele in der Aktion, das heißt von den Spielern wie auch vom Spiel, zu erhalten, müssen wir auf Holdens Buch zurückgreifen.

Holden ist kein Runyon und kein Algren, aber eindeutig von ihnen beeinflusst. Er ist ein ausgezeichneter Journalist und überdies ein Pokerfanatiker; sein Name allein schon deutet im Klang auf die Profiversion des Pokerspiels hin *(Hold 'em),* sodass er immer wieder auf die Lautsprecheranlagen in Las Vegas hereinfällt, die ihn auszurufen scheinen. Sein Buch ist lebendig, spannend und, zusammen mit dem Buch seines Freundes A. Alvarez *The Biggest Game in Town* (1983), die beste Beschreibung von Weltklassepoker, die man sich denken kann. (Alvarez ist *Big Deal* gewidmet und erscheint darin auch als »The Crony«.) Auch hier nicht viel über Mogeleien, aber niemand ist perfekt. Was Holden einmalig einfängt, ist die Besessenheit eines fanatischen Kartenspielers, den Runyon in »The Lacework Kid« folgendermaßen zusammenfasst:

> Ich werde nicht versuchen, Rommé in allen Einzelheiten zu beschreiben; Sie können jede Irrenanstalt anrufen, irgendeinen Patienten ans Telefon holen lassen und es von ihm im Handumdrehen lernen, denn die Irren sind alle zwanghafte Rommé-spieler, und möglicherweise ist es sogar Rommé, das sie so verrückt macht.

In Karachi gibt es einen hoch gelegenen Park, wo sich die Männer, wenn die Tageshitze in den kühleren Abend übergeht, in fröhlichen Gruppen zusammenfinden, im Schneidersitz auf dem Rasen hocken und die Karten herausholen. Das sanfte Klatschen der triumphierend oder resignierend ausgespielten Karten erfüllt die Luft. Selbst auf der Höhe von Zias puritanischer Diktatur, als Nightclubs schließen mussten und das Autokino von Karachi, jener traditionelle Schauplatz jugendlicher Lust, geschlossen wurde, wagten die Moralwächter der Nation die Menschen nicht am Kartenspielen zu hindern. Einen überwältigenderen Tribut an die hartnäckige Besessenheit der Kartenspieler und die nie nachlassende Vitalität ihrer Sprache kann man sich schwerlich vorstellen.

1990

Debrett Goes to Hollywood

Am Times Square fühlten sich die New Yorker vor einigen Jahren durch ein gigantisches Plakat mit der ein wenig verwirrenden Frage beunruhigt: IHR ARMSELIGEN MENSCHEN; WER KANN EUCH JETZT NOCH RETTEN? Ein paar Wochen später erschien anstelle der Frage die Antwort darauf: FLASH GORDON.

Hollywood hat uns schon immer für armselige Menschen gehalten, nicht wahr? Als minderwertige Rassen, die unbedingt der profanen Halbgötter da oben in Vista-Vision, Todd-AO oder Cinemascope bedurften. Unser Platz war ein Sitz im Dunkeln, von dem aus wir zu den Sternen emporblicken und zusehen durften, wie sie leuchteten. Banalität machte unser Leben irreal; *sie* waren es, die wirklich lebten. Also mampften wir unser Popcorn und wurden irre an der Realität. Wie die moderne Großstadt zur Negation der Natur wurde, so wurde der Film zur perfekten metropolitischen Form, zur Mythologie des Irrealen, und brachte eine völlig neue Religion hervor: *fame* – Berühmtheit.

»*Fame! 1 wanna live for ever!*« heißt der Song. Und das Spiel ist, war, immer schon Unsterblichkeit. Musste man einen römischen Kaiser darstellen, einen Propheten, einen Helden oder wenigstens ein Genie, war man für diesen speziellen Fluch prädestiniert. Hollywood gab vor, die Vergötterung zu demokratisieren. War man Lucille LeSueur, vermochte man sich von seiner schäbigen, armen, unglücklichen Vergangenheit zu distanzieren, das Zauberwort auszusprechen und, Hokuspokus, war man verwandelt: Joan Crawford.

Aber das Kino ist die am wenigsten demokratische, am strengsten hierarchische und statusbesessenste aller Welten, und Hollywood war immer schon ein Heim für Despoten (Toldwyn, Thalberg; Cohn), Könige (Gable) und Königinnen (Pickford). Natürlich waren die Stars alle Snobs. Natürlich wollten sie alle

Aristokraten sein. Aber vielleicht konnten sie nie so recht daran glauben, dass sie es wirklich und wahrhaftig waren, denn als Rita Hayworth Ali Khan heiratete, rief sie aus: »Ich bin ja so aufgeregt, ich kann gar nicht richtig denken, ich hab' das Gefühl, in einer Traumwelt zu leben!« Und als Grace Kelly Fürst Rainier von Monaco heiratete, war damit ein sogar noch schwindelerregenderer Gipfel erklommen.

Debrett Goes to Hollywood versucht die Dynastien des Golden-Age-Hollywood aufzuzeichnen, indem es uns sowohl Stammbäume als auch »Netze« anbietet, in deren Zentrum die heiligen Monstren sitzen: Elizabeth Taylor mit ihren sechs Ehemännern, Constance Bennett, Howard Hawks. Es ist ein exzentrisches Buch, das die Nase zugleich hoch in die Luft hebt und tief in den Dreck steckt. Charles Kidd, der Autor, scheint hin- und hergerissen zu sein zwischen der vornehmen genealogischen Befriedigung, die Beziehung zwischen Tyrone Power und Evelyn Waugh aufzudecken, und dem Vergnügen des Skandalaufspürens nach Art der Klatschspalten.

Das ist nicht überraschend. Hollywood und Skandale waren schon immer schwer zu trennen. Vielleicht haben wir uns *gewünscht*, dass die Stars untergingen, *wollten* wir ihren göttlichen Glanz verblassen sehen. Und wenn Charles Kidd von einem »Zeitalter des Glamour, das niemals wiederkehren wird« spricht, beschwört er damit etwa die Bennett Sisters herauf, die zusammen »zwölf Ehemänner, acht Scheidungen und zwölf Kinder hatten. In ihren Lebensgeschichten finden sich ein ungelöstes Rätsel, die Tragödie einer Geisteskrankheit und ein Skandal, der fast das Ende einer Karriere bedeutet hätte.«

Wenn das Glamour sein soll, ist das Buch voll davon: Alkoholismus, Syphilis, Selbstmord. »Unglückselige sapphische Affären« waren der Untergang einer gewissen Pepi Lederer. Doch Heterosexualität brachte auch kein sehr viel besseres Ergebnis. »Ich hoffe, sie machen ihr das Leben zur Hölle«, murmelte Debbie Reynolds' Mutter, als Liz mit Debbies Eddie durchbrannte, den sie später gegen Dick eintauschte. »Jeder weiß doch genau, was die ist.« Nanu.

Wer sind eigentlich die wirklich armseligen Menschen, dachte ich beim Lesen mehr als einmal; und wer kann sie jetzt noch retten?

Eine der (unbeabsichtigten) Enthüllungen in *Debrett Goes to Hollywood* ist, dass Sterne verblassen und schließlich verlöschen; dass Ruhm – mit Ausnahme von sehr wenigen Fällen – nicht ewig währt; und dass die Verheißung von Unsterblichkeit Schwindel ist. Viele der »Legenden« in dieser Sammlung wirken nicht mehr ganz so legendär. Interessiert es Sie, dass Joan Bennetts Tochter früher einmal die Schwägerin von Gloria Swansons Tochter war? Was kümmert Sie Franchot Tone? Wer in aller Welt war die Rankin- und die Davenport-Dynastie? *Sic transit* Gloria Grahame, auch wenn sich herausstellt, dass sie von Edward III. abstammt.

Viele Stars aus alten Zeiten, deren Unsterblichkeit noch immer festzustehen scheint, fehlen in diesem Buch. Keine Mae West, kein W. C. Fields, kein Buster Keaton. Selbst die Monroe ist Kidd höchstens ein Foto wert. Bezeichnend auch, dass die interessantesten Konstellationen, die Charles Kidd ausgegraben hat, deshalb ins Auge fallen, weil sie eine Verbindung zwischen der Welt des Films und Berühmtheiten aus der »realen« Welt herstellen. Eine dieser Verbindungen ist die zwischen Humphrey Bogart und Prinzessin Di (Bogeys Mutter war eine achte Cousine der Urgroßmutter der Prinzessin; ziemlich nahe Verwandtschaft, nicht wahr?). Die andere wirkt noch überraschender. Der Ehemann der Exehefrau des Exehemanns der Exehefrau des Ehemanns der Schwester von Groucho Marx' Ehefrau war Randolph Churchill, dessen Vater natürlich Winston persönlich war. So sind zwei der berühmtesten Zigarrenraucher der Welt durch unauflösliche (na ja, beinah) Bande miteinander verknüpft.

Nur sehr wenige Stars vermögen uns heutzutage noch zu blenden. Das Fernsehen hat sie kleiner gemacht, als wir es sind. Wir begeben uns nicht mehr in ihre abgedunkelten Tempel; stattdessen kommen sie, längst nicht mehr überlebensgroß, zu uns ins Haus. Wir üben Kanalspringen, während sie küssen, drücken die Fast-Forward-Taste an unserem Video, wenn sie uns langweilen. Selbst ihre Skandale nötigen uns kein Hochziehen der Brauen mehr ab.

Aber vielleicht lacht Hollywood schließlich doch noch zuletzt. Mag sein, dass die Stars nicht mehr Verehrung bei uns auslösen können, die Religion jedoch, deren erste Gottheiten sie waren, hat die ganze Welt erobert. In *The Big Room* zeigten Michael Herr und Guy Peelaert durch ihre Porträts von Prominenten, dass die wahren Stars heute Gangster sein können (Meyer Lansky), Glücksspieler (Nick der Grieche) oder Hoteliers (Conrad Hilton). Sie können Gebrauchtwagenhändler sein wie Richard Nixon oder, wie John Fitzgerald Kennedy, Präsident der Vereinigten Staaten.

Wenn Mörder zu Stars werden, weiß man, dass irgendetwas furchtbar schiefgelaufen sein muss. Wenn normale Menschen Schlange stehen, um sich den diversen Demütigungen von Gameshows auszusetzen, nur um fünf Minuten im Scheinwerferlicht zu stehen, wird einem klar, wie weit sich diese Seuche schon verbreitet hat. Und wenn die Methoden des Star-Machens, wenn Image und Illusion zur Grundausstattung der Politiker werden, begreift man: Wir beten heute alle Idole an, und Bilderstürmer scheint es nicht mehr viele zu geben.

Die alten Filmstars, die da mit 24 Bildern pro Sekunde über die Leinwand flackern, waren Götter, die wussten, dass sie falsch sind. Kehre zurück, Flash Gordon, alles vergeben!

1986

E. L. Doctorow

Die Idee des Stars, des menschlichen Individuums, das himmlisches Licht verstrahlt, ist im Wesentlichen eine amerikanische, weil Amerika in das Licht verliebt ist; man braucht sich nur die Nationalhymne anzuhören, mit dem Sternenbanner, dem frühen Licht der Morgenröte, dem letzten Schimmer der Abenddämmerung, dem roten Schein der Raketen – gab es jemals eine ähnliche Ode an die Beleuchtung? Aber auch wenn sich Amerika als Verkörperung des Lichts begreift, weiß es dennoch um seine Dunkelheit und liebt auch seine dunklen Sterne, liebt sie sogar umso mehr, weil es sich vor ihnen fürchtet: Al Capone, Don Corleone, Legs Diamond und den Dämonengott aus E. L. Doctorows *Billy Bathgate*, den barbarischen Arthur Flegenheimer, der den Namen eines Toten stahl und zu Dutch Schultz wurde. Als eine säkulare Nation, die nach Göttern hungert, machte Amerika aus Männern wie dem Dutchman finstere Götzen, an die es so verzweifelt glauben wollte wie der 15-jährige Billy, Doctorows Erzähler, an Schultz. Was Amerika jedoch am liebsten hat, am nötigsten hat, mehr noch als Licht, mehr noch als Dunkelheit, mehr noch als Götter oder Dämonen, das ist der höchsteigene Mythos. Das mythische Amerika, erklären uns seine Schriftsteller unermüdlich, ist das wirkliche Amerika, und Mythen verlangen unter anderem, dass Helden nicht nur aufsteigen, sondern auch fallen. *Billy Bathgate* ist die Geschichte von des Dutchmans langem letztem Fall.

Aber es ist auch die Geschichte von Billys Aufstieg. Billy, der Anfänger, der »tüchtige Bursche«, der die Aufmerksamkeit des großen Gangsters erregt, als er auf dem Bürgersteig vor den Kneipen des Verbrechers mit Gegenständen unterschiedlichen Gewichts jongliert. Billy mit der verrückten Mutter, die den Anzug ihres dahingeschiedenen Ehemannes mit ausgebreiteten Ärmeln und Hosenbeinen, als sei es ein Mann, auf den Fußboden ihres

Zimmers nagelt. Billy, dessen bester Freund ein Straßenkehrer namens Arnold Garbage ist, der mit 15 die 14-jährige Rebecca aufs Dach des Waisenhauses mitnimmt und für einen Dollar zweimal mit ihr vögelt. Billy, der von Größe träumt und sie auf dieselbe Art sucht, wie er die Story erzählt: mit einem ungeheuren Schwall von Wörtern und Intrigen und Liebe zur Gefahr und Angst vor dem Tod und Entschlossenheit, dennoch zu überleben; der seine einzige Chance zur Größe in der Schultz-Gang sieht und der von den mörderischen Launen seines Chefs abhängig ist. Billy, der genau weiß, dass er jeden Moment sterben kann, weil er zu viel gesehen oder zu wenig gelernt hat, ergreift diese Chance mit der hemmungslosen Gier der Straße. »Ich glaube, wenn man heutzutage wirklich etwas lernen will, muss man sich direkt an die ganz oben wenden«, wagt er dem Dutchman ins Gesicht zu sagen und kommt ungestraft davon.

Er wird als Lehrling in die Gang aufgenommen, wo er im Laufe der unsentimentalsten Ausbildung der gesamten Literatur eindeutig viel zu viel sieht und zum Ausgleich dafür eine ganze Menge lernt. Zu dem, was er sieht, gehört die Hinrichtung des Killers Bo Weinberg, den Dutch mit den Füßen in einer Schüssel erstarrendem Zement ins New Yorker Hafenbecken wirft, wo er in dem »schwerfälligen Diagramm des Meeres« ein paarmal träge hin und her schwappt, bevor er untergeht und beim Ertrinken *Bye, Bye, Blackbird* singt. Dazu gehören die grausigen Morde an einem Brandinspektor und einem Gewerkschaftsboss, die Schultz in der Raserei des Zusammenbruchs seiner Macht umbringt. Dazu gehört der Besuch des Mafia-Dons mit dem hängenden Augenlid und der schlechten Haut und später der Besuch, den die Angestellten dieses Herrn Dutch Schultz abstatten. Was Billy lernt und erfährt: wie man mit einer Waffe schießt; das Geheimnis der Zahlen, unter anderem beim illegalen Zahlenlotto (von Schultz' Finanzgenie Abbadabba Berman); was man empfindet, wenn der angebetete Gott einem die Nase brechen lässt; dass manche Menschen vom Tod leben; was es heißt, ein Racketeer zu sein, wenn die gefügig gemachten Politiker sich weigern, weiterhin von Schultz Geld anzunehmen (»Es ist folgenschwer, wenn das Geld zu fließen aufhört«); und dass sterbende Gangster, die ihre letzten Worte herauskeuchen, ihre tiefsten Geheimnisse verraten, wenn man es versteht, ihnen richtig zuzuhören. Er lernt sich zu verlieben und vor allem zu überleben, um diese Geschichte zu erzählen.

Die Liebe kommt in Gestalt von Drew Preston zu Billy, einer männermordenden Dame der guten Gesellschaft, die Schultz vom einzementierten Bo geerbt hat. Drew bietet sich auch Billy an, und obwohl sie so schön ist wie der Teufel und der Dutchman verrückt nach ihr ist, obwohl sie beinah die Gang auseinandergebracht hätte und Billy ihr und ihrem Ehemann Harvey auf der Rennbahn von Saratoga durch ein geniales System mit Blumensträußen und Pralinenschachteln das Leben rettet, bleibt die Tatsache bestehen, dass sie die am wenigsten überzeugende Person in diesem sonst makellosen Buch ist; sie liest sich, als warte sie darauf, dass Michelle Pfeiffer im Film ihre Rolle spielt. Tatsächlich liest sich das ganze Buch zeitweise allzu sehr wie der Film, der zweifellos schon bald nach ihm gedreht werden wird, aber was soll's, die Story ist so großartig, dass man sich wirklich nicht beschweren kann.

Amerikanische Romanciers waren schon immer eher als ihre europäischen Kollegen bereit, zu demonstrieren, dass die Kunst der Literatur die Gestalt populärer Unterhaltung annehmen kann, ohne ein Jota von ihrer Ernsthaftigkeit zu verlieren, und *Billy Bathgate* ist bisher Doctorows brillantester Beweis dafür. Ja, wäre er nicht auf eine so robuste Art vulgär, würde der Roman als Kunstwerk sogar versagen, denn Billy ist in Wirklichkeit die Inkarnation der Straße. Da er sich nach der Bathgate Avenue in der Bronx genannt hat, »diesem Bazar des Lebens, Bathgate«, ist es nur richtig, dass er und sein Buch genauso chaotisch und lärmend sind wie diese raue Durchgangsstraße. Doctorows Begabung, die Aktualität des Straßenlebens heraufzubeschwören, sucht ihresgleichen; er ruft Bathgate wahrhaft ins Leben, diese Marktstraße, wo die Boys mit ihren Karren Grapefruits und Pfirsiche aus Georgia verkaufen und die »Aristokraten des Geschäfts« richtige Läden haben, in denen sie »Hühner, noch ungerupft« feilbieten, und Lachs und Weißfisch und Pickles und überhaupt alles. Aber nicht weniger lebendig als die Bathgate Avenue ist der Junge, der ihren Namen annimmt und sich genau wie sie dem Geld verschreibt, der Jagd nach dem Geld in Amerika, und den Gangstern, den Protagonisten dieser zielbewussten, skrupellosen Jagd, die ihre höchstentwickelte und bösartigste Verkörperung sind, die für die Bathgate Avenue das sind, was ein Könner für blutige Anfänger ist.

»Die Stadt hat mir immer Sicherheit geschenkt«, sagt Billy Bathgate, »jedes Mal, wenn ich darum gebeten habe.« Die Gangster in Doctorows Roman ziehen, wie Jack Diamond in William Kennedys nicht minder starkem Buch *Der Lange,* ihr Selbstbewusstsein, ihr Gefühl für Solidarität und Beständigkeit aus der Metropole selbst, und das lässt darauf schließen, dass nur jene, die an diese Beständigkeit der City glauben, befähigt sind, sie zu beherrschen; aber vielleicht kann man auch nur, wenn man an diese Beständigkeit glaubt, die Verwandlungen der Stadt, ihre trügerischen Veränderungen des Lichts und tödlichen Schattenspiele überleben, weil es der Glaube ist, durch den man den anderen immer einen Schritt voraus ist, mit Geld in der Tasche und die Welt zur eigenen Verfügung, bis man auf jemanden stößt, der sogar noch fester daran glaubt als man selbst.

1989

Michael Herr: Ein Interview

»Vietnam? War das ein Krieg, oder so?« Das sagt Sergeant Benson, Romanfigur in einer Story von Richard Ford, und es ist nicht etwa so, dass sie von Vietnam nichts weiß, sondern sie *will* nichts davon wissen. Sie unterhält sich in einem Zug mit einem Vietnam-Veteranen. »Sie waren vermutlich auf einem Schiff, das die Flüsse im Dschungel blindlings Tag und Nacht abpatrouillierte, und wollen nicht darüber reden, weil Sie Albträume haben, stimmt's?« *Who wants yesterday's papers*, fragten die Rolling Stones, wer will die Zeitung von gestern lesen, und das ist Vietnam: die Apokalypse von gestern.

Es ist nun mehr als ein Jahrzehnt her, dass Michael Herr die Arbeit an dem besten Buch beendet hat, das aus diesem Wahnsinn entstanden ist, und als ich nach so langer Zeit *Dispatches* wieder las, fiel mir vor allem die Sprache auf, die darin benutzt wird, denn Vietnam war sowohl Sprache als auch alles andere: der tote Jargon, der über den Ereignissen lag und sie zu verschleiern suchte, *frontier sealing, census grievance, the Vietnam War will be an economy War*, und ein Ausdruck, den ich niemals vergessen werde, als ein US-Militärsprecher sagte, ein Bombenangriff »nördlich der DEZ« habe ein »100-prozentiges Todesergebnis erzielt«. Im Vergleich dazu ist die Sprache in *Dispatches* ein lebendiger Slang der einfachen Soldaten, der *grunts*. »Geschuppt haben die mich, Mann, jetzt bin ich glatt«, hörte Herr von einem schwarzen Fallschirmjäger – »und ich fragte mich, woher er diese Ausdrücke hatte.« Und dann gibt es noch eine dritte Sprache. Rock 'n' Roll. »Die 60er... ihr Krieg und ihre Musik hatten ihre Power so lange aus derselben Stromleitung bezogen, dass sie nicht mal mehr 'ne Sicherung brauchten.«

Ich sitze mit Herr in seiner Wohnung in South Kensington und spreche mit ihm darüber, dass nicht nur Soldaten, nicht nur General Waste-More-Land in Vietnam eingedrungen waren, sondern auch Jimi Hendrix, Sam the Sham und Frank Zappa. Er antwortete: »Die *grunts* wussten, dass sie in einer Fortsetzung der Drogen-plus-Rock-'n'-Roll-Situation gefangen waren. Die meisten Frontkämpfer, schwarze wie weiße, kamen aus der Arbeiterklasse. Für sie war der Krieg die Fortsetzung ihres Lebens auf der Straße. Der Rock 'n' Roll besaß damals eine Allgemeingültigkeit, die er seit 1970 nie wieder erreicht hat. Irgendwie hat der Krieg den Rock 'n' Roll nicht überlebt.« Das waren die Tage der *heads* und *freaks*. Und wenn »Highwerden« das war, was »anstand«, dann war Vietnam der letzte Trip. Wenn die *grunts* in die Schlacht gingen, erinnert sich Herr, »stellten sie ihre Waffen auf Rock 'n' Roll«.

Es ist leicht zu behaupten, Vietnam sei ein furchtbarer Wahnsinn gewesen; viel schwerer ist es zuzugeben, dass dieser Wahnsinn in einem selbst wirkte, dass man nicht nur Beobachter war. Diese Ehrlichkeit ist es, die *Dispatches zu* etwas Besonderem macht, zu etwas Bleibendem. »Ich wollte mit dem Krieg intim werden«, erklärte Herr. »Ich wollte allerdings auch, wie wohl jeder in der Frage der Intimität, die Kontrolle behalten, aber das gelang mir nicht. Umstände traten ein.« Es gab kritische Momente, da er die Grenze überschreiten, zur Waffe greifen, schießen musste. »Ich spürte, dass ich fast mit Sicherheit einem anderen das Leben genommen hatte, um das meine zu retten.« In diesem Buch schrieb er seine Gefühle so wahrheitsgetreu wie möglich nieder. Auch die glücklichen. »Ich war einfach froh, am Leben zu sein. Ich erlebte eine unbeschreiblich furchtbare Nacht, und als die Sonne aufging, war ich noch da.« Jetzt, zehn Jahre nach dem Buch, ist er »im Grunde Pazifist«. Einem anderen Menschen das Leben zu nehmen war, wie man so sagt, ein ganz schön schweres Stück Karma. »Ich glaube, dass irgendwann einmal darüber Rechenschaft abgelegt werden muss.«

Rechenschaft ablegen über Vietnam: Und jawohl, Sergeant Benson, es gibt Albträume. Als Herr an *Apocalypse Now* arbeitete und auch zehn Jahre später, als er *Full Metal Jacket* schrieb, kehrten die Albträume zurück. »All die falschen Leute erinnern sich an Vietnam. Ich glaube, alle, die sich daran erinnern, sollten es vergessen, und alle, die es vergessen haben, sollten sich daran erinnern.« Vietnam ist eine Wunde auf der amerikanischen Psyche, die nie richtig geheilt ist, weil »niemals die richtige Medizin benutzt wurde«. Und was ist das? Meditation. »Die amerikanischen Medien lenken die Amerikaner noch immer von jeder echten Meditation darüber ab, was dort geschah.« In einem solchen Klima ist kein kollektiver Akt des Verstehens möglich, es bleiben nur individuelle Akte des Verstehens. »Ich bin ein eingefleischter Pascalianer. Alles Leiden auf der Welt kommt davon, dass es den Menschen unmöglich ist, allein in einem Raum zu sein.« Vielleicht eine klassische 60er-Jahre-Lösung für ein im Wesentlichen 60er-Jahre-Verbrechen.

Er hat an zwei der besten Vietnamfilme mitgewirkt, hält nicht viel von den anderen, aber damals, in Vietnam, waren die Filme schon eine Möglichkeit für ihn, den Krieg zu erleben. »Ich bin ein Kind meiner Zeit und ein Mensch aus meinem Kulturkreis. Ich bin mit dem Film groß geworden. Don Quijote erlebt seine Reisen in der Sprache der Romanzen. Doch als er stirbt, weiß er, was ihm geschieht. Er denkt völlig klar. Und wie viele von uns wissen, war der Krieg kein Film. Er war real.« Heutzutage jedoch erzeugen die Vietnamfilme zumeist »falsche Vorstellungen. Sie wissen schon: hinsehen wollen und doch nicht hinsehen wollen. Die Menschen wollen es authentisch, aber doch nicht *allzu* authentisch. Sie wollen den Schmerz aufgewühlt haben, aber nicht allzu sehr, und dann wollen sie, dass er ihnen wieder genommen wird.«

Die wahre Tragödie ist, dass es »keine Maschine gibt, die das Schuldgefühl der *grunts* ablenkt. Diese Burschen wurden wirklich sich selbst überlassen. Dort draußen waren sie zugleich unschuldig und böse, genau wie Alden Pyle [Greenes ›ruhiger Amerikaner‹]. Es gab keine Möglichkeit, ihnen das klarzumachen, als sie zurückkamen.«

Heutzutage spricht er nicht mehr politisch über den Krieg. »Ich wurde durch den Krieg auf die Politik eingestellt und war dann bald weit über die Politik hinaus. Sie wurde von der überwältigenden Erfahrung, dort zu sein, fast ausgelöscht. Der Krieg war eine Verhaltensform. Eine archetypische, über jede Bewertung hinausgehende Verhaltensform.« Aber gibt es überhaupt so etwas? Ist das eine Art Rechtfertigung? »Ich will sie nicht rechtfertigen. Es ist nur so, dass dieser Krieg von außen als ein ausschließlich politisches Geschehen wahrgenommen wurde. Von innen jedoch war es ein grundlegend und ewig menschliches Geschehen. Und er wird weit länger ein menschliches Geschehen sein als ein politisches.«

Für die *grunts* gab es die Welt, und es gab Vietnam. In Vietnam gab es nach dem Tod Martin Luther Kings Aufruhr an vielen amerikanischen Stützpunkten. Dann jedoch beruhigte sich die Lage wieder. »Die Männer brauchten einander. Sie brauchten einander mehr, als sie Vorurteile brauchten.« In Vietnam lernte Herr, dass echter Mut bedeutete, den Kampf zu verweigern. »Wenn du ein paarmal vor ein Maschinengewehr gelaufen bist, versuch deiner Frau und deinen Kindern in die Augen zu sehen.« In Vietnam lernte er zu akzeptieren, dass der Krieg nur wegen seiner Nähe zum Tod glorreich war. »Nichts anderes kann einen solchen Adrenalinstoß auslösen. Ich bin sehr dankbar, dass das so ist, denn jetzt weiß ich, wie man eine derart dramatische Ebene vermeidet.« Ausgepichte Auslandskorrespondenten wie Ryszard Kapuscinski geben zu, dass sie Revolutionen, dass sie Kriege brauchen; sie sind süchtig danach. »Es ist wunderbar von Kapuscinski, das zu wissen und auszusprechen«, sagt Herr. »Aber ich bin kein klassischer Kriegsberichterstatter. Vietnam war ein Einzelfall. Ich möchte nie wieder einen Krieg erleben, nie wieder nach Vietnam zurückkehren.« *Vietnam, Vietnam, Vietnam, wir waren alle da,* endete sein Buch. Heutzutage genügt jedoch schon die Welt.

1988

Richard Ford

Es ist der Sommer 1960, und rings um die Stadt Great Falls in Montana lodern Waldbrände. Das Wild in den Wäldern flieht vor dem Feuer. Ein Bär taucht aus den Flammen auf; sein Fell brennt. Ein Elch trabt verwirrt die Hauptstraße einer kleinen Ortschaft entlang. Die Tiere begreifen das Feuer nicht. Wissen nicht, wie es entstanden ist. Aber es verändert ihr Leben.

Die Menschen sind nicht viel anders als sie. Ein Brand verändert auch ihr Leben. »Es war manchmal sogar gut, aus unmittelbarer Nähe etwas Unkontrollierbares, so Überdimensionales zu erleben, dass man sich ganz klein fühlte und den eigenen Platz in der Welt erkannte.« Das Feuer fordert die Männer heraus, es zu bekämpfen, und die zurückgelassenen Frauen werfen ihnen vor, sich Indianerinnen fürs Bett zu nehmen. Das Feuer ändert unerwartet, unberechenbar seine Richtung, und wenn es langsam verlischt und nur noch schwelt, ist es immer noch tückisch, kann jeden Augenblick ohne Vorwarnung wieder auflodern.

Auch im Herzen der Menschen brennt eine Art Feuer, und wenn es auflodert, ist es so groß, dass man sich seiner nicht erwehren kann, fühlt man sich klein. Zum Beispiel Jerry. Er ist ein Golfprofi, der mit seiner Frau Jeanette und seinem 16-jährigen Sohn Joe zufällig nach Great Falls kommt. Er verliert seinen Job, fälschlicherweise beschuldigt, in die Clubkasse gegriffen zu haben, und gerät in eine Krise, bis das Feuer ihn herausfordert, es zu bekämpfen. »Ich habe jetzt so ein Summen im Kopf«, erklärte er. »Ich muss irgendwas dagegen tun.« Gegen den Wunsch seiner Frau und obwohl er weiß, wie unzufrieden sie ist, zieht er los.

Oder zum Beispiel Jeanette. Sie ist mit Jerry quer durch Amerika gezogen. »Wir haben in Coeur d'Alene und in McCall, Idaho, gewohnt, in Endicott, Pasco und Walla Walla.« Sie hätte nie gedacht, einmal in Great Falls leben und zusehen zu müssen, wie ihr Mann auf und davon geht, um sein Leben aufs Spiel zu setzen wie ein Kind, diesen großen Waldbrand zu bekämpfen. Jeanette ist am Ende eines Weges angekommen. Sie will etwas Besseres. Dieses Bessere begegnet ihr in Person eines einheimischen Reichen namens Warren Miller, und in den drei Tagen, in denen ihr Mann nicht da ist, schlüpft sie in ihr »Verzweiflungskleid«, geht zu Miller, tanzt betrunken Cha-Cha-Cha, holt ihn in der Nacht in ihr Ehebett und schläft dann mit ihm in seinem pinkfarbenen Auto. Ihr Leben verändert sich, sie lässt sich unwiderruflich mittreiben, flieht vor den Flammen. Das alles tut sie auf eine irgendwie verträumte Art, als ob es mit ihr getan wird, und nicht von ihr. »Ich fürchte, ich werde jetzt ein anderer Mensch«, sagt sie. »So geht es nun wohl mal zu auf der Welt. Wir wissen es nicht, bis es passiert. ›Ha, ha‹, sollten wir vermutlich sagen. ›Ha, ha.‹« Und als Jerry erfährt, dass Jeanette ihn hintergangen hat, sagt er zu seinem Sohn Joe: »Das Leben ist wild, nicht wahr, mein Sohn?« Joe ist es, der diese Story erzählt. Und wenn die Erwachsenen hier nicht so recht begreifen, warum sie das tun, was sie tun, begreift der erst halb herangereifte Joe, der noch am Anfang der Erwachsenenwelt steht, die Erwachsenen erst recht nicht. Er »sitzt in der Mitte zwischen den Sorgen anderer Menschen, und nur meine eigenen Sorgen zeigen mir, was ich tun muss«. *Wildlife,* Richard Fords erster Roman seit der großartigen *Erzählungs*-Sammlung *Rock Springs,* ist eigentlich kaum als Weiterentwicklung dieses früheren Bandes zu bezeichnen. Es ist eher eine Fortsetzung der Welt, die er darin aufgebaut hat, eines Amerika ohne Geschichte, bevölkert von Männern und Frauen mit kleinen Plänen, kleinen Träumen, kleinen Enttäuschungen. Die Ortschaft in diesem Buch mag Great Falls heißen, aber die Wasserfälle darin sind, wie Ford deutlich macht, nur klein. »Letztlich ist nicht sehr viel geschehen«, ist ein typischer Ford-Satz, aber dieses wenige, das geschieht, ist so gut beobachtet, empfunden und geschildert, dass es Ford mühelos gelingt, uns vorzugaukeln, die Menschen, die er uns zeigt, seien von großer Wichtigkeit, während er uns zugleich vor Augen hält, dass sie im Grunde nicht viel bedeuten.

Fords Werk ist oft mit den Schriften seines Freundes, des verstorbenen Raymond Carver, gleichgestellt und verglichen worden, und dieser Vergleich fiel nicht immer zu seinen Gunsten aus. »Schmutziger Realismus« ist ein Etikett, das ungefähr so viel Wahrheit enthält, wie auf ein Etikett passt, aber das, was Ford und Carver unterscheidet, ist interessanter als das, was sie einander ähnlich macht. Der charakteristische Ford-Ton ist weit distanzierter, als der Carvers war, und die Menschen, die er schildert, sind ebenfalls distanziert von ihren eigenen Erfahrungen, wie Jerry, Jeanette und Joe, die alle drei Dinge tun, ohne genau zu wissen, warum, die einfach warten, bis die Dinge ihnen kundtun, dass sie getan werden müssen. Bei Carver gibt es mehr Leidenschaft; bei Ford gibt es mehr Leidenschaftslosigkeit.

Wildlife ist ein guter Roman von einem guten Schriftsteller. Zuweilen erinnerte er an David Byrnes Film über ein anderes amerikanisches Nowheresville, *True Stories,* einen Film, der, genau wie Fords Buch, das Menschentier freundlich, verständnisvoll und mit fast klinischer Distanz beobachtet. Es gibt eine Szene in *True Stories,* in der die Bewohner einer Ortschaft abwechselnd zum Mikrofon greifen, kurze autobiografische Verse singen und, wiederum wie die Personen bei Ford, ihre Verzweiflungskleider anlegen und sich selbst ins Leben und die Bedeutsamkeit zu singen versuchen. Der Titel des Liedes, das sie singen, lautet *Wild, Wild Life.*

1990

Raymond Carver

> Und hast du bekommen,
> was du von diesem Leben wolltest – trotzdem?
> Das habe ich.
>
> Und was wolltest du?
> Mich geliebt nennen zu können, mich geliebt
> zu fühlen auf dieser Erde.

An einem Sonntag im letzten November kamen eine Anzahl von uns in einem entsprechend »schäbigen« Londoner Club zusammen, um Stücke für, von und im Gedenken an Raymond Carver zu lesen. Einmal blickte ich an meiner Reihe entlang und muss sagen, dass wir alle Rotz und Wasser heulten, oder nahezu alle jedenfalls, bis auf Rays Witwe, die Dichterin Tess Gallagher, die ihn am innigsten liebte und mich damals an meine Großmutter erinnerte, als die sich weigerte, nach dem Tod meines Großvaters Tränen zu vergießen. Tess strahlte eine eiserne Gelassenheit und sogar eine Art Freude aus, die auch in ihrer beider letztem Buch, *A New Path to the Waterfall,* zu spüren ist, in ihrer wunderschönen, gewissenhaften, unerschütterlichen Einleitung und in seinen eigenen letzten Gedichten.

> Ich habe Glück.
> Ich habe zehn Jahre mehr gehabt, als ich oder
> irgendein anderer erwartete. Die wahre Wonne.
> Vergesst es nicht.

Es ist ein schweres Schicksal, den Suff zu besiegen und dann zehn Jahre später gegen die Zigaretten zu verlieren; dann jedoch noch einmal zehn Jahre guter, fruchtbarer Arbeit, zehn Jahre des Gefühls, auf dieser Welt geliebt zu werden, zu erleben, das ist mehr, als die meisten von uns bekommen, mehr sogar, als wir zu erwarten gelernt haben. Raymond Carver war ein großer Schriftsteller und ein Mann, der sich, wie uns *A New Path to the Waterfall* zeigt, klar darüber war, dass er sich glücklich schätzen durfte. »Der Erinnerung ist es gleich, wo sie lebt«, schreibt Carver.

Die Erinnerungen einer ranken, fröhlichen Debütantin, die zu den Folies Bergère durchbrennt, vermögen auch im verkommenen, schwergewichtigen Körper einer sterbenden Pennerin zu überleben. Die Erinnerungen alten Elends und zerstörter Liebe können einen glücklichen Mann heimsuchen. Ray hat nie aufgehört, von diesem alten Elend, dieser zerstörten Liebe, seiner ersten Ehe zu schreiben. Verzweifelte Anrufe auf einem Anrufbeantworter, plötzliche Prügel in einem Flugzeug, der Verlust des Vertrauens in die Idee von der Liebe selbst, die Geldprobleme, das schreckliche Verhältnis zu den Kindern (»Ach, mein Sohn, in jenen Tagen wünschte ich dich tot – 100, nein, 1000 verschiedene Male«): Diese alte Gewalttätigkeit ebenso wie die späte Gelassenheit machen den unverkennbaren Grundton Carvers und sein Universum aus. Bei Carver gibt es keinerlei innere Zensur, was ihm den Vorwurf, »Listen-Lyrik« zu schreiben, eintragen könnte, was aber auch die dunkle, wirre Aktualität des Herzens erkennen lässt. Er ist ein Poet des Komplexen der Weite:

> Der schwache Klang des Rock 'n' Roll.
> Der rote Ferrari in meinem Kopf.
> Die Frau, die trunken
> In der Küche umherschwankt...
> Packt alles hinein.
> Nutzt es.

Überall im Buch verstreut gibt es Passagen von Tschechow, in Verse gefasst. Der Erfolg dieser Arrangements führt uns zu der Erkenntnis, dass auch in Carvers Werk selbst die erzählerischsten und »prosaischsten« Gedichte, selbst jene, die wie zusammengeschusterte Geschichten wirken, durch ihre Form zusätzliche Resonanz gewinnen. »Suspenders«, das ein albtraumhaftes Kindheitserlebnis schildert, würde als Prosa nicht »wirken«, sondern seine formale, distanzierte Atmosphäre verlieren, die beinah wie ein Waffenstillstand erscheint, wie die Stille, die sich über die streitende Familie in dem Gedicht legt, die »Stille, die in ein Haus kommt, in dem niemand schlafen kann«.

In zwei aufeinanderfolgenden Gedichten, »Miracle«, über die Prügel, die er im Flugzeug von seiner ersten Frau bezieht, und »My Wife«, in dem sie ihn verlassen hat, finden wir die Idee, man müsse »Rechenschaft ablegen« für sein Leben: »Und nun/müssen sie Rechenschaft ablegen für das Blut/auf seinem Kragen, den dunklen Fleck Blut/der ihr Ärmelbündchen beschmutzt«; »Sie hinterließ zwei Nylonstrümpfe und/eine Haarbürste, vergessen hinter dem Bett... Es ist nur das Bett/für das Rechenschaft abzulegen seltsam und unmöglich scheint«. Dieser Satz enthält sowohl die Idee des Erzählers als auch die einer Bilanz, und Carver scheint in seinen Gedichten immer wieder die Erzählung als einen Prozess zu benutzen, um zu einem bilanzierten Verständnis des Lebens zu gelangen, mitsamt dem Schlussstrich.

Dieser Schlussstrich war für Ray der Lungenkrebs. Der letzten Gruppe der Gedichte in diesem Band, Gedichte, so stark, dass sie den unvermeidlichen Tod in Kunst verwandeln, ist eine schlichte, feststellende Aufrichtigkeit eigen, die ihre Lektüre fast unerträglich macht. Hier der Anfang von »What the Doctor Said«.

> Er sagte, es sieht nicht gut aus,
> er sagte, es sieht sogar sehr schlecht aus,
> er sagte, ich habe 32 von ihnen auf
> einer Lunge gezählt, bevor
> ich aufhörte, sie zu zählen.

Der Schluss ist sogar noch schockierender: »Ich sprang auf und schüttelte die Hand dieses Mannes, der mir soeben etwas gegeben hatte, das mir kein anderer auf der Welt jemals gegeben hat; ich hätte ihm sogar fast gedankt, so stark ist die Gewohnheit.«

Indem er die Geschichte seines Todes schrieb, schrieb Raymond Carver jedoch zugleich die Geschichte seiner Liebe. Es gibt ein Gedicht übers Heiraten, über Tess' und Rays Trauung in Reno, eine Trauung in dieser Stadt der Geschiedenen und Glücksspieler, »als hätten wir eine Antwort gefunden auf die Frage, was bleibt, wenn es keine Hoffnung mehr gibt«. Es gibt ein Gedicht, das die Liebe ausdrücklich gegen den Tod stellt: »Es nun zu sagen gegen das, was kommt: *Ehefrau,* solange ich noch kann, solange mein Atem, jeder gehetzte Hauch sie noch zu finden vermag.« Und es gibt Gedichte vom Abschied, von denen mindestens eins, »No Need«, ein großartiges Gedicht ist, von so großer Perfektion, dass ich es nicht gern zitiere. Lesen Sie es. Lesen Sie alles, was Raymond Carver geschrieben hat. Sein Tod ist schwer zu akzeptieren, aber wenigstens hat er gelebt.

1989

Isaac Bashevis Singer

In einem Schriftsteller, dem soeben erst schmerzhaft die extreme Intoleranz einiger Angehöriger seiner eigenen religiösen Tradition klar geworden ist, weckt die unbekümmerte Respektlosigkeit, mit der Isaac Bashevis Singer weiterhin die großen Themen Gott und Teufel behandelt, einen gewissen Neid: Hinter *ihm* sind keine Fundamentalisten, keine Regierung hat *sein* Buch wegen Blasphemie verboten. Seht doch, was man diesem Kerl alles durchgehen lässt! Zum Beispiel in der kurzen Anmerkung des Autors, die er seinem neuen Band Erzählungen voranstellt: »Kunst ... kann auch versuchen, auf ihre bescheidene Art die Fehler des ewigen Baumeisters zu berichtigen, nach dessen Bild der Mensch geschaffen wurde.« Gottes Fehler? So etwas sagt man nicht!

Und auch Singers Version des Satans ist durchaus nicht vollkommen schlecht. (Ob religiös oder nicht, Singer scheint, wie zahlreiche Schriftsteller seit Milton, ein bisschen auf der Seite des Teufels zu stehen.) In der Titelgeschichte dieser großartigen Sammlung, *The Death of Methuselah,* wird der 969-jährige Methusalem zu einem Besuch der Hölle, »Cain's City«, mitgenommen und stellt fest, dass sie auch ihre positiven Seiten hat: »Satan und sein Bruder Asmodeus sind ebenso Götter der Leidenschaft wie ihre Gemahlin, die Göttin Lilith. Sie vergnügen sich und gönnen anderen ihr Vergnügen.« Während ein gewisser Kaddish, der »Jude von Babylon«, der sein Leben damit verbracht hat, Dämonen auszutreiben, am anderen Ende des Buches von ihnen im Augenblick seines Todes gepackt und in die Tiefe davongetragen wird, wo er tatsächlich Lilith heiratet, die »Königin des Abgrunds«.

Gottes Werk und das des Teufels, deutet Singer hier an, unterscheiden sich nicht gar so sehr. In der komischen Parabel »Sabbath in Gehenna« ist die Gehenna selbst ein eindeutig weltlicher Ort, an dem die Verdammten der Erde überlegen, ob sie Verbesserungen ihres Zustands beantragen sollen, wo sie von Revolution träumen und erwägen, eine Zeitschrift zu gründen. (»Wenn man eine Petition unterzeichnet, werfen die Engel sie weg... Eine Zeitschrift aber würden sie lesen. Die Gerechten im Paradies kommen um vor Langeweile.«) Es gibt sogar eine »liberale Gruppierung unter den Engeln«, die verlangt, dass die Verdammten am Wochenende frei und eine Woche Urlaub in der Welt der Illusionen erhalten.

Singer hat offensichtlich noch nicht gehört, dass dieser Typ des magischen Realismus als Kapitalanlage inzwischen ein alter Hut ist. Aber das ist ein Glück – für ihn wie auch für uns –, denn *The Death of Methuselah* ist das rundum erfreulichste Buch, das ich in diesem Jahr gelesen habe, voll Weisheit, Geschichte und Witz. In den meisten Erzählungen erscheint eine Version des Autors nicht als Geschichtenerzähler, sondern als Zuhörer; diese Geschichten werden zwanghaft von ihren handelnden Personen erzählt, einer Galerie menschlicher Wesen, für die der Akt des Geschichtenerzählens nahe mit dem Werden verwandt ist. Sie erzählen, dass sie vielleicht existieren werden.

Der frustrierte Maler Max Stein gesteht seinen Wunsch (geteilt, wie man nach anderen Quellen vermutet, von George Bernard Shaw), ein »Hausfreund« zu werden, »der andere« in einer *ménage à trois*. Häftlinge im Gefängnis erzählen einander die Story von einer anderen Dreiecksbeziehung, die auf einem Schiff nach Amerika ein tödliches Ende findet, und »brechen schließlich in das schallende Gelächter jener aus, die nichts mehr zu verlieren haben«; für sie ist die Geschichte vom Unglück anderer eine Möglichkeit, einen kurzen Augenblick lang Schadenfreude zu genießen. Auf einem Dampfer nach Südamerika erzählt ein zufälliger, flüchtiger Bekannter dem »Autor« der Geschichte, dass ein zufälliger, flüchtiger Moment, in dem er sah, wie seine Verlobte einen anderen küsst, den ganzen Rest seines Lebens vergiftet hat. Diese letzte Story, »A Peephole in the Gate«, ist für mich die beste in dieser großartigen Sammlung.

Was in diesem Buch zwischen Männern und Frauen geschieht, sind meistens Probleme. Die Männer gehen fremd, können aber den Gedanken, die Frauen könnten das Gleiche tun, nicht ertragen; dieselben Frauen, mit denen sie fremdgehen, zerstören in ihnen den Glauben an die Frauen im Allgemeinen; obwohl ihre persönliche Handlungsweise natürlich nicht bewirkt, dass sie vom eigenen Geschlecht negativ denken. Eifersucht, Betrug, böswilliges Verlassen, aufgesetzte Hörner: Das ganze menschliche Leben ist hier zu finden. In einer wunderschönen Geschichte wird das Leben einer Frau ruiniert, weil sie nach der Hochzeit feststellen muss, dass ihr Mann keinen Humor besitzt. In einer anderen findet ein gewisser Zeinvel, häufiger Besucher von Bordellen, seinen alten Freund Shmerl wieder (der solche Orte nicht frequentiert), nur um festzustellen, dass Shmerls perfekte, bescheidene Gattin einst die »geilste aller Huren« war. Herzzerreißend traurig ist Zeinvel gezwungen, lieber den Freund auf ewig zu verlassen, als ihm die Wahrheit zu sagen, von der Freundschaft zur Langeweile und Einsamkeit seines armseligen Lebens verurteilt.

Viele dieser Geschichten sind strukturiert wie altmodische Fabeln, bis hin zu der Moral am Ende jeder Erzählung: »Einen Tag nach der Hochzeit beginnen beide zu suchen, der Ehemann wie auch die Ehefrau.« – »Von einem bin ich fest überzeugt –, dass hier auf Erden Wahrheit und Gerechtigkeit auf ewig und unabänderlich außerhalb unserer Reichweite liegen.« Und in vielen von ihnen gibt es zwischen Mensch und Gott ebenso Ärger wie zwischen Männern und Frauen; doch hinter diesem Ärger steckt eine augenzwinkernde Gelassenheit, eine entzauberte Freude am Leben, die für alle Schwierigkeiten entschädigt, die das Leben mit sich bringt. Es ist ein unwiderstehliches Buch.

1988

Philip Roth

In Borges' Erzählung *Der Garten der Pfade, die sich verzweigen* entpuppt sich dieser Garten als der phantastische, unvorstellbare Roman eines gewissen Ts'ui Pen, in dem die handelnden Personen all ihre potenziellen Biografien ausleben: »Wenn ein Mann – das ist in allen Romanen so – vor mehreren Möglichkeiten steht, wählt er die eine auf Kosten der anderen. Bei dem fast unergründlichen Ts'ui Pen wählt er – gleichzeitig – alle. So *kreiert* er verschiedene Zukunftsversionen, verschiedene Zeiten, von denen andere ausgehen, die sich ebenfalls verzweigen und gabeln… Der Held stirbt im dritten Kapitel, während er im vierten lebt.« Wie dieser fiktive Ts'ui Pen war der echte – oder vielleicht »reale« – Philip Roth lange ein Schöpfer von Gegenexistenzen: Portnoy, Tarnopol, Kepesh, Zuckerman. Daher ist ihm durchaus klar, dass die Leser seine Autobiografie – seine »Autobiografie eines Schriftstellers« – mit einem gewissen Argwohn betrachten. Dass er dem Buch den Titel *Tatsachen* gegeben hat, ist nur seine Art, den Einsatz zu erhöhen. Tatsachen sind unsichere Kreaturen, wie wir wissen, und Rothsche Tatsachen sind vermutlich unsicherer als andere.

Tatsachen wendet sich allerdings nicht an uns, die Leser, sondern an den fiktiven Nathan Zuckerman, Roths bewährtes Alter ego. Davon abgesehen jedoch beginnt es ziemlich faktisch: »Ich möchte Ihnen mitteilen, dass sich im Frühjahr 1987, auf dem Höhepunkt einer zehnjährigen schöpferischen Phase, das, was ein kleinerer chirurgischer Eingriff hatte werden sollen, zu einer langwährenden körperlichen Qual entwickelte. Sie führte zu einer extremen Depression, die mich bis an den Rand emotionaler und mentaler Auflösung brachte.« Nach dem Zusammenbruch begann Roth »Erfahrungen unverwandelt weiterzugeben«, um »meine Vitalität wiederzufinden, mich in *mich selbst* zu verwandeln«; oder vielleicht auch wiedergeboren zu werden, wie seine Figuren,

»wie Sie, Zuckerman, der Sie in *Das Gegenleben* durch Ihre englische Ehefrau wiedergeboren werden, wie Ihr Bruder Henry, der die Wiedergeburt in Israel bei seinen Westbank-Fundamentalisten sucht«. Das Buch, das er uns vorlegt, ist jedoch weit mehr als reine Therapie. Es ist ein lebendiger und oft rührender Bericht über die Anfänge eines Schriftstellers, der einen Platz neben Eudora Weltys vor Kurzem erschienenen, wundervoll beschwörenden Buch über dasselbe Thema verdient.

Zwei Passagen sind besonders bemerkenswert. Die eine ist Roths Bericht über die Beschuldigungen, denen er nach der Veröffentlichung von *Goodbye, Columbus* ausgesetzt war – er sei Antisemit, ein Jude, der sich selber hasst –, und über eine Konferenz an der Yeshiva University in New York, auf der ihm »klar wurde, dass ich nicht nur Gegner hatte, sondern sogar gehasst wurde«. Seine Reaktion auf diese Verleumdungen waren – man möge mir eine persönliche Anmerkung gestatten – für mich, diesen ähnlich verfolgten Schriftsteller, tief bewegend, ja sogar hilfreich. Ich vermochte mich in der seltsamen Lethargie wiederzuerkennen, dem trägen Dämmerzustand, der Roth befällt, als er unter Beschuss genommen wird; vermochte auch die stupide, gedemütigte Wut wiederzuerkennen, die ihn veranlasste aufzuschreien: »Ich werde nie wieder über Juden schreiben!« Und auch als die Wut verraucht und er begreift, dass »der verletzendste öffentliche Meinungsaustausch meines Lebens nicht das Ende der Beschäftigung meiner Phantasie mit den Juden, geschweige denn meine Exkommunikation bedeuten würde, sondern den eigentlichen Beginn meiner Hörigkeit... Diese Gruppe, deren Umarmung mir einst so große Sicherheit bedeutet hatte, war selbst fanatisch unsicher. Meine Demütigung... war die glücklichste Chance, die mir gewährt wurde. Ich war gebrandmarkt«, auch da scheint er unmittelbar und aus tiefster Überzeugung nicht nur mit mir, sondern auch *für* mich zu sprechen.

Die zweite Passage handelt von seiner ersten, furchtbaren Ehe mit Josie oder vielleicht auch »Josie«, die ihn fast vernichtet hätte, wie er uns berichtet. Josies vorgetäuschte Schwangerschaft, um ihn zur Ehe zu zwingen, verwendet er unverändert in *Mein Leben als Mann*. Sie ist das einzige wirkliche Ungeheuer in diesem Buch, die einzige Person, der gegenüber Roth jenen Zorn empfindet, der ihn zu einem großen Teil seiner besten Arbeit inspiriert hat. Also ist sie nicht nur ein Monster, sondern die unvergesslichste Person dieses Buches.

Es trifft jedoch zu, dass dem Leser ein wenig unbehaglich zumute wird bei Roths Philippika gegen seine erste Frau, die schließlich bei einem Autounfall ums Leben kam und sich gegen diese Schilderung ihrer Person nicht wehren kann. Und ohne Roths letzten und besten Gegenschlag hätten diese Zweifel schwer genug wiegen können, um das Buch zu unterminieren.

Der Schlag, der es rettet, ist Roths Entschluss, sich in Tatsachen an Nathan Zuckerman zu wenden, dessen Antwort an seinen Autor brillant und schroff ausfällt. Roth hat sich und seine Familie zu nett dargestellt, und was Josie betrifft, so muss sie »sowohl besser als auch schlechter« gewesen sein, als Roth behauptet: ihm ebenbürtig. Zuckerman, Roths männliches Alter Ego, erkennt in Josie seinen weiblichen Widerpart. Und was das Buch selbst betrifft: »Nicht veröffentlichen«, rät Zuckerman. Die wichtigsten Dinge erklärt die Autobiografie nicht: die Wut und die Arbeit. Zuckerman und seine englische Frau Maria brauchen Roth, damit er weiterhin *ihnen* Leben verleiht (obwohl sie mit Angst vor dem erfüllt sind, was ihnen bevorstehen mag); Roths Flirt mit dem »richtigen Leben« reicht nicht.

Was nun den Leser betrifft (zumindest meine Wenigkeit), so entscheidet er sich schließlich für Zuckermans Version, aber nur knapp. Wie Maria über Roth sagt: »Die einzige Person, die etwas über sein Leben aussagen kann, ist seine Phantasie. Weil die Hemmungen in dieser Form einfach zu groß sind... Er sagt nicht die Wahrheit.« Die Wahrheit jedoch wäre vermutlich weniger interessant gewesen als *Tatsachen*.

1989

Saul Bellow

Corde, der Dekan für Journalismus, dessen Winter der Unzufriedenheit das Thema von Saul Bellows *Der Dezember des Dekans* war, ist zum Teil eine Reinkarnation des *Mannes in der Schwebe.* Denn über weite Strecken des Buches hängt er herum, während sich die verschiedensten Schlingen um seinen Hals legen. (Sein Name ist bestimmt keine Zufallswahl.) Corde hat seine Frau Minna, eine hervorragende Astrophysikerin und Dissidentin, in ihre Heimat Bukarest begleitet, damit sie am Sterbebett ihrer Mutter Valeria sitzen kann. Dort kann er nicht viel anfangen. »Die Sprache war ein Problem.« Valeria, die gestürzte Matriarchin, liegt im staatlichen Krankenhaus. Die Behörden machen Schwierigkeiten, um ihre Familie an einem Wiedersehen mit ihr zu hindern. Corde unterstützt seine Frau und ihre Tante beim Kampf gegen das System, doch seine Mühe ist praktisch vergeblich. Zumeist bleibt er sich selbst überlassen, beobachtet, denkt nach, macht sich Sorgen, ergeht sich in Erinnerungen. Und Rumänien, ein präzise, fast lyrisch beschriebenes Land mit gestutzten Bäumen und bespitzelnden Concierges, wirkt immer mehr wie eine Projektion von Cordes inneren Problemen denn wie ein »richtiges« Land; ein graues, repressives Rumänien des Geistes, in dem der Staat »die Schmerzgrenzen« für seine Bürger festsetzt.

Währenddessen findet zu Hause in Chicago ein Mordprozess statt. Zwei Schwarze werden beschuldigt, einen von Cordes Studenten getötet zu haben. Corde ist in den Prozess verwickelt; er hat dabei mitgewirkt, die Angeklagten vor Gericht zu stellen, und wird dafür angegriffen und beschimpft. Zudem hat er vor Kurzem eine Reihe von Artikeln über Chicago geschrieben, und diese Arbeiten haben viele Mächtige verärgert und das College, an dem er Dekan ist, in Verlegenheit gebracht. Untätig in Rumänien herumsitzend, erwartet Corde das Urteil in dem Fall, der metaphorisch zugleich ein Fall zu sein scheint, in dem er selbst der Angeklagte ist.

Es handelt sich hier um ein außergewöhnliches Buch, in dem so gut wie alle Handlungen hinter der Bühne stattfinden. »Natürlich ist es Amerika, wo wirklich was passiert«, sagt Cordes Jugendfreund Dewey Spangler, inzwischen ein bekannter Journalist nach Lippman-Art, dem Corde in Bukarest über den Weg läuft. »Keine gute Nachricht für den Rest der Welt, aber wie könnte man es sonst ausdrücken?« Cordes amerikanisches Leben offenbart sich in Gestalt von Erinnerungen, Gesprächen, Rückblicken, Briefen, Gerüchten. Selbst in Rumänien muss die Matriarchin Valeria hinter der Bühne sterben; der Roman darf sie nur einige Male besuchen. Diese merkwürdige Technik dient einem Zweck. Sie hält die Mitte der Bühne für Cordes innere Monologe frei; und Cordes Geist ist es auch, der angeregt, unerbittlich forschend, analysierend, die Welt ins Leben denkend, den Roman beherrscht. Einfache Ereignisse werden zu Aspekten der Wahrnehmung. Man kann die energetische Brillanz gar nicht hoch genug bewerten, mit der Bellow die Welt, wie Corde sie sieht, ausstattet. Es ist ein verblüffend gut geschriebenes Buch.

Cordes Gedanken streifen viele verschiedene Themen. Und anfangs wirkt diese Auswahl beinah wahllos: Astrophysik (Minna), Rassen, Chicago, Kommunismus, Journalismus, Humanismus, Zustände in Haftanstalten, Mutterschaft, ja sogar Environmentalismus in Gestalt des Naturwissenschaftlers Peech, der überzeugt ist, die Übel der Welt hätten ihren Grund im Akkumulationsprozess von Blei in der Atmosphäre – Apokalypse durch »chronische Bleivergiftung«. Dann jedoch erkennt man, wie geschickt Bellow gearbeitet hat, um all diese Elemente zu einem künstlerischen Ganzen zu verflechten. Überall gibt es Parallelen, Verbindungen. Anscheinend war »Bleivergiftung« auch für den Fall des römischen Weltreichs verantwortlich, denn Blei wurde zum Panschen von Wein verwendet; und nun sind wir in Rumänien, wo Blei als »der Stalin der Metalle« bezeichnet wird... Noch viele weitere elegante Entsprechungen werden aufgedeckt: Minnas Sterne sind die erhabenen Gegenstücke zu den Tiefen der Gefängnisse von Chicago; Dewey Spanglers Kolumne über Corde, die ihn seinen Job kostet, ist das Echo der Kindheitsbriefe, durch die Corde ebenfalls in große Schwierigkeiten geriet; und auch die vielen Frauen dieses Romans, amerikanische wie rumänische, werden auf unendlich subtile Weisen miteinander verbunden und einander gegenübergestellt. *Der Dezember des Dekans* will nichts Geringeres sein als eine von Jargon befreite Neubeschreibung übernommener Ideen und des gesamten, aufgehäuften Abraums dieses Zeitalters, der westlichen Zivilisation: das ganze Wettschießen, alles. Es ist ein aufregend ehrgeiziges Buch.

Unwichtig, dass es sein allzu hoch gestecktes Ziel nicht ganz erreicht; dass die Struktur gelegentlich zu schwerfällig und dann wieder zu schattenhaft wirkt. Unwichtig, dass Bellows großartige Begabung, seine Romane mit der absoluten Autorität der Realität auszustatten, selbst wieder Probleme bringt: Ist die Bleivergiftungstheorie »wirklich« wahr? Waren die Würfel allzu deutlich zuungunsten der Schwarzen in diesem Roman gefälscht? Sollte eine Allegorie über den Fall des neuen Rom (Ost und West) so fabelhaft als Naturalismus getarnt werden?

Es bleibt ein kämpferisches, streitsüchtiges, leidenschaftliches Buch. Es ist ein Buch, mit dem man sich auseinandersetzen muss, von dem man sich in Wut bringen lässt; aber es ist auch ein Buch, das in seinen Lesern jene Art leidenschaftlicher Erregung und Anteilnahme weckt, die nur echte Kunst zu wecken vermag. Genau wie sein Dekan blickt Bellow mit ehrfürchtigem Staunen zu den Sternen auf; aber er weiß, dass die Sterne nicht sein Job sind. Sein Platz und sein Thema sind hier auf der Erde.

1982

Thomas Pynchon

Na also, er ist wieder da, und die Frage, die sich erhebt, nachdem man *Vineland* gelesen hat, lautet: Warum hat er so lange gebraucht? Denn dieses Buch wirkt nicht, als sei es verfasst, um eine Schreibhemmung zu beheben, es ist nicht überladen oder *stop-start* oder steif, im Gegenteil, es fließt angenehm und leicht und komisch dahin und ist wohl die zugänglichste Schreibarbeit, mit der der alte »Invisible Man« jemals herausgekommen ist. Aber es ist auch nicht das Buch, an dem Thomas Pynchon, wie wir glaubten, geschrieben hat. Wir hörten, er schreibe etwas über Lewis und Clark. Mason und Dixon? Einen japanischen Science-fiction-Roman? Und eines Frühjahrs in London kündigte eine Zeitschrift die Veröffentlichung eines 900 Seiten dicken Pynchon-Megabuches über den amerikanischen Bürgerkrieg an, herausgegeben in echtem Pynchon-Stil von einem kleinen Verlag, von dem kein Mensch jemals gehört hatte, und ich war schon beinah an der Tür, als mir einfiel, welches Datum wir hatten, den ersten April, ha, ha, ha! Was ist aus all diesen Geisterbüchern geworden? Haben sie nie existiert? Werden wir von einer Flut Pynchon-Bücher überrollt? Die Antwort kennt nur der Wind.

Denn eines an Mr P., was sich nicht verändert hat, ist seine Liebe zur Irreführung. Die Geheimnistuerei um die Veröffentlichung dieses Buches – seines ersten Romans seit *Die Enden der Parabel 1973* – ist, seien wir ehrlich, lachhaft. Ich meine, wie eine seiner Personen es ausgedrückt hätte, ährlich. Er wünschte sich also ein Privatleben ohne Fotos und mit einer Adresse, die niemand kennt; das kann ich verstehen, das kann ich nachfühlen (aber er sollte das vielleicht mal versuchen, wenn es lebenswichtig ist, und nicht freiwillig). Dass seine Verleger Exemplare zurückhalten und den Kritikern höchstens eine *Woche* geben, um das zu verarbeiten, was ihn nahezu 20 Jahre gekostet hat, also das ist wirklich verrückt, total idiotisch, er sollte das lassen.

Auch andere Dinge sind konstant geblieben in diesem Pynchon-Universum, in dem dies die Zeit der Wunder und des Staunens ist, wie *Doonesbury*, von Duke geschrieben statt von Garry Trudeau, und in dem die Paranoia Hoch-Zeit hat, weil sich hinter den schwerfälligen Szenen und schlechten Trips und karmischen Anpassungen die schattenhaften, unsichtbaren Mächte regen, die wahren »Masters of the Universe«, die »unerbittlichen Mächte, die auf ewig... gegen die Winde der Zeit ankämpften, teilnahmslos bei der Verfolgung, fast ständig aufholend, die gesichtslosen Raubwesen, [die] einfach beharrten, stein-saftlos, über Grund oder Wirkung hinaus, jeden Versuch zu handeln oder gefällig zu sein zurückweisend, durch nachtdunkle Orte verfolgend, wo nichts anderes das von allen bis auf die schrecklich Besessenen vergessene Unrecht bewegte, und weiterhin als Einheit sich weigernd, sich für irgendetwas als mit dem vollen Preis abfinden zu lassen, den sie niemals genannt hatten«.

Das ist es, womit wir es zu tun haben, Leute, und was Mr Pynchon angeht, so pflegte er in den alten Zeiten die Entropie dagegenzusetzen, die Entropie als langsame, ausschweifende, niemals endende Party, ein unaufhörliches Absteigen, formlos und bedeutungslos und daher ungeformt und unkontrolliert: Freiheit ist Chaos, hat er uns erklärt, aber das ist die Zerstörung auch, ein Hochseil, tanzt darauf, wenn ihr könnt. Und nun sind wir hier, in *Vineland*, und die Entropie strömt immer noch, aber es gibt da etwas Neues zu berichten, eine ganz schwache Möglichkeit der Erlösung, ein paar flüchtige Andeutungen von Glücklichsein und Gnade. Thomas Pynchon, der, wie Paul Simons Mädchen in New York City, das sich selbst als menschliches Trampolin bezeichnet, nach Graceland hineinhüpft.

Es ist das Jahr 1984 in Vineland County, Nordkalifornien. Daten spielen eine große Rolle in diesem Buch. Selbst die Filme kommen mit beigefügtem Datum daher, zum Beispiel *Die Rückkehr der*

Jedi-Ritter (1983), *Freitag der 13.* (1980) (»Everybody was Jason that year«), *April entdeckt Hawaii* (1961), *Godzilla* (1956): Wir reden hier von Massenkultur und auch Passagenkultur, denn dieses 1984 sprudelt über von Designer-Seltzer von Alaïa und Blass und Yves, und die Passagen tragen Namen wie Noir Center (wie in *Film noir)*, und die kleinen Studenten tragen Namen wie Ché. In diesem 1984, das Orwell sich nie hätte vorstellen können, gibt es Marodeure, die Menschen mitten in der Luft aus Linienflugzeugen holen können, und ein Forschungslabor, Eigentum eines »zwielichtigen Weltkonzerns« namens Chipco, kann in toto zerstampft werden, plattgedrückt von einem gigantischen, unerklärlichen Tierfußabdruck, Größe 20 000 oder so. Dieses 1984 ist außerdem Ronald Reagans Wiederwahljahr, und das könnte für all die übrig gebliebenen Hippies, die Aktivisten der 60er, die Überlebenden und die Opfer, bedeuten, dass es Zeit für den »letzten Round-up« ist.

Und nun passen Sie gut auf: Zoyd Wheeler, Vater des schönen Teenagermädchens Prairie, deren Mutter Frenesi Gates mit dem Erzbösewicht Brock Vond, Bundesstaatsanwalt und Psychopath, auf und davon gegangen ist, sammelt staatliche Schecks für geistige Behinderung, indem er einmal im Jahr durch geschlossene Kristallglasfenster springt. Mit einem dieser Sprünge beginnt der Roman, der gleich darauf zu Millionen verschiedener Erzählungsscherben zerplatzt (zum Schluss aber springen die Scherben alle wieder vom Boden auf und fügen sich auf wunderbare Weise zusammen, als werde der Film rückwärtsgespult). Prairie ist zwanghaft besessen von ihrer verschwundenen Mutter, doch das sind alle in diesem Roman: Zoyd, Brock Vond, ihr ehemaliger Liebhaber, der sie von einer radikalen Filmemacherin – dem Kind einer Familie, die als Industriearbeitergewerkschaftler auf der schwarzen Liste stand – zu einer FBI-Stingspezialistin gemacht und sie mit ihrer dunklen Seite vertraut gemacht hat. Frenesi bleibt mittlerweile verschwunden, nachdem sie aufgrund der Reaganomics aus dem verkürzten FBI-Budget gestrichen wurde, sodass den

Mittelpunkt dieses Romans vom Meister des Verschwindenlassens eine weitgehend unsichtbare Frau bildet, die wir nur durch die Augen anderer kennenlernen.

Nun also: Vond scheint hinter Prairie her zu sein, möglicherweise, um sie gegen Frenesi zu benutzen, also schickt Zoyd sie, als er untertaucht, ebenfalls in ein Versteck. Durch diese Odyssee kommt Prairie ihrer Mutter Frenesi allmählich näher, und zwar mit Hilfe einer Band namens »Billy Barf and the Vomitones«, der sie zu einer Mafiahochzeit folgt, wo sie Ninjette Darryl Louise (DL) Chastain, die alte Freundin ihrer Mutter, trifft, welche der Mob-Boss Ralph Wayvone einst zu dem Versuch gezwungen hat, Brock Vond zu ermorden und beim Sexualakt den Ninja-Todesgriff anzuwenden, der als Vibrierende Hand bekannt ist – die Opfer spüren ihn nicht und sterben erst zwölf Monate später, während der Mörder mit dem Polizeichef zu Mittag isst –, nur dass es Vond, aufs Beste geübt darin, dem Tod aus dem Weg zu gehen (»Er ist der Roadrunner«, sagt Wayvone bewundernd), gelingt, an seiner Stelle den japanischen Privatdetektiv Takeshi Fumimota zu schicken, der die Vibrierende Hand irrtümlich verpasst kriegt, und als seien das noch nicht genug Probleme für Takeshi, wird er überdies von denselben bösen Mächten verfolgt, die das Chipco-Desaster arrangiert hatten, das er aufklären sollte.

Wie dem auch sei, durch DL und Takeshi gelingt es Prairie, Zugang zur Vergangenheit der Mutter zu finden – auf Computerunterlagen, in Filmarchiven und in der Erinnerung von Frenesis alten Freunden –, und so gelangen wir ins finstere Herz der Geschichte, zu den Ereignissen nämlich, die in den 60ern im College of the Surf in Trasero County stattfanden, das sich gemäß der Mode jener Irrsinnszeit in »Volksrepublik des Rock 'n' Roll« umtaufte; und genau wie Prairie hören wir, dass ihre Mutter den Führer dieser kleinen Revolution verraten hat, der sich des Namens Weed Atman erfreute und nun, nach seinem Tod, noch immer durch die Wälder Nordkaliforniens geistert, als Thanatoid, einer der Untoten, der keine Ruhe finden kann ... und schließlich gipfeln Prairies Suche nach Frenesi und Brocks Suche nach Prairie und Frenesi, die ihn mitsamt eines riesigen Einsatzkommandos nach Vineland führt, in einem Höhepunkt mit Helikoptern und Thanatoiden und Familientreffen und einer alten Frau und einem alten Mann, die sich darauf verstehen, die Knochen der Menschen zu entfernen, während der Rest weiterlebt. Sie wissen schon.

Ich bin der Meinung, es packt Sie einfach, oder es packt Sie nicht; mich hat es gepackt. Oft habe ich laut hinausgelacht, häufig über Pynchons absurde, jedoch brillante Art, mit Namen umzugehen (ein Hersteller von Mikrochips für Musikmätzchen heißt z.B. Tokkata & Fuji, und das ist für mich genauso komisch wie die deutsche Stadt in *Die Enden der Parabel* namens Bad Karma); und über die kleinen Songs, mit denen er, Gott sei's gedankt, seine Texte noch immer auflockert; Glanzlichter in diesem Buch sind der Schmachtfetzen im Desi-Arnaz-Stil *Es posible* sowie Billy Barfs »Drei-Noten-Blues« *I'm a Cop:*

Fuck you, mister,
Fuck your sister,
Fuck your brother,
Fuck your mother,
Fuck your pop –
Hey! I'm a cop!

Es gibt so vieles in *Vineland,* dass ein echter, hauptberuflicher Pynchomane sich großartig amüsiert. Man könnte zum Beispiel über die Bedeutung des Buchstabens V in Pynchons Œuvre nachdenken; sein Roman *V.* war tatsächlich V-förmig, das heißt, zwei Erzählstränge, die sich an einem Punkt trafen, und da *Die Enden der Parabel* die Flugbahn einer V-2-Rakete war, folgte es einer tödlichen Parabel, die ebenfalls als umgekehrtes V beschrieben werden könnte; und da ist der Buchstabe abermals *(was hat er zu bedeuten?),* bei all der Todesfantasie in diesem Roman, bei seiner Verwendung der alten indianischen Todesmythen: Soll das heißen, dass Amerika im Jahre 1984 im Grunde das Land der Toten ist, V-Land, das Universum hinter dem Nichts? Man könnte außerdem eine ganze Nummer voll weiterer Refrains über die allegorischeren Namen spielen, zum Beispiel Weed = Marihuana + Atman = Soul, und hey, »Frenesi« entpuppt sich als Anagramm von Free + Sin, den beiden Seiten ihres Wesens, hell und dunkel, genau wie Tyrone Slothrop, der Held von *Die Enden der Parabel,* gezwungen werden könnte, anagrammatisch sein innerstes Wesen zu verraten, sich als »*Sloth or Entropy*« – Faulheit oder Entropie – zu erweisen; aber sicher, sie funktioniert noch, diese alte Anagrammatik. Konventioneller gesehen kommt »Frenesi« von dem altfranzösischen *frenesie,* das heißt Raserei oder Wahnsinn. Frenesi Gates: der Eingang zum Wahnsinn, das Tor zur Geisteskrankheit.

Das Interessanteste an Pynchons Roman ist schließlich aber das, was an ihm anders ist. Neu ist hier die Bereitschaft, mit der Pynchon sich direkt auf die politische Entwicklung in den Vereinigten Staaten bezieht, und das langsame (aber nicht totale) Niederwalzen einer radikalen Tradition, die viele Generationen und Jahrzehnte älter ist als die Flower-Power. Es gibt einen wunderbar eindrucksvollen Moment, als Brock Vonds geistiges Kind, seine Schule für Subversion, in der Linke umerzogen und in Werkzeuge des Staates verwandelt werden, geschlossen wird, weil die jungen Menschen in Reagans Amerika *von Anfang an* so denken und keine Umerziehung mehr brauchen.

Was wir hier vor uns haben, am Ende des Jahrzehnts der Habgier, ist einer der allerseltensten Vögel: ein großer politischer Roman über das, was Amerika in all diesen Jahren sich selbst und seinen Kindern angetan hat. Und da Thomas Pynchon seine Aufmerksamkeit eher den Albträumen der Gegenwart schenkt als denen der Vergangenheit, wird sein Stil leichter, komischer, tödlicher. Am tröstlichsten von allem ist jedoch die schon erwähnte Andeutung von Erlösung, weil dieses Mal die Entropie nicht das einzige Gegengewicht zur Macht ist; Gemeinschaft, wird insinuiert, könnte ein anderes sein; und Individualismus; und Familie.

Das sind Werte, die die Nixon-Reagan-Ära den 60ern gestohlen und so verdreht hat, dass sie als Machtwaffen auf Amerika zurückgerichtet werden können. Das sind Werte, die *Vineland* zurückholen möchte, indem es daran erinnert, was sie bedeuteten, bevor sie über und über mit Schmutz beworfen wurden, indem es an die Schönheit von Frenesi Gates erinnert, bevor sie sich wandelte.

Thomas Pynchon ist jedoch kein sentimentaler Mensch, und das Gleichgewicht zwischen Hell und Dunkel wird während des ganzen Romans so geschickt gewahrt, dass wir bis zur letzten Seite nicht sicher sind, was schließlich siegen wird, der Hippie-Himmel oder die Bundes-Nemesis; und letztlich eine Vorstellung von so erschreckend logischer moralischer Zweideutigkeit behalten, dass es ganz und gar falsch wäre, sie hier aufzudecken.

Vineland, Mr Pynchons mythischer Teil Nordkaliforniens, ist natürlich auch »Vinland«, das Land, das lange vor Kolumbus von Leif Erikson, dem Wikinger, entdeckt wurde, *Vineland the Good;* das heißt, dass dieses verrückte Stückchen Kalifornien für ganz Amerika steht. Und hierher, nach Vineland, ist einer von Amerikas großen Schriftstellern nach langen Wanderungen über unbekannte Straßen triumphierend heimgekehrt.

1990

Kurt Vonnegut

In Kurt Vonneguts berühmtestem Roman, *Schlachthof 5*, landet der Held Billy Pilgram als Ausstellungsstück in einem Zoo auf dem Planeten Tralfamadore, wo man seine Paarungen mit einem berühmten Filmstar mäßig unterhaltsam findet. In *Die Sterne des Titan* wird der gesamte Ablauf der Menschheitsgeschichte von einem Gesandten von Tralfamadore, dessen Raumschiff auf dem Mond gestrandet ist, durcheinandergebracht. Die Chinesische Mauer, die Pyramiden, Stonehenge erweisen sich für ihn als potenzielle Ersatzteillager. Der Gesandte soll eine Botschaft von Tralfamadore quer durch die Galaxis zu einer anderen superfortgeschrittenen Rasse befördern. Diese Botschaft gilt als bedeutend genug, um die Manipulation von Jahrtausenden menschlicher Entwicklung zu rechtfertigen.

Sie lautet: »Hallo.«

Vonnegut-Leser wissen schon lange, dass die Erde, von Tralfamadore aus gesehen, gelinde gesagt einen wenig schmeichelhaften Eindruck macht. Und Vonneguts eigene Einstellung zum Homo sapiens ist heutzutage zunehmend tralfamadorisch. Die Menschheit ist, wie die Leser von *Hocus Pocus* immer wieder erfahren, eine ziemlich armselige Spezies, lange nicht so intelligent, wie sie zu sein glaubt, und weitaus grausamer. Und die amerikanische Menschheit ist vermutlich noch schlimmer. Kurt Vonneguts Reaktion ist eine Art melancholisch-zynische Weltmüdigkeit, sein Ton irgendwo zwischen Jeremiade und Achselzucken angesiedelt. Er ist der einzige bedeutende und originelle Schriftsteller der Welt, dessen gesamtes Œuvre in drei Worten zusammengefasst werden kann: »So geht's eben.«

In *Hocus Pocus* hat Vonneguts alte Schwäche für »So geht's eben«-Sätze viele seiner handelnden Personen angesteckt, deren Reaktionen auf das Leben auf dem Planeten sich in beunruhigendem Maß reduziert hat. Eine Person reagiert auf alles im Leben, auf Liebe, Krieg und Tod, mit der Phrase: »Ich hab' mich totgelacht.« Eine andere beendet ihre Sätze gern mit der Frage: »Na und? Na und?« Die Redensart eines schwarzen Sträflings klingt härter: »Seht mal den Neger, der den Flieger fliegt.« Und so weiter. Der ganze Roman, sein gesamtes Netzwerk von Ereignissen und Symbolen, kann mit zwei Wörtern erklärt werden, zwei Ortsnamen.

»Amerika«; »Vietnam«.

Eugene Debs Hartke, der Erzähler, getauft nach einem alten amerikanischen Sozialisten, ist ein Vietnam-Veteran, und diese Erfahrung hat natürlich seine Seele geschädigt. Damit wir das nicht übersehen, schlägt eine seiner Liebhaberinnen vor, er solle zu jeder Frau, die dumm genug ist, sich in ihn zu verlieben, sagen: »Willkommen in Vietnam.« Er beschäftigt sich damit, 1. die Frauen, mit denen er geschlafen hat, und 2. die Vietnamesen, die er getötet hat, zu zählen. Und die beiden Zahlen (Sie werden's nicht erraten) decken sich.

So geht's eben.

Die Heimkehr aus Vietnam wird mit einem gesetzwidrigen Besuch bei Bloomingdale's in New York City verglichen. Die amerikanische Präsenz in Vietnam wird mit der heutigen »Invasion« der Japaner auf dem amerikanischen Markt verglichen. Dollars werden mit vietnamesischen Leichen verglichen. All diese Vergleiche sagen nicht viel aus – weder über Vietnam noch über Bloomingdale's, weder über die Japaner noch über das Geld. Sie sollen uns klarmachen, dass menschliche Wesen, Amerikaner, über jede Hoffnung und Tragik hinaus sind, ausgelaugt, in einer Art moralischer Entropie versunken. Was sie uns allerdings wirklich sagen, ist, dass Kurt Vonnegut ein bisschen müde wird.

Eugene Debs Hartke lehrt an einem College für minderbegabte Kinder superreicher Eltern. Was soll dieses College symbolisieren? »Amerika«.

Am anderen Seeufer liegt die Athena-»Besserungsanstalt«, das

Kittchen, bis obenhin voll unterprivilegierter schwarzer Häftlinge, die ausbrechen, sich Freedom Fighters nennen und das College überfallen. Was repräsentieren diese Häftlinge, und was ist die allegorische Bedeutung ihres sinnlosen kleinen Ausbruchs?

»Vietnam«, »der Vietnamkrieg«.

Die Sträflinge dürfen nur uralte Fernsehsendungen sehen. Sie dürfen alles sehen, solange es sich nicht auf ihr eigenes Leben bezieht. (In diesem Fall bedeuten die Sträflinge »Amerika«.) Es gibt ein Computerspiel mit dem Titel GRIOT, ein Wort für mündliche Geschichtenerzähler, das menschliche Lebensläufe voraussagt. Irgendetwas wird, darauf können Sie sich verlassen, über den Einfluss von Computern in Amerika gesagt werden. Und auch Tralfamadore ist wieder da, taucht in der Story eines anonymen Science-Fiction-Autors auf, veröffentlicht in einer Sexzeitschrift. Wieder einmal wird die Menschheitsgeschichte durcheinandergebracht, diesmal zugunsten der Bakterien des Planeten, die für die Fremden wertvoller sind als die menschliche Rasse. Da fühlt man sich in der Tat verdammt winzig.

Und so weiter.

Das Thema dieses Romans ist Schaden, menschlicher Schaden, sozialer Schaden, der furchtbare Schaden des Krieges, aber er leidet selber Schaden durch einen gewissen Verlust jener Fröhlichkeit, jener brillanten linguistischen Erfindungsgabe und intellektuellen Frische, die die positive Seite von Vonneguts abgrundtiefem Pessimismus waren. Dies ist der Schriftsteller, der sich *icenine* ausgedacht hat, jene Substanz, die in *Katzenwiege* das gesamte Wasser der Erde gefrieren ließ. Dies ist der Schöpfer von Kilgore Trout, dem Science-Fiction-Genie, der in *Hocus Pocus* zwar keinen Namen mehr trägt, uns einst aber unvergessliche Märchen erzählt hat, zum Beispiel jenes, in dem Gott sich beim Lesen für ein Experiment entschuldigt, das fehlgeschlagen ist. Dieses Experiment war das Universum. Und Zweck dieses Experiments war es, zu prüfen, wie sich der freie Wille auswirkt. Daher ist alles im Universum eine Maschine – bis auf ein Wesen mit freiem Willen. Dieses Wesen ist der Leser der Geschichte. Und was hat Gott diesem Leser zu sagen? »Tut mir leid.«

Der alte Hokuspokus, die Sprache, funktioniert leider nicht in diesem Roman. Wenn man ihn liest, erlebt man die bedrückende Freude, eine geliebte Stimme zu hören, wie sie versucht, mit ihrem alten, mitreißenden, magischen Schwung zu singen; gelegentlich erinnert sie uns an ihren alten Schmelz, zumeist aber lässt sie uns ihren Abstieg erkennen. Nur eine einzige, lange Sequenz – als Eugene Debs Hartke aus dem Lehramt entlassen wird, weil er unamerikanische Gedanken geäußert und zum Beispiel angedeutet hat, dass »die zwei Hauptwährungen der Welt Yen und Fellatio« seien, und dadurch angeblich das Selbstvertrauen seiner geschädigten Studenten schädigte, die, nicht zu vergessen, für Amerika stehen – weist wieder den authentischen, scharfen, komischen Vonnegut-Stil auf. Ich wünschte, es gäbe mehr solcher Szenen.

Vor vielen Jahren hat Kurt Vonnegut mich einmal gefragt, ob ich es ernst meine mit dem Schreiben. Ich sagte ja. Und er antwortete, wenn ich mich recht erinnere, dass mir unendliche Probleme bevorstünden, dass ich eines Tages kein Buch zu schreiben hätte und dennoch ein Buch schreiben müsse.

Das war eine traurige und bedrückende Bemerkung, weil ich – obwohl ich mich irren kann – nicht glaube, dass sie wirklich mir galt.

PS: Am Schluss von *Hocus Pocus* gibt es einen kleinen Mathetest, der feststellen soll, ob der Leser aufgepasst hat oder nicht. Indem man verschiedene, im Text verstreute Daten und Zahlen addiert oder subtrahiert, erhält man die Anzahl von Hartkes Liebhaberinnen und Opfern.

Wenn ich richtig aufgepasst habe, lautet die Zahl 82.

»Na und? Na und?«

1990

Grace Paley

In dem Art-Foods-Deli, dessen Stammkundin Grace Paleys Figur Faith ist, werden die Sandwiches nach Einheimischen getauft. »Selena und Max haben sich gerade scheiden lassen, aber ihr Sandwich wird vermutlich noch ein paar Jahre gehen.« Einer anderen Erzählung entnehmen wir, dass in dem Altenheim, in dem Faiths gestrenger Vater Mr Darwin lebt (das »Children of Judea, Home for the Golden Ages, Coney Island Branch«), die Bänke rund um die Bäume mit ähnlichen Namen belegt wurden. »Die Bank da drüben, meine Lieblingsbank, heißt Jerome (Jerry) Katzoff, sechs Jahre«, sagt Mr Darwin. »Es ist schrecklich, so jung zu sterben. Aber es spart eine Menge Zeit.«

Das Hinscheiden, das Ende bestimmter Dinge, ist eindeutig das Thema von Grace Paleys Sammlung *Später am selben Tag*. Ehen wie die von Selena und Max Retelof; alte Lieben; Vicentes Traum, der Arzt werden wollte und sich überreden ließ, Ingenieur zu werden; Eltern; alte Hoffnungen. Es ist ein Buch voller Enden – Enden, die mit der entschlossenen, sanften, sehnsüchtigen Aufrichtigkeit akzeptiert werden, die Grace Paley zu etwas Besonderem macht. Sie schreibt ebenso gut über den Tod einer Freundin, Selena Retelof, deren Ende mit einer Art leidenschaftlicher Skrupellosigkeit behandelt wird, wie über die alberne Unsterblichkeit von Selenas Sandwich. Es tut gut, wieder die Stimme dieser wortkargsten aller Schriftstellerinnen zu vernehmen (nur drei Bände mit Erzählungen in 25 Jahren), eine Stimme, die noch immer fest entschlossen ist, die Dinge beim Namen zu nennen.

In *Später am selben Tag* ist Grace Paley sogar noch wortkarger geworden, sind ihre Erzählungen noch konzentrierter, noch klarer. (Sie beschreibt ihre Arbeitsmethode als ein unaufhörliches Überarbeiten und »Ausmerzen von Lügen«.) Es gibt mehrere Beispiele für diese technisch anspruchsvollste Kategorie von Kurzgeschichten, die sehr, sehr kurzen Geschichten. Die Titelseiten dieser Erzählungen nehmen ebenso viel Platz ein wie der Text. Und dennoch lassen diese kurzen Augenblickserzählungen voll ausgebildete Welten, voll ausgelebte Tragödien von Liebe, Verlust und Tod erstehen.

In der Geschichte von George, dem Mann, der glaubte, das Design der Pinball-Maschine verbessern zu können, versteckt sich eine kleine, feine Parabel von Amerika. Und eine Einwanderin (hinter großen Teilen dieser Arbeiten lauert etwas sehr Russisches) wird mit all dem unausgesprochenen Kummer einer Person, die schon früh einen geliebten Menschen verloren hat, in der sehr, sehr kurzen Geschichte mit dem irreführend sehr, sehr langen Titel beschrieben: »In diesem Land, aber in einer anderen Sprache, weigerte sich meine Tante, die Männer zu heiraten, die sie nach jedermanns Meinung heiraten soll.«

Grace Paley war immer schon gut, was Einzeiler betrifft. In dem wunderschönen »Träumer in einer toten Sprache« gibt es einen hübschen Witz über einen alten Juden, der 1939 aus Deutschland zu fliehen versucht. Auf dem Globus der Reiseagentur tippt er auf ein Land nach dem anderen und muss erfahren, dass sie überfüllt sind. »Angewidert schiebt er den Globus von sich. Aber er gibt die Hoffnung nicht auf. ›Der hier ist also ausgebucht, Herr Agent‹, sagt er. ›Haben Sie vielleicht noch einen anderen?‹« Aber man darf Grace Paley keinesfalls als nur eine ironische, achselzuckende, welterfahrene und weltmüde Dame abtun. Diese Erzählungen, ob kurz oder länger, glühen von einem hochspannungsgeladenen Engagement für die schwere Arbeit des Am-Leben-Seins.

Es sind Stories, angefüllt mit den Stories, die wir alle erzählen, von denen wir alle leben, lange Stories, kurze Stories. Es sind Stories, deren Personen sich auf eine Diskussion mit der Autorin oder wenigstens ihrem Alter Ego einlassen können, auffallenderweise zumeist gegen Ende des Buches, als die lesbische Cassie (in »Zuhören«) darauf hinweist, dass Faith niemals *ihre* Story erzählt. »›Immer nur Frauen und Männer, Frauen und Männer, bumsen,

bumsen. Verdammt noch mal, wo ist mein Frau-und-Frau-, mein Frauenliebe-Leben bei alldem geblieben?‹« Faith, die ihren Fehler einsieht, bittet sie um Verzeihung und erhält eine scharfe Antwort. »›Du bist meine Freundin, das weiß ich, Faith, aber ich schwöre dir, ich werde dir nicht verzeihen‹, erklärte sie. ›Von nun an werde ich dich mit Adleraugen beobachten. Ich verzeihe dir nicht.‹«

Und es gibt Stories, in denen die Gesamtheit einer Welt, ihre Kinder, ihre Toten, ihre Möbel, ihre Speisen, liebevoll und unsentimental benannt wird. Benannt und nicht verziehen.

1985

Der mit dem goldenen Esel reist

Auf dem Titelblatt von *Times* explodiert eine Supernova. Die NASA will einen Menschen zum Mars schicken (erwähnen Sie bitte nicht den Challenger-Shuttle). Der Präsident spricht im Fernsehen, entschuldigt sich, vergisst, muss sich am folgenden Tag korrigieren. *Polyps for Reagan,* lauten die Graffiti.

Der Abgeordnete Mario Biaggi aus der Bronx und Meade H. Esposito, einstmals Führer der Brooklyner Demokraten, werden wegen Bestechung, Unterschlagung und Verschwörung angeklagt. Bess Myerson, Miss Amerika von 1946 und New Yorks Kulturbeauftragte, tritt nach Berichten über schwerwiegende Fehler zurück. Die CIA hat den Contras Grundrisse, Blaupausen und Karten von Schlüsselstellungen in Nicaragua überlassen, um ihnen bei ihrem Terroristenprogramm zu helfen.

Oben in seinem Gebetsturm von Tulsa droht der Evangelist Oral Robers, dass Gott ihn »abberufen« werde, wenn seine Fans nicht acht Millionen Dollar ausspucken. (Die Fans kratzen das Geld zusammen.) In New York ist St. Patrick's Day, die ganze Stadt trägt Grün und erbricht sich entlang der Fifth Avenue. Kalifornien hat natürlich eigene Religionen. Das Committee for Self-Esteem hat soeben seine erste Sitzung abgehalten. Ich hatte geglaubt, das hätte sich Garry Trudeau ausgedacht, aber das gibt es wirklich, subventioniert von der Regierung mit allem Drum und Dran, und will Drogenabhängigkeit, Sexualverbrechen und so weiter kurieren, indem es den Menschen hilft, besser von sich selber zu denken.

Dies ist Rom kurz vor dem Ende seiner Macht, erklärt mir ein berühmter Redakteur des New York Magazine. Die westliche Zivilisation hat nicht mehr lange Zeit. Der Islam kommt, die Chinesen, die Finsternis. Wir sollten das Licht feiern, das wir einst verbreitet haben. So unwahrscheinlich dies auch in den Ohren eines Außenseiters klingt, für den die Macht der Vereinigten Staaten der glanzvollste Aspekt des Ganzen ist, aber viele Amerikaner sind überzeugt, im letzten Schein ihrer Abenddämmerung zu leben.

Darum verhalten sie sich sonderbar. »Nun, da ich Sie mag«, erfahre ich von einem Intellektuellen aus Manhattan, »kann ich's Ihnen ja sagen. Ich hätte nicht gedacht, dass ich das tun könnte.« Und das macht sie verletzlich. »Je älter ich werde, Salman, desto mehr liebe ich dieses Land, und ich höre nicht gern, wie es kritisiert wird.«

Während meines 14-tägigen Aufenthalts in den USA (Pittsburgh, New York, San Francisco) verbringe ich viel Zeit in der höchst angenehmen Gesellschaft eines marokkanischen Schriftstellers des zweiten Jahrhunderts v. Chr., Lucius Apuleius, aus den Kolonien des alten Römischen Reiches, und stelle fest, dass seine Schilderung jener römischen Welt langsam tatsächlich eher wie das zeitgenössische Amerika wirkt, aber nicht ganz so, wie der Herausgeber es gemeint hat.

Der Erzähler des *Goldenen Esels*, ebenfalls mit Namen Lucius, wird durch Zauberkraft in den Esel des Titels verwandelt, und die Schilderung seines aus der Eselperspektive gesehenen Zeitalters zeichnet eine Welt voll alles beherrschendem Zynismus, voll Brutalität, Furcht einflößender Hexerei, religiösem Kultismus, Banditentum, Mord. Freunde betrügen Freunde, Schwestern betrügen Schwestern; Tote erheben sich und beschuldigen ihre Ehefrauen, sie vergiftet zu haben. Omina tauchen auf und Zauberflüche.

18 Jahrhunderte später, mit einer Unheil verkündenden Supernova am Himmel, sickert der Zynismus von ganz oben, vom Weißen Haus, bis zu einem chinesischen Taxifahrer hinab, der mir von seinem Hass auf den Kommunismus und die armen Länder erzählt, womit Nicaragua gemeint ist. »Immer dasselbe. Die armen Länder machen uns anderen nur Ärger.« Drei Jahre erst von Hongkong fort, und schon schimpft er auf die Puertorica-

ner von Manhattan. Spürt er nicht, dass eine solche Bigotterie aus dem Mund eines Miteinwanderers übel klingt? »Entschuldigen Sie, aber diese Leute stehlen.« Die Morgenzeitung bringt eine Meldung über die Beteiligung von Chinesen am Heroinschmuggel, das jedoch beeindruckt ihn nicht. »Schönen Tag noch«, wünscht er mir.

In letzter Zeit hat es mehrere Rassenmorde gegeben, von Weißen ermordete Schwarze lösten Rachemorde der Schwarzen aus. Mittlerweile findet vor dem UN-Gebäude eine Demonstration statt, die gegen Polizeigewalttätigkeit gegen Schwarze in New York City protestiert. Das alles ist dem Esel vertraut.

Will man Hexerei, so braucht man nicht lange zu suchen, sondern sich nur den faulen Zauber der Star-Wars-Pläne anzusehen; Kultismus und Jerry Falwell sind überall; und was das Banditentum angeht, so sind Calero und sein FDN – wir wollen sie als »Contrabanditen« bezeichnen – gefährlicher als alles, was im Buch des Apuleius verzeichnet ist. Nun, da Cruz und Robelo, die sogenannten »Gemäßigten«, aus der Contra-Führung ausgetreten sind, haben gewisse revisionistische Prozesse eingesetzt. Der konservative Kolumnist William Safire fordert, Amerika solle Calero unterstützen; während ich höre, wie Arturo Cruz im Rundfunk als »linker Flügel« der Contras bezeichnet wird. Also brauchen wir ihn nicht, diesen Pinko.

Pittsburgh offenbart eine andere amerikanische Malaise. Die Stadt ist angenehm, weitläufig, »Amerikas lebenswerteste Großstadt«, ein Ort, an dem das Hauptgebäude der Universität tatsächlich Cathedral of Learning heißt. (Die Hörsäle repräsentieren Länder der ganzen Welt. Der englische Hörsaal zum Beispiel prunkt mit Pulten wie Kirchenbänken und Buntglasfenstern mit verschiedenen Wappen: City of Liverpool. Jane Austen. Charles Dickens. City of Bottle. Und so weiter.)

Aber es gibt auch ein anderes Pittsburgh. Viele Meilen stillgelegter Stahlwerke zeugen vom Kollaps einer einstmals großen Industrie. Die Arbeitslosigkeit ist hoch. Pittsburghs Superreiche, die Carnegies und Mellons, verlassen sich schon lange nicht mehr auf Stahl; ihre Vermögen schwimmen jetzt auf den Ozeanen der reinen Finanz. Die Armen waren nicht so glücklich dran, und viele verdienen jetzt, wie ich höre, ihr täglich Brot als Bedienstete in den Herrenhäusern der Reichen.

In San Francisco kann man heute, 20 Jahre nach der Flower-Power, das Gefühl nicht loswerden, in einer von der Seuche heimgesuchten Stadt zu sein. Das Schlimmste an Aids ist, wie ich erfuhr, die Geschwindigkeit, mit der es mutiert. Die häufigsten Symptome waren früher jene der Lungenentzündung, aber das ändert sich bereits. Neue Symptome, neue Spielarten der Seuche.

Susan Sontag hat kürzlich im *New Yorker* eine brillante, bewegende Kurzgeschichte veröffentlicht: »The Way We Live Now« handelt vom Leben mit der Krankheit. Weder der Kranke noch die Krankheit wird beim Namen genannt; die Geschichte wird von einer Vielzahl von Stimmen erzählt, Stimmen der Freunde des Patienten, seiner gesamten Umwelt, Stimmen, die einander die Geschichte abnehmen, häufig mitten im Satz weiterführen und so ein unvergessliches Bild der Krankheit als Krise in unser aller Leben zeichnen.

Noch nie habe ich etwas über Aids gelesen, das tiefer trifft als Susan Sontags Erzählung. Es gibt also, vielleicht sogar in Amerika, noch immer einen Platz für die Kunst.

Das Bild Amerikas, das aus diesen Notizen ersteht, ist natürlich in gewissem Sinne »unfair«. Was man sieht, hängt davon ab, wo man hinsieht. Aber das Apuleianische Amerika existiert, und ich entschuldige mich nicht dafür, es betrachtet zu haben.

Das Problem ist nur, was kann ein armer Esel tun? Er beobachtet, kann aber nicht eingreifen. Als Lucius-Esel sieht, wie eine Bande Eunuchenpriester einen jungen Arbeiter überfallen (ich kann hier nicht umhin, eine Parallele zur US-Aggression gegen Nicaragua zu ziehen), will er laut rufen: »Hilfe! Hilfe! Überfall! Überfall! Haltet diese männlichen Huren!«

»Aber«, schreibt Apuleius, »es kam nichts anderes heraus als III-AAA, III-AAA in schönen klaren Tönen, die jedem lebenden Esel zur Ehre gereicht hätten.«

1985

Der göttliche Supermarkt

Vor einigen Jahren begegnete ich in Südindien der seltsamen und unvergesslichen Person des Duane Gish, eines amerikanischen Gelehrten in Sachen Kreatianismus, der seine Vorträge mit einer komischen Zusatznummer aufzulockern pflegte. Sobald das Dia eines Schimpansen erschien, sagte er: »Hoppla, das ist ja mein Großvater!« Gish war ein Vorbild für die Figur des Eugene Dumsday in *Die Satanischen Verse* und bewirkte überdies, dass ich mich für den amerikanischen Fundamentalismus zu interessieren begann; als dieser dann in *Der göttliche Supermarkt* auftauchte, war es für mich daher wie das Wiedersehen mit einem alten Freund. »Wenn Sie jungen Menschen erklären, dass alles als Wasserstoff begann«, brummelte Duane, »werden die daraus schließen, dass es letztlich ihr Schicksal ist, als ein Häufchen Staub zu enden.« Malise Ruthven hörte ihm bis zum Schluss zu, kam zu einer kritisch-missbilligenden Schlussfolgerung (»das Problem mit Dr. Gish und Leuten wie ihm war nicht nur, dass sie nichts von Naturwissenschaft verstanden: sie schienen auch das Christentum nicht zu verstehen«), stieg in seinen Camper und fuhr davon. Die Begegnung mit Gish ist ein Beispiel dafür, was das Beste und das Schlechteste an diesem Bericht einer Reise quer durch das religiöse Amerika ist, einer Reise zu all den New Zions und Rajneeshpurams und Appalachian Snake Churches, die den metaphorischen Supermarkt bilden, in dem die amerikanische Seele, genau wie der amerikanische Körper (Ruthven hat eine starke Abneigung gegen Dicke), vor eine schwere Wahl gestellt wird. Ruthven hat wahrhaftig ein weites Feld beackert und dabei alle möglichen bizarren Kreaturen zutage gefördert. Außer Gish gibt es die Neonazis der Church of Jesus Christ-Aryan Nations, einen christlichen Ratgeber in einer Rundfunktelefonshow, der »keinen Rat weiß«, wenn sich ein Anrufer darüber beschwert, dass seine Frau in Wirklichkeit seine lange verloren geglaubte Schwester ist (»der Gott, den ich sah, war wirklich nett«). Wenn man jedoch allzu viel hineinpacken will, mündet das allzu oft in Oberflächlichkeit. So erfahren wir zum Beispiel nicht, was Duane Gish bewegt; die Zeit reicht gerade, dass er seine Sprüche loslässt, von Ruthven verurteilt wird, und schon geht's weiter, zum nächsten Ort. Ruthven kann atemberaubend flüchtig sein: *eine halbe Seite* über Malcolm X? Bei solchen Dingen liest sich *Der göttliche Supermarkt* eher wie ein Touristenführer denn wie ein Reisebuch: eine Art Fodor's Guide zu Gott.

Leser, denen dieses Thema neu ist, werden mit Sicherheit von der unerschöpflichen Lebenskraft der Religion in Amerika beeindruckt sein: 68 Sektenneugründungen in den 50ern, in den 60ern nicht weniger als 184. Und Ruthven ist ein angenehm munterer Reisebegleiter, gebildet genug, um uns zu erklären, dass »wir das Wort *Fundamentalismus* indirekt Lyman und Milton Steward verdanken, zwei Geschäftsleuten aus Los Angeles«, die die Verteilung von drei Millionen Exemplaren der zwölfbändigen religiösen Diskussion finanzierten, die als *The Fundamentals* bekannt sind. »Das Wort ›Fundamentalist‹ tauchte zum ersten Mal im Jahre 1919 auf.« Darüber hinaus verfügt er über die scharfe, skeptische Intelligenz des typischen Naturwissenschaftlers. »Jede Form des Lernens ist im Kern für die fundamentalistischen Gewissheiten schädlich«, schreibt er, während ein Prediger auf einer Baptistenversammlung gegen das »zunehmende Kritisieren« wettert, das »wie ein Parasit an unseren Universitäten« wuchert. Und er macht klar, dass ein religiöses Buch (in diesem Fall meint er die Bibel) für die Mehrheit der Gläubigen »nicht eine Aufzeichnung spiritueller Wahrheiten oder auch von Gottes Offenbarungen für die Menschheit ist, sondern ein Totem oder Schibboleth, eine Fahne, die gegen die Kräfte der Moderne geschwenkt wird, verhasst, weil zutiefst gefürchtet«.

Eine solche Klarheit ist zu begrüßen; und dennoch wächst die Unzufriedenheit und ist zuletzt größer als das Vergnügen. Das

Buch scheint nicht zu wissen, was es ist. Trotz seines Untertitels ist darin kaum etwas von einer Suche nach der Seele zu finden. Saul Bellow meinte einmal, gerade der Erfolg des amerikanischen Materialismus zerstöre die Möglichkeit eines echten spirituellen Lebens für das amerikanische Volk; derartige Überlegungen sucht man in Ruthvens Buch vergebens. Und auch als Reiseschriftsteller kann er sich nicht mit Chatwin oder Theroux messen.

Oft scheint er sich von seinem Terminkalender beherrschen zu lassen; weil er in San Francisco Freunde treffen oder weil er zu Weihnachten nach Hause muss, drängt er schnell weiter. Er lauscht zahllosen offiziellen Fremdenführern an den verschiedensten Religionsstätten, in seinem Buch gibt es jedoch nur wenige echte Charaktere: Wenn er einen Abend mit einem polygamen Mormonen und seinen drei Frauen verbringt, erzählt er uns nichts über die Menschen selbst. Auch die großen Namen verpasst er. Im Rajneeshpuram kommt er zu spät, um Ma Sheela und Rajneesh kennenzulernen. Im Hauptquartier von Jerry Falwell gelingt es ihm nicht, Falwell zu treffen, und im Bakker-Territorium kommt er weder mit Jim noch mit Tammy zusammen. Jimmy Swaggart wird nur im Fernsehen begutachtet. Es gibt keine Begegnung mit Billy Graham, und auch Louis Farrakhan wird kaum erwähnt.

Ruthven ist sich klar über die direkten Verbindungen zwischen Religion und Totalitarismus, aber *Der göttliche Supermarkt* setzt sich nie wirklich mit dem Thema Macht auseinander. Kein Wort hier von Buchverbrennungen (Kurt Vonneguts *Schlachthof 5* ist einer der Titel, die in den letzten Jahren verbrannt werden sollten) oder den engen Bindungen zwischen Religion und politischen Machtzentren. Ruthven vermutet, dass die Vermehrung der religiösen Sekten in Amerika der »Preis des Friedens« sei. Doch wenn ein amerikanischer Präsident (wie angeblich Ronald Reagan) daran glaubt, dass Armageddon zu seinen Lebzeiten stattfinden wird, dann schmeckt die Religiosität in Amerika allmählich mehr nach Krieg als nach Frieden.

Wenn alle Nationen ihren »nationalen Wahn« besitzen (die

Franzosen haben *la gloire*, die Briten ihre *Greatness*), dann besteht der große amerikanische Wahn darin, dass die Neue Welt Utopia ist, das, was Melville als eine Nation, »bei der Schöpfung prädestiniert«, bezeichnete, ein Land, in dem »Neue Jerusalems« geschaffen werden können und sollten. Das lebendigste und eindringlichste Buch, das jemals darüber geschrieben wurde, ist Frances Fitzgeralds brillantes *Cities on a Hill*. Fitzgeralds Schilderung der Reiche von Rajneesh und Falwell haben alles, was Ruthvens Buch nicht hat; sie bieten Tiefe, Details, Charakterisierungen, Zeit zum Nachdenken und einen scharfen politischen Blick. Im Vergleich dazu wirkt Ruthven naiv. Wenn er die Neonazi-Christen beschreibt, erklärt er: »In Großbritannien... würden diese Menschen durch das Zivilrecht zum Schweigen gebracht werden, und zwar mit Recht. Bei Aufwiegelung zum Mord hört die Redefreiheit auf.« Da fragt man sich, wo er während der letzten sechs Monate gewesen ist. Man kann nur hoffen, dass sein nächstes Buch, *A Satanic Affair*, sorgfältiger durchdacht sein wird. Da es jedoch möglichst schnell auf den Markt geworfen werden soll, fürchte ich, dass Mr Ruthven wieder einmal zu hastig reisen wird.

1989

Zwölfter Teil

Naipaul unter den Gläubigen

In God We Trust

In gutem Glauben

Ist gar nichts heilig?

1000 Tage im Ballon

Naipaul unter den Gläubigen

Während er in Connecticut im Fernsehen die iranische Revolution verfolgte, kam V.S. Naipaul auf die Idee, vier Moslemländer – Iran, Pakistan, Malaysia und Indonesien – zu besuchen und über den neuen Islam zu schreiben, der dort, von unterschiedlich schweren Wehen begleitet, geboren wurde.

Das Ergebnis ist *Eine islamische Reise. Unter den Gläubigen.* Und da Naipaul ein beachtliches Talent besitzt, gibt es viel Schönes in diesem Buch: den surrealistischen (ganz und gar unbeabsichtigten) Humor, mit dem ein junger malaysischer Fundamentalist Naipaul die wichtigen Unterschiede zwischen obligatorischem, förderungswürdigem, nicht förderungswürdigem, verbotenem und beliebigem Husten auseinandersetzt; die einfühlsam gezeichneten Porträts von Behzad, dem jungen, im Iran der Mullahs verunsicherten Kommunisten, und Shafi, der von einem Malaysia träumt, das durch den Islam zu einem müllfreien einfachen Dorfleben zurückgeführt wird – aber einem von seinen »heidnischen«, vorislamischen Aspekten befreiten Dorfleben; die Heuchelei von Pakistans Erzfundamentalist Maulana Maudoodi, einem lebenslangen Gegner des westlichen Materialismus, der in einem Bostoner Krankenhaus starb, das er aufgesucht hatte, »um die Gesundheit zu suchen... zu ernten, wo zu säen er seinem Volk verboten hatte«; und vor allem ein verheerendes Porträt von Khomeinis Lynch-Richter, Ajatollah Khalkhali, der sich über den Mord am Premierminister des Schahs, Hoveyda, lustig macht und damit prahlt.

Aber dies ist kein gewöhnliches Reisebuch: Es hat Thesen zu erläutern. Die Wiedergeburt des Islam, sagt Naipaul, sei ein Rückschritt in die Zeiten des Mittelalters, in denen »abstrakte Männer des Glaubens« geschaffen werden sollten, »Männer, die nichts weiter kannten als die Vorschriften«. Sein »Akt der Ablehnung«

des Westens sei ein fataler Fehler, weil seine Existenz davon abhänge, dass »die fremde, notwendige Zivilisation fortbesteht« – Shafis Idealdorf braucht immer noch einen Bus, eine Straße und Maschinen; und in Indonesien findet Naipaul in einer ländlichen Islamschule zu seinem Erstaunen einen Fotokopierer. Schließlich sieht Naipaul den Kommunismus und den Islam als »austauschbare Revolutionen«, die beide dem Hass und dem Zorn entsprungen seien: »Behzad, der Kommunist, sprach wie Khomeini«, und beide wollten Menschen umbringen. Das sind schwere Anklagen, und ihnen wohnt viel Wahrheit inne.

Das Problem liegt darin, dass es sich um eine höchst selektive Wahrheit handelt, die Wahrheit eines Romanciers, getarnt als objektive Realität. Zum Beispiel Iran: Kein Hinweis in diesem Buch darauf, dass es im neuen Islam wesentlich mehr gibt als Khomeinismus oder dass die Mullokratie das Volk durchaus nicht so fest in der Hand hat. Mit keinem Wort erwähnt Naipaul die Mujahedin-e-Khalq, deren Führer Rajavi sich einem »demokratischen Vielparteiensystem« verschrieben hat; aber die Mujahedin sind eindeutig »Gläubige«. Und was ist mit dem Schah von Persien (oder haben wir ihn bereits vergessen)? Naipaul zitiert zwei kritische Bemerkungen über ihn: Ajatollah Shariatmadari sagt: »Der Schah war böse. Er hat die Polygamie verboten und dadurch den Frauen Schaden zugefügt.« Und der Geschäftsmann aus Bombay, der den Schah beschimpft (»er hat das Land um Milliarden betrogen ... Das iranische Volk hatte das Gefühl, das eigene Land verloren zu haben«), wird sofort diskreditiert durch das Eingeständnis, dass »er nach 20 guten Jahren unter dem bösen Schah das Land verlassen und nach Bombay zurückkehren wollte«. Sind das wirklich die einzigen Moslems, die Naipaul finden konnte, um gegen den Schah zu protestieren? Hat der SAVAK alle anderen liquidiert?

Unterlassungssünden ... So versessen ist Naipaul auf seine Absicht, zu beweisen, dass diese Länder im Würgegriff des Islam schmachten, dass er in der Abteilung Pakistan kein Wort über die Armee verliert. Dabei hat die Ansicht, die Pakistani seien niemals ein von Mullahs beherrschtes Volk gewesen und ein Militärdiktator benutze gegenwärtig die Islamisierung, um sein unpopuläres Regime zu stützen, doch wirklich ein bisschen Aufmerksamkeit verdient. Nach meiner Erfahrung ist es nicht schwierig, in Pakistan Menschen aufzutreiben, die in dieser Hinsicht kein Blatt vor den Mund nehmen. Und Naipaul findet tatsächlich einen, einen Jeepfahrer in Kaghan, der ihm erklärt: »Diese Maulanas benutzen den Islam als Werkzeug ... Sie wollen Pakistan vernichten.« Derselbe Jeepfahrer hat kurz zuvor erwähnt, dass es heutzutage schwieriger ist, einen Pass zu bekommen, als unter Mr Bhutto; und Naipaul, der sich weigert, über die Attacke des Fahrers gegen die Theokratie zu diskutieren, begnügt sich mit einem billigen Witz über die Passfrage: »Ist es nicht seltsam, dass die einzige Freiheit, die er sich wünscht, die Freiheit ist, das Land zu verlassen?«, attackiert den armen Kerl also, weil dieser sich etwas wünscht, einen Pass, den Naipaul persönlich für selbstverständlich hält. Eben das, was Naipaul diese Reise überhaupt erst ermöglicht hat.

Schreckliche Dinge werden heutzutage im Namen des Islam begangen; doch die Probleme zu vereinfachen, indem man alles unterschlägt, was sich durch Naipauls berühmten olympischen Abscheu nicht so leicht brandmarken lässt, ist auch keine Lösung. An einer Stelle erklärt Naipaul seinem Freund Shafi: »Dadurch, dass du mit vorgefassten Ideen nach Amerika gegangen bist, hast du, glaube ich, einige Dinge übersehen.« Diese Kritik gilt ebenso für Naipauls eigene Reise in die entgegengesetzte Richtung und macht *Eine islamische Reise* trotz aller Brillanz der Beobachtung und Schilderung zu einem eher oberflächlichen Buch.

1981

In God We Trust

Wir stehen zur Zeit an einem Punkt der Geschichte, da es, wenn wir uns auf dem Planeten umsehen, so scheint, als wolle Gott – oder vielmehr die formale Religion – unbedingt wieder einmal eine zentrale Rolle im öffentlichen Leben spielen. Daher könnte es kaum einen passenderen Zeitpunkt geben, um die Frage nach dem Verhältnis zwischen Politik und Religion zu untersuchen.

Da ich weder ausgebildeter Theologe noch Politprofi bin, kann ich keinen Anspruch auf Sachkenntnis erheben. Doch immer wieder habe ich festgestellt, dass es mir in meinen Romanen nicht gelingt, politische Fragen auszusparen; denn der Abstand zwischen dem Individuum und den Staatsangelegenheiten ist heutzutage so gering, dass ich es nicht mehr für möglich halte, Romane zu schreiben, die den öffentlichen Bereich ignorieren. Manchmal könnte man Jane Austen um ihre wundervolle Nichtbeachtung der Napoleonischen Kriege beneiden. Heute, da das Fernsehen in jedes Haus Bilder aus der ganzen Welt zu bringen vermag, wäre der Versuch, Geschützlärm, Schreie, Weinen auszuschalten und uns die Ohren vor dem unerbittlichen Ticken der Weltgerichtsuhr zu verstopfen, in meinen Augen falsch. Und was die Religion betrifft, so hat es meine Arbeit, die sich zum großen Teil mit Indien und Pakistan beschäftigt, schon immer erfordert, mich mit den Fragen des religiösen Glaubens zu befassen. Sogar die Form meiner Schriften wurde davon beeinflusst. Wenn man den ehrlichen Versuch macht, die Realität so zu schildern, wie religiöse Menschen sie erleben, für die Gott kein Symbol ist, sondern ein alltägliches Faktum, dann sind die Konventionen dessen, was man Realismus nennt, höchst unzulänglich. Der Rationalismus dieser Form wirkt dann wie ein Urteil *über,* wie eine Ungültigkeitserklärung für den religiösen Glauben der beschriebenen Personen. Es muss also eine Form gefunden werden, die es dem Überirdischen und dem Irdischen ermöglicht, auf einer gemeinsamen Ebene zu koexistieren – als gleichwertige Geschehnisse. Das halte ich, obwohl ich selbst kein frommer Mensch bin, durchaus für wesentlich.

Mein Verhältnis zum formalen religiösen Glauben ist irgendwie zusammengestückelt. Ich bin in einer indischen Moslemfamilie aufgewachsen, doch obwohl meine Eltern gläubig waren, versuchte mich keiner von ihnen zu überreden oder zu indoktrinieren. Zwei- bis dreimal im Jahr, an den großen Eid-Festen, fand ich beim Aufwachen am Fuß meines Bettes neue Kleider und zog mich an, um mit meinem Vater zum großen Gebets*maidan* vor der Freitagsmoschee in Bombay zu gehen, mich gemeinsam mit den Menschenmassen zu verneigen und mich murmelnd durch den für mich unverständlichen arabischen Text zu arbeiten, wie die katholischen Kinder es mit dem lateinischen machen oder machten. Das übrige Religionsjahr trat in den Hintergrund. Ich hatte eine christliche *ayah* (Kindermädchen), für die wir Weihnachten ohne Bedenken einen Baum schmückten und Lieder über das Jesuskind sangen. Meine Freunde waren Hindus, Sikhs, Parsen, und das alles kam mir keineswegs sonderlich erwähnenswert vor.

Gott, Satan, Paradies und Hölle lösten sich eines Tages in meinem 15. Lebensjahr einfach in Luft auf, als ich von einem Moment auf den anderen den Glauben verlor. Ich erinnere mich noch genau. Zu jener Zeit ging ich in England zur Schule. Der Augenblick des Erwachens ereignete sich beim Lateinunterricht, und gleich anschließend kaufte ich mir, um meinen frisch erworbenen Atheismus zu beweisen, ein relativ fades Schinkensandwich, genoss zum ersten Mal das verbotene Schweinefleisch. Kein Blitzschlag traf mich. Ich weiß noch, dass ich das Gefühl hatte, mein Überleben bestätige mich in meiner neuen Überzeugung. Ein wenig bedauerte ich jedoch den Verlust des Paradieses. Der islamische Himmel, jedenfalls so, wie ich ihn mir vorstellte, war mir als Heranreifendem äußerst verlockend erschienen. Ich hatte erwartet, zu meinem persönlichen Vergnügen vier wunderschöne weibliche Geister oder *Huris,* unberührt von Mann oder Dschinn, zugeteilt zu bekommen. Die Freuden des Gartens der Düfte – ich fand es schade, sie aufgeben zu müssen.

Von jenem Tag an habe ich mich als 100-prozentig säkularen Menschen betrachtet und mich von den großen Traditionen des säkularen Radikalismus – in Politik und Sozialismus, in den Künsten, dem Modernismus und seinen Ergebnissen – angezogen gefühlt, welche die Triebkräfte hinter einem Großteil der Geschichte des 20. Jahrhunderts waren. Aber vielleicht schreibe ich ja auch zum Teil, um diese entleerte Gottkammer mit anderen Träumen zu füllen. Denn sie ist schließlich ein Raum, um darin zu träumen.

Der Traum ist Teil unseres innersten Wesens. Durch die Gabe der Selbstbewusstheit können wir neue Versionen unseres Ichs erträumen, ein neues Ich für unser altes. Im Wachen wie auch im Schlafen besteht unsere Reaktion auf die Welt im Wesentlichen aus Imagination, das heißt im Bildersehen. Wir leben in unseren Bildern, in unseren Vorstellungen. Und das meine ich wörtlich. Zunächst machen wir uns Bilder von der Welt, dann treten wir in den (Bilder-)Rahmen hinein. Wir gehen so weit, dieses Bild mit der Welt gleichzusetzen – in einem solchen Ausmaß, dass wir unter bestimmten Bedingungen sogar Krieg führen, weil wir das Bild eines anderen weniger schön finden als unser eigenes. Man ist versucht zu behaupten, dieses Verhalten stimme weitgehend mit der hinduistischen Idee des *maya* überein, des Schleiers der Illusion, der vor unseren begrenzten menschlichen Augen hängt und uns hindert, die Dinge so zu sehen, wie sie wirklich sind – sodass wir *maya,* den Schleier, mit der Wirklichkeit verwechseln. Dass wir träumen können, ist unser Vorteil; es kann aber auch unser tragischer Nachteil sein.

Wie dem auch sei, es gehört fraglos zu unserer Natur und könnte vielleicht auch unsere Erklärung sein. Und Politik und Religion, sowohl in der Theorie als auch in der Praxis, sind, würde ich sagen, Manifestationen unseres Traum-Ichs. Im politischen

Denken suchen wir unsere Träume von Entwicklung, Verbesserung, Fortschritt auszudrücken – unsere Träume, so mögen manche es empfinden; von den Träumen. Wir bemühen uns, diesen großartigen Visionen Leben einzuhauchen, und setzen voraus, dass *wir das können;* dass unsere Träume erreichbar sind, dass die Welt so geformt werden kann, wie wir es wünschen, wenn wir es uns nur stark genug wünschen, dass wir fähig sind, *Geschichte zu machen.* Insofern können die meisten politischen Abhandlungen, weil sie den menschlichen Geist in eine Position der Macht über die Ereignisse versetzen, als Traum von Adäquatheit angesehen werden. Ein optimistischer Traum. Die großen Weltreligionen dagegen verlangen von uns, unsere Unterlegenheit unter ein nichtkörperliches, allgegenwärtiges, allmächtiges höchstes Wesen zu akzeptieren, das sowohl unser Schöpfer als auch unser Richter ist. Das Wort »Islam« bedeutet Unterwerfung, und nicht nur der Islam, sondern auch das Christen- und das Judentum fordern in ihrer klassischen Auslegung von ihren Anhängern die Unterwerfung unter den Willen Gottes. Das heißt, die Religion verlangt, dass Gottes Wille, und nicht unsere eigene kleine Eitelkeit, über die Geschichte obsiege. Um es ganz deutlich zu machen, könnte man sagen, die Religion stuft die Menschen niedriger ein als die Geschichte. In dieser Welt sind wir nicht Herren, sondern Diener; also könnte man die Religion im Gegensatz zur Politik als Traum von unserer Inadäquatheit, als Vision unserer Minderwertigkeit sehen.

Das ist natürlich allzu simpel, daher möchte ich umgekehrt die Gegenthese aufstellen, dass Praxis und Erfahrung der Politik sehr weitgehend von der harten Realität der Begrenzungen bestimmt werden – Begrenzungen durch Raum, Zeit, Quellen, Willenskraft und Möglichkeiten. Man kann in der »Kunst des Möglichen« doch nicht ernsthaft ein absolut optimistisches Unternehmen sehen; während die religiösen Systeme uns statt der erdgebundenen Begrenzungen und Unvollkommenheiten des politischen Lebens die transzendenten Freuden des Glaubens offerieren – Ewigkeit,

Unsterblichkeit, unendliche Seligkeit –, so erscheint unser Potenzial in dieser Fassung weitaus geringer, wenn wir es durch die Lupe der praktischen Politik betrachten, als wenn wir es durch das Glas des transzendenten Glaubens sehen. Nun ist es die Religion, die der angenehme Traum, und die Politik, die der Albtraum zu sein scheint.

Wir betreten hier eine kritische, widersprüchliche Zone voll Paradoxien und Sackgassen. Dennoch aber möchte ich eines erwähnen: Wenn das politische Denken uns in ein »Erwachsenen«-Verhältnis zum historischen Prozess stellt, während die Religion uns verpflichtet, die »Kinder« eines weiseren Gottes zu sein, dann ist die Religion auch umgekehrt fähig, unseren Sinn für das Wunderbare auf eine Art anzusprechen und zu wecken, zu der sich die politische Sprache nur gelegentlich aufzuschwingen vermag. Und dann ist da die Sache mit der Enttäuschung. Jeder gute Werbefachmann wird Ihnen erklären, dass man ein Produkt oder einen Service niemals übertrieben anpreisen soll, denn sobald man ihm zu viel Gutes zuschreibt, steigert man damit die Wahrscheinlichkeit, dass der Verbraucher enttäuscht sein wird, das heißt, man verstärkt das, was als »kognitive Dissonanz« bezeichnet wird, zwischen dem, was man sagt, und dem, was das Produkt »bringt«. Enttäuschung der Verbraucher vermindert die Wahrscheinlichkeit der Markentreue beträchtlich. In dieser Hinsicht haben die Religionen den großen Vorteil, dass ihre wichtigsten Verheißungen erst nach dem Tod der Verbraucher auf die Probe gestellt werden können; wogegen sich die Versprechungen von Politikern, politischen Parteien, Bewegungen und Theoretikern verflüchtigen, während wir mit wachsender Enttäuschung zusehen. Selbst jene Ideen, die eine Zeit lang überaus erhebend und elektrisierend wirken, verursachen schließlich kognitive Dissonanzen und Reduzierung der Markentreue. Dies ist ein Zeitalter der Desillusionierung. Daher ist es kaum verwunderlich, dass manche von uns zu den Glaubenssystemen zurückkehren, die wenigstens nicht den Fehler begehen, uns ein Paradies auf Erden zu versprechen.

Hier ist es zunächst einmal erforderlich, einen Unterschied zwischen dem Westen und dem Osten zu machen, weil die Ausgangspunkte in bestimmten wichtigen Fragen so unterschiedlich sind. Vor einigen Jahren stieß ich auf einen ziemlich mutigen, aber auch ein wenig absurden Versuch, die Gesamtzahl von Göttern zu ermitteln, die gegenwärtig in Indien existieren, vom unbedeutendsten Baum- oder Wassergeist bis hinauf zu Brahma und Allah. Die Zahl, die herauskam, war verblüffenderweise 330 Millionen, das heißt, grob gerechnet ein Gott für zweieinviertel Menschen. Das Überwältigende am Leben in Indien ist die Tatsache, dass diese ungeheure Menge Gottheiten im täglichen Leben mit der doppelt so ungeheuren Menge Menschen koexistiert. Man begegnet den Göttern auf der Straße. Man drängt sich an ihnen vorbei. Man steigt über ihre schlafenden Gestalten. Sie nehmen einem den Platz im Bus weg. Damit will ich sagen, dass diese Götter keineswegs Abstraktionen sind. Für die Gläubigen sind sie genauso real wie Familien und Freunde. (Und da man annehmen kann, dass die Götterpopulation relativ stabil bleibt, während die Menschen sich rasend schnell vermehrt haben, können wir rückblickend erkennen, dass die menschliche Bevölkerung Indiens die übernatürliche erst vor relativ kurzer Zeit überholt haben muss…) Der springende Punkt ist, dass der Gedanke der *Rückkehr* großer Mengen von Menschen zur Religion eine im Wesentlichen typisch westliche Auffassung ist. Denn im Osten haben nur relativ wenige Menschen je ihren Glauben aufgegeben. Wenn wir also von einer religiösen »Wiedererweckung« sprechen, einer Wiedererweckung des »Fundamentalismus« oder des »Kommunalismus«, sprechen wir nicht von einem religiösen Geschehen, wie wir es tun würden, wollten wir ein Geschehen in einem westlichen Land beschreiben. Sondern wir sprechen von einem politischen Geschehen, das in seiner wahren Natur fast immer nationalistisch ist.

Das Christentum, das aus der Fusion des jüdischen Monotheismus mit dem römischen Universalismus entstand, war in spirituellen Fragen radikal und bot allen, nicht nur dem auserwählten

Volk, die Chance der Erlösung; unter dem Einfluss des Paulus war es jedoch peinlich darauf bedacht, politische Konfrontationen zu vermeiden. Hier ist die Formel »Gebet dem Kaiser, was des Kaisers ist« zweifellos von Bedeutung. Daher erkennen wir im Christentum von Anfang an die Bereitschaft, Kirche und Staat zu trennen, und die Annahme, dass eine solche Trennung möglich und vielleicht sogar wünschenswert ist. In der Welt des Islam hat es auf theoretischer Ebene nie eine derartige Trennung gegeben. Von allen großen heiligen Schriften beschäftigt sich der Koran am eingehendsten mit den Gesetzen, und der Islam ist immer ganz offen ein sozialer, organisationsfreudiger, politischer Glaube gewesen, der – wiederum theoretisch – über jeden Aspekt eines individuellen Lebens etwas zu sagen hat.

Irgendwie ist es eine Ironie, dass das paulinische Christentum sich von der Politik ab- und dem Mystizismus zugewandt hat, denn Historiker wie Hyam Maccoby haben uns erst jüngst daran erinnert, dass die Kreuzigung als Strafe zu Christi Zeit *ausschließlich* Personen vorbehalten war, die der politischen – nicht der religiösen – Subversion schuldig gesprochen wurden. Christus starb als politischer Revolutionär, wurde von Paulus jedoch weitgehend entpolitisiert und in Mysterien gehüllt; in dieser Form wurde Mohammed niemals der öffentlichen Arena »entzogen«. Die Voraussetzungen gegenseitiger Durchdringung von politischen und religiösen Angelegenheiten sind also in den beiden Bereichen höchst unterschiedlich.

Aber – und dies ist ein sehr großes Aber, das mich zu dem Punkt zurückbringt, den ich hinsichtlich des Zusammenhangs der gegenwärtigen religiösen »Wiedererweckungen« mit dem Nationalismus verschiedenster Couleur ansprach – wir können über Religion in der modernen Welt nicht diskutieren, nicht mal in Gesellschaften wie Indien oder dem Ummah-Islam, als funktioniere er in der heutigen Welt noch genauso wie in dem Zeitalter vor dem Nationalstaat. Damals waren, wie Benedict Anderson uns in seinem Buch *Die Erfindung der Nation. Zur Karriere eines erfolgreichen Konzepts* erklärt, Christentum und Islam noch Gemeinschaften dieses »imaginären« Typs, internationale Gruppierungen, deren Einheit in der Vorstellung der Gläubigen existierte. Und das, was uns half, sie als Einheit zu begreifen, war die Existenz heiliger Sprachen, durch die die Religionen vielen verschiedenen Völkern nahegebracht werden konnten, die in vielen verschiedenen Sprachen kommunizierten. Diese Sprachen sowie die Rolle gelehrter Eliten als Übermittler dieser Sprachen an die weitgehend unwissenden Massen (ich denke da an mein eigenes Nachplappern der arabischen Gebete) lieferten den stützenden Unterbau der großen Weltreligionen. Der Machtverlust der heiligen Sprachen und ihrer Interpreten sowie das gleichzeitige Aufkommen der Idee von der Nation veränderten das Verhältnis der Welt zu den Religionen von Grund auf.

Anderson warnt uns vor der Idee, die imaginierten Gemeinschaften von Nationen seien ganz einfach aus den verwesenden Körpern der imaginierten Glaubensgemeinschaften und der dynastischen Reiche entstanden, die diese unterstützten. Vielmehr lag, wendet er ein und zitiert dabei Erich Auerbach und Walter Benjamin, die ausschlaggebende Veränderung in unserem eigenen Zeitverständnis. In der imaginierten Gemeinschaft des Christentums war man überzeugt, die Zeit nähere sich ihrem Ende; doch Zeit bedeutete auch Gleichzeitigkeit, das heißt, dass Gottes Auge jeden Moment der Vergangenheit, Gegenwart und Zukunft zu sehen vermöge und dass das Hier und Jetzt nur Teil der Ewigkeit sei. Benjamin nennt das die »messianische Zeit«. Unsere moderne Auffassung von Zeit dagegen wird von tickenden Uhren bestimmt. Sie bewegt sich vorwärts. Sie ist, mit Benjamins Worten, eine »homogene, leere Zeit«. Und, sagt Anderson, »die Idee eines soziologischen Organismus, der sich kalendarisch durch die homogene, leere Zeit bewegt, ist ein präzises Analogon der Idee von der Nation«.

Das alles ist wichtiger Stoff für einen Romancier, denn hier erfahren wir, dass die Idee des Aufeinanderfolgens, des Erzählens, die Sichtweise der Gesellschaft als Story sehr wesentlich für die Schaffung von Nationen ist. Doch Schriftsteller, wenn sie etwas taugen, wollen unbedingt beides haben, wollen linear und göttergleich sein, sowohl die Wahrheiten der Simultaneität als auch jene der Linearität ausdrücken. John Berger hat gesagt, der Mensch repräsentiere zwei Geschehnisse: das Geschehnis seiner Biologie und das Geschehnis seines Bewusstseins. Das erste sei linear, zeitlich. Das zweite simultan, vielgestaltig, proteisch.

Ich will damit sagen, dass in unserer Welt, seit die Idee des Nationalstaats aufkam, das biologische Geschehnis des Menschen dominant wurde; dass unser Weltgefühl nunmehr so uhrbestimmt ist, dass wir – es sei denn ganz flüchtig, beim Akt des Schöpfens oder der Kontemplation – das messianische Zeitgefühl nicht mehr zurückzuholen vermögen. Wenn die Religion heutzutage in die politische Arena eindringt, dann als Geschehnis in der linearen Zeit; das heißt, als Bestandteil der Welt des Nationalstaats, und nicht als etwas, das ihn ablehnt.

Betrachten wir die sogenannte »islamische Wiedererweckung« oder »fundamentalistisch-islamische Wiedererweckung«. Die in jüngerer Zeit durch die westliche Welt erfolgte Verwendung des Ausdrucks »Islam« als Slogan ist von Edward Said in seinem Buch *Covering Islam* gründlich untersucht worden. Heute steht »Islam« im Westen für eine Idee, die nicht nur mittelalterlich, barbarisch, repressiv und der westlichen Zivilisation feindlich gesinnt ist, sondern auch einig, vereinigt, homogen und daher gefährlich: eine Islamische Gefahr wie schon die Rote und die Gelbe. Es hat sich nicht viel verändert seit den Kreuzzügen, nur dass man uns heute nicht einmal ein einziges fermentierendes Bild eines »guten Moslems« à la Saladin vergönnt. Wir sind wieder zurückgekehrt zu dem Prozess des Dämonisierens, der den Propheten Mohammed vor so vielen Jahren in den beängstigenden, teuflischen »Mahound« verwandelt hat.

Indessen wird jede nähere Untersuchung der Fakten – und wie Said muss ich klarstellen, dass es keineswegs meine Absicht ist, die Taten zahlreicher »islamischer« Regimes zu entschuldigen – die Risse, den Mangel an Homogenität und Einigkeit zutage bringen, die für den gegenwärtigen Islam typisch sind. Der deprimierende Krieg zwischen dem Iran und dem Irak zeigt, wenn nichts anderes, so doch den vorherrschend nationalistischen Charakter der beteiligten Staaten. Dass beide Seiten sich auf die Hilfe des Allmächtigen berufen, ist natürlich nichts Neues. Im englischen Bürgerkrieg marschierten beide Heere mit Chorälen auf den Lippen in die Schlacht. Soldaten sind schon immer durch die Idee, dass Gott auf ihrer Seite stehe, zum Sterben ermutigt worden.

Khomeinis Revolution war in ihrem Wesen sehr stark nationalistisch gefärbt. Die zwischen vielen grundverschiedenen Elementen der iranischen Gesellschaft – vom Großbürgertum bis zu den Ölarbeitern – hergestellte Eintracht gründete sich auf den Wunsch, einen Despoten loszuwerden, eine Nation zu befreien. Warum wurde Khomeini, ein exilierter, archaischer Kleriker, zum Fokus dieser nationalen Bemühungen? Die Antwort ist in den Folterkammern des Schahs zu suchen, wo die bezahlten Killer der SAVAK-Truppen alle politischen Gegner des Schah-Regimes zerbrachen. Aber nie hat es Pahlevi gewagt, gegen die Moscheen, gegen den Klerus ebenso rücksichtslos vorzugehen wie gegen seine säkularen Feinde. Infolgedessen zog es die Opposition zu den Theologen; es entstand ein Machtvakuum, das Khomeini mit massiver Autorität besetzte. Dass seine Revolution, sobald sie triumphierte, sofort begann, ihre Initiatoren zu verschlingen, entwertet nicht den essenziell nationalistischen Impetus, der dahintersteckte. Und selbst heute, nach diesem Autokannibalismus, muss man zugeben, dass die Macht der strahlenden Gestalt Khomeinis nicht ausschließlich das Produkt seiner »Heiligkeit« oder der Angst sein kann. Denn er verkörpert im wahrsten Sinne des Wortes die Idee einer iranischen Nation. Wäre das nicht so, wäre er inzwischen wohl schon gestürzt worden.

Ich muss da an einen Schlüsselsatz denken, der die iranische Revolution beschreibt. Er wurde von Ali Shariati, einem Hauptideologen der Revolution, geprägt. Dieser beschreibt das, was geschah, als »Revolte gegen die Geschichte«. Welch ein Ausdruck! Mit diesen Worten wird die Geschichte als ein kolossaler Irrtum bezeichnet, und die Revolution macht sich buchstäblich auf, die Uhr zurückzudrehen. Die Zeit muss umgekehrt werden. Wäre es möglich, dass Shariati statt der Kalenderzeit das alte, »messianische« Zeitgefühl der imaginierten Gemeinschaft des Glaubens wiedereinführen will? Ich denke nicht. Rhetorik bleibt Rhetorik, auch wenn sie denkwürdig ist. Und trotz aller Pedanterie, trotz aller Wiedereinsetzung uralter Gesetze hat die Zeit im Iran nicht nachgelassen vorwärtszuschreiten. Etwas anderes zu glauben würde bedeuten, obskuren Illusionen nachzuhängen.

Tom Nairn hat einmal festgestellt, dass der Nationalismus auf eine zweigesichtige, janusköpfige Art und Weise fortschreitet; dass er, kurz gesagt, unaufhörlich vorwärtsschreitet, während er behauptet zurückzublicken – eine Art Fortschritt durch Rückschritt. Dies, oder etwas Ähnliches, ist in meinen Augen eine Beschreibung dessen, was sich im Iran abspielt. Und es gibt eine Resonanz dieser Janus-Theorie, die ich gern untersuchen möchte, weil sie am Urbeginn des Islams zu hören war.

Im siebten Jahrhundert nach Christus erlebte Arabien eine Periode des Übergangs von der alten Nomaden- zu einer neuen, urbanisierten, merkantilen Kultur. Das, was Maxime Rodinson den »alten Stammes-Humanismus« der Beduinen nennt, ging unter dem Druck der neuen, auf den Handel gegründeten Ethik einer Großstadt wie Mekka zugrunde. Mohammed, schon früh Waise, verspürte also am eigenen Leibe, wie es die Mekka-Kultur versäumte, so pflichtbewusst für die Schwachen zu sorgen, wie die Nomaden es getan hätten. Und die Ethik der Offenbarung, die er empfing, als er im Alter von 40 Jahren, nachdem er eine reiche, ältere Frau geheiratet und sein Glück gemacht hatte, auf den Berg Hira stieg und dort den Erzengel Gabriel oder Gibril fand, der ihm befahl zu *rezitieren* (das Wort *Al-Qur'an* bedeutet »die Rezitation«), wurde häufig, wenigstens teilweise, als Bitte um Rückkehr zum Kodex der nomadischen Beduinen gesehen. Wir können also sagen, dass die Ideen des Koran in diesem Sinne rückblickend, nostalgisch, gegen den Strom seien. Aber die Menschen, auf die Mohammeds Worte anfangs den tiefsten Eindruck machten, waren die Armen, die Menschen im Bazar, die niederen Klassen der Mekkanischen Gesellschaft – eben jene Menschen, die wussten, dass es ihnen unter dem alten Nomadensystem besser gegangen wäre. So gewann der frühe Islam sofort den Charakter einer subversiven, radikalen Bewegung. Wenn Khomeini von einer Revolte gegen die Geschichte spricht, können wir sagen, dass er damit den Propheten selbst zitiert; denn auch Mohammeds Offenbarung war eine Revolte gegen seine Zeit. Und dennoch schritt die Zeit eindeutig vorwärts; das Nomadentum wurde nicht noch einmal die arabische Norm, und das war eindeutig auch nicht Mohammeds Ziel. Die Geburt des Islams wurde von zwei Göttern beherrscht: von Allah, aber auch von Janus.

Wenn wir uns nun den jüngeren Ereignissen auf dem indischen Subkontinent zuwenden, so finden wir wiederum nationalistische und religiöse Ideen, die unauflöslich miteinander verknüpft sind. Im unabhängigen Indien besitzt die Idee des säkularen Nationalismus eine besondere Bedeutung. Es wäre nicht einmal übertrieben zu behaupten, dass das Überleben des Staates davon abhängen kann. »Wir müssen das noble Haus des freien Indien bauen«, hat Pandit Nehru in seiner berühmten Ansprache am Abend des Unabhängigkeitstages gesagt, »in dem all seine Kinder wohnen können.« Nach den schrecklichen kommunalistischen Morden der Teilungsaufstände wurde es eindeutiger denn je, dass Indiens Moslems, Sikhs, Buddhisten, Dschainas, Christen, Juden und Harijans (Unberührbare) sowie die Hindumehrheit nur dann friedlich zusammenleben könnten, wenn die Idee des gottlosen Staates über alle 330 Millionen Gottheiten gesetzt würde. Allein schon die Vorstellung, dass ein Hinduimperium jemals den Platz des britischen Raj einnehmen könnte, würde – so fürchtete man –

Bürgerunruhen in einem Umfang provozieren, gegen die die Teilungsprobleme ein Kinderspiel waren. Daher war es ungeheuer wichtig, dass die Kongresspartei unter Nehru ihren Wahlkampf eindeutig auf die Absicht stützte, die Rechte der Minderheiten zu wahren. So entstand eine einzigartige Wahlkoalition zwischen Indiens Moslems, Harijans und brahmanischen Hindus – die einzigen großen, landesweiten Gruppierungen –, die daher auch für lange Zeit unüberwindlich schien.

Nun könnte man energisch dagegenhalten, dass die Idee des Säkularismus in Indien nie viel mehr gewesen sei als ein Schlagwort; dass schon allein die Tatsache der Abstimmung der religiösen Gruppen in Blöcken der Beweis dafür sei; dass die Spaltungen zwischen den Gemeinschaften keineswegs durch eine gemeinsame »indische« oder nationale Identität überbrückt worden sind; und dass es sonderbar ist, von Nationalismus zu sprechen, während der Hauptantrieb im heutigen Indien von regionalistischen, ja sogar separatistischen politischen Gruppen kommt. Und darin liegt eine ganze Menge Wahrheit. Dennoch ist das Überleben der Union eine gewisse Lösung, eine grob gehauene, unvollkommene Lösung, aber wenigstens ein Zeichen dafür, dass bei vielen Indern die Idee des riesigen Nationalstaats Wurzeln geschlagen hat.

Ich versuche nicht, die kritischen Stimmen zu ignorieren: Es gibt tatsächlich eine Krise des Nationalismus in Indien. Im Punjab, in Bombay, in Assam, in Kashmir ist wieder einmal kommunalistische Gewalt ausgebrochen; viele indische Beobachter sind der Ansicht, dass diese Zuspitzung der Gewalttätigkeit möglicherweise kein vorübergehendes Phänomen ist. Ich will damit sagen, dass ein großer Teil des gegenwärtigen religiösen Sektierertums, ein großer Teil der zentrifugalen Stresssituationen in der indischen Gesellschaft auf politische, nicht auf religiöse Ursprünge zurückgeführt werden kann. Und dabei müssen wir mit der Emergency beginnen und mit Sanjay Gandhi. Denn es war zu Sanjays Regierungszeit, dass die Kongresspartei und die Regierung von Mrs Gandhi ihre Politik, die Koalition der Minderheiten zu vertreten, aufgaben und sich in eine eindeutige Hindupartei zu verwandeln begannen. Nicht nur Hindu, sondern Hindi: Versuche, ganz Indien diese Sprache aufzuzwingen, verursachten tiefen Groll, vor allem im Süden. Derartige Aktionen zeitigen unweigerlich Reaktionen; und das Anwachsen der kommunalistischen Politik in Indien ist diesem Wandel der regierenden Partei zuzuschreiben. Dem Hindunationalismus entsprang Separatismus aller nur möglichen Couleur; wenn Hindustan wirklich zur Heimat der Hindus gemacht werden sollte – kein Wunder, dass einige Sikhs ebenfalls von einer Heimat zu sprechen begannen. Doch niemand schenkte ihnen große Beachtung, bis Mrs Gandhi und Sanjay in den 80er-Jahren tatsächlich halfen, einen politisch-religiösen Aufwiegler, einen Sikh namens Sant Jarnail Singh Bhindranwale, zu finanzieren; sie waren bereit, im Interesse einer starken Zentralregierung den Kommunalismus zu unterstützen und Bhindranwale zu benutzen, um die Stimmen der regionalistischen Akali-Dal-Partei zu spalten. Daher war, wie wir jetzt wissen, der Mord an Mrs Gandhi Teil einer Kette von Ereignissen, die sie selber schmieden geholfen hatte. Eine tragische Ironie. Aber sie darf nicht in rein religiösem Sinne interpretiert werden; noch wichtiger ist vielleicht der Machtkampf zwischen dem Zentrum und den Staaten. Und am tragischsten – mit weit tiefer gehenden Folgen als selbst das Attentat – ist die fortschreitende Entfremdung von Minderheitsgruppen, die, wie die Sikhs, zum Großteil loyal gegenüber dem Nationalstaat waren. Infolge der Rachemorde an Sikhs, die nach Mrs Gandhis Tod verübt wurden, wirkte die Idee von Khalistan, dem separaten Sikhstaat, auf einmal nicht mehr so sehr wie das Hirngespinst einiger weniger, sondern mehr wie ein sicherer Hafen für einige der zahlreichen traumatisierten Mitglieder der Sikhgemeinschaft, die nichts mit Bhindranwale hatten zu tun haben wollen, die das Attentat verurteilten, von dem durch die Kongresspartei angeführten Mob aber dennoch dafür verantwortlich gemacht wurden.

Auf der anderen Seite der Grenze, in Pakistan, finden wir ein sehr deutliches Beispiel für die Undurchführbarkeit des Versuchs, einen religiösen Glauben in den Mittelpunkt moderner Politik zu stellen. Hier haben wir schließlich einen Staat, der auf einem Glauben aufgebaut war; und die Probleme, mit denen er seit seiner Geburtsstunde konfrontiert war, kommen daher, dass er – wie ich an anderer Stelle bereits sagte – *unzureichend imaginiert* wurde. Mit anderen Worten, Pakistan hat auf eine höchst schmerzhafte Weise erkennen müssen, dass eine Religion heute keine ausreichende Basis für eine Gesellschaft mehr ist. Dafür hat sich die Welt zu sehr verändert. Als Folge davon haben Teile des Staates begonnen, sich von ihm zu lösen; und Zias Diktatur hat ihr Bestes getan, alles, was übrig war, auch noch zu zerbrechen. Am ehesten können wir die Spannungen im modernen Pakistan vielleicht als Ergebnis des Wiederauftauchens des alten, unterdrückten Nationalismus – Punjabi, Sindhi, Baloch – und der neuen, unzulänglichen ideologischen Einheit verstehen. Die Regierung Benazir Bhuttos hat einen hoffnungslos heruntergekommenen Staat geerbt – eine militarisierte, von Gangstern heimgesuchte Theokratie. Miss Bhutto muss schleunigst und unter ungünstigen Umständen nichts weniger als die Institutionen und Prozesse eines modernen Nationalstaates schaffen. Das heißt, die Geschichte muss unter den Trümmern von Dogmatismus und Tyrannei hervorgegraben werden. Die beste Hoffnung für ihren Erfolg liegt möglicherweise darin, dass alle Bürger Pakistans, Sindhis wie Paschtunen, Punjabi wie Balochi, einsehen, dass mit einer Balkanisierung nichts gewonnen werden kann. Die echte Möglichkeit eines solchen Ergebnisses könnte seltsamerweise gerade das sein, was verhindert, dass es sich ergibt. Und wenn aufgeklärtes Eigeninteresse die Pakistani vor diesem Abgrund zurückweichen lässt, dann wird damit schon der erste konstruktive Schritt zur Schaffung eines Staates mit einem echten Daseinsgrund getan sein – sagen wir, eines postislamischen Pakistan.

Nach den starken, reichen, zuversichtlichen Gewissheiten des 19. Jahrhunderts ist der Westen an einem Punkt jenseits des religiösen Glaubens angelangt, in einer zerrissenen Zeit, in der Zweifel, Angst und eine Art Steuerlosigkeit das Leben beherrschen. Dieser Verlust der Gewissheit war in vieler Hinsicht – zum Beispiel für die Künste – von großem Wert. Genau wie ein Atom, wenn es gespalten wird, kolossale Energien freisetzt, produzierten die alten, starren Orthodoxien des kolonialen Europa, als sie zerbrachen, jenen beispiellosen Ausbruch von Erneuerungsgeist und Erregung, der die modernistische Bewegung kennzeichnete. Doch ein derartiges Ereignis ist natürlich zwiespältig.

In derselben Periode wurde die Sprache der Politik materialistischer. Die Politiker der Rechten wie auch der Linken haben gelernt, ein »Neusprech« der Wirtschaft anzuwenden. Wenn ein Flughafen mitten zwischen verschlafene Dörfer gesetzt werden soll, wird der Verlust der Einheimischen empörenderweise in Geldsummen kalkuliert und dann gegen andere Zahlen abgewogen. Die zunehmende Mechanisierung der Gesellschaft hat eine mechanische Politik geschaffen; eine Politik, die nicht mehr »warum« fragt oder »wohin«, sondern nur noch »wie«. Infolgedessen erstreckt sich die Welt der Politik kaum noch auf das, was echte Menschen wirklich interessiert. Sie fragt nicht, in welch einer Welt wir leben wollen; sie analysiert nicht die Folgen der Entscheidungen, die für uns getroffen werden; und sie kümmert sich nicht, hat es aber möglicherweise niemals getan, um die Leiden und Schmerzen der Seele – dieses anderen Geschehens, das wir sind, jenes, das die Existenz nicht als Eins-nach-dem-Anderen sieht, sondern als Alles-auf-einmal. Die Politik ist angetreten, um die Welt auf Dinge zu reduzieren, und die Idee, die einzige Idee, die angeboten wird, um uns zur Akzeptanz dieser schrecklichen Begrenztheit zu bewegen, heißt Fortschritt. Fortschritt: der Traum vom Himmel auf Erden.

Doch die politischen Systeme des Westens, sowohl die des liberalen Kapitalismus wie des Kommunismus, haben diesen Fortschritt nicht gebracht. Der sich ständig vergrößernde Kuchen war ein Mythos, das wissen wir jetzt; die Bürger des Westens haben eine Zukunft immer enger werdender Horizonte vor sich, immer weiter reduzierter Aussichten. Man könnte sagen, der Westen habe die Zukunft verloren; und ohne Zukunft ist das einzig rechtfertigende Konzept seiner politischen Systeme vernichtet.

Polens religiöser Eifer zum Beispiel wirkt zutiefst nationalistisch; jene, die den Tod eines ermordeten Priesters beklagen, betrauern seinen Tod in einem politischen Kampf. Wir haben einen Papst, der sich politisch stärker engagiert als die meisten anderen – doch wenn seine Priester sich den radikalen Strömungen in Lateinamerika anschließen, übt er intensiven Druck auf sie aus, damit sie sich zurückhalten. Und auf den brennenden Walstätten von Nordirland und dem Mittleren Osten bemäntelt religiöser Eifer nicht weniger fanatische nationalistische Bestrebungen. Wir nähern uns einem neuen Jahrtausend; und wieder haben wir das Gefühl, uns dem Ende der Zeit zu nähern. Es ist vermutlich kaum überraschend, dass so viele von uns, die aus dem Traum der Politik erwachen, sich in den Traum von Gott sinken lassen. Doch heutzutage bietet dieser Traum nicht mehr die Möglichkeit, Politik zunichtezumachen; er stellt die Uhr nicht zurück und kann es auch nicht. Die religiösen Wiedererweckungen der Welt sind die Fortsetzung des politischen Prozesses mit anderen Mitteln.

Auf den ersten Blick scheint der Stand der Dinge in den Vereinigten Staaten von Amerika die Ideen, die ich dargelegt habe, nicht zu bestätigen. In Amerika ist schließlich die Vision des materiellen, irdischen Paradieses noch nicht verblasst. Die USA bleiben ungeheuer reich und mächtig, und oft hat es den Anschein, dass immer noch weite Kreise der Bevölkerung ihrer politischen Sprache glauben. Dennoch herrschen überall im Land der Freien befremdliche Götter. Evangelisten streifen durchs Land, und Männer wie Frauen machen sich für Christus stark. Fromme Menschen wie John DeLorean werden für Christus »wiedergeboren«.

Die Anhänger des Bhagwan Shree Rajneesh vermehren sich, und ihre Uniform, die Farben von Sonnenuntergang und Morgenröte, begegnen uns überall. Es ist eine Zeit der Falwells und der Bücherverbrennungen. Es gab sogar einen Präsidenten, der glaubte, die Apokalypse könne durchaus noch während seiner Lebenszeit eintreten, und der einen Button trug, der das bestätigte. Auf seine Weise ist der religiöse Fundamentalismus in den Vereinigten Staaten nicht weniger beunruhigend als der in der so sehr gefürchteten islamischen Welt. Wieso? Woher kommt das?

In den 27 Jahren seit der Ermordung Präsident Kennedys ist viel Unruhe in den amerikanischen Traum gekommen. Der Kult des Individualismus, der Fähigkeit und des Rechtes der Männer (nicht so häufig der Frauen), sich an den eigenen Haaren und mit Hilfe der eigenen Intelligenz emporzuziehen, der diesem Traum zugrunde liegt, hat in letzter Zeit mehr Oswalds, mehr Sirhans, mehr Mansons und Jim Jones hervorgebracht als Lincolns. Die für den amerikanischen Individualismus repräsentative Figur ist nicht mehr der Präsident, der von der armseligen Hütte zum Weißen Haus aufgestiegen ist, sondern ein einsamer Mann mit seinem Revolver, der nach Rache an einer Welt trachtet, die sich seiner eigenen Wertvorstellung nicht anpassen will. Sie ist Robert de Niro in *Taxi Driver* oder Charles Bronson in irgendwas oder – im wirklichen Leben – der Mörder Goetz, der ungestraft davonkam, nachdem er den Mann niederschoss, der ihn in der Subway um einen Fünfdollarschein anbettelte. Das heißt: Der Mythos des amerikanischen Helden ist sauer geworden. Die desorientierenden Auswirkungen einer derartigen Veränderung dürfen keinesfalls unterschätzt werden.

Auch in so manchen anderen Dingen ist es schmerzlich geworden, Amerikaner zu sein. Vor 15 Jahren hat Victor Charlie[*] der *slope*, der *geek*, der US Army eine demütigende Niederlage zugefügt. Seitdem hat Amerika aber noch weitere Schlachten verloren.

---

[*] der Vietcong, Anm. d. Ü.

Loyale Verbündete wie Somoza in Nicaragua und der Schah von Persien wurden gestürzt. Und auch die Geiselnahmen im Iran und im Libanon wollen wir dabei nicht vergessen.

Die *frontier thesis* des Historikers F. J. Turner – die Idee, dass ein Land, das mit dem Zwang geboren ist, eine Grenze immer weiter nach Westen vorzuschieben, immer wieder neue Grenzen suchen muss, schon seit dem Tag, an dem es den Pazifik erreicht hat – war lange Zeit eine nützliche Brille bei der Untersuchung der amerikanischen Geschichte. Das Weltraumwettrennen ist nur ein Thema, das diese These erhellt. Während der letzten zwei Jahrzehnte haben sich viele Amerikaner auf der Suche nach dieser neuen Grenze nach innen gewandt. Der enorme Einfluss der Psychiatrie und Psychotherapie kann wohl ebenso als Beweis dafür herangezogen werden wie die enorm umfangreiche Literatur über Selbstentwicklung.

Wenn wir jedoch das amerikanische Ich dieses Zeitabschnitts untersuchen – was finden wir? Wir finden, dass es eine Periode des großen Ausgebranntseins ist. Radikale wie Konservative – jene, die mit den Drogen und großen »Sachen« der 60er und 70er einerseits und, sagen wir, den heimkehrenden Kriegsveteranen andererseits spielten – sind in eine Zeit des Schockzustands eingetreten. Interessant ist, dass so viele Schriftsteller in Amerika heutzutage des Langen und Breiten über dieses Ausbrennen schreiben. Vor allem in der kargen, bewusst eingeengten Welt Raymond Carvers spüren wir den Wunsch, sich von der großen Leinwand, den großen Fragen und Ereignissen und kühnen Experimenten, die Amerika in diese Klemme gebracht haben, abzuwenden und sich auf Details zu konzentrieren, auf die einfachsten Dinge, auf die ersten Bausteine des Lebens; zur Basis zurückzukehren und, durch einen neuen Anfang, irgendetwas zu retten: Aufrichtigkeit, vielleicht. Integrität. Wahrheit.

Ich behaupte, dass die Idee des »Fortschritts«, die dem Selbstwertgefühl einer Nation sehr nahesteht, auch in Amerika – und zwar trotz Amerikas fortwährendem Wohlstand – schweren Schaden erlitten hat. Und wieder einmal betritt die Religion die Bühne als Instrument zur Eindämmung des zerfallenden Patriotismus des amerikanischen Volkes, das heißt als Aspekt der nationalistischen Bestrebungen, und nicht als Ersatz dafür. Religion und Patriotismus sind von jeher Hand in Hand gegangen in einem Land, in dem Schulkinder tagtäglich gezwungen werden, der Nationalfahne ihre Reverenz zu erweisen. Außerdem gibt es im Amerika von heute einen neuen Patriotismus, dessen Verbindungen mit der religiösen Wiedererweckung nicht zu übersehen sind. Gott ist Amerikas Antwort auf seine Identitätskrise.

Ein Mythos, erklärt uns Roland Barthes, steht statistisch gesehen rechts. Wenn die Linke immer wieder versucht zu entmystifizieren, dann muss es ihr in einer Zeit, da die Menschen Gewissheit, absolute Werte brauchen, oftmals misslingen, ihnen das zu bieten, was sie sich wünschen. Die daraus resultierende Krise des Liberalismus begegnet uns überall, und nirgends mehr als in den USA. Die Geschichte hat ihr Bestes getan, Amerikas feste Überzeugung, dass es *recht* hat, gründlich zu erschüttern. Amerika reagiert, indem es den Kopf im Schoße Gottes birgt.

John Schlesingers Film *The Falcon and the Snowman* befasst sich dankenswert mit Amerikas selbsterwählter Blindheit. Es ist die Geschichte von zwei jungen Amerikanern, einem Drogendealer und einem Angestellten in einer Hochsicherheitsanlage, die sich zusammentun, um geheime Informationen an die Russen zu verkaufen, also das zu werden, was man gemeinhin »Landesverräter« nennt. Der »Falke« – derjenige der beiden, der Zugang zu den Geheimsachen besitzt – hat eine ganz andere Auffassung von Landesverrat. Er beschließt, Spion zu werden, als er von den Aktivitäten der CIA gegen Allendes Regierung in Chile und die Whitlam-Regierung in Australien erfährt. Für ihn ist die CIA der Vaterlandsverräter, ist es die CIA, die den amerikanischen Geist verrät. Auf unvergessliche Weise vergleicht er Amerikas Aktivitäten als Supermacht mit jenen von Raubvögeln (er besitzt einen zahmen Falken und weiß eine Menge über das

Verhalten dieser Vögel). Sobald Raubvögel nicht mehr streng bewacht werden, werden sie alles verschlingen, was sie nur runterwürgen können.

Wie die »Verräter« ebenfalls wissen, ist die Lage so schlimm geworden, dass nicht einmal ein journalistisches Exposé etwas daran ändern könnte. Selbst wenn die Amerikaner wissen, was ihre Regierung tut – selbst wenn man sie über Allende und Whitlam informiert –, ziehen sie es vor, sich nicht darum zu kümmern. Amerika hat sich dafür entschieden, ein Staat zu sein, in dem es zum Beispiel vorkommen kann, dass ein Präsident eine gewählte Regierung (in Nicaragua) als Tyrannei denunziert, während die Tatsache, dass es 50 Jahre zuvor Amerika war, das die echte, ausgewachsene Somoza-Tyrannei unterstützte, bequemerweise vergessen ist.

Wenn die Handlungen der Vertreter einer Nation so drastisch von ihrer Selbsteinschätzung als Hüter von Freiheit und Anständigkeit abzuweichen beginnen, dann muss das Land Möglichkeiten finden, sich vor der Wahrheit in bequeme Naivitäten zu flüchten (Gott, Patriotismus), um sich nicht selber allzu deutlich erkennen zu müssen; um nicht sehen zu müssen, dass das Bild, das es sich von sich selber macht, in vieler Hinsicht ein falsches ist.

Und wenn die Religion ihnen die Augen verschließt, so ist sie aber auch der Felsen, auf den, in Ermangelung anderer Gewissheiten, viele Amerikaner das Gefühl gründen, sie hätten *recht,* das zu sein und das zu tun, was sie sind und was sie tun.

In God We Trust – dieser Satz steht nicht an den Wänden einer Kirche geschrieben, sondern auf dem Zahlungsmittel der Vereinigten Staaten: Gott und Mammon, endlich im Dienste der mächtigsten Nation der Welt vereint.

1985, 1990

In gutem Glauben

Ein ganzes Jahr ist jetzt vergangen, seit ich mich das letzte Mal zur Verteidigung meines Romans *Die Satanischen Verse zu* Wort gemeldet habe. Ich habe seither geschwiegen, obwohl das Schweigen nicht meine Natur ist, weil ich fühlte, dass meine Stimme einfach nicht laut genug war, um den Lärm der Stimmen zu übertönen, die sich gegen mich erhoben hatten.

Ich hatte gehofft, andere würden für mich sprechen, und viele haben das sehr wortgewandt getan, darunter eine zugegebenermaßen kleine, aber wachsende Zahl moslemischer Leser, Schriftsteller und Gelehrter. Andere, darunter Fanatiker und Rassisten, haben versucht, sich meinen Fall zunutze zu machen, indem sie meinen Namen benutzten, um zum Beispiel Moslems und Nichtmoslems in Asien, sogar Kinder aufzuhetzen, und das in einer Weise, die ich abstoßend, verleumderisch und demütigend finde.

Im Mittelpunkt dieses Sturms steht ein Roman, ein fiktives Werk, das den Anspruch von Literatur zu erfüllen trachtet. Immer wieder hatte ich den Eindruck, dass die Menschen, ganz gleich, auf welcher Seite sie in dieser Auseinandersetzung stehen, diese schlichte Tatsache aus den Augen verloren haben. *Die Satanischen Verse* wurden geschildert und behandelt als ein Werk schlechter Geschichtsschreibung, als antireligiöses Pamphlet, als Produkt einer internationalen kapitalistisch-jüdischen Verschwörung, als eine Mordtat (»er hat unsere Herzen ermordet«), als das Produkt eines Menschen, vergleichbar mit Hitler und Attila, dem Hunnenkönig. Inmitten eines solchen Aufruhrs war es so gut wie unmöglich, immer wieder auf den fiktiven Charakter dieses Romans hinzuweisen.

Eines soll dabei klar sein: Ich will nicht sagen, dass *Die Satanischen Verse* »nur ein Roman« sind und daher nicht unbedingt ernst genommen werden oder gar mit Leidenschaft diskutiert werden müssten. Romane sind für Trivialitäten. Am meisten schätze ich diejenigen, die sich an radikalen Umformulierungen von Sprache, Form und Ideen versuchen, die das zu tun suchen, worauf das englische Wort *novel* hinweist: die Welt neu zu sehen. Dabei ist mir durchaus bewusst, dass dies ein Angst einflößender, frustrierender Versuch sein kann.

Was ich jedoch betonen möchte, ist die Tatsache, dass ich mich, wenn ich mein Leben lang diesen Prozess der literarischen Erneuerung in Gang zu setzen versucht habe, nicht etwa von einer durch Selbsthass und Entwurzelung bestimmten Onkel-Tom-Haltung leiten ließ, wie es mir zuweilen vorgeworfen wird, sondern eben von meiner Entschlossenheit, eine literarische Sprache und literarische Formen zu schaffen, in denen die Erfahrungen ehemals kolonisierter und immer noch benachteiligter Völker umfassend zum Ausdruck kommen können. Wenn *Die Satanischen Verse* überhaupt etwas sind, dann eine Betrachtung der Welt aus der Perspektive des Migranten. Sie entstanden aus eben der Erfahrung von Entwurzelung, von Trennung und Metamorphose (langsam oder schnell, schmerzlich oder freudig), die allen Migranten gemeinsam ist, und aus der, davon bin ich überzeugt, eine Metapher für die gesamte Menschheit abgeleitet werden kann.

Im Mittelpunkt dieses Romans steht eine Gruppe von Personen, von denen die meisten britische Moslems oder nicht besonders religiöse Menschen moslemischen Glaubens sind, die sich mit eben jenen großen Problemen herumschlagen, die um das Buch selbst herum entstanden sind, Probleme der Rassenmischung und Ghettoisierung, der Aussöhnung zwischen dem Alten und dem Neuen. Jene, die den Roman heute am heftigsten bekämpfen, sind der Meinung, dass ein Vermengen mit anderen Kulturen unweigerlich die eigene Kultur schwächen und ruinieren muss. Ich bin genau der entgegengesetzten Meinung. *Die Satanischen Verse* feiern die Bastardierung, die Unreinheit, die Mischung, die Verwandlung, die durch neue, unerwartete Kombinationen von Menschen, Kulturen, Ideen, politischen Richtungen, Filmen oder Liedern entsteht. Das Buch erfreut sich am Mischen der Rassen und fürchtet den Absolutismus des Reinen. Melange, Mischmasch, ein bisschen von diesem und ein bisschen von jenem, das ist es, wodurch *das Neue in die Welt tritt.* Hierin liegt die große Chance, die sich durch die Massenmigration der Welt bietet, und ich habe versucht, diese Idee in meinem Buch umzusetzen. *Die Satanischen Verse* plädieren für Veränderung durch Fusion, Veränderung durch Vereinigung. Sie sind ein Liebeslied auf unser Bastard-Ich.

Während der ganzen Menschheitsgeschichte haben die Apostel der Reinheit, jene, die behaupten, eine hundertprozentige Erklärung zu haben, Verheerendes unter den verwirrten Menschen angerichtet. Genau wie viele andere Millionen Menschen bin ich ein Bastardkind der Geschichte. Vielleicht gehen wir alle, schwarz, braun und weiß, ineinander über, wie eine meiner Figuren einmal gesagt hat, gleich dem *Geschmack der Zutaten beim Kochen.*

Der Streit zwischen Reinheit und Unreinheit, der auch der Streit zwischen Robespierre und Danton ist, der Streit zwischen dem Mönch und dem tobenden Jungen, zwischen Förmlichkeit und Unschicklichkeit, zwischen den Albernheiten übertriebenen Respekts und den Skandalen der Unkorrektheit, ist uralt; ich würde sagen, lassen wir ihn weitergehen. Die Menschen verstehen sich und gestalten ihre Zukunft, indem sie streiten, provozieren, fragen und das Unaussprechliche aussprechen; nicht indem sie die Knie beugen, sei es vor Göttern oder Menschen.

Die Satanischen Verse sind, das hoffe ich jedenfalls zutiefst, ein Buch über radikales Andersdenken, über In-Frage-Stellen und Umdenken. Es ist jedoch nicht, wie behauptet wurde, ein Buch, das »nichts als Schmutz, Beleidigungen und Beschimpfungen« enthält und damit die Menschen überall auf der Welt auf die Straße getrieben hat.

Jenes Buch existiert einfach nicht.

Folgendes möchte ich der großen Masse ganz normaler anständiger, fairer Moslems sagen, den Menschen jener Art, wie ich sie mein Leben lang kannte und die mir zahllose Inspirationen für meine Arbeit geliefert haben: Von den – sozusagen – eigenen Figuren zurückgestoßen und verunglimpft zu werden ist eine erschreckende und schmerzliche Erfahrung für jeden Schriftsteller. Ich erkenne an, dass viele Moslems sich ebenfalls verstört und schmerzlich gekränkt fühlen. Vielleicht könnte die gegenseitige Anerkennung dieses gemeinsamen Schmerzes einen Schritt nach vorn führen. Lasst uns versuchen, vom guten Glauben des anderen auszugehen.

Mir ist klar, dass das sehr viel verlangt ist. Es hat zu viele Beschimpfungen gegeben. Moslems wurden als Wilde, Barbaren und Schlimmeres bezeichnet. Auch ich habe meinen Teil an Beleidigungen einstecken müssen. Und dennoch glaube ich immer noch – muss es vielleicht sogar glauben –, dass eine Verständigung möglich ist und erreicht werden kann, ohne das Grundrecht der Redefreiheit zu unterdrücken.

Dazu gehört ein kleiner Moment guten Willens; ein Moment, in dem wir alle akzeptieren, dass die anderen beteiligten Parteien in gutem Glauben handeln und gehandelt haben.

Denn, wissen Sie, ich bin der Meinung, wenn wir nur den Vorwurf der »Beleidigungen und Beschimpfungen« ad acta legen könnten, der seine Verfechter daran hindert, *Die Satanischen Verse* als Buch mit aufrichtig gemeinten Ideen und Verdiensten zu akzeptieren, wären wir doch immerhin in der Lage, uns dahingehend zu einigen, dass unsere Meinungen über die wahren Themata des Buches auseinandergehen: über die relativen Werte des Heiligen und des Profanen, über den Wert von Reinheit und Mischmasch und darüber, wie Menschen wahrhaft vollkommen werden, ob durch die Liebe Gottes oder durch die Liebe ihrer Mitmenschen.

Um diesen Streit zu beenden, müssen wir uns einen Moment dem tatsächlich existierenden Buch zuwenden, und nicht dem in den verschiedensten Schmähschriften geschilderten Buch, die an die Gläubigen verteilt wurden, nicht dem »unlesbaren« Text der Legende, nicht zwei aus dem Zusammenhang gerissenen Kapiteln; nicht einem Stück Walspeck, sondern dem ganzen elenden Wal.

Eines möchte ich zuvor noch sagen: Ich habe diese Kontroverse nie als Auseinandersetzung zwischen westlichen Freiheiten und östlichen Unfreiheiten gesehen. Die Freiheiten des Westens werden mit Recht gerühmt, zahlreiche Minderheiten jedoch – rassischer, sexueller, politischer Art – fühlen sich ebenfalls zu Recht vom vollen Besitz all dieser Freiheiten ausgeschlossen; während ich bei meinen zahlreichen Besuchen im Osten, von der Türkei und dem Iran bis nach Indien und Pakistan, erlebt habe, dass die Menschen dort ganz genauso leidenschaftlich für die Freiheit sind wie jeder Tscheche, Rumäne, Deutsche, Ungar oder Pole.

Wie gewinnt man Freiheit? Sie wird genommen, niemals gegeben. Um frei zu sein, muss man zuerst des eigenen Rechts auf Freiheit sicher sein. Als ich *Die Satanischen Verse* schrieb, ging ich von der Voraussetzung aus, dass ich ein freier Mensch war und bin.

Was ist Meinungsfreiheit? Sie existiert nicht ohne die Freiheit, zu verletzen. Sie existiert nicht ohne die Freiheit, alle Orthodoxien, auch die religiösen, infrage zu stellen, ja sogar satirisch anzugreifen. Sprache und Phantasie kann man nicht einsperren, sonst stirbt die Kunst und mit ihr ein bisschen von dem, was uns zu Menschen macht. *Die Satanischen Verse* sind zum Teil die Abrechnung eines weltlichen Menschen mit dem religiösen Geist. Sie sind aber auf gar keinen Fall durchgehend glaubensfeindlich. »Wenn wir auf eine Weise schreiben, in der wir einen Glauben als irgendwie fehlgeleitet oder falsch vorverurteilen – machen wir uns dann nicht eines Elitedenkens schuldig, zwingen wir dann nicht den Massen unsere Weltanschauung auf?«, fragt einer der Inder in dem Buch. Dennoch enthält der Roman tatsächlich Zweifel, Ungewissheiten, sogar Schocks, die den Gläubigen möglicherweise nicht gefallen. Solche Methoden sind jedoch seit Langem ein legitimer Teil selbst der islamischen Literatur.

Wogegen aber ist der Roman? Mit Sicherheit nicht gegen das

Recht der Menschen auf Glauben, obwohl ich selber keinen habe. Am eindeutigsten ist er gegen die aufgezwungenen Orthodoxien *aller Art,* gegen die Meinung, die Welt sei eindeutig *dies* und nicht das. Er ist gegen das Ende des Debattierens, des Diskutierens, des Andersdenkens. Das kommunalistische Sektierertum, den Terrorismus der Sikhs, der Flugzeuge in die Luft sprengt, die lächerliche christliche Schöpfungsgeschichte stellt er genauso infrage wie die engstirnigen Auslegungen des Islams. Aber ein solcher Dissens ist weit entfernt von »Beleidigungen und Beschimpfungen«. Ich glaube nicht, dass die meisten Moslems, die ich kenne, Schwierigkeiten damit haben würden.

Schwierigkeiten hätten sie dagegen mit Behauptungen wie folgende: »Rushdie bezeichnet den Propheten Mohammed als homosexuell.« – »Rushdie sagt, der Prophet Mohammed hat Gott um Erlaubnis gebeten, mit jeder Frau auf der Welt Unzucht treiben zu dürfen.« – »Rushdie belegt den Propheten mit einem Namen des Teufels.« – »Rushdie bezeichnet die Begleiter des Propheten als *Abschaum und Gesindel.*« – »Rushdie sagt, der ganze Koran sei Teufelswerk.« Und so weiter.

Es war bestürzend zu beobachten, wie sich derartige Behauptungen verbreiteten, und zuzusehen, wie sie durch Wiederholung an vermeintlichem Wahrheitsgehalt gewannen. Es war bestürzend zu erkennen, dass Menschen, Abermillionen Menschen, bereit waren, *Die Satanischen Verse* und ihren Autor, ohne das Buch zu lesen, ohne zu erkunden, was für ein Mensch dieser Mann sein mochte, nur aufgrund derartiger Beschuldigungen zu verurteilen. Es war bestürzend zu erfahren, dass den Menschen *die Kunst gleichgültig* ist. Die einzige Möglichkeit für mich, das Ganze zu erklären, die einzige Möglichkeit, wie ich versuchen kann, den nichtexistierenden Roman mit jenem zu vertauschen, den ich tatsächlich geschrieben habe, ist jedoch, Ihnen eine Geschichte zu erzählen.

Die Satanischen Verse sind die Geschichte von zwei schmerzlich zerrissenen Ichs. Im Fall des Saladin Chamcha ist die Spaltung weltlicher und gesellschaftlicher Natur: Er fühlt sich, schlicht gesagt, zwischen Bombay und London hin- und hergezerrt, zwischen Ost und West. Bei Gibril Farishta, dem anderen, ist die Spaltung spiritueller Art, ein Riss in der Seele. Er hat den Glauben verloren und hängt in der Luft zwischen seinem immensen Bedürfnis zu glauben und seiner neuen Unfähigkeit dazu. Der Roman handelt von der Suche dieser beiden nach Ganzheit.

Warum »Gibril Farishta« (»Gabriel Engel«)? Nicht um den »echten« Erzengel Gabriel zu »beleidigen und zu beschimpfen«. Gibril ist ein Filmstar, und Filmstars hängen in der Dunkelheit über uns, überlebensgroß, auf halbem Weg zur Göttlichkeit. Indem ich Gibril den Namen eines Engels gab, verlieh ich ihm das weltliche Äquivalent engelhafter Halbgöttlichkeit. Als er jedoch den Glauben verliert, wird ihm dieser Name zur Quelle all seiner Qualen.

Chamcha überlebt. Er findet zu einer Einheit zurück, indem er seine Wurzeln wiederfindet, und, noch wichtiger, indem er den großen Wahrheiten von Liebe und Tod ins Auge sieht und mit ihnen umzugehen lernt. Gibril überlebt nicht. Er vermag weder in die Liebe Gottes zurückzukehren noch sie durch irdische Liebe zu ersetzen. Zum Schluss bringt er sich um, weil er diese Qualen nicht länger ertragen kann.

Die größten Qualen haben ihn in Gestalt von Träumen heimgesucht. In diesen Träumen ist er in die Rolle seines Namensvetters, des Erzengels, geschlüpft und wird so Zeuge und Teil verschiedener epischer und tragischer Erzählstränge, die sich mit dem Wesen und den Folgen von Offenbarung und Glauben befassen. Diese Träume sind nicht durchweg skeptisch. So geht es in einem von ihnen um einen nichtgläubigen Landbesitzer, der zusehen musste, wie sein ganzes Dorf mitsamt seiner eigenen Frau im Arabischen Meer ertrinkt, weil eine junge Prophetin behauptet hat, die Wasser würden sich teilen, damit die Pilger die Reise nach Mekka antreten können. Im Augenblick des eigenen Todes, als er Gott sein Herz öffnet und »sieht«, wie sich die Wasser teilen, erlebt dieser Mann die Wahrheit eines Wunders. Wie all die anderen Träume dramatisiert jedoch auch dieser den Kampf zwischen Glauben und Zweifel.

Gibrils qualvollste Träume, jene im Mittelpunkt der Kontroverse, beschreiben Geburt und Entwicklung einer dem Islam ähnlichen Religion in einer magischen Stadt aus Sand namens Jahilia (das heißt »Ignoranz«, ein Name, den die Araber dem Zeitalter vor dem Islam gegeben haben). Nahezu alle angeblichen »Beleidigungen und Beschimpfungen« stammen aus diesen Traumsequenzen.

Zunächst muss man über diese Träume sagen, dass sie *für den Träumenden unendlich qualvoll* sind. Sie sind eine »nächtliche Vergeltung, eine Strafe« für den Verlust des Glaubens. Dieser Mann, der sich verzweifelt danach sehnt, den Glauben wiederzufinden, wird verfolgt, ist besessen von Visionen des Zweifels, der Skepsis, Visionen voller Fragen und Glauben erschütternder Darstellungen, die mit der Zeit immer extremer werden. Vergeblich versucht er ihnen zu entkommen, indem er gegen den Schlaf ankämpft; doch dann überqueren die Visionen die Grenze zwischen seinem wachenden und seinem schlafenden Ich und infizieren seine Tage: das heißt, sie treiben ihn in den Wahnsinn. Die Traumstadt heißt nicht Jahilia, um Mekka, die erhabene Stadt, »zu beleidigen und zu beschimpfen«, sondern weil Gibril, der Träumende, durch seinen verlorenen Glauben in jenen Zustand zurückgeworfen wird, den das Wort Jahilia beschreibt. Der vorrangige Zweck dieser Sequenzen ist es nicht, den Islam verächtlich zu machen oder zu »widerlegen«, sondern eine Seele in einer Krise zu schildern, zu zeigen, wie der Verlust Gottes das Leben eines Menschen zerstören kann.

Sieht man die »beleidigenden« Kapitel aus diesem Blickwinkel, werden vermutlich viele Dinge klarer. Die Verwendung des sogenannten »Zwischenfalls der Satanischen Verse«, die quasi historische Erzählung davon, wie Mohammeds Offenbarung flüchtig mit der Möglichkeit zu liebäugeln scheint, drei heidnische Göttinnen auf der halbgöttlichen Fürsprechebene der Erzengel in den Pantheon aufzunehmen, und davon, wie er dieselben Verse sodann als vom Teufel inspiriert zurückweist – das ist vor allem ein Schlüsselmoment des Zweifels in Träumen, die einen Träumenden verfolgen, indem sie die Zweifel deutlich machen, die er verabscheut, denen er aber nicht mehr entrinnen kann.

Die extremste Zweifelpassage des Romans erfolgt, als die Figur »Salman der Perser« – nach Mohammeds Begleiter Salman al-Farisi nicht etwa genannt, um »zu beleidigen und zu beschimpfen« – ihrer Skepsis Ausdruck verleiht. Es trifft durchaus zu, dass die Sprache hier kraftvoll, satirisch und für manchen Leser recht starker Tobak ist, aber man darf nicht vergessen, dass der wachende Gibril ein derber Bursche ist, und es wäre erstaunlich, wenn die Traumgestalten, die er herbeizaubert, nicht zuweilen eine genauso grobe und sogar obszöne Ausdrucksweise benutzten wie ihr Träumer. Man darf ebenfalls nicht vergessen, dass diese Sequenz erst spät im Traum vorkommt, als der Geist des Träumenden mitsamt seinen Gewissheiten zerfällt und als seine geistige Zerrüttung, zu der diese heftigst ausgedrückten Zweifel beitragen, schon weit fortgeschritten ist.

Aber ich will nicht unaufrichtig sein. Die Zurückweisung der drei Göttinnen in der Traumversion der Geschichte von den Satanischen Versen soll noch einiges andere beweisen, zum Beispiel im Hinblick auf die Einstellung der Religion zu den Frauen. »Soll ER [Gott] Töchter haben während du Söhne hast? Das wäre eine ungerechte Verteilung«, lauten die Verse, die noch immer im Koran zu finden sind. Ich hielt es für immerhin erwähnenswert, dass einer der Gründe für die Zurückweisung dieser Göttinnen die Tatsache ist, *dass sie Frauen waren*. Die Zurückweisung lässt Folgerungen zu, über die man nachdenken sollte. Und ich meine, dass ein derartiges Hervorheben bestimmter Dinge eine zweckdienliche Funktion der Literatur ist.

Oder dann wieder: Als Salman, der Perser, Gibrils Traumprodukt, gegen das Ziel der Traumreligion wettert, »für jedes einzelne verdammte Ding Gebote« aufzustellen, quält er damit nicht nur den Träumer, sondern verlangt vom Leser, über die Gültigkeit der religiösen Vorschriften nachzudenken. Jenen Beteiligten an der Kontroverse, die auch die extremsten Drohungen von Moslems gegen mich und andere rechtfertigen zu können glaubten, indem sie sagten, ich hätte ein Gebot des Islams gebrochen, möchte ich folgende Frage stellen: Sind alle bei der Gründung einer Religion festgelegten Vorschriften auf ewig gültig? Was ist mit den Strafen für Prostitution (Steinigen bis zum Tode) oder Diebstahl (Verstümmelung)? Was ist mit dem Verbot der Homosexualität? Was ist mit dem islamischen Erbgesetz, das einer Witwe nur ein Achtel des Erbes zuspricht und den Söhnen doppelt so viel wie den Töchtern? Was ist mit dem islamischen Zeugengesetz, das die Aussage einer Frau nur halb so hoch bewertet wie die eines Mannes? Sollen diese auch blind befolgt werden, oder dürfen Schriftsteller und Intellektuelle jene unbequemen Fragen stellen, die für sie unter anderem den Grund dafür darstellen, dass sie sind, was sie sind?

Man sollte aber wirklich nicht glauben, dass derartige Diskussionen nicht in der gesamten islamischen Welt tagtäglich stattfinden. Die religiösen Moslemführer mögen zwar verlangen, dass Töchter aus Moslemfamilien in separaten Schulen erzogen werden, aber die Mädchen selbst erklären jedem, der sie danach fragt, dass sie diese Schulen gar nicht besuchen *wollen*. (Die Labour Party fragt sie nicht und beabsichtigt, sie den Mullahs auszuliefern.) Ebenso mögen islamische Geistliche darauf bestehen, dass die Frauen sich »sittsam« kleiden und, der Hijabvorschrift entsprechend, mehr vom Körper bedecken als die Männer, weil sie, wie es ein Moslem kürzlich im Fernsehen absurderweise beschreibt, »mehr bewundernswerte Körperteile« besitzen; aber die Moslemwelt ist voller Frauen, die derartige Härten ablehnen. Der Islam mag lehren, dass die Frauen auf Haus und Kinder beschränkt bleiben müssten, doch überall bestehen Moslemfrauen darauf, das Haus verlassen und arbeiten gehen zu dürfen. Wenn die islamische Gesellschaft täglich ihre eigenen Gebote infrage stellt – und täuschen Sie sich nur ja nicht, die Moslems sind genau wie alle anderen an Satire gewöhnt –, warum muss ein Roman verboten werden, wenn er dasselbe tut?

Aber kehren wir zum Text zurück. Gewisse angebliche »Beleidigungen« bedürfen gesonderter Widerlegung. Die Szene zum Beispiel, in der die Begleiter des Propheten als »Abschaum« und »Gesindel« bezeichnet werden, ist eine Schilderung der anfänglichen Verfolgung der Gläubigen, und die zitierten Beleidigungen sind eindeutig nicht die meinen, sondern werden den Gläubigen von den Gottlosen entgegengeschleudert. Wie, so fragt man sich, könnte ein Buch eine Verfolgung schildern, ohne die Verfolger bei der Verfolgung zu zeigen? (Oder wie sollte ein Buch Zweifel darstellen, ohne die Unsicheren ihre Unsicherheiten artikulieren zu lassen?)

Was nun die Ehefrauen des Propheten betrifft, so geschieht in Gibrils Träumen Folgendes: Die Huren eines Freudenhauses *nehmen die Namen* der Ehefrauen des Propheten Mahound *an,* um ihre Kunden in Erregung zu versetzen. Die »wirklichen« Ehefrauen »leben keusch«, wie eindeutig erläutert wird, in ihrem Harem. Aber warum ein so schockierendes Bild? Aus folgendem Grund: Überall in meinem Roman habe ich nach Bildern gesucht, die den Gegensatz zwischen der frommen und der profanen Welt anschaulich machen. Der Harem und das Hurenhaus geben dazu Gelegenheit. Beide sind Orte, an denen Frauen eingesperrt sind – im Harem, um sie von allen Männern bis auf den Ehemann und die engsten Familienmitglieder fernzuhalten, im Hurenhaus zur Benutzung durch fremde Männer. Harem und Hurenhaus sind diametral entgegengesetzte Welten, und der Aufenthalt des Propheten, des Empfängers eines heiligen Textes, im Harem wird dem Aufenthalt des ausgelaugten Dichters Baal, des Schöpfers profaner Texte, gegenübergestellt. Diese beiden kämpfenden Welten, die reine und die unreine, die keusche und die unanständige, werden verglichen, indem die eine zum Echo der anderen gemacht wird; und schließlich vernichtet die reine die unreine. Huren und Schriftsteller (»Ich sehe hier keinen Unterschied«, bemerkt Mahound) werden hingerichtet. Ob man darin ein glückliches oder ein trauriges Ende sieht, hängt vom Standpunkt des Betrachters ab.

Der Zweck der »Hurenhaus-Sequenz« war es also nicht, die Ehefrau des Propheten »zu beleidigen und zu beschimpfen«, sondern gewisse Vorstellungen von Moral ebenso zu dramatisieren wie die Sexualität, denn in dem Freudenhaus – nach der Bezeichnung für »sittsames« Kleid Hijab genannt, als ironisches Mittel zur Hervorhebung des Echos zwischen den beiden Welten – können die Männer von Jahilia ihren uralten Traum von Macht und Inbesitznahme ausleben, den Traum, die Königin zu besitzen. Dass die Männer sich von den Imitationen der hohen Damen durch die Huren so in Erregung versetzen lassen, sagt außerdem einiges über *sie selber* – nicht über die hohen Damen – und über das Ausmaß aus, in dem sexuelle Beziehungen etwas mit Inbesitznahme zu tun haben.

Ich müsste gewusst haben, behaupten meine Ankläger, dass der Gebrauch des alten Teufelsnamens »Mahound«, eine Dämonisierung des Namens »Mohammed« aus dem europäischen Mittelalter, Anstoß erregen würde. In Wirklichkeit ist dies ein Beispiel dafür, dass ein Zitat dadurch, dass es aus dem Zusammenhang gerissen wurde, eine vollkommen entgegengesetzte Bedeutung annehmen kann. Ein Teil dieses Zusammenhangs findet sich auf Seite 93 [99 in der deutschen Übersetzung] des Buches: »Um Kränkungen in Stärke zu verwandeln, haben Whigs, Torys, Schwarze sich dazu entschlossen, stolz die Namen zu tragen, die ihnen voller Verachtung gegeben wurden; auf ebendiese Weise wird unser bergsteigender, prophetenberufener Einzelgänger zum mittelalterlichen Kinderschreck, zum Synonym für den Teufel werden: Mahound.« Zentral für die Ziele der *Satanischen Verse* ist der Vorgang, Gesprochenes von den Gegnern zu übernehmen. (An einer anderen Stelle des Romans versucht der Dichter Jumpy

Joshi, Enoch Powells bekannten »Fluss aus Blut«-Vergleich zu übernehmen. Die Menschheit selbst kann als ein Fluss aus Blut gesehen werden, behauptet er; der Fluss fließt in unseren Körpern, und wir, als Kollektiv, sind ein Fluss von Blut, der durch die Zeiten dahinfließt. Warum ein so starkes, beeindruckendes Bild den Rassisten überlassen?)

Trotzki hat seinen Namen von seinem Gefängniswärter übernommen. Dadurch überwältigte er symbolisch seinen Wärter und wurde frei. Ein wenig von diesem Geist steckt hinter meiner Verwendung des Namens Mahound.

Der Versuch des Übernehmens geht sogar noch weiter. Als Saladin Chamcha erkennt, dass er in einen ziegenbockähnlichen, gehörnten und gehuften Dämonen verwandelt ist und sich in einem bizarren, mit anderen Monstrositäten gefüllten Sanatorium wiederfindet, erfährt er, dass sie alle, genau wie er, Fremde und Migranten sind, dämonisiert durch das Verhalten der »Gastgeberkultur« ihnen gegenüber. »Sie haben die Macht der Beschreibung, und wir sind den Bildern unterworfen, die sie sich von uns machen.« Wenn Migrantengruppen von anderen als Teufel bezeichnet werden, macht sie das nicht unbedingt zu Dämonen. Und wenn Teufel nicht unbedingt teuflisch sind, so mögen Engel auch nicht unbedingt engelhaft sein... Aus dieser Prämisse, könnte man sagen, entstand die in dem Roman enthaltene Untersuchung der Moral als innere und veränderliche (statt äußerliche, von Gott sanktionierte, absolute) Qualität.

Schon der Titel des Buches, *Die Satanischen Verse,* ist ein Aspekt dieses Versuchs zum Übernehmen. Ihr nennt uns Teufel?, scheint er zu fragen. Nun gut, hier ist die teuflische Version der Welt, »eurer« Welt, die Version, die *aus der Erfahrung* derjenigen geschrieben wurde, welche aufgrund ihres Andersseins dämonisiert wurden. Genau wie die asiatischen Kinder in dem Roman als Beweis des Stolzes auf ihre Identität selbstbewusst Spielzeughörner tragen, trägt der Roman voll Stolz seinen dämonischen Titel. Damit soll nicht etwa angedeutet werden, der Koran sei vom

Teufel geschrieben worden; er ist vielmehr ein Versuch zu jenem Akt der Bestätigung, der in den Vereinigten Staaten zur Verwandlung des Wortes »schwarz« aus der Standardbezeichnung rassistischer Schmähung in einen »schönen« Ausdruck kulturellen Stolzes geführt hat.

Und so weiter ... Es gibt Momente, da habe ich das Gefühl, dass die ursprünglichen Absichten der *Satanischen Verse* durch die Ereignisse so gründlich verzerrt wurden, dass sie für immer verloren sind. Es gibt Momente, da bin ich wütend darüber, dass die Bedingungen, unter denen der Roman diskutiert wird, ausschließlich von Moslemführern gestellt zu werden scheinen. (Darunter solche wie Sher Azam vom Bradford Council of Mosques, der im Fernsehen unbekümmert erklären kann: »Bücher sind nicht meine Stärke.«) Schließlich bedeutet der Prozess der Bastardierung, der die wichtigste Dynamik des Romans ist, dass seine Ideen aus vielen anderen, nicht nur aus islamischen Quellen stammen.

Da gibt es zum Beispiel den vorchristlichen Glauben, niedergeschrieben in den Büchern Amos und Deuterojesaja und in den *Satanischen Versen* zitiert, nämlich dass Gott und der Teufel ein und derselbe waren: »Bis zum Buch der Chroniken, nur vier Jahrhunderte v. Chr., wurde das Wort *Satan* benutzt, um ein Wesen zu bezeichnen, und nicht nur ein Attribut von Gott.« Es sollte auch nicht unerwähnt bleiben, dass zu den beiden Büchern, die den Roman weitestgehend beeinflusst haben, der Koran nicht gehört. Das eine war William Blakes *Hochzeit von Himmel und Hölle,* die klassische Meditation über die Interpretation von Gut und Böse; das andere *Der Meister und Margarita* von Michail Bulgakow, der große russische lyrisch-komische Roman, in dem der Teufel in Moskau erscheint, unter den korrupten, materialistischen, dekadenten Bewohnern Unheil stiftet und sich zuletzt als gar kein so übler Bursche entpuppt. *Der Meister und Margarita* wie auch sein Autor wurden vom sowjetischen Totalitarismus verfolgt. Es ist sonderbar, feststellen zu müssen, dass das Leben meines Romans das Leben seines größten Vorbilds spiegelt.

Aber das sind nicht die einzigen nichtmoslemischen Einflüsse auf mein Buch. Ich wurde als Inder geboren, und nicht nur als Inder, sondern als Einwohner von Bombay – Bombay, der kosmopolitischsten Stadt ganz Indiens und eines gigantischen Schmelztiegels der Rassen. Daher wurden meine Arbeit und mein Denken ebenso stark von Hindumythen und -ansichten beeinflusst wie von moslemischen (mein Filmstar Gibril ist ebenfalls eine Person mit interreligiöser Toleranz, der trotz seiner moslemischen Abstammung Hindugötter spielt, ohne dass jemand Anstoß nimmt). Und auch der Westen fehlt nicht in Bombay. Ich war bereits eine echte Promenadenmischung, ein Bastard der Geschichte, bevor meine Übersiedlung nach London diesen Zustand nochmals verschlimmerte.

Ein Inder meiner Generation zu sein bedeutete zugleich, von der lebenswichtigen Bedeutung der Vision Jawaharlal Nehrus von einem weltlichen Indien überzeugt zu sein. Für Indien ist der Säkularismus nicht einfach eine Weltanschauung; er ist eine Frage des Überlebens. Wenn man zuließe, dass das, was die Inder »Kommunalismus« nennen, also sektiererische religiöse Politik, die Kontrolle über die Regierungsform gewinnt, wäre das Resultat unvorstellbar grauenhaft. Viele Inder fürchten, dass dieser Augenblick dicht bevorsteht. Ich habe die kommunalistische Politik mein ganzes Leben lang bekämpft. Die Labour Party in Großbritannien täte gut daran, sich mit den Konsequenzen zu beschäftigen, die sich daraus ergeben, dass die indischen Politiker bereit sind, die kommunalistische Karte auszuspielen und zu überlegen, ob die scheinbare Bereitschaft einiger Labour-Politiker, dasselbe aus denselben Gründen (Wählerstimmen) in Großbritannien zu tun, wirklich klug ist.

Ein Mann aus Bombay (und später ein Londoner) zu sein bedeutete auch, sich in beide Metropolen zu verlieben. Die Großstadt als Realität und als Metapher findet sich im Kern all meiner Werke. »Die moderne Stadt«, sagt eine Figur in den *Satanischen Versen,* »ist der *locus classicus* unvereinbarer Realitäten.« Nun ja, das stellte sich als richtig heraus. »Solange sie in der Nacht vorübergehen, ist's nicht so schlimm. Doch wenn sie aufeinandertreffen! Das ist wie Uran und Plutonium, jedes bewirkt, dass sich das andere spaltet, bumm!« Man kann nur schwer ausdrücken, was für ein Gefühl das ist, wenn man versucht hat, eine objektive Realität zu schildern, und dann zu ihrem Subjekt wird...

Entscheidend ist Folgendes: Die moslemische Kultur war mir immer sehr wichtig, ist aber durchaus nicht der einzige formende Faktor. Ich bin ein moderner – und modern*istischer* – Stadtmensch, der Ungewissheit als die einzige Konstante akzeptiert, Veränderung als die einzige Gewissheit. Ich glaube an keinen Gott, und zwar schon seit meiner frühen Jugend. Ich habe spirituelle Bedürfnisse, und mein Werk besitzt, wie ich hoffe, eine moralische und spirituelle Dimension, aber ich begnüge mich mit dem Versuch, diese Bedürfnisse zu befriedigen, ihnen auf irgendeine Vorstellung von einer Primärkraft oder von einem Höchsten Richter zurückzugreifen. Um es so simpel wie möglich auszudrücken: *Ich bin kein Moslem.* Es kommt mir seltsam und durchaus unangemessen vor, als eine Art Ketzer beschrieben zu werden, nachdem ich mein Leben als weltlicher, pluralistischer, eklektischer Mensch verbracht habe. Ich bin von einer Sprache umgeben, werde mit einer Sprache beschrieben, die nicht auf mich passt. Ich weigere mich, den Vorwurf der Blasphemie zu akzeptieren, weil es dort, wie jemand in den *Satanischen Versen* sagt, »wo kein Glaube ist, auch keine Blasphemie geben kann«. Ich weigere mich, den Vorwurf des Glaubensabfalls zu akzeptieren, weil ich mich in meinem Erwachsenenleben niemals zu einem Glauben bekannt habe, und wozu man sich nicht bekannt hat, davon kann man auch nicht abfallen. Der Islam, den ich kenne, erklärt eindeutig, dass »es in Sachen Religion keinen Zwang geben kann«. Die zahlreichen Moslems, die ich hoch achte, würden entsetzt sein von der Idee, dass sie *ausschließlich aufgrund ihrer Geburt* zu ihrem Glauben gehören und dass darum jeder ebenso geborene Mensch, der sich entschließt, kein Moslem zu sein, getötet werden dürfe.

Wenn ich als abgefallener Moslem beschrieben werde, habe ich das Gefühl, als habe man mich hinter einem *falschen Ich* versteckt, als sei ein Schatten zur Substanz geworden, während ich selbst in die Schatten verbannt wurde. Abteilungen der nichtmoslemischen Medien in Großbritannien haben dazu beigetragen, weitere Aspekte dieses falschen Ichs ins Leben zu rufen, und mich als krankhaft selbstgefällig, anmaßend, geldgierig, heuchlerisch und illoyal bezeichnet. Man hat behauptet, mir sei es lieber, meinen Namen anglisiert zu sehen (»Simon Rushton«). Und um den Widersprüchlichkeiten die Krone aufzusetzen, ist dieser Salman Rushdie auch noch »dünnhäutig« und »paranoid«, sodass jeder seiner Versuche, gegen Verfälschungen zu protestieren, als weiterer Beweis für die Existenz dieses falschen Ichs, dieses Golems, ausgelegt wird.

Den Attacken der Moslems gegen mich wurde durch die Schaffung dieses falschen Ichs großer Vorschub geleistet. »Simon Rushton« taucht in mehreren moslemischen Schilderungen meiner verderbten, entwurzelten Persönlichkeit auf. Meine »Geldgier« passt wunderbar zu der Verschwörungstheorie, ich hätte meine Seele dem Westen verkauft und für Säcke voll Geld einen sorgfältig geplanten Angriff auf den Islam verfasst. »Illoyalität« ist in diesem Zusammenhang ebenfalls nützlich. Jorge Luis Borges, Graham Greene und andere Autoren haben über diese Idee von einem Alter Ego geschrieben, das unter ihrem Namen in der Welt herumläuft. Es gibt Momente, da fürchte ich, es könnte meinem eigenen Alter Ego gelingen, mich auszulöschen.

Am 14. Februar 1989, wenige Stunden nach der furchtbaren Nachricht aus dem Iran, erhielt ich einen Anruf von dem Abgeordneten Keith Vaz, in dessen Verlauf er mich seiner vollen Unterstützung für mich und meine Arbeit versicherte und sein Entsetzen über die Bedrohung meines Lebens ausdrückte. Einige Wochen später sprach derselbe Gentleman bei einer Demonstration von Leuten, die meinen Tod verlangten, darunter auch Kinder mit Morddrohungen auf ihren Spruchbändern. Inzwischen fordert Mr Vaz, meine Arbeiten zu verbieten, und die Morddrohungen an meine Adresse scheinen ihn nicht mehr zu beunruhigen.

So ging es weiter in diesem Jahr. Vor zwölf Monaten bewegte sich Hugo Young, der geschätzte Kolumnist des *Guardian*, am Rande des Rassismus, als er allen britischen Moslems erklärte, wenn es ihnen in England nicht passe, könnten sie das Land gern jederzeit verlassen (»Wenn nicht Dagenham, warum nicht Teheran?«); nun gefällt es diesem Mr Young auf einmal, die Schuld an dieser Kontroverse mir in die Schuhe zu schieben. (Schließlich habe ich weniger Bataillone zur Verfügung.) Kein Zweifel, Mr Young wäre inzwischen heilfroh, wenn ich dahin zurückkehrte, wo ich hergekommen bin.

Und, und, und. Lord Dacre hielte es für eine gute Idee, mich in einer dunklen Gasse zu verprügeln. Rana Kabbani verkündete mit perfektem stalinistischen Eifer, Schriftsteller sollten der Gemeinschaft »verantwortlich« sein. Brian Clark (ironischerweise der Autor von *Whose Life Is It Anyway?*), der behauptete, auf meiner Seite zu sein, verfasste ein abscheuliches Theaterstück, das zu produzieren sich zum Glück bisher niemand bereit erklärt hat, mit dem Titel *Who Killed Salman Rushdie?* und schickte es mir für den Fall, dass ich ein bisschen Lesestoff brauche.

In Großbritannien fand auch eine Brutalisierung der öffentlichen Debatte statt, die kaum zu fassen ist. Auf den Straßen der Nation wurde sogar Anstiftung zum Mord geduldet. (In Europa und den Vereinigten Staaten wurden derartige Anstiftungen durch das Eingreifen der Regierungen zu einem sehr frühen Zeitpunkt unterbunden.) Bei Fernsehshows wurde das Studiopublikum aufgefordert, durch Handzeichen die Frage zu beantworten, ob ich am Leben bleiben oder sterben solle. Der Mord an einem Menschen (mir) wurde zum legitimen Thema einer nationalen Meinungsumfrage. Und langsam, ganz langsam schälte sich ein Standpunkt heraus, der von Marktschreiern und Bischöfen, Fundamentalisten und Mr John Le Carré vertreten wurde: *Ich hätte genau gewusst, was ich tat*. Ich müsse gewusst haben, was geschehen werde, und hätte es daher mit voller Absicht getan, um von der daraus resultierenden Berühmtheit zu profitieren. Da dieser Vorwurf inzwischen eine weite Verbreitung erlangt hat, muss ich mich nun auch gegen ihn zur Wehr setzen.

Ich würde gern einige Fragen stellen: Als Ossip Mandelstam sein Gedicht gegen Stalin schrieb – »wusste er da, was er tat« und verdiente deshalb den Tod? Als die Studenten auf dem Tian'anmen-Platz zusammenströmten, um Freiheit zu fordern – forderten sie dadurch nicht auch durchaus bewusst die darauffolgenden mörderischen Repressionen heraus? Als Terry Waite in Geiselhaft geriet – hatte er das nicht »herausgefordert«? Ich muss an Jodie Foster in ihrer mit dem Oscar ausgezeichneten Rolle in *Angeklagt* denken. Sogar wenn ich zugeben würde (und ich gebe es nicht zu), dass das, was ich in den *Satanischen Versen* getan habe, das literarische Äquivalent zu einem schamlosen Verhalten vor den Augen sexuell erregter Männer war – wäre das tatsächlich eine Rechtfertigung dafür, sozusagen von einer Gang vergewaltigt zu werden? Ist Provokation eine Rechtfertigung für Vergewaltigung?

Androhung von Gewalt sollte uns nicht zu der Annahme bringen, die Opfer von Einschüchterungen seien für die angedrohte Gewalt verantwortlich. Mir ist jedoch bewusst, dass Rhetorik eine unzureichende Reaktion ist. Und es genügt auch nicht, darauf hinzuweisen, dass meines Wissens in der gesamten Literaturgeschichte noch niemals etwas im Umfang dieser Kontroverse stattgefunden hat. Wenn ich vor der Veröffentlichung zu jemandem gesagt hätte, dass aufgrund meines Buches etwas Derartiges geschehen würde, hätte ich damit sofort bewiesen, dass der Vorwurf der Egomanie zu Recht besteht...

Es trifft zu, dass einige Passagen der *Satanischen Verse* inzwischen eine prophetische Qualität angenommen haben, die sogar mich selbst beunruhigt. »Deine Blasphemie, Salman, kann nicht verziehen werden... Deine Worte gegen das Wort Gottes zu setzen!« Et cetera. Aber von einem Traum zu schreiben, der sich auf

Ereignisse im siebten Jahrhundert nach Christus stützt, und Metaphern über den Konflikt zwischen verschiedenen Arten von »Autor« und verschiedenen Arten von »Text« zu bilden – zu sagen, dass Literatur und Religion, wie Literatur und Politik, um dasselbe Territorium kämpfen – ist etwas ganz anderes, als wenn man im Voraus weiß, dass der eigene Traum Wahrheit, die Metapher Wirklichkeit werden wird, und dass der Konflikt, den das eigene Werk zu ergründen sucht, schon bald es selbst, seine Verleger und seine Buchhändler zu verschlingen droht. Und den Autor.

Nun, wenigstens (ein schöner Trost!) hatte ich recht.

Bücher wählen sich ihre Autoren; der Akt des Schreibens selbst ist nicht unbedingt eine rationale, bewusste Handlung. Was folgt, ist jedoch – so aufrichtig, wie ich es niederschreiben kann – hinsichtlich der Behandlung des Themas Religion in meinem Roman alles, wovon »ich wusste, was ich tat«.

Durch den Prozess der Fiktion versuchte ich das Wesen der Offenbarung und die Macht des Glaubens zu erforschen. Das mystische Offenbarungserlebnis ist eindeutig echt. Diese Feststellung konfrontiert den Nichtgläubigen mit einem Problem: Wenn wir akzeptieren, dass der Mystiker, der Prophet, wahrhaftig eine Art transzendente Erfahrung durchmacht, wir aber nicht an eine übernatürliche Welt glauben können – *was geht dann vor*? Unter anderem um diese Frage zu beantworten, begann ich an der Geschichte von Mahound zu arbeiten. Mir war bewusst, dass das Geschehen um die *Satanischen Verse* bei den moslemischen Theologen sehr umstritten ist, dass Mohammeds Leben zum Gegenstand einer Verehrung geworden ist, die manche als unislamisch bezeichnen würden, da Mohammed selbst immer wieder betont hat, er sei lediglich ein Übermittler, ein ganz gewöhnlicher Mensch; und dass dieses Thema ein äußerst sensibles war. Ich war aufrichtig davon überzeugt, mein unverkennbares Fabulieren werde jedem Leser klarmachen, dass ich nicht etwa versuchen wollte, die Geschichte zu verfälschen, sondern nur zuließ, dass eine Fiktion sich von der Geschichte löste. Die Verwendung von

Träumen, Phantasien usw. sollte erklären: Es geht nicht um die Frage, ob dies »wirklich« Mohammed sein sollte oder ob sich der Zwischenfall der *Satanischen Verse* »wirklich« ereignet hat; es geht darum zu untersuchen, was ein solches Ereignis über das Wesen der Offenbarung enthüllen könnte, über das Ausmaß, in dem die bewusste Persönlichkeit des Mystikers sich von dem mystischen Ereignis durchdringen lässt und mit ihm interagiert; es geht um den Versuch, das menschliche Ereignis der Offenbarung verstehen zu lernen. Die Verwendung einer Fiktion war eine Möglichkeit, eine gewisse Distanz von der Aktualität zu schaffen, durch die, wie ich meinte, verhindert wurde, dass Anstoß genommen werden könnte. Ich habe mich geirrt.

Jahilia – und wieder möchte ich die uralte Formel der arabischen Geschichtenerzähler benutzen, die ich in den *Satanischen Versen* so oft benutzt habe –, Jahilia »ist und ist nicht« Mekka. Viele Einzelheiten seines gesellschaftlichen Lebens sind historisch belegt; aber es ist auch der Traum von einer indischen Stadt (sein konzentrischer Straßenplan erinnert bewusst an New Delhi), und da Gibril eine Zeit lang in England lebt, wird es außerdem ein Traum von London. Auch die Religion der »Unterwerfung« ist und ist nicht der Islam. Die Fiktion benutzt Tatsachen als Ausgangspunkt und geht spiralenförmig davon aus, um ihre wirklichen Probleme zu untersuchen, die nur am Rande historisch sind. Erkennt man das nicht, behandelt man Fiktionen, als seien sie Fakten, begeht man den schweren Fehler, die Kategorien zu verwechseln. Die Diskussion um die *Satanischen Verse* ist vermutlich einer der schwerwiegendsten Fälle von Kategorienverwechslung in der Literaturgeschichte.

Ich wusste noch mehr: Ich wusste, dass Geschichten über Mohammeds Zweifel, Unsicherheiten, Irrtümer, seinen Hang zu Frauen überall in der und um die Moslemtradition herum zu finden sind. In meinen Augen machen sie ihn lebendiger, menschlicher und daher interessanter, ja, sogar noch bewunderungswürdiger. Die größten Menschen müssen ebenso sehr sich selbst bekämpfen wie die Welt. Ich habe niemals an Mohammeds Größe gezweifelt, und ich glaube kaum, dass der Mahound meines Romans dadurch, dass ich ihn als Mensch geschildert habe, herabgesetzt wird.

Ich wusste, dass der Islam keineswegs homogen oder so absolutistisch ist, wie manche seiner Verfechter ihn darstellen. Der Islam beinhaltet die Zweifel von Iqbal, Ghazali, Khayyām ebenso wie die engstirnigen Gewissheiten des Shabbir Akhtar vom Bradford Council of Mosques und des Kalim Siddiqui, Direktor des proiranischen Mosleminstituts. Der Islam beinhaltet derbe Späße ebenso wie Feierlichkeit, Respektlosigkeit ebenso wie Absolutismus. Ich wusste viel über den Islam, das ich immens bewunderte und noch bewundere; ich wusste ebenfalls, dass der Islam, genau wie alle großen Weltreligionen, erleben musste, dass schreckliche Dinge in seinem Namen getan wurden.

Das ursprüngliche Ereignis, auf dem der Traum von den Dorfbewohnern basiert, die im Arabischen Meer ertrinken, gehört ebenfalls zu den Dingen, die ich »wusste«. Die Story wirkte auf mich ergreifend wegen der unendlichen Macht des Glaubens, von der sie kündet. Diesen Teil des Romans schrieb ich, um festzustellen, ob es mir gelang, Menschen zu verstehen, deren Frömmigkeit unendlich groß war, indem ich mich in sie hineinversetzte.

Er hat es absichtlich getan ist eine der merkwürdigsten Beschuldigungen, die einem Schriftsteller je vorgehalten wurden. Selbstverständlich habe ich es absichtlich getan. Die Frage – und die habe ich zu beantworten versucht – ist nur: Was ist dieses »es«, das ich getan habe?

Was ich dagegen *nicht* getan habe, das war, mich gegen den Islam zu verschwören, oder – nach vielen Jahren antirassistischen Arbeitens und Schreibens – einen Text zu verfassen, der zum Rassenhass auffordert, oder irgendetwas in dieser Art. Mein Golem, mein falsches Alter Ego mag solcher Taten fähig sein, nicht aber ich.

Hätte ich etwas anderes geschrieben, wenn ich gewusst hätte, was passiert? Ehrlich gesagt, ich weiß es nicht. Würde ich jetzt noch etwas am Text ändern? Nein, dazu ist es zu spät. Wie Friedrich Dürrenmatt in den *Physikern* schrieb: »Was einmal gedacht wurde, kann nicht mehr zurückgenommen werden.«

Die Kontroverse um die *Satanischen Verse* muss als politisches Ereignis gesehen werden, nicht als ein rein theologisches. In Indien, wo der Ärger anfing, benutzte das moslemisch-fundamentalistische Parlamentsmitglied Syed Shahabuddin meinen Roman als Stock, mit dem er der wankenden Regierung Rajiv Gandhis drohte. Die Forderung nach dem Verbot des Buches war ein Machtspiel, um das Gewicht der Moslemwähler zu demonstrieren, auf die sich die Kongresspartei traditionell stützte und die zu verlieren sie sich kaum leisten konnte. (Trotz des Verbots hat die Kongresspartei die Stimmen der Moslems und damit die Wahl verloren. Trau nie einem Shahabuddin.)

In Südafrika kam der Streit um das Buch den Zielen des Regimes zugute, indem er einen Keil zwischen die Moslem- und Nichtmoslemmitglieder der UDF trieb. In Pakistan bot er den Fundamentalisten die Möglichkeit, politisch an Boden zurückzugewinnen, nachdem sie bei den allgemeinen Wahlen geschlagen worden waren. Auch im Iran war der Skandal nur richtig zu begreifen, wenn er im Zusammenhang mit den internen politischen Kämpfen des Landes gesehen wurde. Und in Großbritannien, wo die politischen und religiösen Führer seit über einem Jahrzehnt um die Macht in der Gemeinschaft stritten und wo lange Zeit weitgehend politische Organisationen wie die Indian Workers Association (IWA – Gewerkschaft Indischer Arbeiter) im Aufstieg begriffen waren, neigte die »Affäre« die Waagschale der Macht wieder den Moscheen entgegen. Kein Wunder also, dass die verschiedenen Moscheenräte zögerten, dem Protest ein Ende zu machen, obwohl es zahlreichen Moslems im ganzen Land peinlich war und sie sich sogar schämten, mit solcher Engstirnigkeit und Gewalttätigkeit in Verbindung gebracht zu werden.

Die Verantwortung für Gewalttätigkeit liegt bei jenen, die sie ausüben. In den vergangenen zwölf Monaten wurden Buchhändler verprügelt, bespuckt, beschimpft, wurden Buchhandlungen bedroht und in mehreren Fällen tatsächlich mit Molotowcocktails beworfen. Verlagsangestellte mussten eine Flut von Schmähbriefen, hasserfüllten Anrufen, Todesdrohungen und Bombenwarnungen über sich ergehen lassen. Auch Demonstrationen wurden gelegentlich gewalttätig. Während des großen Marsches in London im letzten Sommer wurden friedliche Gegendemonstranten für die Sache des Humanismus und des Säkularismus von Marschierenden zu Boden geschlagen, und eine Gegendemo der mutigen (und weitgehend moslemischen) »Frauen gegen Fundamentalismus«-Gruppe wurde bedroht und unflätig beschimpft.

Es gibt keinen ersichtlichen Grund, warum ein derartiges Verhalten bevorzugt behandelt werden sollte, nur weil es im Namen einer gekränkten Religion stattfindet. Wenn wir schon über »Beleidigungen«, »Verleumdungen«, »Kränkungen« reden müssen, dann war die Kampagne gegen die *Satanischen Verse* sehr oft so beleidigend, verleumdend und kränkend, wie es nur geht.

Infolgedessen hat sich das rassistische Verhalten verschärft. Ich habe den britischen Rassismus nicht erfunden, und auch *Die Satanischen Verse* haben das nicht getan. Der Commission for Racial Equality (CRE – Ausschuss für Rassengleichheit), die mir jetzt vorwirft, den Rassenbeziehungen geschadet zu haben, ist durchaus bekannt, dass sie seit Jahren meine mit Video aufgezeichnete antirassistische Sendung im Channel 4 an alle möglichen schwarzen und weißen Gruppen und Seminare ausleiht. Leser der *Satanischen Verse* werden nicht umhin können, die extrem starke antirassistische Tendenz des Buches zu bemerken. Ich habe den Rassisten niemals auch nur ein winziges bisschen Zuspruch oder Aufmunterung zukommen lassen; die Führer der Kampagne gegen mich haben das allerdings getan, indem sie die schlimmsten rassistischen Klischees bestätigten, die Moslems als repressive, antiliberale, zensurgeile Eiferer hinstellten. Wenn Norman Tebbit die alten Powell-Sprüche wieder ausgegraben hat und wenn seine Klagen über die multikulturelle Gesellschaft im Land mit Beifall begrüßt werden, muss wenigstens ein Teil der Verantwortung dafür jenen aufgeladen werden, die sich nicht scheuen, Bücher zu verbrennen und zu verbieten.

Ich bin nicht der erste Schriftsteller, der in der modernen Zeit von islamischen Fundamentalisten verfolgt wird; zu den berühmtesten unter diesen Opfern zählen der iranische Schriftsteller Ahmad Kasravi, der von Fanatikern erstochen wurde, und der ägyptische Nobelpreisträger Nagib Mahfuz, oft bedroht, zum Glück aber noch unter uns. Ich bin nicht der erste Künstler, dem man Blasphemie und Apostasie vorwirft; das sind sogar wohl die gebräuchlichsten Waffen, mit denen der Fundamentalismus die Kreativität in der Moderne in Fesseln zu schlagen versucht. Daher ist es traurig, dass diesem entscheidenden literarischen Kontext so wenig Aufmerksamkeit geschenkt worden ist; und dass westliche Kritiker wie John Berger, der einst messianisch von der Notwendigkeit neuer Möglichkeiten des Sehens sprach, nunmehr ihrer Bereitschaft Ausdruck verleihen, eine dieser Möglichkeiten einer anderen vorzuziehen, und eine Religion, die über eine Milliarde Anhänger verfügt, vor der einsamen Gestalt eines einzigen Schriftstellers zu beschützen, der nur mit einem »unlesbaren« Buch bewaffnet ist.

Was nun die britischen Moslem»führer« betrifft, so können sie nicht beides haben. Manchmal erklären sie, ich sei absolut unwichtig, wichtig sei nur das Buch; dann wieder halten sie im ganzen Land in den Moscheen Zusammenkünfte und unterstützen das Todesurteil gegen mich. Sie behaupten, die Gesetze dieses Landes zu befolgen, aber sie behaupten auch, das islamische Gesetz habe für sie den moralischen Vorrang. Sie behaupten, keine britischen Gesetze brechen zu wollen, aber nur sehr wenige von ihnen sind bereit, offen die Todesdrohung gegen mich abzulehnen. Sie sollen ihre Position endlich klarmachen: Sind sie nun demokratische Bürger einer freien Gesellschaft oder nicht? Sind sie Gegner der Gewalttätigkeit oder nicht?

Nach einem Jahr wäre wohl endlich ein wenig Klarheit angebracht.

Der Moslemgemeinschaft insgesamt, in Großbritannien, Indien, Pakistan und überall sonst, möchte ich sagen: Verlangt von euren Schriftstellern nicht, *typische* oder *repräsentative* Fiktionen zu verfassen. Solche Bücher sind nahezu unweigerlich tote Bücher. Die Lebendigkeit der Literatur liegt in ihrer Außergewöhnlichkeit, liegt darin, dass sie die individuelle, idiosynkratische Vision eines einzigen Menschen ist, in der wir zu unserer Freude und großen Überraschung möglicherweise unser eigenes Bild gespiegelt finden. Ein Buch ist eine Version der Welt. Mag man sie nicht, sollte man sie ignorieren; oder eine eigene Version anbieten. Und auch Folgendes möchte ich sagen: Ein Leben ohne Gott erscheint den Gläubigen als Idiotie, sinnlos, nicht einmal der Verachtung wert. Den Nichtgläubigen erscheint es nicht so. Zu akzeptieren, dass unsere Welt hier alles ist, was es gibt; in ihr zu leben und vorwärts, auf den Tod zuzugehen, und zwar ohne die Tröstungen der Religion, scheint uns, nun ja, mindestens ebenso couragiert und hart zu sein wie euch die Annahme des Glaubens. Der Säkularismus und seine Werke verdienen euren Respekt, nicht eure Verachtung.

Eine riesige Woge der Freiheit hat die Welt erfasst. Jene, die ihr noch widerstehen – in China, in Rumänien –, werden in Blut gebadet. Ich möchte nun die Moslems bitten – die große Masse der gewöhnlichen, anständigen, gerechten Moslems, an die ich mich in diesem Aufsatz in erster Linie wenden wollte –, sich von dieser Woge mittragen zu lassen; auf Blutvergießen zu verzichten; nicht zuzulassen, dass Moslemführer sie als weniger tolerant hinstellen, als sie wirklich sind. *Die Satanischen Verse* sind ein ernsthaftes Werk, geschrieben aus der Perspektive des Nichtgläubigen. Die Gläubigen sollten das akzeptieren und es dabei bewenden lassen.

Und Sie, werde ich gefragt, was empfinden Sie inzwischen? Ich empfinde Dankbarkeit für die britische Regierung, weil sie mich verteidigt hat. Ich hoffe, dass jedem ähnlich bedrohten Bürger eine solche Verteidigung zuteilwerden wird, doch das beeinträchtigt meine Dankbarkeit keineswegs. Ich brauchte sie, und sie wurde mir gewährt. (Ich bin trotzdem kein Tory geworden, aber das ist Demokratie.)

Ebenfalls Dankbarkeit empfinde ich für meine Beschützer, die eine so hervorragende Arbeit geleistet haben und mir gute Freunde geworden sind.

Ich empfinde Dankbarkeit für jeden Einzelnen, der mir Unterstützung angeboten hat. Der einzig wahre Gewinn in dieser schlimmen Zeit war für mich die Entdeckung, dass so viele Menschen sich Sorgen um mich machen. Das einzige Gegenmittel für Hass ist Liebe.

Vor allem empfinde ich Dankbarkeit für Solidarität mit und Stolz auf alle Verlags- und Buchhandelsangehörigen auf der ganzen Welt, die gegen alle Einschüchterungsversuche zu mir gehalten haben und, davon bin ich überzeugt, weiterhin zu mir halten werden, solange dies nötig ist.

Ich fühle mich, als wäre ich wie Alice in die Welt hinter dem Spiegel versetzt worden, wo Unsinn der einzig existierende Sinn ist. Und ich frage mich, ob es mir jemals gelingen wird, durch den Spiegel zurückzusteigen.

Empfinde ich Bedauern? Selbstverständlich: Ich bedaure, dass so sehr Anstoß an meinem Werk genommen wurde, mit dem ich niemals Anstoß erregen wollte; beabsichtigt wurden von mir Diskussionen, Meinungsverschiedenheiten und manchmal sogar Satire; außerdem Kritik an Intoleranz und Ähnliches, niemals aber jene Dinge, die mir am häufigsten vorgeworfen werden, niemals »Schmutz«, niemals »Beleidigung«, niemals »Beschimpfung«. Ich bedaure, dass so viele Menschen, denen es Freude gemacht hätte, ihre Realität in einem Roman wiederzufinden, ihn nicht lesen werden, weil sie ihn für etwas ganz anderes halten als das, was er ist, oder ihn mit bereits vorgefertigter Meinung betrachten. Sehr traurig bin ich darüber, dass ich so schmerzlich von meiner

Gemeinschaft, von Indien, vom alltäglichen Leben, von der Welt getrennt leben muss.

Aber bitte, verstehen Sie: Ich will mich nicht beklagen. Ich bin Schriftsteller. Ich akzeptiere meine Situation nicht. Ich werde mich bemühen, sie zu verändern; aber ich lebe nun mal darin, und ich versuche, daraus zu lernen.

Das Leben lehrt uns, wer wir sind.

1990

Ist gar nichts heilig?

Von klein auf musste ich Bücher und Brot küssen.

Wenn bei uns zu Hause jemand ein Buch oder ein Chapati, also eine dreieckige, gebutterte Scheibe Hefebrot fallen ließ, musste er den Gegenstand nicht nur aufheben, sondern als Entschuldigung für seine respektlose Ungeschicklichkeit küssen. Und da ich genauso unachtsam und tolpatschig war wie andere Kinder, musste ich in meiner Kinderzeit endlose Mengen von Brotscheiben sowie eine beachtliche Anzahl von Büchern küssen.

In Indien gab und gibt es in frommen Familien häufig Personen, die heilige Bücher küssen. Wir aber küssten einfach alles. Wir küssten Wörterbücher und Atlanten. Wir küssten Enid-Blyton-Romane und Superman-Comics. Hätte ich jemals das Telefonbuch fallen lassen, hätte ich vermutlich auch das geküsst.

All das geschah natürlich, bevor ich zum ersten Mal ein Mädchen küsste. Ja, es würde sogar der Wahrheit nahekommen, jedenfalls der Wahrheit eines Romanschreibers, wenn ich behaupte, dass meine Aktivitäten im Hinblick auf Brot und Bücher, sobald ich anfing, Mädchen zu küssen, einiges von ihrer speziell erregenden Wirkung verloren. Die erste Liebe jedoch vergisst man nie. Brot und Bücher: Nahrung für den Körper und Nahrung für die Seele – was könnte unseren Respekt, ja, unsere Liebe eher verdienen?

Es war immer wieder ein Schock für mich, Menschen zu begegnen, für die Bücher einfach keine Rolle spielten, oder Menschen, die verächtlich auf das Lesen hinabblickten, vom Schreiben ganz zu schweigen. Es ist wohl stets verwunderlich, wenn man erfährt, dass das, was man liebt, für andere nicht so attraktiv ist wie für einen selbst. Die Bücher, die mir am liebsten sind, waren immer Romane, doch in den vergangenen zwölf Monaten habe ich hinnehmen müssen, dass diese Bücher für viele Millionen Menschen uninteressant oder wertlos sind. Wir sind Zeugen eines Angriffs auf einen bestimmten Roman geworden, der darüber hinaus ein Angriff auf die Form des Romans an sich war, ein Angriff von so bestürzender Heftigkeit, dass es notwendig geworden ist, noch einmal das zu wiederholen, was an der Kunst der Literatur am kostbarsten ist: den Angriff nicht mit einem Angriff zu beantworten, sondern mit einer Liebeserklärung.

Liebe kann zu Ergebenheit führen, die Ergebenheit des Liebenden unterscheidet sich jedoch insofern von der des wahren Gläubigen, als sie nicht militant ist. Ich mag überrascht, ja sogar erschrocken darüber sein, dass Sie über ein bestimmtes Buch oder ein Kunstwerk oder gar einen Menschen anders urteilen als ich; ich mag sogar versuchen, Sie von meiner Meinung zu überzeugen; letztlich jedoch werde ich akzeptieren, dass Ihr Geschmack, Ihre Präferenzen einzig und allein Ihre Sache sind, und nicht die meine. Der wahre Gläubige kennt keine derartige Zurückhaltung. Der wahre Gläubige weiß ganz einfach, dass er recht hat und Sie unrecht. Er wird versuchen, Sie zu bekehren, unter Umständen sogar mit Gewalt, und wenn ihm das nicht gelingt, wird er Sie für Ihren Unglauben im günstigsten Fall verachten.

Liebe muss nicht blind sein. Glaube muss jedoch letztlich ein Schritt ins Ungewisse sein.

Der Titel dieses Vortrags ist eine Frage, die gewöhnlich in leicht geschocktem Tonfall gestellt wird, sobald ein Mensch, eine Idee, ein Wert oder ein Ort, der dem Fragesteller lieb und wert ist, mit einer Andeutung von Ikonoklasmus behandelt wird. Weiße Kricketbälle für Abendkricket? Weibliche Priester? Eine Übernahme von Rolls-Royce durch die Japaner? *Ist gar nichts heilig?*

Bis vor Kurzem war das jedoch eine Frage, auf die ich die Antwort kannte. Die Antwort lautete Nein.

Nein, nichts ist an sich und aus sich selbst heraus heilig, hätte ich gesagt. Ideen, Texte, sogar Menschen können heilig *gemacht* werden – das Wort kommt vom lateinischen *sacrare,* »als heilig herausgehoben werden« –, doch selbst wenn derartige Entitäten, sobald ihre Heiligkeit gesichert ist, die eigene Absolutheit, die eigene Unantastbarkeit zu proklamieren und zu bewahren suchen, ist der Akt des Heiligmachens in Wahrheit ein geschichtliches Ereignis, ist er das Produkt der zahlreichen und komplexen Pressionen der Zeit, in welcher dieser Akt stattfindet. Und geschichtliche Ereignisse müssen immer wieder infrage gestellt, revidiert und sogar für veraltet erklärt werden können. Das Heilige respektieren bedeutet, von ihm gelähmt zu werden. Die Idee des Heiligen ist einfach deswegen einer der konservativsten Begriffe in jeder Kultur, weil sie versucht, andere Ideen – Ungewissheit, Fortschritt, Veränderung – zu kriminalisieren.

Um nur einen Fall des Für-veraltet-Erklärens zu nehmen: Ich hätte von mir selbst behauptet, in einer Zeit nach dem Tode Gottes zu leben. Über das Thema »Gottes Tod« sagte der amerikanische Romancier und Kritiker William H. Gass erst 1984:

Der Tod Gottes steht nicht nur für die Erkenntnis, dass Götter nie existiert haben, sondern für die Behauptung, dass ein solcher Glaube nicht länger auch nur irrational möglich ist; dass weder die Vernunft noch der Geschmack und Geist der Zeit das zulassen. Der Glaube hält sich natürlich weiter, jedoch nur so wie die Astrologie oder der Glaube an die Erde als Scheibe.

Ich selbst habe so meine Probleme mit der kompromisslosen Offenheit dieses Nekrologs. Es war mir immer klar, dass Gott insofern anders ist als menschliche Wesen, als er sozusagen in Teilgebieten sterben kann. In anderen Teilgebieten, zum Beispiel Indien, lebt Gott in buchstäblich Millionen von Formen weiter. Daher spreche ich, wenn ich behaupte, nach seinem Tod zu leben, in einem begrenzten, ganz persönlichen Sinn, denn da mein Sinn für Gott schon lange nicht mehr existiert, fühlte ich mich von den großen, kreativen Möglichkeiten angezogen, die der Surrealismus, der Modernismus und ihre Nachfolger zu bieten hatten, jene Philosophien und Ästhetiken, die aus der Erkenntnis geboren sind, dass sich, wie Karl Marx sagte, »alles, was fest ist, in Luft auflöst«.

Ich hatte jedoch nicht das Gefühl, dass meine Gottlosigkeit, oder vielmehr mein Post-Gott-Leben, mich zwingend in Konflikt mit dem Glauben bringen würde. Ja, einer der Gründe für meinen Versuch, eine Romanform zu entwickeln, in der das Überirdische mit dem Irdischen koexistieren kann, war eben meine Erkenntnis, dass beide, sowohl der Begriff des Heiligen als auch der des Profanen, in jeder aufrichtigen Beschreibung dessen, wie wir sind, weitmöglichst ohne Vorurteil untersucht werden müssen.

Das heißt: Auch der weltlichste Autor sollte in der Lage sein, einen frommen Gläubigen einfühlsam zu schildern. Oder, anders ausgedrückt: Ich hatte nie das Bedürfnis, meinen Mangel an Glauben zu totemisieren und ihn dadurch zu etwas zu machen, für das man in den Krieg zieht.

Nun jedoch muss ich feststellen, dass mein gesamtes Weltbild unter Beschuss genommen wird. Und ebenso, wie ich mich verpflichtet fühle, die Voraussetzungen und Prozesse der Literatur zu verteidigen, von denen ich geglaubt hatte, dass alle freien Menschen sie als selbstverständlich betrachten können, während alle unfreien Menschen tagtäglich dafür kämpfen, fühle ich mich verpflichtet, mir selber Fragen zu stellen, die mir zugegebenermaßen ein wenig beängstigend vorkommen.

Finde ich womöglich doch noch etwas Heiliges? Bin ich bereit, die Idee der absoluten Freiheit der Phantasie und dazu meine eigene Auffassung der Welt, der Schrift und des Guten für heilig zu erklären? Läuft dies auf das hinaus, was die Apologeten der Religion in letzter Zeit als »weltlichen Fundamentalismus« bezeichnen? Und wenn ja, muss ich es hinnehmen, dass dieser »weltliche Fundamentalismus« ebenso leicht zu Exzessen, Beschimpfungen und Unterdrückung führen kann wie die Kanons des religiösen Glaubens?

Ein Vortrag zum Gedenken an Herbert Read* ist eine äußerst passende Gelegenheit für eine derartige Untersuchung, und die Bitte, ihn zu verfassen, ehrt mich sehr. Herbert Read, einer der führenden britischen Fürsprecher der modernistischen und surrealistischen Bewegung, war ein bedeutender Vertreter jener kulturellen Werte, die mir besonders am Herzen liegen. »Kunst ist niemals starr«, schrieb Read. »Veränderung ist die Vorbedingung dafür, dass die Kunst Kunst bleiben kann.« Dieses Prinzip ist auch das meine. Auch die Kunst ist ein geschichtliches Ereignis, dem geschichtlichen Prozess unterworfen. Aber sie befasst sich auch mit diesem Prozess und muss sich ständig bemühen, neue Formen zu finden, um eine sich endlos erneuernde Welt darzustellen. Keine Ästhetik kann eine Konstante sein, es sei denn, eine Ästhetik, die auf der Idee der Veränderlichkeit basiert, der Metamorphose oder, um einen Terminus aus der Politik zu verwenden, der »ständigen Revolution«.

Der Kampf zwischen derartigen Ideen und den ewigen, offenbarten Wahrheiten der Religion wird heute Abend – und ich hoffe, man verzeiht mir, dass ich darauf hinweise – durch meine Abwesenheit dramatisiert. Dafür muss ich mich entschuldigen. Ich habe allerdings meine bewundernswerten Beschützer gefragt, was sie dazu meinten, wenn ich den Vortrag persönlich halte. Die Antwort lautete mehr oder weniger: »Womit haben wir das verdient?« Mit Bedauern sah ich das ein.

Es ist qualvoll und frustrierend, nicht in mein früheres Leben zurückkehren zu können, auch nicht für einen kurzen Moment. Aber ich möchte mich bei Harold Pinter – er spricht diese Worte ja selbst – dafür bedanken, dass er heute meine Stelle einnimmt. Vielleicht könnte man dieses Ereignis als eine weltliche Offenbarung sehen: Ein Mann erhält durch geheimnisvolle Vor-

---

* »Ist gar nichts heilig?« war die Herbert Read Memorial Lecture für das Jahr 1990, in Vertretung des Autors gehalten von Harold Pinter im Institute of Contemporary Arts, London, am 6. Februar 1990.

gänge einen Text von anderswo – oben? unten? New Scotland Yard? –, zieht ihn in einer Gruppe Menschen aus der Tasche und liest vor ...

Vor über 20 Jahren stand ich in einer dichten Menge im Hintergrund dieses Saales und hörte einen Vortrag von Arthur Koestler. Er vertrat die These, dass die Sprache, nicht das Territorium, der Hauptauslöser für Aggressionen sei, da die Sprache, sobald sie das Niveau der intellektuellen Differenziertheit erreicht habe und somit abstrakte Konzepte ausdrücken könne, die Macht zur Totemisierung annehme; und sobald die Völker Totems aufgestellt hätten, würden sie in den Krieg ziehen, um sie zu verteidigen. (Ich bitte Koestlers Geist um Verzeihung. Mein Gedächtnis ist nicht mehr das jüngste und eine sehr unsichere Krücke.)

Als Beweis für seine Theorie erzählte er uns von zwei Affenstämmen, die, glaube ich, auf einer der nördlichen Inseln Japans lebten. Die beiden Stämme lebten dicht nebeneinander in den Wäldern in der Nähe eines bestimmten Wasserlaufs und ernährten sich – wen wundert's – von Bananen. Einer der Stämme jedoch hatte die seltsame Angewohnheit entwickelt, seine Bananen vor dem Essen im Bach zu waschen, während der andere Stamm fortfuhr, die Bananen ungewaschen zu essen. Trotzdem, berichtete Koestler, lebten die beiden Stämme weiterhin zufrieden und ohne Streit nebeneinander. Warum? Weil ihre Sprache zu primitiv war, um sie zur Totemisierung entweder des Bananenwaschens oder des Essens ungewaschener Bananen zu benutzen. Hätten sie über eine höher entwickelte Sprache verfügt, hätten sowohl die nassen als auch die trockenen Bananen als Heiligtümer zum Mittelpunkt einer Religion werden können, und dann – Achtung! Heiliger Krieg!

Ein junger Mann aus dem Publikum stand auf, um Koestler eine Frage zu stellen. Vielleicht, meinte er, sei der eigentliche Grund dafür, dass die beiden Stämme sich nicht bekriegten, die Tatsache, dass es genug Bananen zu essen gab. Koestler wurde sehr ärgerlich. Er weigerte sich, auf eine derartige marxistische Phrasendrescherei zu antworten. Und irgendwie hatte er sogar recht. Koestler und sein Fragesteller sprachen verschiedene Sprachen, und ihre Sprachen standen im Widerspruch zueinander. Ihre Meinungsverschiedenheit konnte sogar als Beweis für Koestlers Theorie dienen. Wenn er, Koestler, der Bananenwascher wäre und sein Fragesteller der Mann mit den trockenen Bananen, dann hatte die Tatsache, dass sie eine komplexere Sprache beherrschten als die japanischen Affen, tatsächlich zu einer Totemisierung geführt. Nun hatte jeder von ihnen ein Totem, das er verteidigen musste: den Primat der Sprache gegen den Primat der Ökonomie. Aus diesem Grund wurde ein Dialog unmöglich. Sie befanden sich im Krieg.

Zwischen Religion und Literatur gibt es, genau wie zwischen Politik und Literatur, einen auf der Sprache beruhenden Disput. Aber es ist kein Disput einfacher Gegensätze. Denn während die Religion bestrebt ist, eine Sprache über alle anderen zu setzen, eine Werteskala über alle anderen, eine Schrift über alle anderen, handelt der Roman stets von der Art, wie die verschiedenen Sprachen, Werte und Erzählstränge miteinander stritten, und von den sich ständig verändernden Beziehungen zwischen ihnen, die ja Beziehungen der Macht sind. Der Roman versucht zwar nicht, eine privilegierte Sprache zu etablieren, besteht aber auf der Freiheit, den Kampf zwischen den verschiedenen Bewerbern um derartige Privilegien zu schildern und zu analysieren.

Carlos Fuentes hat den Roman eine »privilegierte *Arena*« genannt. Doch das bedeute nicht, dass es sich dabei um einen heiligen Ort handele, den man nur betreten darf, nachdem man sich die Schuhe ausgezogen hat; er ist keine Arena zur Anbetung; er beanspruche keine Sonderrechte, *bis auf das Recht, die Bühne zu sein, auf der die großen Debatten der Gesellschaft geführt werden können.* »Der Roman«, schreibt Fuentes, »wird aus eben der Tatsache geboren, dass wir einander nicht verstehen, weil die einheitliche, orthodoxe Sprache zusammengebrochen ist. Quijote und Sancho, die Shandy-Brüder, Mr und Mrs Karenin: ihre Romane sind die Komödie (oder das Drama) ihrer Missverständnisse. Oktroyiert man eine einheitliche Sprache, mordet man den Roman, aber man mordet auch die Gesellschaft.«

Anschließend stellte er die Frage, die ich mir während meines gesamten Schriftstellerlebens ebenfalls gestellt habe: *Kann die religiöse Mentalität außerhalb des religiösen Dogmas und der religiösen Hierarchie überleben?* Das heißt: Kann die Kunst das dritte Prinzip sein, das zwischen der materiellen und der spirituellen Welt vermittelt; kann sie uns, indem sie beide Welten »schluckt«, etwas Neues anbieten – irgendetwas, das vielleicht sogar als weltliche Definition der Transzendenz bezeichnet werden kann?

Ich bin überzeugt, dass sie das kann. Ich bin überzeugt, dass sie das muss. Und ich bin überzeugt, dass sie das immer dann, wenn sie am besten ist, auch tut.

Was ich unter Transzendenz verstehe, ist der Flug des menschlichen Geistes außerhalb des Käfigs seiner materiellen, physischen Existenz, den wir alle, weltlich oder religiös, bei wenigstens einigen Gelegenheiten erleben. Die Geburt ist ein Augenblick der Transzendenz, den wir unser Leben lang zu begreifen suchen. Die Exaltation beim Liebesakt, das Erlebnis der Freude und höchstwahrscheinlich der Augenblick des Todes sind ebenfalls solche Momente. Das erhebende Gefühl der Transzendenz, das Gefühl, mehr zu sein, als man ist, irgendwie mit der Gesamtheit des Lebens verbunden zu sein, ist schon allein durch seine Natur flüchtig. Nicht einmal die visionäre oder mystische Erfahrung dauert jemals lange. Und die Aufgabe der Kunst ist es nun, diese Erfahrung einzufangen und sie, im Fall der Literatur, den Lesern anzubieten; einer säkularen, materialistischen Kultur eine Art Ersatz für das zu sein, was in der Welt des Glaubens die Liebe zu Gott bietet.

Es ist wichtig, dass wir begreifen, wie intensiv wir alle die Bedürfnisse empfinden, die die Religion durch alle Zeitalter befriedigt hat. Ich meine, dass man diese Bedürfnisse in drei Typen einteilen kann. Erstens das Bedürfnis nach einer Artikulation unseres nur halb erahnten Wissens von Exaltation, von Ehrfurcht, von Staunen; das Leben ist eine Ehrfurcht gebietende Erfahrung, und die Religion hilft uns verstehen, warum uns das Leben so oft das Gefühl gibt, ganz klein zu sein, indem sie uns erklärt, wodurch wir auserwählt wurden und wozu. Zweitens brauchen wir Antworten auf das Unbeantwortbare: Wie sind wir hierhergekommen? Wie ist das »Hier« überhaupt hierhergekommen? Ist dies, dieses Leben, eigentlich alles? Wie kann das sein? Worin könnte der Sinn liegen? Und drittens brauchen wir Regeln, nach denen wir leben können, »Vorschriften für jedes verdammte Ding«. Die Idee »Gott« ist zugleich eine Adresse für unser ehrfürchtiges Staunen über das Leben und eine Antwort auf die großen Fragen des Daseins sowie ein Buch der Regeln. Die Seele braucht all diese Erklärungen – nicht einfach rationale Erklärungen, sondern Erklärungen fürs Herz.

Es ist außerdem wichtig zu erkennen, wie oft die Sprache des säkularen, rationalistischen Materialismus es verfehlt hat, diesen Bedürfnissen zu entsprechen. Während wir zusehen, wie der Kommunismus in Mitteleuropa stirbt, wird uns kaum der tief religiöse Geist entgehen, von dem so viele Anstifter dieser Revolutionen durchdrungen sind, und wir müssen zugeben, dass es nicht nur eine bestimmte politische Ideologie ist, die versagt hat, sondern die Idee, Männer und Frauen könnten sich jemals durch Begriffe definieren, die ihre geistigen Bedürfnisse ausschließen.

Obwohl es einleuchtend erscheint, ist es wichtig, darauf hinzuweisen, dass in allen Ländern, die sich nun auf die Freiheit zubewegen, die Kunst ebenso grausam unterdrückt wurde wie die Religion. Dass die tschechische Revolution in den Theatern begann und von einem Schriftsteller angeführt wurde, ist ein Beweis dafür, dass die geistigen Bedürfnisse der Menschen weit mehr dazu beigetragen haben, den Kommissaren die Macht zu entreißen, als die materiellen.

Offensichtlich ist wohl, dass es sehr lange dauern wird, bis die Völker Europas eine Ideologie akzeptieren, die behauptet, im

Besitz einer vollständigen, umfassenden Erklärung der Welt zu sein. Der religiöse Glaube, so tief er auch sein mag, muss eindeutig Privatangelegenheit bleiben. Diese Zurückweisung totalisierter Erklärungen entspricht der modernen Situation. Und hier tritt der Roman auf den Plan, und zwar in jener Form, die geschaffen wurde, um die Fragmentierung der Wahrheit zu diskutieren. Luis Buñuel, der Filmregisseur, pflegte zu sagen: »Ich würde mein Leben für einen Mann geben, der nach der Wahrheit sucht. Aber einen Mann, der glaubt, die Wahrheit gefunden zu haben, würde ich am liebsten umbringen.« (Diese Art Aussprüche nannten wir Scherze, bevor es wieder gebräuchlich wurde, Menschen für ihre Überzeugungen umzubringen.) Die Suche nach dem Gral über den Gral selbst zu stellen, die Tatsache zu akzeptieren, dass sich alles, was fest ist, definitiv in Luft aufgelöst hat, dass Realität und Moralität nicht gegeben, sondern unvollkommene menschliche Konstrukte sind, ist der Punkt, an dem die Fiktion beginnt; ist das, was J. F. Lyotard im Jahre 1979 *la condition postmoderne* nannte. Aufgabe der Literatur ist es, von diesem Punkt auszugehen und dennoch eine Möglichkeit zur Erfüllung unserer unveränderten geistigen Bedürfnisse zu finden.

Der Roman *Moby Dick* erfüllt diese Aufgabe, indem er uns eine dunkle, manichäische Vision eines Universums (die *Pequod*) im festen Griff des einen Dämonen (Ahab) zeigt und unerbittlich einem anderen entgegenstrebt, dem Wal. Das Meer war für uns immer »das andere«; es manifestierte sich für uns in Gestalt von Ungeheuern... wie dem Wurm Ouroboros, Kraken, dem Leviathan. Herman Melville taucht in diese finsteren Gewässer hinab, um uns eine sehr moderne Parabel vor Augen zu führen: Ahab, vom Wahn gepackt, geht unter; Ishmael, ein Mann ohne intensive Gefühle und starke Bindungen, überlebt. Der eigennützige, moderne Mensch ist der einzige Überlebende; jene, die den Wal verehren – denn Verfolgung ist eine Form der Verehrung –, gehen durch den Wal unter.

Joyce' Wanderer, Becketts Tramps, Gogols Gauner, Bulgakows Teufel, Bellows hochenergetische Meditationen über das Ersticken der Seele durch die Triumphe des Materialismus – sie alle und viele andere sind für uns heute an die Stelle der Propheten und der leidenden Heiligen getreten. Doch während der Roman unser Bedürfnis nach Staunen und Verstehen stillt, bringt er uns ebenso harte und unangenehme Nachrichten.

Er teilt uns mit, dass es keine Regeln gibt. Er überreicht uns keine Gebote. Wir müssen unsere eigenen Regeln finden, so gut es geht, müssen sie beim Vorwärtsgehen finden.

Und er erklärt uns, dass es keine Antworten gibt; oder vielmehr, er erklärt uns, dass Antworten leichter zu haben, aber auch unzuverlässiger sind als Fragen. Wenn die Religion eine Antwort ist, wenn die politische Ideologie eine Antwort ist, dann ist die Literatur eine Frage; indem sie außergewöhnliche Fragen stellt, öffnet die große Literatur neue Türen in unserem Verstand.

In *Philosophy and the Mirror of Nature* betont Richard Rorty die große Bedeutung der Geschichtlichkeit, den Verzicht auf die Illusion, in Verbindung mit der Ewigkeit zu stehen. Für ihn ist der große Irrtum das, was er »Fundationalismus« nennt, was wiederum Don Cupitt, der Theologe, in einem Kommentar zu Rorty als »den Versuch« bezeichnet, »so alt wie (und sogar weit älter als) Plato, unserem Wissen und unseren Werten Permanenz und Autorität zu verleihen, indem wir behaupten, sie in irgendeinem unveränderlichen kosmischen Reich natürlicher oder noumenaler Art gefunden zu haben, außerhalb der Strömung unserer menschlichen Konversation«. Es sei besser, folgert Cupitt, »ein anpassungsfähiger Pragmatiker zu sein, ein Nomade«.

Michel Foucault, ebenfalls ein überzeugter Anhänger der Geschichtlichkeit, diskutiert in seinem Essay *Was ist ein Autor?* die Rolle des Autors bei der Infragestellung sakralisierter Absoluta. Dieser Essay erklärt, dass »Texte, Bücher und Diskurse tatsächlich begannen, Autoren zu haben ... so sehr sogar, dass Autoren mit Strafen rechnen mussten, das heißt so sehr, dass Diskurse strafbar sein konnten«. Das ist eine außergewöhnliche, provokative Idee, auch wenn sie mit Foucaults charakteristischer Leichtigkeit und einem absoluten Mangel an stützenden Beweisen vorgebracht wird: *dass Autoren nur genannt wurden, wenn es erforderlich war, jemanden zu finden, dem man die Schuld zuschieben konnte.* Foucault fährt fort:

> In unserer Kultur (und zweifellos in vielen anderen ebenfalls) war der Diskurs ursprünglich kein Produkt, keine Sache, keine Art Ware; er war im Grunde ein Akt – ein Akt, der in dem bipolaren Feld des Heiligen und des Profanen stattfand, des Legalen und des Illegalen, des Religiösen und des Blasphemischen. Historisch gesehen war er eine mit Risiken belastete Geste …

In unseren Anfängen finden wir unsere Wesenheiten. Willst du eine Religion verstehen, betrachte sie in ihren frühesten Zeiten. (Es ist bedauerlich, dass der Islam, der, weil er bereits im Zeitalter der aufgezeichneten Geschichte entstand, von allen Religionen am einfachsten auf diese Weise untersucht werden kann, sich so energisch gegen die Idee wehrt, dass er, genau wie alle anderen Ideen, ein Ereignis innerhalb der Geschichte ist.) Und auch um eine künstlerische Form zu verstehen, meint Foucault, sollte man nach ihren Ursprüngen suchen. Wenn er hinsichtlich des Romans recht hat, dann ist die Literatur von allen Künsten am besten geeignet, Absoluta aller Art infrage zu stellen; und weil sie in ihren Ursprüngen das schismatische andere des heiligen (und autorlosen) Textes ist, so ist die Kunst auch am besten geeignet, unsere von Gott hinterlassenen Lücken zu füllen.

Es gibt noch andere Gründe, den Roman als die entscheidende Kunstform dessen zu betrachten, was ich nun nicht mehr umhinkann, das postmoderne Zeitalter zu nennen. Denn erstens ist die Literatur die Kunstform, die der externen Kontrolle am wenigsten unterworfen ist, weil sie in der Zurückgezogenheit entsteht. Ihre Produktion erfordert nur einen Menschen, ein Schreibgerät, ein

Zimmer, ein bisschen Papier. (Selbst das Zimmer ist nicht unbedingt wesentlich.) Die Literatur ist die am wenigsten technologische aller Kunstformen. Sie erfordert weder eine Bühne noch eine Leinwand. Sie braucht keine Interpreten, keine Schauspieler, Produzenten, Kamerateams, Garderobieren, Musiker. Sie braucht, wie der lang anhaltende Erfolg der Samisdat-Literatur beweist, nicht einmal den traditionellen Apparat eines Verlags. Der Foucault-Essay deutet an, die Literatur sei ebenso sehr aber auch durch die umklammernden, erstickenden Kräfte der Marktwirtschaft gefährdet, von der die Bücher zu reinen Produkten herabgewürdigt werden. Die Gefahr ist real, und ich möchte nicht den Eindruck erwecken, sie zu bagatellisieren. Die Wahrheit ist, dass die Literatur von allen Kunstformen noch immer die freieste sein kann. Je mehr Geld ein Produkt kostet, desto einfacher ist es zu kontrollieren. Der Film, die teuerste aller Kunstformen, ist auch die am wenigsten subversive. Aus diesem Grund glaube ich weiterhin an die größten Möglichkeiten des Romans, obwohl Carlos Fuentes die Arbeit von Filmemachern wie Buñuel, Bergman und Fellini als Beispiele erfolgreicher, in das Reich des Heiligen vorstoßender Revolten anführt.

Zu den Kindheitsbüchern, die ich verschlang und küssen musste, gehörten zahllose billige Comics einer höchst unliterarischen Art. Die Helden dieser Comicbücher waren, so schien es jedenfalls, fast immer Mutanten, Hybriden oder Monster: Neben Batman und Spiderman gab es Aquaman, der zur Hälfte ein Fisch war, und natürlich Superman, den man leicht für einen Vogel oder ein Flugzeug halten konnte. In jenen Tagen, Mitte der 50er, waren alle Superhelden auf ihre unterschiedliche Art Law-and-Order-Konservative und Falken, die auf das Bat-Signal des Police Commissioners an die Arbeit gingen und sich zur Justice League of America zusammenschlossen, um das zu verteidigen, was Superman als »Wahrheit, Gerechtigkeit und die amerikanische Lebensart« bezeichnete. Trotz dieser extremen Betonung, die auf die Verbrechensbekämpfung gelegt wurde, war die Lektion, die sie den

Kindern beibrachten – oder jedenfalls diesem Kind –, die möglicherweise unbeabsichtigt radikale Wahrheit, dass das Anderssein der größte und heroischste Wert überhaupt sei; dass jene, die anders als die anderen waren, am meisten geliebt und geachtet werden müssten; und dass dieses Anderssein ein Schatz war, so kostbar und so leicht misszuverstehen, dass er im normalen Leben unter dem versteckt werden musste, was in den Comicbüchern als »geheime Identität« bezeichnet wurde. Superman hätte nicht ohne den »sanft-freundlichen« Clark Kent überleben können; der »Millionär und Gesellschaftslöwe« Bruce Wayne ermöglichte die nächtlichen Aktivitäten von Batman.

Nun trifft es eindeutig zu, dass die anderen Monster, Hybriden, Mutanten, außergewöhnliche Wesen – die Romanciers –, die Schöpfer dieser höchst monsterhaften, hybriden und metamorphischen Form, nämlich des Romans, häufig gezwungen sind, sich aus Gründen des Geschlechts oder wegen Terror hinter geheimen Identitäten zu verstecken. Aber die wundervollste der vielen wundervollen Wahrheiten über die Form des Romans lautete: Je größer der Schriftsteller, desto größer seine oder ihre Außergewöhnlichkeit. Die Genies des Romans sind jene, deren Stimmen ganz und gar und unverfälschbar ihre eigenen sind, die, um William Gass' Bild zu gebrauchen, *jedes Wort unterschreiben, das sie schreiben.* Was uns an einem Autor attraktiv erscheint, ist seine oder ihre »Unähnlichkeit«, auch wenn der Apparat der literarischen Kritik sich sofort daranmacht zu beweisen, dass er oder sie in Wirklichkeit nicht mehr ist als eine Anhäufung von Einflüssen. Die Unähnlichkeit, die es einem Schriftsteller unmöglich macht, in irgendeiner systematischen Reihe zu stehen, ist eine Eigenschaft, die Romanciers mit den Caped Crusaders der Comics gemeinsam haben, obwohl sie nur selten fähig sind, in einem Satz auf hohe Gebäude zu springen.

Mehr noch, der Schriftsteller ist dort, in seinem Werk, in den Händen der Leser, absolut exponiert, absolut wehrlos, ganz ohne ein Alter Ego, hinter dem er sich verstecken kann. Das, was bei dem intimen Akt des Lesens geformt wird, ist eine andere Art Identität, denn der Leser und der Autor verschmelzen durch das Medium des Textes und werden zu einem kollektiven Wesen, das schreibt, während es liest, und liest, während es schreibt, und gemeinsam jenes einzigartige Werk kreiert, »ihren« Roman. Diese »geheime Identität« des Schriftstellers und Lesers ist die größte und subversivste Gabe der Romanform.

Und dies ist schließlich der Grund, warum ich den Roman über die anderen Formen hinaushebe, warum er immer meine erste Liebe war und bleiben wird: Nicht nur ist er die Kunst, die die wenigsten Kompromisse eingeht, sondern auch diejenige, die die »privilegierte Arena« der kontroversen Diskurse *direkt in unsere Köpfe* trägt. Der innere Ort unserer Phantasie ist ein Theater, das niemals geschlossen werden kann; die Bilder, die dort entstehen, gestalten sich zu einem Film, der niemals zerstört werden kann.

In diesem letzten Jahrzehnt des Jahrtausends, da die Kräfte der Religion neue Kraft geschöpft haben und die alles durchdringende Macht des Materialismus den menschlichen Geist in ihre schweren Ketten schlägt – wohin sollte sich der Roman wenden? Klar scheint zu sein, dass die Erneuerung der alten, bipolaren Walstatt des Diskurses zwischen dem Heiligen und Profanen, wie Michel Foucault andeutet, von zentraler Bedeutung sein wird. Wahrscheinlich wohl auch, dass wir auf eine Welt zugehen, in der es keine echte gesellschaftliche Alternative zum liberalkapitalistischen Modell geben wird (ausgenommen vielleicht das theokratische, fundationalistische Modell des Islams). In dieser Situation werden der liberale Kapitalismus oder die Demokratie oder die freie Welt die konzentrierteste Aufmerksamkeit der Romanciers erfordern, werden sie mehr Umdenken, Fragen und Zweifel erfordern als jemals zuvor. »Unser Gegner ist unser Helfer«, sagte Edmund Burke, und wenn die Demokratie nicht mehr den Kommunismus hat, der ihr durch Opposition hilft, sich über die eigenen Ideen klar zu werden, dann wird sie stattdessen vielleicht die Literatur als Gegner akzeptieren müssen.

Ich habe in diesem Vortrag eine Menge weit ausholender Behauptungen über die Literatur aufgestellt und bin mir des leicht messianischen Tonfalls in einem großen Teil meiner Ausführungen bewusst. Das Belobigen von Büchern und Autoren durch Autoren ist natürlich nichts Neues. »Seit dem frühen 19. Jahrhundert«, schreibt Cupitt, »haben phantasiebegabte Schriftsteller eine führende und repräsentative Rolle in unserer Kultur beansprucht und wohl auch genossen. Unsere Priester sind Romanciers, Dichter, Dramaturgen, Filmemacher und so weiter, Lieferanten von Fiktionen. problematische Menschen, Verführer. Und dennoch halten wir uns weiterhin für rational.«

Inzwischen aber stelle ich fest, dass ich von der Idee der sakralisierten Literatur, mit der ich zu Beginn dieses Textes geliebäugelt habe, Abstand nehme; ich kann die Vorstellung des Schriftstellers als säkularem Propheten nicht ertragen; ich erinnere mich, dass einer der allergrößten Autoren dieses Jahrhunderts, Samuel Beckett, daran glaubte, dass jede Kunst unweigerlich zum Misserfolg bestimmt sei. Das ist aber eindeutig kein Grund zur Resignation. »Oft versucht. Oft versagt. Macht nichts. Versuch's noch mal. Versage besser.«

Die Literatur ist ein Zwischenbericht über das Bewusstsein des Künstlers, daher kann sie niemals »beendet« oder »vollkommen« sein. Die Literatur entsteht an der Grenze zwischen dem Ich und der Welt, und während des Schaffensprozesses wird diese Grenze aufgeweicht, wird sie durchlässig, erlaubt sie der Welt, in den Künstler überzufließen, und dem Künstler, in die Welt überzufließen. Und etwas, das so unexakt, so leicht und häufig misszuverstehen ist, verdient es nicht, für sakrosankt erklärt und dadurch geschützt zu werden. Wir werden einfach ohne den Schutzschild der Sakralisierung weitermachen müssen, und das ist gut so. Wir dürfen nicht zu dem werden, wogegen wir opponieren.

Das einzige Privileg, das die Literatur verdient – und dieses Privileg braucht sie, um existieren zu können –, ist das Privileg,

Arena des Diskurses sein zu dürfen, der Ort, an dem der Kampf der Sprachen ausgefochten wird.

Stellen Sie sich Folgendes vor: Sie erwachen eines Morgens und befinden sich in einem großen, weitläufigen Haus. Während Sie durch die Räume wandern, wird Ihnen klar, es ist so riesig, dass Sie es nie ganz kennenlernen können. In diesem Haus gibt es Menschen, die Sie kennen, Familienmitglieder, Freunde, Geliebte, Kollegen; aber auch viele Fremde. Das Haus ist angefüllt mit Aktivitäten: Konflikten und Verführungen, fröhlichen Festen und Totenfeiern. Irgendwann wird Ihnen klar, dass es keinen Weg hinaus gibt. Sie erkennen, dass Sie das akzeptieren können. Das Haus ist nicht das, was Sie sich ausgesucht hätten, es ist in ziemlich schlechtem Zustand, in den Korridoren haben oft Rüpel das Sagen, doch damit muss man sich eben abfinden. Dann betreten Sie eines Tages ein kleines, völlig unbedeutend wirkendes Zimmer. Das Zimmer ist leer, doch es sind Stimmen darin, Stimmen, die auf Sie einflüstern. Einige dieser Stimmen erkennen Sie, andere sind Ihnen unbekannt. Die Stimmen sprechen von dem Haus, von allen darin, von allem, was geschieht, was geschehen ist und geschehen sollte. Einige von ihnen äußern sich ausschließlich in unflätigen Ausdrücken. Andere meckern. Wieder andere klingen liebevoll. Manche sind komisch. Einige sind traurig. Die interessantesten Stimmen sind all das zugleich. Allmählich suchen Sie den Raum immer öfter auf. Allmählich merken Sie, dass die meisten Menschen im Haus zuweilen derartige Räume aufsuchen. Und doch liegen diese Zimmer alle versteckt und wirken unbedeutend.

Und nun stellen Sie sich vor, Sie wachen eines Morgens auf und sind noch immer in dem großen Haus, doch sämtliche Stimmenräume sind verschwunden. Es ist, als seien sie ausgelöscht worden. Nun gibt es im ganzen Haus keinen Raum mehr, den Sie aufsuchen können, um Stimmen zu hören, die auf jede nur mögliche Art über alles Mögliche reden. Es gibt keinen Raum mehr, den Sie aufsuchen können, um die Stimmen zu hören, die in dieser

Minute komisch und in der nächsten traurig, die im Verlauf desselben Satzes heiser und melodisch klingen können. Auf einmal erinnern Sie sich: Es gibt keinen Ausweg aus diesem Haus. Und plötzlich erscheint Ihnen diese Erkenntnis unerträglich. Sie sehen den Menschen in den Korridoren in die Augen – Familienmitgliedern, Geliebten, Freunden, Kollegen, Fremden, Rüpeln, Priestern. In allen Augen sehen Sie dieselbe Frage: *Wie kommen wir hier raus?* Es wird deutlich, dass das Haus ein Gefängnis ist. Die Menschen beginnen zu schreien und an die Wände zu hämmern. Männer mit Waffen treffen ein. Das Haus beginnt zu wanken. Sie wachen nicht auf. Sie sind bereits wach.

Die Literatur ist ein Ort in jeder Gesellschaft, an dem wir innerhalb der Abgeschiedenheit unseres eigenen Kopfes hören können, wie *Stimmen auf jede nur mögliche Art über alles Mögliche reden.* Der Grund, warum unbedingt dafür gesorgt werden muss, dass diese privilegierte Arena erhalten bleibt, ist nicht der, dass Schriftsteller die absolute Freiheit begehren, sagen und tun zu können, was immer sie wollen. Sondern dass wir alle, Leser, Schriftsteller, Bürger, Generäle und Gottesmänner, dieses kleine, unbedeutend wirkende Zimmer brauchen. Wir müssen es nicht heilig nennen, aber wir dürfen nicht vergessen, dass es lebenswichtig ist.

»Jeder weiß«, schrieb Saul Bellow in *Die Abenteuer des Augie March,* »dass es weder Feinheiten noch Akkuratesse der Unterdrückung gibt. Wenn man ein Ding niederhält, hält man das Ding daneben ebenfalls nieder.«

Überall auf der Welt, wo dieses kleine Zimmer der Literatur geschlossen wurde, sind früher oder später die Mauern eingestürzt.

1990

1000 Tage im Ballon

Ein Heißluftballon treibt langsam über einen bodenlosen Abgrund dahin. An Bord befinden sich mehrere Passagiere. Ein Leck entsteht, der Ballon verliert an Höhe. Immer näher kommt die Schlucht, ein dunkles, gähnendes Loch. Großer Gott! Der angeschlagene Ballon kann nur noch einen einzigen Passagier in Sicherheit bringen; die anderen müssen geopfert werden, um diesem einen das Leben zu retten! Doch wer darf leben, wer muss sterben? Und wer vermag eine solche Wahl zu treffen?

Tatsächlich treffen Debattierclubs auf der ganzen Welt mit schöner Regelmäßigkeit derartige Entscheidungen – bedenkenlos, denn das, was ich beschrieben habe, ist die vorgegebene Situation eines allseits beliebten Evergreens, der Ballondiskussion. Während die Wortführer über die relativen Vorzüge und Nachteile bekannter Persönlichkeiten diskutieren, die sie der Katastrophe zum Fraß vorgeworfen haben, akzeptieren die übrigen Anwesenden gleichmütig die etwas unbehagliche Vorstellung, dass eines Menschen Recht auf Leben aufgrund seiner Tugenden oder Laster höher oder niedriger bewertet wird – dass wir bei der Geburt zwar alle gleich sind, unser späteres Leben aber ein recht unterschiedliches Gewicht auf die Waage bringt.

Schließlich ist es nur ein Spiel. Und wenn es auch kein besonders sympathisches ist, so spiegelt es doch die wahre Natur des Menschen.

Ich habe inzwischen über 1000 Tage in einem derartigen Ballon verbracht; aber das war kein Spiel. Während der meisten dieser 1000 Tage gehörten die westlichen Geiseln im Libanon sowie die im Iran und Irak festgehaltenen britischen Geschäftsleute Roger Cooper und Ian Richter zu meinen Reisegefährten. Und ich musste hinnehmen – und nahm es hin –, dass mein Schicksal in den Augen der meisten meiner Landsleute weniger schwer wog als das der anderen. Bei einer Wahl zwischen uns allen wäre ich der Erste gewesen, den man aus dem Korb und in den Abgrund gestoßen hätte. »Das Leben lehrt uns, wer wir sind«, schrieb ich am Schluss meines Essays »In gutem Glauben«. Einige dieser Lektionen waren sehr grausam und nur sehr schwer erlernbar.

Gefangen in einer Metapher, habe ich oft das Bedürfnis empfunden, sie neu zu definieren, die vorgegebenen Umstände zu verändern. Es handelt sich weniger um einen Ballon, hätte ich gern gesagt, als um eine Luftblase, in der ich zugleich exponiert und versiegelt bin. Die Blase, die über und auf der Welt dahintreibt, entzieht mich der Realität, reduziert mich auf eine Abstraktion. Für viele Leute habe ich aufgehört, ein Mensch zu sein, bin ich zu einem Thema geworden, einem Ärgernis, einer »Affäre«. Kugelsichere Luftblasen wie diese sind leider auch vor der Realität sicher. Die Reisenden, die in ihnen dahintreiben, werden, wenn sie nicht aufpassen – wie jene, die sich Tolkins Zauberring überstreifen, der unsichtbar macht –, zu einer Art Geistererscheinung. Sie gehen verloren. In diesem Phantomraum kann jeder Mensch selbst zu der Luftblase werden, die ihn umschließt, und dann, eines Tages – plop! –, ist er endgültig verschwunden.

Es ist doch absurd, nicht wahr, protestieren zu müssen: Aber ich *bin* ein Mensch, zu Unrecht verurteilt, zu Unrecht in diese Luftblase eingeschlossen. Oder bin *ich* es, der absurd ist, wenn ich aus meiner Luftblase heraus rufe: *Ich bin noch immer hier eingeschlossen. Leute! Könnte mich bitte jemand rausholen?*

Ihr da draußen, im reichen, mächtigen, vom Glück begünstigten Westen – ist es wirklich schon so lange her, seit bei euch Menschen aus religiösen Gründen verfolgt, als Ketzer verbrannt, als Hexen ertränkt wurden, so lange, dass ihr es nicht mehr erkennt, wenn Menschen um ihres Glaubens willen verfolgt werden? Die ursprüngliche Metapher ist wieder zum Tragen gekommen. Ich sitze wieder in meiner Luftblase und bitte um das Recht zu leben. Wie viel ist mein einzelnes Leben wert? Die Verzweiflung flüstert mir ins Ohr: »Nicht sehr viel.« Aber ich weigere mich, vor dieser Verzweiflung zu kapitulieren.

Ich weigere mich, vor der Verzweiflung zu kapitulieren, weil man mir nicht nur Hass, sondern auch Liebe entgegengebracht hat. Ich weiß genau, dass viele Menschen sich um mich sorgen und entsetzt sind über die verrückte, verdrehte Logik der Post-Fatwa-Welt, in der ein einzelner Romancier beschuldigt werden kann, eine ganze Gemeinschaft attackiert oder überfallen zu haben, in der er zu ihrem Peiniger (statt ihrem geteerten und gefederten Opfer) und zum Sündenbock für all ihre Ärgernisse wird. Viele Menschen fragen zum Beispiel: Wenn ein weißer, zum islamischen Fanatiker gewordener Popstar sich zustimmend über den Mord an einem indischen Einwanderer äußert, wie kann man denselben indischen Einwanderer dann als Rassisten beschimpfen?

Oder auch: Welche Minderheit ist kleiner und schwächer als eine Minderheit, die aus einem einzelnen Menschen besteht?

Ich weigere mich, vor der Verzweiflung zu kapitulieren, obwohl man mir eine gründliche Lektion in Wertlosigkeit erteilt hat, meiner ganz persönlichen und spezifischen Wertlosigkeit. Mein erster Lehrer war der Pöbel, der sich auf fernen Boulevards zusammenrottete, grölend nach meinem Blut schrie und auf englischen Straßen nur allzu bald ein Echo fand. Anfangs konnte ich nicht verstehen, welche Macht Eltern dazu treibt, ihren Kindern Schilder mit Mordparolen um den Hals zu hängen. Jetzt habe ich es begriffen. Diese Macht verbrennt Bücher und Strohpuppen und hält sich für heilig. Damals aber, als ich die Marschierer beobachtete, hatte ich das Gefühl, dass sie direkt über mein Herz hinwegmarschierten.

Und wieder einmal wurde ich durch Beispiele von anständiger Gesinnung, menschlicher Güte gerettet. Jedes Mal, wenn ich erfahre, dass sich ein Leser irgendwo auf der Welt von den *Satanischen Versen* berührt fühlt, bewegt, unterhalten und angeregt, werden tiefe Gefühle in mir geweckt. Und heutzutage gibt es, wie mir mein Postsack beweist, immer mehr Leser dieser Art, Leser (auch Moslems), die bereit sind, meinem verbrannten, geschmähten Kind zu guter Letzt doch noch Gerechtigkeit zuteilwerden zu lassen. Milan Kundera schreibt mir, er habe in diesem Buch eine tiefe Liebe zur moslemischen Kultur entdeckt, und ich bin überwältigt vor Dankbarkeit. Eine Moslime schreibt, sie finde die in meinem Buch dargelegten Ideen über die Geburt des Islams trotz »Schocktaktik«, mit der sie präsentiert würden, positiv; und sofort wünsche ich mir, wie beim Anblick einer Sternschnuppe, dass ihre Religionsbrüder und -schwestern ihr, wenn es auch unmöglich erscheint, irgendwann einmal beipflichten werden.

Manchmal glaube ich, dass sich die Moslems eines Tages für die Taten der heutigen Moslems schämen werden, dass sie die »Rushdie-Affäre« genauso unmöglich finden werden wie der Westen das Verbrennen von Märtyrern. Eines Tages sind sie vielleicht auch der Meinung, dass Gedankenfreiheit – wie die europäische Aufklärung gezeigt hat – eben auch Freiheit von religiöser Kontrolle, Freiheit vom Vorwurf der Gotteslästerung ist. Vielleicht sehen sie auch ein, dass die Kontroverse um die *Satanischen Verse* im Grunde ein Streit um die Frage war, wer die Macht über die große Erzählung, die Geschichte des Islams, ausüben soll, und um die Meinung, dass diese Macht allen Gläubigen gleichermaßen zusteht. Dass selbst dann, wenn mein Roman minderwertig sein sollte, der Versuch, durch ihn die Geschichte neu zu erzählen, dennoch von Bedeutung ist. Dass andere dort, wo ich versagt habe, erfolgreich sein müssen, denn jene, die nicht die Macht über die Geschichte haben, die ihr ganzes Leben bestimmt, nicht die Macht, sie noch einmal neu zu erzählen, zu denken, zu analysieren, Witze darüber zu machen und sie zu verändern, wie sich die Zeiten ändern – jene Menschen sind wahrhaft machtlos, weil sie nicht zu neuen Gedanken fähig sind.

Eines Tages. Vielleicht. Aber nicht heute.

Heute geht meine Lektion in Wertlosigkeit weiter, und zu jenen, die Saul Bellow als meine »wirklichen Erzieher« bezeichnen würde, gehört jener Medien-Pandit, der erklärte, ein mannhafter Tod sei besser für mich, als mich wie eine Ratte zu verkriechen; jener Briefschreiber, der darauf hinweist, dass das Problem natürlich darin liegt, dass ich *aussehe* wie der Teufel, und der überlegt, ob ich vielleicht Bocksbeine und gespaltene Hufe habe; der »gemäßigte« Moslem, der mir schreibt, die Moslems fänden es »widerwärtig«, wenn ich von den iranischen Todesdrohungen spräche (wohlgemerkt, nicht die Fatwa ist widerwärtig, sondern die Tatsache, dass ich sie erwähne); der eher maßlose Moslem, der mir rät, »den Mund zu halten«, und mir erklärt, wenn eine Fliege im Netz einer Spinne hängen bleibt, sollte sie tunlichst nicht die Aufmerksamkeit der Spinne erregen. Stellen Sie sich bitte doch mal vor, lieber Leser, was es heißt, 1000 Tage lang und länger Tag für Tag aus 1000 verschiedenen Richtungen intellektuelle und emotionale Prügel einstecken zu müssen!

Wieder oben im Ballon, stellt sich heraus, dass etwas lang Ersehntes, Herzerwärmendes geschehen ist. Denn dieses Mal sind, *mirabile dictu,* die vielen nicht geopfert, sondern gerettet worden. Das heißt, meine Gefährten, die westlichen Geiseln und die inhaftierten Geschäftsleute haben es mit viel Glück und Hilfe von außen geschafft, sicher auf der Erde zu landen, und sind zu ihren Familien und Freunden, sind in ihr eigenes, freies Leben zurückgekehrt. Ich freue mich für sie und bewundere ihre Courage, ihre Widerstandskraft. Und bin nun ganz allein in diesem Ballon.

Aber doch wohl in Sicherheit – oder? Nun wird sich der Ballon doch wohl gefahrlos auf einen nahen Landeplatz hinabsenken, und auch ich werde in mein Leben zurückkehren können! Jetzt bin doch wohl ich an der Reihe!

Aber der Ballon schwebt schon wieder über dem Abgrund und sinkt immer noch. Mir wird klar, dass er eine Menge wertvoller Fracht geladen hat. Handelsbeziehungen, Waffengeschäfte, das Gleichgewicht der Macht am Golf – all diese und noch mehr hochwichtige Probleme überlasten den Ballon. Ich höre Stimmen, die meinen, solange ich an Bord bliebe, sei diese kostbare Last gefährdet. Die nationalen Interessen werden neu definiert. Werde ich dabei hinausdefiniert? Soll ich doch noch über Bord geworfen werden?

Als Großbritannien auf der Vollversammlung der Vereinten Nationen im Jahre 1990 seine Beziehungen mit dem Iran wiederaufnahm, versicherte mir der britische Verhandlungsführer mit unzweideutigen Worten, dass man, was meinen Fall betreffe, wichtige Fortschritte gemacht habe. Die Iraner hätten sich insgeheim und unter fröhlichem Lachen bereit erklärt, die Fatwa zu vergessen. (Der Diplomat, der mir die Geschichte erzählte, legte großes Gewicht auf dieses fröhliche Gelächter der Iraner.) Sie würden ihre Bürger, Stellvertreter oder Bevollmächtigten »weder ermutigen noch ihnen erlauben«, gegen mich vorzugehen. Ach, wie gern hätte ich ihm geglaubt! Aber in der darauffolgenden Zeitspanne von etwas über einem Jahr mussten wir erleben, dass die Fatwa im Iran wiedereingesetzt, die Kopfprämie verdoppelt, der italienische Übersetzer des Buches schwer verletzt und sein japanischer Übersetzer erstochen wurde; es gab Hinweise auf gedungene Mörder, die mich, auf direkte Anweisung der iranischen Regierung und durch Vermittlung ihrer europäischen Botschaften, aufspüren und ermorden sollten. Ein weiterer Auftrag dieser Art wurde in Paris erfolgreich ausgeführt: das Opfer war Schapour Bachtiar, der harmlose alte Expremier des Irans.

Daraus lässt sich logischerweise schließen, dass das bei den Vereinten Nationen ausgehandelte Geheimabkommen nicht funktioniert hat. Schrecklicherweise jedoch hört man, während ich dies niederschreibe, überall von einer weiteren Verbesserung der Beziehungen zum Iran, während der »Fall Rushdie« als *quantité négligeable* abqualifiziert wird.

Sitze ich eigentlich in einem Ballon oder im Mülleimer der Geschichte?

Um es einmal ganz deutlich zu sagen: *Ich habe keine Möglichkeit, mich mit eigener Kraft aus dieser Sackgasse zu befreien.* Die

Fatwa war von Anfang an politisch motiviert, sie bleibt ein Bruch des internationalen Rechts, und dieses Problem kann nur auf politischer Ebene gelöst werden. Für die Freilassung der westlichen Geiseln im Libanon wurden gewaltige Hebel in Bewegung gesetzt; starke Kräfte kamen ins Spiel; für Ian Richter wurden 70 Millionen Pfund aus eingefrorenen iranischen Guthaben »aufgetaut«. Wie viel dagegen ist ein von Terroristen bedrohter Romancier wert?

Wieder flüstert die Verzweiflung: »Keinen roten Heller.«

Aber ich weigere mich, vor der Verzweiflung zu kapitulieren.

Sie mögen fragen, warum ich so sicher bin, dass ich mir nicht selbst aus dieser Zwickmühle heraushelfen kann.

Ende 1990, als ich mich entmutigt, demoralisiert und verlassen fühlte, weil die britische Regierung beschlossen hatte, sich mit dem Iran zu versöhnen, und obendrein noch meine Ehe in die Brüche ging, wurde mir der tiefste Schmerz, ein unendlicher, unfassbarer Kummer zugefügt, weil ich von den Kulturen und Gesellschaften, aus denen ich stets meine Kraft und Inspiration bezogen hatte, abgetrennt, aus ihnen verstoßen wurde, nämlich der großen Gemeinde britischer Asiaten und der noch größeren indischer Muslime. Also beschloss ich, Frieden mit dem Islam zu schließen, und sei es auf Kosten meines Stolzes. Jene, die von meinem Schritt überrascht und unangenehm berührt waren, vermochten womöglich nicht zu erkennen, dass ich durchaus kein entwurzelter Onkel-Tom-Verschnitt war. Für diese Menschen war es offenbar unbegreiflich, dass ich versuchte, zwischen den beiden kriegführenden Hälften der Welt, die auch die kriegführenden Hälften meiner eigenen Seele waren, Frieden zu stiften – und zwar aus einer tiefen Demut heraus, und nicht aus jener Arroganz, die mir so häufig zugeschrieben wird.

In »gutem Glauben« schrieb ich: »Vielleicht könnte die gegenseitige Anerkennung dieses gemeinsamen Schmerzes einen Schritt nach vorn führen«, aber selbst gemäßigte Moslems hatten Schwierigkeiten mit dieser Vorstellung: Welchen Schmerz ich denn wohl erlitten haben könnte, fragten sie. »*Wovon ich überhaupt rede?*«

Die Folge war, dass ich die wirklich wichtigen Dialoge in dieser Zeitspanne mit mir selbst führen musste.

Salman, sagte ich mir, du musst eine Botschaft aussenden, so laut, dass sie auf der ganzen Welt zu hören ist. Du musst den normalen Moslems zu erkennen geben, dass du nicht ihr Feind bist, und im Westen ein bisschen mehr Verständnis für die komplexe moslemische Kultur wecken. Ich hatte gehofft, der Westen würde sich sagen, nun ja, wenn er persönlich in Gefahr schwebt und dennoch bereit ist, die große Bedeutung seiner moslemischen Wurzeln einzugestehen, sollten wir vielleicht beginnen, selbst auch ein bisschen weniger klischeehaft zu denken. (Leider vergeblich. Die Botschaft, die man aussendet, deckt sich nicht immer mit der, die ankommt.)

Und dann sagte ich mir: Gib's doch zu, Salman, die Geschichte des Islams hat eine weit umfassendere Bedeutung für dich als all die anderen großen Erzählungen. Gewiss, du bist kein Mystiker, und als du schriebst, *ich bin kein Moslem,* hast du das durchaus ernst gemeint. Offenbarungsglaube, buchstabengetreue Strenggläubigkeit, Formalismus – alles nichts für dich. Aber Islam muss nicht mit blindem Glauben gleichbedeutend sein. Er kann das sein, wofür er in deiner Familie immer gestanden hat, eine Kultur, eine Zivilisation, so aufgeschlossen wie dein Großvater, so herrlich streitsüchtig wie dein Vater, so intellektuell und philosophisch, wie du nur willst. Lass nicht zu, dass die Eiferer das Wort *Moslem* zu einem Einschüchterungsterminus verkommen lassen, redete ich mir zu; denk an die Zeiten, da es für dich *Familie* und *Licht* bedeutete.

Ich erinnerte mich selbst daran, dass ich immer behauptet habe, man müsse das in der Entstehung begriffene Konzept des »weltlichen Moslems« weiterentwickeln, der sich zwar, genau wie die weltlichen Juden, zu seiner Kultur bekennt, von der Theologie jedoch distanziert. Ich hatte kurz zuvor das Werk *Laïcité ou Islamisme (*»Laizismus oder Islamismus«) des zeitgenössischen moslemischen Philosophen Fouad Zakariya gelesen, und dieser Versuch des Autors, islamisches Gedankengut zu modernisieren, hat mir neuen Mut gemacht. Aber, Salman, sagte ich mir, du kannst nicht mitreden, solange du draußen vor der Tür stehen musst. Du musst die Schwelle überschreiten, den Diskussionsraum betreten und *dann* deine Auffassung eines vermenschlichten, historisierten, säkularisierten Moslemtums verteidigen. Ich dachte an meinen Fast-Namensvetter aus dem 12. Jahrhundert, den Philosophen Ibn Rushd (Averroës), der die Meinung vertrat (um den großen arabischen Historiker Albert Hourani zu zitieren), »nicht alle Suren des Korans sollten wortwörtlich genommen werden. Sobald die wörtliche Bedeutung der Koranverse der Wahrheit zu widersprechen scheint, zu der die Philosophen durch Anwendung von Logik gelangt sind, müssten diese Suren metaphorisch ausgelegt werden.« Aber Ibn Rushd war ein Snob. Nachdem er seiner Zeit mit dieser Idee weit vorausgeeilt war, schränkte er sie sehr schnell wieder ein und behauptete, derartige Sophistereien seien nur für die Elite geeignet; für die Massen genüge die buchstabengetreue Auslegung. Salman, fragte ich mich, ist der Zeitpunkt gekommen, Ibn Rushds Banner zu übernehmen und weiter voranzutragen, zu sagen, hört zu, Ideen wie diese sind heutzutage für jeden geeignet, für den Bettler ebenso wie für den Prinzen?

Mit diesen Vorstellungen im Kopf – und mit verwirrenden, quälenden Gedanken – legte ich vor Zeugen mein moslemisches Glaubensbekenntnis ab. Mein Wunschtraum jedoch, mich am Kampf um die Modernisierung des moslemischen Denkens, um Befreiung von den Fesseln der Gedankenpolizei zu beteiligen, war eine Illusion. Er hatte niemals eine Chance. Zu viele Leute hatten mich zu lange dämonisiert oder totemisiert, um mir noch ernsthaft zuzuhören. Im Westen wandten sich einige »Freunde« gegen mich und bedachten mich wieder einmal mit einer neuen Serie von Schimpfwörtern. Auf einmal hatte ich kein Rückgrat, war haltlos, jämmerlich, charakterlos; hatte mich selbst und meine Sache verraten; hatte vor allem aber *sie* verraten.

Außerdem hatte ich es mit den steinharten, herzlosen Überzeugungen des real existierenden Islams zu tun, und damit meine ich die politische und priesterliche Machtstruktur, die heutzutage alle Moslemgemeinschaften beherrscht und erstickt. Der real existierende Islam hat es niemals geschafft, irgendwo auf der Welt eine freie Gesellschaft zu gründen, und würde niemals zulassen, dass ausgerechnet ich mich für diese Idee einsetzte. Auf einmal befand ich mich (metaphorisch) von Menschen umgeben, deren Sozialverhalten ich mein Leben lang bekämpft hatte – ihr Verhalten den Frauen gegenüber zum Beispiel (ein Islamist brüstete sich mir gegenüber damit, dass seine Frau ihm die Fußnägel schnitt, während er telefonierte, und schlug mir vor, mir auch so eine Ehepartnerin zuzulegen) oder den Homosexuellen gegenüber (einer der Imams, mit denen ich im Dezember 1990 zusammenkam, trat kurz darauf im Fernsehen auf, wo er die moslemischen Homosexuellen als kranke Geschöpfe bezeichnete, die Schande über ihre Familien brächten und medizinischer wie psychiatrischer Hilfe bedürften). War ich wirklich unter solche Menschen geraten? *Das hatte ich wirklich nicht gewollt.*

Angesichts dieser eisernen, unerbittlichen Härte, dieser philisterhaften Verachtung, die einen so großen Teil des real existierenden Islams kennzeichnen, kam ich zögernd zu dem Schluss, dass es keine Möglichkeit für mich gab, zur Schaffung jener Moslemkultur beizutragen, von der ich träumte, jener fortschrittlichen, respektlosen, skeptischen, streitlustigen, spielfreudigen und *furchtlosen* Kultur, die alles ist, was ich von jeher unter *Freiheit* verstanden habe. Nicht für mich, nicht, solange ich lebe, keine Chance. Der real existierende Islam, der seinen Propheten praktisch zum Gott erhoben hat, einen Mann, der diese Vergöttlichung zeit seines Lebens leidenschaftlich bekämpfte; dieser Islam, der eine priesterfreie Religion durch eine von Priestern beherrschte ersetzte; der den Buchstabenglauben zur Waffe macht und Neuinterpretation zum Verbrechen erklärt – dieser Islam wird Menschen wie mich niemals akzeptieren.

Ibn Rushds Ideen waren seinerzeit unterdrückt worden. Und

heute befinden sich fortschrittliche Ideen in der gesamten islamischen Welt auf dem Rückzug. Der real existierende Islam besitzt die absolute Macht, und genau wie der jüngst erst vernichtete »real existierende Sozialismus« des Terrorstaates Sowjetunion die Utopie von Frieden und Gleichheit aller Menschen, von denen die Sozialdemokraten geträumt haben, auf grausige Weise zur Farce gemacht hat, ist auch der real existierende Islam eine Macht, vor der ich niemals kapituliert habe, der ich mich nie unterwerfen kann.

Es gibt einen Punkt, an dem Versöhnung eher wie Kapitulation aussieht. Ich glaube nicht, dass ich diesen Punkt bereits erreicht habe, doch andere sind da nicht meiner Meinung.

Ich habe mein Buch niemals verleugnet, noch habe ich bedauert, es geschrieben zu haben. Ich habe erklärt, dass ich es bedaure, Menschen verletzt zu haben, weil das nicht in meiner Absicht lag, und mein Bedauern ist aufrichtig. Ich habe erklärt, dass Schriftsteller nicht mit jedem Wort einverstanden sind, das eine von ihnen geschaffene Person äußert – eine Binsenweisheit in der Welt der Bücher, für die Gegner der *Satanischen Verse* jedoch ein unaufhörliches Mysterium. Ich habe immer betont, dass dieser Roman absichtlich schlechtgemacht wurde. Tatsächlich bestand für mich der größte Vorteil, den ich aus der Zusammenkunft mit den sechs islamischen Gelehrten am Heiligen Abend 1990 gezogen habe, in der Versicherung dieser Herren, dem Roman lägen keinerlei verletzende Motive zugrunde. »Im Islam zählen die Absichten, die man hat«, bekam ich zu hören. »Wir werden für Sie jetzt eine weltweite Kampagne starten, um deutlich zu machen, dass es sich hier um ein Missverständnis handelt.« Und alles immer wieder mit Lächeln, Freundlichkeiten und Händeschütteln. In dieser Atmosphäre erklärte ich mich einverstanden, eine Taschenbuchausgabe vorläufig aufzuschieben – nicht rückgängig zu machen –, um das zu schaffen, was ich als Zeitraum für eine Versöhnung bezeichnete.

Leider überschätzte ich diese Herren. Innerhalb weniger Tage hatten sie alle, bis auf einen, ihr Versprechen gebrochen und wieder von Neuem damit begonnen, mich und mein Buch zu verleumden, als hätten wir uns niemals die Hand gereicht. Ich kam mir vor (und war es vermutlich auch) wie ein tumber Tor. Der vorläufige Verzicht auf eine Taschenbuchausgabe wirkte natürlich sofort wie eine Kapitulation. Und nun, nach den Anschlägen auf meine Übersetzer, wirkt er sogar noch unterwürfiger. Es ist jetzt mehr als drei Jahre her, dass die *Satanischen Verse* veröffentlicht wurden; das ist ein sehr langer »Zeitraum für eine Versöhnung«. Lang genug. Ich gebe zu, dass es ein Fehler war, in diesem Punkt nachzugeben. Die *Satanischen Verse* müssen frei zugänglich und für jeden erschwinglich sein, und sei es nur, weil die vergangenen drei Jahre, wenn das Buch nicht gelesen und gründlich studiert würde, verschwendet gewesen wären. Denn wer die Vergangenheit vergisst, ist dazu verdammt, sie zu wiederholen.

»Das Leben lehrt uns, wer wir sind.« Ich habe sehr viel Lehrgeld bezahlt, bis ich erkannte, dass man so gut wie tot ist, wenn man sich die Realitätsauffassung eines anderen aufzwingen lässt, und ich wurde mit fremden Auffassungen buchstäblich überschüttet – von Sicherheitsberatern, Regierungen, Journalisten, Erzbischöfen, Freunden, Feinden und Mullahs. An einem starren, absolutistischen Scheuklappenweltbild lässt sich vermutlich am leichtesten festhalten; während das fließende, unbestimmte, wandlungsfähige Bild, das ich stets mit mir herumgetragen habe, weitaus anfälliger für Beschädigungen ist. Dennoch muss ich mit aller Kraft an diesem Chamäleon festhalten, dieser Schimäre, diesem veränderlichen Ding, meiner eigenen Seele; muss an ihren mutwilligen, ikonoplastischen, eigensinnigen Narreninstinkten festhalten, und wenn es noch so stürmisch wird. Und wenn mich das in Widersprüche und Paradoxien stürzt, so ist mir das gleichgültig; ich habe mein Leben lang auf unruhiger See gelebt. Habe darin die Netze nach meiner Kunst ausgeworfen. Dieses aufgewühlte Meer war das Meer vor meinem Schlafzimmerfenster in Bombay. Es ist das Meer, an dessen Küste ich geboren wurde und das ich mit mir trage, wo immer ich bin.

»Die Redefreiheit ist ein Versager«, behauptet einer meiner islamisch-extremistischen Gegner. Nein, Sir, das ist sie nicht. Die Redefreiheit ist einfach alles, ist Alpha und Omega. Die Redefreiheit ist das Leben selbst.

Damit wäre meine Rede aus diesem angeschlagenen Ballon beendet. Und nun sollte ich die große Frage beantworten: Was ist mein einzelnes Leben wert?

Ist es mehr wert, oder weniger, als die fetten Verträge und die politischen Abkommen, die mit mir hier eingeschlossen sind? Ist es mehr wert, oder weniger, als die guten Beziehungen zu einem Land, in dem im April 1991 800 Frauen jeweils 74 Peitschenhiebe erhielten, weil sie keinen Schleier trugen; in dem die 80-jährige Schriftstellerin Miriam Firouz noch immer im Gefängnis sitzt und sogar gefoltert wurde; und dessen Außenminister auf die Kritik am traurigen Rekord seines Landes im Hinblick auf die Menschenrechte antwortet: »Die internationale Kontrolle der Handhabung der Menschenrechte im Iran muss irgendwann ein Ende haben ... Der Iran kann eine derartige Überwachung nicht mehr lange dulden.«

Sie müssen entscheiden, was ein Freund seinen Freunden wert ist, was der Sohn der Mutter, der Vater dem Sohn wert ist. Sie müssen entscheiden, was das Gewissen, das Herz und die Seele eines Menschen wert sind. Sie müssen entscheiden, was ein Schriftsteller wert ist, welchen Wert Sie einem Geschichtenerfinder beimessen und einem Mann, der mit der Welt rechtet.

Ladies and Gentlemen, der Ballon sinkt in den Abgrund.

(Diese Rede hielt Salman Rushdie bei seinem überraschenden Auftritt an der Columbia University, New York, im Dezember 1991.)

Salman Rushdie

Mitternachtskinder
Roman, *btb* 74660

Die satanischen Verse
Roman, *btb* 74659

Des Mauren letzter Seufzer
Roman, *btb* 74658

Wut
Roman, *btb* 74748

Der Boden unter ihren Füßen
Roman, *btb* 74445

Shalimar der Narr
Roman, *btb* 74338

Grimus
Roman, *btb* 74815

Osten, Westen
Kurzgeschichten, *btb* 74661

Harun und das Meer der Geschichten
btb 74747

Das Lächeln des Jaguars
Eine Reise durch Nicaragua, *btb* 74749

Heimatländer der Phantasie
btb 74816

Joseph Anton
Die Autobiographie, *btb* 74714